WIKINGER!

HERAUSGEGEBEN VON MICHAELA HELMBRECHT

Begleitbuch zur Erlebnisausstellung WIKINGER!
im Ausstellungszentrum Lokschuppen Rosenheim

11. März bis 04. Dezember 2016

Ein Projekt der
VERANSTALTUNGS+KONGRESS GMBH ROSENHEIM

Veranstalter
Eine Ausstellung der VERANSTALTUNGS+KONGRESS GmbH Rosenheim

VERANSTALTUNGS+ KONGRESS GMBH ROSENHEIM
LOKSCHUPPEN AUSSTELLUNGSZENTRUM ROSENHEIM
HISTORISKA MUSEET
schallaburg

Ein Unternehmen der Stadt Rosenheim

AUSSTELLUNGSPARTNER

DIE AUSSTELLUNG »WIKINGER!« WURDE ERMÖGLICHT VON

Sparkasse Rosenheim-Bad Aibling

KATHREIN

Wirtschaftlicher Verband der Stadt und des Landkreises Rosenheim e.V.

FÜR UNTERSTÜTZUNG DANKEN WIR

stadtwerke rosenheim

JAGUAR LAND-ROVER | PREMIUM CARS ROSENHEIM

FREUNDESKREIS LOKSCHUPPEN ROSENHEIM e.V.

MEDIENPARTNER

NATIONAL GEOGRAPHIC DEUTSCHLAND

B5 aktuell BR

OVB HEIMATZEITUNGEN

Münchner Merkur HEIMATZEITUNGEN tz

G GESCHICHTE ▸Menschen ▸Ereignisse ▸Epochen

BILDUNGSPARTNER

mpz museums pädagogisches zentrum

MOBILITÄTSPARTNER

Meridian

transdev

BIBLIOGRAFISCHE INFORMATION DER DEUTSCHEN NATIONALBIBLIOTHEK
Die Deutsche Nationalbibliothek verzeichnet diese Publikation in der Deutschen Nationalbibliografie; detaillierte Informationen sind im Internet über http://dnb.d-nb.de abrufbar

ISBN 978-3-7822-1247-2

GRAFISCHE GESTALTUNG: AIGNER.BOETTCHER.DESIGN
COVERMOTIV: © VKR, Schallaburg Kulturbetriebsges.m.b.H.
VERLAG: © 2016 by Koehler im Maximilian Verlag GmbH & Co. KG
DRUCK UND BINDUNG: DZS Grafik, Slowenien

www.lokschuppen.de

WIKINGER! IST EINE AUSSTELLUNG DER VERANSTALTUNGS+KONGRESS GMBH ROSENHEIM

KOOPERATIONSPARTNER
Lunds Universitets Historiska Museum
Schallaburg Kulturbetriebsges.m.b.H.

KURATORIN
Michaela Helmbrecht

WISSENSCHAFTLICHER BERATER
Rudolf Simek

AUSSTELLUNGSGESTALTUNG
Studio Kudlich, Wien

PRESSE- UND ÖFFENTLICHKEITSARBEIT
PR-Agentur Rosi Raab

MEDIEN, LICHT- UND SOUNDSYSTEM
p-Medien, München

WIKINGER-FILMKOMPOSITION
The Shack, Hamburg

ILLUSTRATIONEN »WIKINGER-TAGESABLAUF«
subbird illustration Andreas Schmied, Bad Aibling

ÜBERSETZUNGEN
Rudolf Simek

RESTAURIERUNG, OBJEKTMONTAGE, KONSERVATORISCHE BETREUUNG UND VITRINENEINRICHTUNG
Ernst Bielefeld, Niederroth
Susanne Dinkelacker, München
Melissa Möller-Wolff, Bad Aibling
Hermann Schmidt, München
Josef Stelle, Rosenheim

AUDIOGUIDE
soundgarden audioguidance GmbH, München

MUSEUMSSHOP
Museumsshops Gerstenberger, Dortmund

VERANSTALTUNGS- + KONGRESS GMBH ROSENHEIM / AUSSTELLUNGSZENTRUM LOKSCHUPPEN ROSENHEIM

GESCHÄFTSFÜHRER
Peter Lutz

PROJEKTLEITUNG
Peter Miesbeck

AUSSTELLUNGSORGANISATION, REGISTRAR
Elisabeth Scheueregger

MARKETING, WERBUNG
Sarah Smyka, Barbara Huber

LAYOUT WERBEMITTEL
Annette Gallner

AUSSTELLUNGSFÜHRUNGEN UND MUSEUMSPÄDAGOGIK
Stefanie Kießling

WICKIE PARCOURS
Barbara Huber

BESUCHERSERVICE
Barbara Huber, Elena Sangl, Daniel Walcher

VOLONTARIAT
Sarah Fischbacher

CALL-CENTER
Hildegard Schwarzmüller

KAUFMÄNNISCHE VERWALTUNG
Anita Goldhofer, Brigitte Glas

TECHNISCHE LEITUNG
Robert Kopetz

DRUCK AUSSTELLUNGSGRAPHIK, WERBEBANNER
Bernd Kühnhauser

BEGLEITBUCH

HERAUSGEBER
Michaela Helmbrecht

ART DIRECTION
AIGNER.BÖTTCHER.DESIGN, München

REDAKTION
Michaela Helmbrecht

BILDREDAKTION
Sarah Fischbacher

ÜBERSETZUNGEN
Lydia Carstens, Sonja Schmutzler-Weber, Ü-Werk GmbH

KOORDINATION
Sonja Schmutzler-Weber

FÜR UNTERSTÜTZUNG DANKEN WIR UNSEREN LEIHGEBERN:
Bergen, Norwegen: The University of Bergen, Bergen Museum – De kulturhistoriske samlinger
Berlin, Deutschland: Museum für Vor- und Frühgeschichte der Staatlichen Museen zu Berlin
Bonn, Deutschland: Rheinisches Landesmuseum Bonn
Hamburg, Deutschland: Archäologisches Museum Hamburg
Kopenhagen, Dänemark: National Museum of Denmark
Lund, Schweden: Lunds Universitets Historiska Museum
Mainz, Deutschland: Römisch-Germanisches Zentralmuseum Mainz
München, Deutschland: Archäologische Staatssammlung München
München, Deutschland: Zoologische Staatssammlung München
Rosenheim, Deutschland: Stadtarchiv
Roskilde, Dänemark: The Viking Ship Museum
Schleswig, Deutschland: Stiftung Schleswig-Holsteinische Landesmuseen, Archäologisches Landesmuseum, Schloss Gottorf
Schwerin, Deutschland: Landesamt für Kultur und Denkmalpflege Mecklenburg-Vorpommern
Wien, Österreich: Ludwig Boltzmann Institute for Archaeological Prospection and Virtual Archaeology
Wien, Österreich: Kunsthistorisches Museum Wien, Hofjagd- und Rüstkammer
Sowie private Leihgeber

INHALTSVERZEICHNIS

GABRIELE BAUER

GRUSSWORT

DIE LEGENDÄRE WELT DER WIKINGER ERLEBEN

Mächtig, mutig, männlich. Die Wikinger bieten eine weit gesteckte Projektionsfläche für Fernweh und Durchsetzungskraft, für Wissbegierde und Macht. Bis heute stehen sie für Expansionsdrang und Abenteuerlust. Die Wikinger waren und sind immer gefragt, wenn es darum geht, dieses Ideal aufzurufen – zu Werbezwecken, für politische Instrumentalisierung, in Film und Theater oder – wie im Lokschuppen Rosenheim – in einer Erlebnisausstellung.

Hörnerhelme, Streitäxte und viel Met: Das assoziieren wohl die meisten bei dem Wort »Wikinger«. Dass es sich hier um Klischees handelt, ändert nichts an unserer Faszination für sie. Obwohl die historischen Fakten oft nicht mit der populären Darstellung übereinstimmen, ignorieren wir diese Tatsache gerne und tauchen immer wieder begeistert in die mediale Welt der Wikinger ein, die so heldenhaft, so erbarmungslos wie mitreißend auf uns wirkt.

Die Erlebnisausstellung »WIKINGER!« erfüllt im Gegensatz zur Vermittlung des Wikingerbildes in Film und Theater einen sehr hohen Anspruch an wissenschaftlich fundierte, historische Genauigkeit. Sie erzählt die beeindruckende Erfolgsstory der Wikinger. Von Beutezügen, vergrabenen Schätzen, von Strategie, von Glaube, Gefahr und Kampf oder von den »Pferden der Meere«, wie sie selbst ihre Schiffe nannten. »WIKINGER!« beantwortet Fragen, erklärt Zusammenhänge und Beweggründe und klärt zugleich populäre Irrtümer auf. Auf 1.500 Quadratmetern zeigt die derzeit deutschlandweit größte Wikinger-Schau, dass die wahre Geschichte der skandinavischen Völker im Frühmittelalter noch spannender ist als alle Legenden, die sich um sie ranken.

Hochkarätige Funde aus dem Lunds Universitets Historiska Museum in Schweden und über zwanzig weiteren namhaften Leihgebern aus Deutschland, Österreich und Skandinavien belegen und erzählen die historischen Fakten. Sie bringen Licht in diese mythen- und sagenumwobene Epoche.

Der Kuratorin, Dr. Michaela Helmbrecht, sowie dem wissenschaftlichen Berater Prof. Dr. Rudolf Simek und dem Team der VERANSTALTUNGS+KONGRESS GmbH ist es gelungen, die Welt der Wikinger in einer Erlebnisausstellung zu bündeln. Für das Begleitbuch konnte Dr. Michaela Helmbrecht weitere namhafte Autoren gewinnen, die in ihren Beiträgen Aspekte dieses umfassenden Themas vertiefen. Die Gestaltung der Ausstellung stammt aus der kreativen Feder des Teams der Studio Kudlich GmbH aus Wien. Die Entwicklung und Umsetzung der von der VERANSTALTUNGS+KONGRESS GmbH Rosenheim produzierten »WIKINGER!«-Ausstellung erfolgte zum Teil in einer erneut erfolgreichen Kooperation mit der Schallaburg Kulturbetriebsges.m.b.H in Niederösterreich, deren »Wikinger«-Projekt bereits im Jahr 2015 Besucherrekorde verbuchen konnte.

Ermöglicht wird die Ausstellung durch eine Reihe namhafter Sponsoren. Für ihre kontinuierliche Unterstützung danke ich den Hauptsponsoren Sparkasse Rosenheim – Bad Aibling, der Kathrein-Werke KG und dem Wirtschaftlichen Verband der Stadt und des Landkreises Rosenheim sowie den Sponsoren Stadtwerke Rosenheim und Premium Cars Rosenheim. Der Freundeskreis Lokschuppen Rosenheim e.V. konnte auch in diesem Jahr dankenswerterweise einen jährlich wachsenden Beitrag leisten. Für ihre Unterstützung der »WIKINGER!«-Ausstellung geht mein Dank natürlich auch an alle weiteren Partner.

Für die unterstützende Berichterstattung danke ich auch den Medienpartnern »National Geographic Deutschland«, »G/Geschichte«, Bayern 5 aktuell, OVB Medienhaus und dem »Münchner Merkur«.

Ich wünsche dem Ausstellungsprojekt »WIKINGER!« im Namen der Stadt Rosenheim den verdienten Erfolg sowie den zahlreichen Besucherinnen und Besuchern einen angenehmen Aufenthalt im Ausstellungszentrum Lokschuppen und in der Stadt Rosenheim.

Gabriele Bauer
Oberbürgermeisterin der Stadt Rosenheim

MICHAELA HELMBRECHT

VORWORT

Wer an Wikinger denkt, hat sofort ein Bild vor Augen – aber wohl jeder ein anderes: Der eine mag an furchterregende Barbaren mit Hörnerhelmen denken, die andere an Wickie, den schlauen Jungen in Film und Fernsehen; wieder andere vielleicht an bunte Mittelaltermärkte.

Aber was ist überhaupt ein »Wikinger«? Das altnordische Wort *víkingr* – »Wikinger« – ist keine Bezeichnung für eine Volksgruppe, sondern leitet sich aus einer Tätigkeit her – *fára í víking* hieß, auf eine Seereise oder eine Plünderungsfahrt zu gehen. Heute dagegen wird unter »Wikinger« vielfach die Bevölkerung Skandinaviens vom 8. bis 11. Jahrhundert verstanden, auch wenn dazu Frauen, Kinder und Unfreie gehörten, die damals nicht als Wikinger galten.

Das moderne, populäre Bild der Wikinger stimmt also nicht immer mit den Ergebnissen der wissenschaftlichen Forschung überein. Im 18. und 19. Jahrhundert war die Erforschung der Wikingerzeit die Domäne der Historiker, die die schriftliche Überlieferung auswerteten. Da die Wikinger selbst keine Geschichtsschreibung betrieben haben, stammen die meisten Texte über sie entweder aus der Feder von Zeitgenossen, die außerhalb Skandinaviens lebten, oder aus späteren Zeiten, als man im Mittelalter auf die eigene, noch vorchristliche Vergangenheit zurückblickte. Daraus ergab sich notwendigerweise eine Perspektive von außen auf die Wikingerzeit, die oft genug gefärbt war von den unangenehmen Erfahrungen der Verfasser mit den Wikingern, etwa wenn sie von ihren Überfällen betroffen waren. Bereits in jener Zeit entstanden zählebige Stereotypen, die teils bis heute fortleben.

In der zweiten Hälfte des 19. Jahrhunderts kam die Archäologie hinzu, die den Blick von außen um die Innensicht ergänzte. Ausgrabungen und Bodenfunde geben Aufschluss zu Alltag, Lebensgewohnheiten, Handelskontakten, Grabsitten und vielem mehr. Erst in der Zusammenschau der Forschungsergebnisse verschiedener Disziplinen entsteht ein facettenreiches Bild jener mythenumsponnenen Epoche, das durchaus nicht immer frei von Widersprüchen ist. Inzwischen arbeiten zahlreiche verschiedene Disziplinen wie Osteologie, Geologie, Ortsnamenforschung, Biologie und sogar die Humangenetik zusammen. So ist in den letzten Jahrzehnten ein spannendes und vielschichtiges Bild jener Epoche entstanden, was sich in der Vielfalt der Beiträge in diesem Band widerspiegelt.

Diese widmen sich Themenschwerpunkten wie dem Alltagsleben, der Gesellschaftsstruktur, natürlich dem Schiffsbau und der Expansion, aber auch der Mythologie und Dichtkunst der Nordleute. Das Verhältnis der Wikinger zum Frankenreich, der großen Macht im Süden, war zwiespältig: einerseits begehrter Handelspartner, andererseits Ziel von Plünderungen und Überfällen. Weniger erwartbar und vielleicht etwas überraschend sind Verbindungen zwischen dem Norden und Bayern, die sich immer wieder feststellen lassen – sowohl während der Wikingerzeit als auch in der Neuzeit, als die Wikinger sozusagen wieder auflebten. Einen speziellen Themenschwerpunkt bildet folgerichtig das »Nachleben« der Wikinger, das geprägt ist vom Ge- und Missbrauch der Historie für aktuelle Zwecke.

Eine Ausstellung zum Thema »Wikinger« zu erarbeiten, ist im Grunde, wie einen Wikingerzug vorzubereiten: Die Erwartungen von allen Seiten sind hoch, ein Team von Spezialisten ist unter einen Hut zu bringen – und wertvolle Schätze spielen eine wichtige Rolle. Um solch ein Unternehmen erfolgreich zu Ende zu führen, ist das Zusammenwirken vieler nötig. Ich möchte daher allen Beteiligten herzlich danken, dass sie mit ihrer Arbeit das Projekt so tatkräftig unterstützt haben.

Viele namhafte Leihgeber haben dem Lokschuppen Rosenheim Objekte anvertraut. Allen voran sei das Historische Museum der Universität Lund genannt, das eine große Zahl an Leihgaben, darunter die wertvollsten Objekte ihrer Sammlung, zur Verfügung stellte. Das Viking Ship Museum in Roskilde steuerte beeindruckende Nachbauten von Originalschiffsfunden der Wikingerzeit bei, das Archäologische Landesmuseum Schloss Gottorf der Stiftung Schleswig-Holsteinische Landesmuseen bedeutende Originalfunde und aussagekräftige Repliken von Funden aus Haithabu.

Rudolf Simek hat als wissenschaftlicher Berater die Vorbereitungen der Ausstellung mit Rat und Tat unterstützt, vor allem bei den Themen Schiffsbau und Navigation, Mythologie und der schriftlichen Überlieferung.

Dank gebührt vor allem den Autorinnen und Autoren dieses Begleitbuches. Zahlreiche Beiträge wurden neu verfasst. Die Grundlage für einige Artikel bilden Texte im Begleitbuch zur Ausstellung in Speyer (»Die Wikinger«, hrsg. vom Historischen Museum der Pfalz Speyer, München 2008), die für diese Publikation von den Autoren neu bearbeitet wurden. Ein kleiner Teil der Ausstellung entstand als Kooperationsprojekt mit der Schallaburg Kulturbetriebsges.m.b.H. in Niederösterreich. Dort wie nun hier im Lokschuppen oblag die Gestaltung dem kreativen Team von Studio Kudlich in Wien. Das Team des Lokschuppens hat die Ausstellung in bewährter Weise organisatorisch betreut und mit vielen Ideen bereichert. Für die gute Zusammenarbeit sei ihnen herzlich gedankt.

WIKINGER!

RUDOLF SIMEK

WIKINGER UND WIKINGERZEIT

»Die Wikinger« regen heute noch die Fantasie an, als halbbarbarische, aber tapfere und geschickt taktierende Seeräuber, die vor allem durch ihre schnellen Schiffe in den Ruf der Unbesiegbarkeit kamen. Diese Eigenschaften gehören sicherlich mit zum historischen Bild der Wikinger, aber natürlich noch vieles mehr. Unter Wikinger verstehen wir heute im Allgemeinen jeden Skandinavier, der in der Zeitspanne vom späten 9. bis zum frühen 11. Jahrhundert gelebt hat – das ist jedoch die Folge der Epochenbezeichnung »Wikingerzeit«, die für Nordwesteuropa gilt. Sie wird von den Schulbuchdaten 793 und 1066 umrahmt, vom ersten historisch genau datierbaren Überfall auf das Inselkloster Lindisfarne vor Nordostengland einerseits und von der Schlacht von Stamford Bridge bei York im Jahre 1066 andererseits, als König Harold Godwinson von England den legendären Norwegerkönig Harald den Harten mit seiner Invasionsarmee abwehren konnte – nur, um selbst Wochen später dem (ebenfalls wikingerstämmigen) Wilhelm dem Eroberer in der Schlacht von Hastings zu unterliegen.

LINDISFARNE Die Ruinen des Inselklosters Lindisfarne vor der Nordostküste Englands in der Grafschaft Northumberland erinnern noch heute an die Wikingerüberfälle. Der Überfall auf das Kloster im Jahr 793 gilt oft als Beginn der Wikingerzeit.

Die Wikinger, die der Periode ihren Namen gaben und sich auch selbst gelegentlich so bezeichneten, waren Seeräuber und Kämpfer, Seefahrer und mitunter auch Siedler - aber in erster Linie Männer. Wenn wir dagegen heute von Wikingern sprechen, dann sind damit auch die gleichzeitig an den europäischen Küsten tätigen Händler, die Kunsthandwerker an den Königshöfen und nicht zuletzt die Frauen gemeint, die während langer Abwesenheiten der Männer nicht nur die Landwirtschaft betrieben, sondern auch das ganze Sozialwesen selbst in den dünn bevölkerten Siedlungsgebieten Skandinaviens aufrechterhielten. Somit sind alle Bevölkerungsgruppen in den Begriff der Wikingerzeit einzubeziehen, ob sie sich selbst nun als *víkingr* - »Seeräuber« - bezeichneten oder nicht; woher der Begriff kommt, ist übrigens nicht ganz sicher: Wahrscheinlich ist er von *vík* (»Bucht«) abgeleitet und bezeichnete »Männer aus dem buchtenreichen Land« (Norwegen); oder er bezog sich auf die Landschaft Viken, was der alte Name für den Oslofjord ist. Im Osten dagegen bezeichneten sich die Wikinger selbst als Waräger (etwa »die einander Eide schwören«) oder wurden von den Arabern und Slawen *Rus'* genannt, was entweder die »Rot(haarig)en« oder »die aus der Landschaft Roslagen (in Schweden) Stammenden« heißt.

WIKINGERÜBERFÄLLE IM BILD
Die Wikingerüberfälle wurden von der Kirche als Strafgericht Gottes angesehen. Diese Vorstellung floss sicherlich ein in die Darstellungen auf diesem Grabsteinfragment aus Lindisfarne vom Ende des 9. Jahrhunderts. Die Krieger mit erhobenen Schwertern und Äxten sind vermutlich Teil einer Schilderung des Jüngsten Gerichts.

Die räumliche Eingrenzung der Wikingerzeit ist zwar relativ leicht, wenn man die ursprünglichen Siedlungsgebiete der Skandinavier betrachtet – geht es doch mehr oder weniger um die heute noch in ähnlichen Grenzen existierenden Gebiete Norwegens, Dänemarks und Schwedens. Schwieriger wird es, wenn man die von den Wikingern heimgesuchten Gebiete betrachtet: Denn als Wikinger und Seeräuber wahrgenommen wurden sie zwar im Frankenreich, in England und in Irland, das war aber keineswegs die äußerste Ausdehnung ihrer Expansionsbewegungen, die während dieser Periode des Frühmittelalters vom Schwarzen Meer bis Nordamerika reichte.

In diesem Zusammenhang lassen sich drei Stoßrichtungen wikingerzeitlicher skandinavischer Expansion unterscheiden: Zum Ersten die erwähnte, in den Quellen der europäischen Reiche nachhaltigste und wohl auch gewaltsamste Expansion nach Südwesten, wo zunächst England und Irland, dann, nach dem Tode Karls des Großen im Jahre 814 und dem nachfolgenden Zusammenbruch der fränkischen Reichsverteidigung, vor allem das Frankenreich unter räuberischen Überfällen zu leiden hatten. Diese plötzlichen, anfangs noch sehr sporadischen, aber offenbar durchwegs auf lohnende Ziele fokussierten Raubzüge sind ohne gute Ortskenntnisse kaum denkbar, und diese können eigentlich nur mit den jahrhundertelangen Handelsbeziehungen der Skandinavier mit ihren Nachbarreichen erklärt werden. Dadurch waren denjenigen Skandinaviern, die sich nun plötzlich auf Raub statt Handel verlegten, nicht nur die wichtigsten damaligen Handelsplätze wie Dorestad in der Rheinmündung oder Quentovic an der Kanalküste bekannt, sondern auch die alten Städte wie Köln, Bonn und Koblenz am Rhein oder Paris an der Seine, ebenso wie offenbar auch die Lage der reichen Abteien, von denen besonders Prüm in der Eifel und Kornelimünster bei Aachen trotz ihrer versteckten Lage sehr unter den Wikingerüberfällen zu leiden hatten.

VOR DEM ANGRIFF Seite aus der französischen Handschrift »Vita des hl. Aubin«, Abtei Saint-Aubin d'Angers, um 1100. Angers wurde im 9. Jahrhundert von Wikingern überfallen. Schwer bewaffnet und bereit für den Angriff sind sie im Schiff dargestellt.

Die zweite, in der damaligen Welt fühlbare skandinavische Stoßrichtung war die nach Osten, obwohl man hier eben schon mittelalterlichem Sprachgebrauch folgend nicht von Wikingern, sondern Warägern und Rus' spricht, und zwar in Bezug auf alle Skandinavier auf dem Gebiet des heutigen Russland als auch des ganzen Territoriums zwischen Finnischem Meerbusen, Ladoga- und Onegasee und Schwarzem Meer. In diesem Bereich mögen sich anfangs auch Plünderzüge ereignet haben, aber typisch war das in dem riesigen, von slawischen Stämmen dünn besiedelten Gebiet nicht. Die vorwiegend schwedischen Waräger scheinen hier von Anfang an Handelsstützpunkte angelegt zu haben, aus denen z. T. die späteren russischen Städte entlang der großen Flüsse hervorgegangen sind. Vor allem aufgrund des dadurch erworbenen Reichtums scheinen die Waräger auch zu politischer

Macht gekommen zu sein, wie es die ältesten russischen Chroniken ebenso wie die Ahnenreihe des Kiewer Fürstengeschlechtes darstellen. Tatsächlich, so haben die Ausgrabungen der letzten Jahrzehnte gezeigt, bildeten die Skandinavier nur eine schmale Oberschicht auch in diesen frühen Handelsplätzen und Städten. Die wenigstens dem Kiewer Reich im 10. und 11. Jahrhundert zuzuschreibende politische Stellung ist aber neben der des byzantinischen Großreiches auf der anderen Seite des Schwarzen Meers stark zu relativieren, denn selbst die sporadischen Attacken der Kiewer Rus' auf die Reichshauptstadt Byzanz werden dort kaum erwähnt.

Weder zeitlich noch in ihrer Wirksamkeit nachrangig, aber wegen der Gewaltlosigkeit des Vorganges vom restlichen Europa kaum wahrgenommen war die dritte, dauerhafteste Expansionsbewegung der Skandinavier, nämlich die nach Nordwesten

SELTENER KOPFSCHUTZ Nur die wohlhabendsten Wikinger trugen Helme aus Metall. Dieser Helm aus Gjermundbu, NO, ist der einzige weitgehend erhaltene Helm aus der Wikingerzeit, der in Skandinavien gefunden wurde. Universitetet i Oslo, Historisk Museum.

KRIEGSSCHIFF AUF HOHER SEE Eines der im Roskildefjord, Dänemark, geborgenen Schiffswracks stellte sich als ein nach 1040 in der Nähe von Dublin gebautes, etwa 30 m langes hochseetaugliches Kriegsschiff heraus. Ein Nachbau des Wikingerschiffs-Museums Roskilde, die *Havhingsten fra Glendalough*, segelte 2007 mit einer 62 Mann starken Besatzung von Roskilde über den Norden Norwegens um Schottland herum nach Dublin.

auf die Inselgruppen des Nordatlantiks und schließlich bis Nordamerika. Hier bildete die Besiedlung der schon vorher von Kelten und Pikten bewohnten Orkneys und Hebriden um Schottland herum den Anfang, aber die Kolonisation der – weitgehend – menschenleeren Shetlands, der den irischen Mönchen schon vorher als »Schafsinseln« bekannten Färöer und schließlich Islands dehnte im 9. Jahrhundert die skandinavische Welt weit nach Westen aus. Ende des 10. Jahrhunderts brachte die Entdeckung und wenig später Besiedlung Grönlands zwar das Ende der permanenten Kolonisation am Nordatlantik, aber die Expeditionen entlang der amerikanischen Nordküste bis wenigstens nach Neufundland Ende des 10. und Anfang des 11. Jahrhunderts zeigen, dass einer weiteren Kolonisation im Westen nunmehr logistische Schwierigkeiten für eine schon in Grönland sehr kleine Bevölkerung im Wege standen, es aber für die Entdeckungsfreude der Skandinavier und die Seetüchtigkeit ihrer Schiffe kaum Grenzen gab. Zwar blieb auch die Besiedlung Grönlands aus der historischen Rückschau aus tausend Jahren Abstand nur eine Episode, der die Klimaverschlechterung des Spätmittelalters nach drei oder vier Jahrhunderten ein Ende setzte, doch die Eroberung des Nordatlantiks durch die Wikinger ist ebenso eine historische Tatsache wie ihre frühe Entdeckung des amerikanischen Kontinents.

Umso mehr stellt sich die Frage, was denn letztendlich zu einer so plötzlichen, ungestümen und mit nur wenig mehr als 250 Jahren doch kurzen Phase der europäischen Frühgeschichte geführt hat, die wir eben als Wikingerzeit bezeichnen. Sie hat zwar weithin ihre Spuren hinterlassen – vom Namen der Normandie, den noch heute skandinavisch beeinflussten Dialekten Ostenglands, den Zerstörungen von Klöstern und Kirchen des Rheinlands bis hin zur sozialen Struktur Islands –, aber die Gründe für den Beginn der Wikingerzeit sind wesentlich weniger leicht nachzuvollziehen als ihre Folgen.

Die Ursachen lassen sich auch keineswegs auf einige wenige Punkte beschränken, sondern wir müssen davon ausgehen, dass ein komplexes Zusammenspiel aus politischen und sozialen Faktoren als Grund für die Expansionsbewegungen der Wikingerzeit gesehen werden muss, wobei es zwischen Voraussetzungen einerseits und Auslösern andererseits zu unterscheiden gilt.

Zu den Voraussetzungen ist vor allem die die Entwicklung von seegängigen Segelschiffstypen zu zählen, und damit auch die navigatorischen Fähigkeiten, die sich die Skandinavier über Jahrhunderte auf Grund der geografischen und topografischen Situation hatten erwerben können, welche nun die Reisen erst ermöglichten. Dabei dürfen als weitere Grundvoraussetzung auch die günstigen klimatischen Zustände des Frühmittelalters nicht vergessen werden. Dazu traten eine ganze Reihe sozialer Faktoren: Das skandinavische Erbrecht, das dem erstgeborenen Sohn das Erbe zusprach, dürfte eine Rolle für die Entstehung der

SCHICKSALSJAHR 1066 Der berühmte Teppich von Bayeux, entstanden um 1070 und insgesamt gut 70 m lang, schildert die Ereignisse des Jahres 1066 in Wort und Bild. Schlussendlich erlagen die englischen Truppen dem normannischen Herzog Wilhelm dem Eroberer.

Wikingerzüge gespielt haben, ebenso wie die schon von frühmittelalterlichen Autoren betonte hohe Zahl an Söhnen und Kindern überhaupt, woraus diese Verfasser aber eine Theorie der Not und der Übervölkerung konstruierten, für welche bislang gesicherte Belege jedoch fehlen. Auch für eine angebliche kleine Klimaverschlechterung und daraus resultierende Hungersnöte gibt es keinerlei Beweise.

An Auslösern gibt es ebenfalls eine ganze Reihe, aber zu den bekanntesten und von der isländischen Geschichtsschreibung seit dem Hochmittelalter favorisierten Gründen zählt die vorgebliche Freiheitsliebe der norwegischen Freibauern, für die eine Unterordnung unter das im 9. Jahrhundert durch Harald Schönhaar etablierte Zentralkönigtum so indiskutabel war, dass sie die Auswanderung der Unterwerfung vorgezogen hätten. Dies mag mit eine Rolle gespielt haben; wahrscheinlicher ist es aber, dass gerade eine Zahl von miteinander konkurrierenden Kleinkönigtümern, wie zu dieser Zeit in Dänemark die Regel, dazu geführt haben könnte, dass diese Fürsten die Kosten ihrer militärischen Hofhaltung nur mehr durch immer weitere Kreise ziehende Piraterie decken konnten, welche dann eine gewisse Vorbildwirkung ausgeübt hätte. Weiters ist zu berücksichtigen, dass die Wikingerüberfälle im Kontext des normalen politischen Verhaltens des frühmittelalterlichen Westeuropa gesehen werden müssen, in welchem u. a. Franken, Baiern, Sachsen und die maurischen Seeräuber im Mittelmeer unentwegt die Mittel der militärischen Aggression, Erpressung und Plünderung in ihrer Politik einsetzten. Ein viel wesentlicherer Auslöser ist jedoch in der hegemonistischen Expansionspolitik des Karolingerreiches selbst zu sehen, das vermutlich ausreichend Druck nach Norden ausübte, um damit Einfälle geradezu zu provozieren, welche aber letztlich wesentlich lukrativer waren als allfällige Gebietsgewinne des Reiches im Norden. Eine letzte Ursache der Wikingerfahrten mag zwar romantisch wirken, ist aber schon in den zeitgenössischen Quellen gut belegt und auch einsichtig, selbst wenn schon die literarischen Quellen des Hochmittelalters diesen Grund für ihre eigenen Zwecke einsetzten, nämlich die vielfach bezeugte Habgier nach Land, Reichtum und Ruhm. Diese Sucht nach Ruhm mag zwar erst eine sekundäre Entwicklung gewesen sein, findet sich aber schon in der mittelalterlichen Sicht auf die Wikingerzeit und prägt bis heute erfolgreich unser gängiges Bild von den Wikingern.

LITERATUR

A. Krause, **DIE WELT DER WIKINGER** (Frankfurt/Main 2006).

R. Simek, **DIE WIKINGER.** 6. Aufl. (München 2015).

R. Simek/U. Engel (Hrsg.), **VIKINGS ON THE RHINE. RECENT RESEARCH ON EARLY MEDIEVAL RELATIONS BETWEEN THE RHINELANDS AND SCANDINAVIA** (Wien 2004).

DIE WIKINGER, Begleitbuch zur Ausstellung im Historischen Museum der Pfalz Speyer (München 2008).

SIEDLUNGSGEBIETE DER WIKINGER IN SKANDINAVIEN

WIKINGERZÜGE NACH ENGLAND, IRLAND, INS FRÄNKISCHE REICH UND IN DEN MITTELMEERRAUM

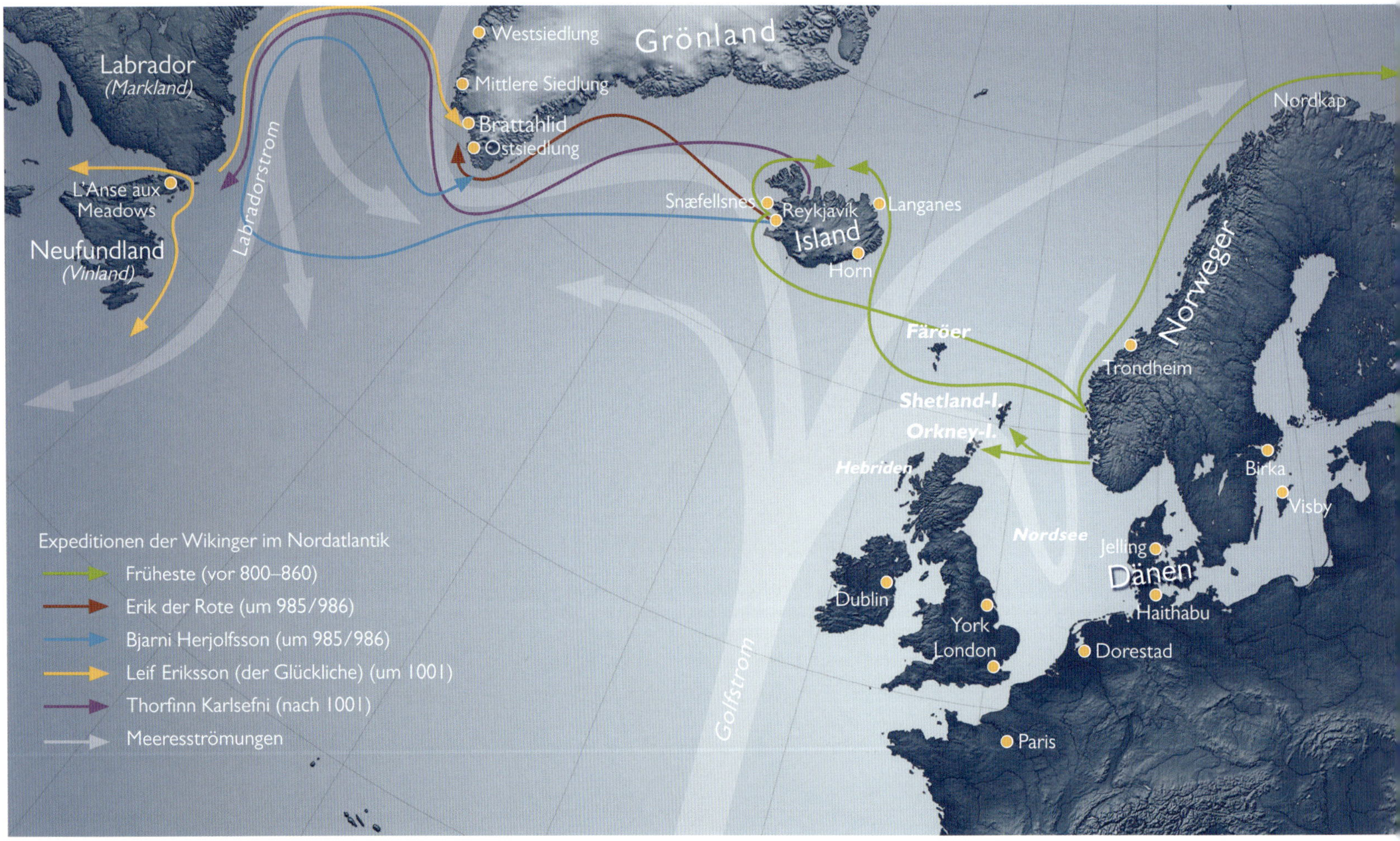

EXPEDITIONEN DER WIKINGER IM NORDATLANTIK

HAUPTHANDELSROUTEN UND ORTSGRÜNDUNGEN DER WIKINGERZEIT

ZEITTAFEL

Zeit	Skandinavien	Fränkisches Reich / Kontinentaleuropa	England / Irland	Nordatlantik	Osten
700	Um 700: Gründung des Handelsplatzes Ribe.				
	737: Beginn des Baus des Danewerks.				
750	Um 750: Gründung von Birka.				Um 750: Gründung von Staraja Ladoga in Nordrussland.
		799: Überfall auf das Kloster Noirmoutier, Beginn der Wikingerüberfälle auf das Frankenreich.	793: Überfall auf das englische Kloster Lindisfarne.		
800	Um 800: Gründung von Kaupang.	800: Karl der Große wird Kaiser des Frankenreichs.	Ab 795: Überfälle auf die schottische und irische Küste, darunter das Kloster Iona.		
	808: Der dänische Kleinkönig Godfrid zerstört den Handelsplatz Reric und siedelt die Händler nach Haithabu um.	814: Ludwig der Fromme folgt Karl dem Großen auf dem Kaiserthron.		Ab ca. 825 siedeln Wikinger auf den Färöern.	
		826: Der dänische Adlige Harald Klak wird in Mainz getauft und in Ingelheim von Kaiser Ludwig dem Frommen empfangen. Der Missionar Ansgar begleitet Harald zurück nach Dänemark.			
	829–31: Ansgars erste Missionsreise nach Birka.				
	834: Zwei Frauen werden im Prunkgrab von Oseberg (Norwegen) bestattet.	Ab 834: Wikinger plündern wiederholt den friesischen Handelsort Dorestad.	Ab 835 plündern Wikinger verstärkt in England.		
		839: Rus-Gesandte am Hof Ludwigs des Frommen in Ingelheim.	Ab 839 verstärken sich die Angriffe der Wikinger auf Irland.		

Zeit	Skandinavien	Fränkisches Reich / Kontinentaleuropa	England / Irland	Nordatlantik	Osten
		Ab 840: Wikingerüberfälle im Frankenreich häufen sich; erste Winterlager im Frankenreich.	840/41: Wikinger bauen in Dublin einen Hafen und überwintern dort.		
		843: Wikingerüberfall auf Nantes an der Loire.			
		844: Wikinger plündern in Spanien.			
	845: Christen werden aus Birka verjagt.	845: Belagerung von Paris; Plünderung von Hamburg. Die Franken zahlen zum ersten Mal »Danegeld«.			
850	852: Erneute Missionsreise Ansgars nach Dänemark und Birka.	852: Wikinger überwintern an der Seine.	850/51: Wikinger überwintern erstmals in England.	9. Jahrhundert: Wikinger besiedeln die Orkney-Inseln.	
		859/62: Eine Wikingerflotte plündert im westlichen Mittelmeer.			860: Rus‘ greifen Konstantinopel an.
		862/63: Überfälle auf Köln und Xanten.	865: Das »Große Heer« landet in Ostanglien.		862: Nach der Überlieferung kommt Rurik nach Russland und ergreift die Macht.
			866: Die Wikinger nehmen York ein.		
			873/74: Winterlager von Wikingern bei Repton.	874: Beginn der Besiedlung Islands.	
			876: Wikinger aus Dänemark siedeln in Ostengland.		
		879: Das »Große Heer« setzt ins Frankenreich über und plündert an Maas und Rhein.	878: Der englische König Alfred besiegt die Dänen. Der dänische Anführer Guthrum lässt sich taufen.		
		881: Der westfränkische König Ludwig III. besiegt die Wikinger bei Saucourt.			
		881/882: Das »Große Heer« plündert im Rheinland. Köln, Bonn, Aachen, Trier und Kloster Prüm werden angegriffen. Wikingerlager in Duisburg.			882: Der Rus‘-Herrscher Oleg erobert Kiew und vereinigt es mit Nowgorod zum Reich der Rus‘.
		885/86: Paris wird von Wikingern belagert.	886: England wird zwischen Alfred und Guthrum aufgeteilt (Danelag).		
	Ca. 890: In der Schlacht im Hafrsfjord unterwirft sich König Harald Schönhaar große Gebiete in Norwegen.	892: Wikinger plündern erneut im Rheinland.			

Zeit	Skandinavien	Fränkisches Reich / Kontinentaleuropa	England / Irland	Nordatlantik	Osten
900	Um 900 wird ein hochstehender Wikinger im Bootsgrab von Gokstad bestattet.		902: Die Wikinger werden vorübergehend aus Dublin vertrieben. Beginn der angelsächsischen Rückeroberung Englands.		907: Feldzug von Fürst Oleg von Kiew gegen Konstantinopel.
		911: Der Wikinger-Anführer Rollo erhält die Normandie als Lehen.	917: Dublin wird von den Wikingern neu gegründet.		911: Abschluss eines Friedens- und Handelsvertrages zwischen Konstantinopel und den Rus'.
		914: Wikinger erobern die Bretagne.			912: Plünderungszüge im Kaspischen Meer.
					922: Ibn Fadlan als Gesandter des Kalifen von Bagdad in Bulgar an der Wolga.
	Um 930: Tod von König Harald Schönhaar.	930er-Jahre: Die Wikinger werden aus der Bretagne vertrieben.	937: Wikinger unterliegen in der Schlacht von Brunanburh.	930: Einrichtung des isländischen Althings.	
	948: In Ribe, Haithabu und Århus werden Bischöfe eingesetzt.				
950	Um 950: Gorm der Alte König in Dänemark.		954: Erik Blutaxt wird aus York vertrieben und fällt im Kampf.		
	960er-Jahre: Ibrahim ibn Yakub al-Israili al-Tartushi besucht Haithabu.				
	Um 965: Der dänische König Harald Blauzahn lässt sich taufen und betreibt die Christianisierung Dänemarks.				
	Um 970: Gründung von Sigtuna. Die Stadt übernimmt die Rolle von Birka.				
	Um 980: Errichtung großer Ringburgen in Dänemark, Brücke von Ravning Enge.		980 Wikinger aus Dänemark greifen England erneut an.		980–1015: Wladimir ist Fürst von Kiew.
	985/87: Harald Blauzahn stirbt im Kampf gegen seinen Sohn Sven Gabelbart. Dieser wird König und wendet sich vom Christentum ab.		991: Eine Wikingerflotte landet in Ostanglien. Hohe Tributzahlungen an die Dänen nach der englischen Niederlage bei Maldon.	Ca. 985: Erik der Rote siedelt in Grönland.	
	Um 990: Gründung von Lund; Uppåkra wird weitgehend verlassen.				Nach 980: Christianisierung Russlands.
	995: Olaf Schatzkönig König von Schweden. Die Christianisierung der Bevölkerung wird vorangetrieben.	994: Wikinger plündern an der Elbe.	994: Flotte unter Sven Gabelbart belagert London und treibt Tribut ein.		

Zeit	Skandinavien	Fränkisches Reich / Kontinentaleuropa	England / Irland	Nordatlantik	Osten
	995: Der norwegische König Olaf Tryggvason lässt sich taufen und treibt die Christianisierung in Norwegen voran.				
1000	1000: Olaf Tryggvason fällt in der Schlacht von Svold.		1002: König Æthelred befiehlt Massaker an den Dänen.	1000: Das isländische Althing entscheidet sich für die Annahme des Christentums.	
				Um 1000: Leif Eriksson erreicht die Küste Nordamerikas und überwintert dort.	
	1016–1035: Knut der Große erobert die Herrschaft über England, Dänemark und Norwegen.	1027: König Knut wohnt der Kaiserkrönung von Konrad II. bei.	Ab 1014 erobert der dänische König Sven Gabelbart England.	1014–1065: Thorfinn der Mächtige ist Jarl der Orkneys.	
	1030: Der norwegische König Olaf Haraldsson (Hl. Olaf) fällt in der Schlacht von Stiklestad. Das Christentum setzt sich endgültig in Norwegen durch.	1029: Erster Normannenstaat in Süditalien.			Um 1030/40: Der spätere norwegische König Harald der Harte dient in der Warägergarde in Konstantinopel.
					1035–54: Jaroslaw der Weise ist Alleinherrscher über Kiew.
					1036–41: Ingvar unternimmt eine Expedition in den Osten. Sie endet verhängnisvoll im Kaspischen Meer.
1050	1047–66: Harald der Harte König von Norwegen.	1053: Niederlage päpstlicher Truppen gegen die Normannen bei Civitate.		1056: Gründung des ersten isländischen Bischofssitzes in Skálholt.	
	1060: Lund wird Bischofssitz.				
1066	1066: Endgültige Zerstörung Haithabus.		Der norwegische König Harald der Harte fällt in der Schlacht von Stamford Bridge. Der Normanne Wilhelm der Eroberer siegt bei Hastings und wird englischer König.		
	1070: Adam von Bremen beschreibt den heidnischen Tempel von Uppsala.	1071: Normannen in Süditalien und Sizilien.	1085: Eine dänische Invasion Englands wird geplant, aber aufgegeben.	1067–1148: Ari Thorgilsson, isländischer Gelehrter	

MICHAELA HELMBRECHT

WECHSELVOLLE BEZIEHUNGEN

SKANDINAVIEN UND MITTELEUROPA AM BEGINN DER WIKINGERZEIT

In der historischen Forschung wird oftmals das Jahr 793 als Beginn der Wikingerzeit genannt: das Jahr des (angeblich) ersten schriftlich dokumentierten Wikingerüberfalls auf das northumbrische Kloster Lindisfarne, mit dem die Wikinger als Plünderer und Eroberer die Bühne des Weltgeschehens betraten.

Der Übergang zu einer neuen historischen Epoche vollzieht sich jedoch in aller Regel nicht an einem Tag, und so verhält es sich auch im Falle der Wikingerzeit. Die archäologischen Quellen - Bodenfunde und erhaltene Strukturen - zeigen, dass das gesamte 8. Jahrhundert in Skandinavien eine Zeit des kulturellen Wandels und technologischer Neuerungen war.

Die Bewohner Skandinaviens lebten vorwiegend in den küstennahen Gebieten Nord- und Mittelskandinaviens. Ihre Lebensgrundlage bildete seit Jahrhunderten die Landwirtschaft mit Ackerbau und Viehzucht, Fischfang ergänzte den Speisezettel. Allerdings lebten die Menschen nicht isoliert von den europäischen Entwicklungen. Schon während der römischen Kaiserzeit, während der Völkerwanderungszeit und zur Merowingerzeit bestanden vielfältige Verbindungen zwischen dem Norden und Mitteleuropa.

Die der Wikingerzeit vorangehende Epoche wird in Schweden Vendelzeit genannt, nach einem Fundplatz in der Nähe von Uppsala. Hier wurden extrem reich ausgestattete Gräber des 6. bis 8. Jahrhunderts entdeckt. Unter den Beigaben waren reich dekorierte Waffen, Zaumzeugbestandteile, Fibeln und Schmuckstücke, deren Formen und Verzierungen Verbindungen ins angelsächsische England und zum merowingerzeitlichen Kontinent erkennen lassen. Funde aus Mitteleuropa wurden auch an anderen Fundorten, etwa in Uppåkra in Südschweden, entdeckt.

Umgekehrt sind auch aus dem merowingerzeitlichen Süddeutschland nordische Gegenstände bekannt. Im 6. und 7. Jahrhundert wurden einige Männer und Frauen in verschiedenen alamannischen und bajuwarischen Gräberfeldern mit skandinavischen Gegenständen bestattet. Vermutlich stammten auch ihre Träger aus dem Norden.

WEIT GEREISTE FIBEL
Diese S-Fibel war im heutigen Süddeutschland hergestellt worden. Sie bezeugt die weitreichenden Verbindungen im 6. Jahrhundert.
Uppåkra, SE, vergoldete Bronze, Granateinlagen, 6. Jh. Lunds Universitets Historiska Museum.

Wie wir uns diese Verbindungen konkret vorzustellen haben, bleibt in vielem Spekulation. Jedenfalls aber reisten einzelne Personen, Frauen wie Männer, und wohl auch Personenverbände über weite Strecken und fanden in der Ferne gastliche Aufnahme. Handel wird dabei eine wichtige Rolle gespielt haben, auch politische Allianzen, Gefolgschaftsverpflichtungen und Heiratsverbindungen sind wahrscheinlich. Wie eine Stelle bei Gregor von Tours nahelegt, kam es auch zu Raubzügen und Plünderungen.

Das 8. Jahrhundert war in Mitteleuropa wie auch in Skandinavien eine Umbruchszeit. Für die Entwicklungen in Skandinavien sind wir dabei hauptsächlich auf die archäologischen Quellen angewiesen. Irgendwann zwischen dem 6. und 8. Jahrhundert ging man dazu über, zu segeln statt nur zu rudern, was längere Reisen enorm vereinfachte. Im 8. Jahrhundert wurden mehrere Handels- und Handwerkszentren gegründet, darunter Birka in Mittelschweden und Haithabu in Jütland, womit die wirtschaftliche und handwerkliche Entwicklung vorangetrieben wurde. Diese Zentren gehörten zu einem größeren Netzwerk von Handelsplätzen, das im Laufe der späten Merowinger- und frühen Karolingerzeit entstand, das wiederum direkt mit der Entwicklung im Frankenreich zusammenhängt.

Karl der Große, König der Franken seit 768, führte das Frankenreich zu seiner größten Ausdehnung und Machtentfaltung. Da er sein Reich als neues *Imperium Romanum* verstand, wurde es entsprechend umorganisiert, die Verkehrsinfrastruktur ausgebaut und Märkte und Häfen gegründet. Der umständliche Gütertausch mit (verderblichen) Erzeugnissen der Landwirtschaft oder Handwerksprodukten wurde weitgehend ersetzt durch zentral gesteuerte Münzwirtschaft.

Karl führte weiterhin eine umfassende Bildungsreform durch, die sogenannte *renovatio*. Dabei orientierte er sich hauptsächlich an antikem Wissen. Zu Karls Zeit war die Bevölkerung im Frankenreich seit mehreren Generationen christianisiert. Das Christentum bildete auch das religiöse Fundament des Kaisertums. Im Norden dagegen wurde das zuvor überregional-gemeingermanische kulturelle und religiöse Erbe Nord- und Mitteleuropas weiter gepflegt. Die Macht lag dort in der Hand von Fürsten, die über kleinere Regionen herrschten; es gab keine zentrale Königsmacht. Somit entwickelten sich der Norden und Mitteleuropa zusehends auseinander.

FRÄNKISCHER EXPANSIONSDRANG Karl der Große dehnte sein Herrschaftsgebiet in teils blutigen Kriegen nach allen Himmelsrichtungen aus.

Während des letzten Drittels des 8. Jahrhunderts rückte das Frankenreich rein physisch allerdings näher an die »Dani« heran. Die Eroberungszüge Karls der Großen richteten sich hauptsächlich nach Norden und Osten, in die Gebiete der Sachsen und Slawen, und das Fränkische Reich wurde direkter Nachbar der Dänen. Um den nördlich der Reichsgrenze verlaufenden Handelsweg zwischen Nord- und Ostsee, der an Haithabu vorbeiführte, vor den Begehrlichkeiten der Franken zu schützen, wurde das Danewerk, eine Befestigung quer über die Landenge, im Laufe des 8. Jahrhunderts verstärkt und ausgebaut.

Karls Sohn Ludwig, genannt der Fromme, verbreitete seinen Machtanspruch und das Christentum auch über die Reichsgrenzen hinaus und machte sich dabei innerdänische Machtstreitigkeiten zunutze. Der dänische Kleinkönig Harald Klak wurde 814 Lehnsmann des Kaisers, um sich seiner Unterstützung zu versichern. Kaiser Ludwig versprach sich im Gegenzug für tatkräftige Hilfe Einfluss auf die politischen Geschicke in Dänemark und Aussichten auf eine erfolgreiche, von fränkischer Seite gesteuerte Missionierung. 826 ließ sich Harald Klak, dessen Position in Dänemark wieder geschwächt war, in Mainz taufen. Ludwig wurde Haralds Pate und belehnte ihn mit der friesischen Grafschaft Rüstringen; im Gegenzug sollte Harald die friesische Küste gegen Wikingereinfälle verteidigen. Im selben Jahr zog Harald wieder nach Dänemark, begleitet von Ansgar und einer Gruppe von Missionaren, doch Harald scheiterte und mit ihm dieser Missionierungsversuch. Erst in den Folgejahren gelang es Ansgar, in Haithabu, Ribe und Birka zu predigen und möglicherweise sogar erste Kirchenbauten zu errichten. Allerdings sollte es bis ins 10./11. Jahrhundert dauern, bis sich das Christentum endgültig im Norden durchsetzte.

Dieses Wechselspiel von Annäherung und Abgrenzung, von geschicktem Taktieren und Ausnutzen von Macht bzw. Machtverlusten des jeweils anderen prägte das Verhältnis zwischen dem Fränkischen bzw. Ottonischen Reich und dem Norden während der ganzen Wikingerzeit.

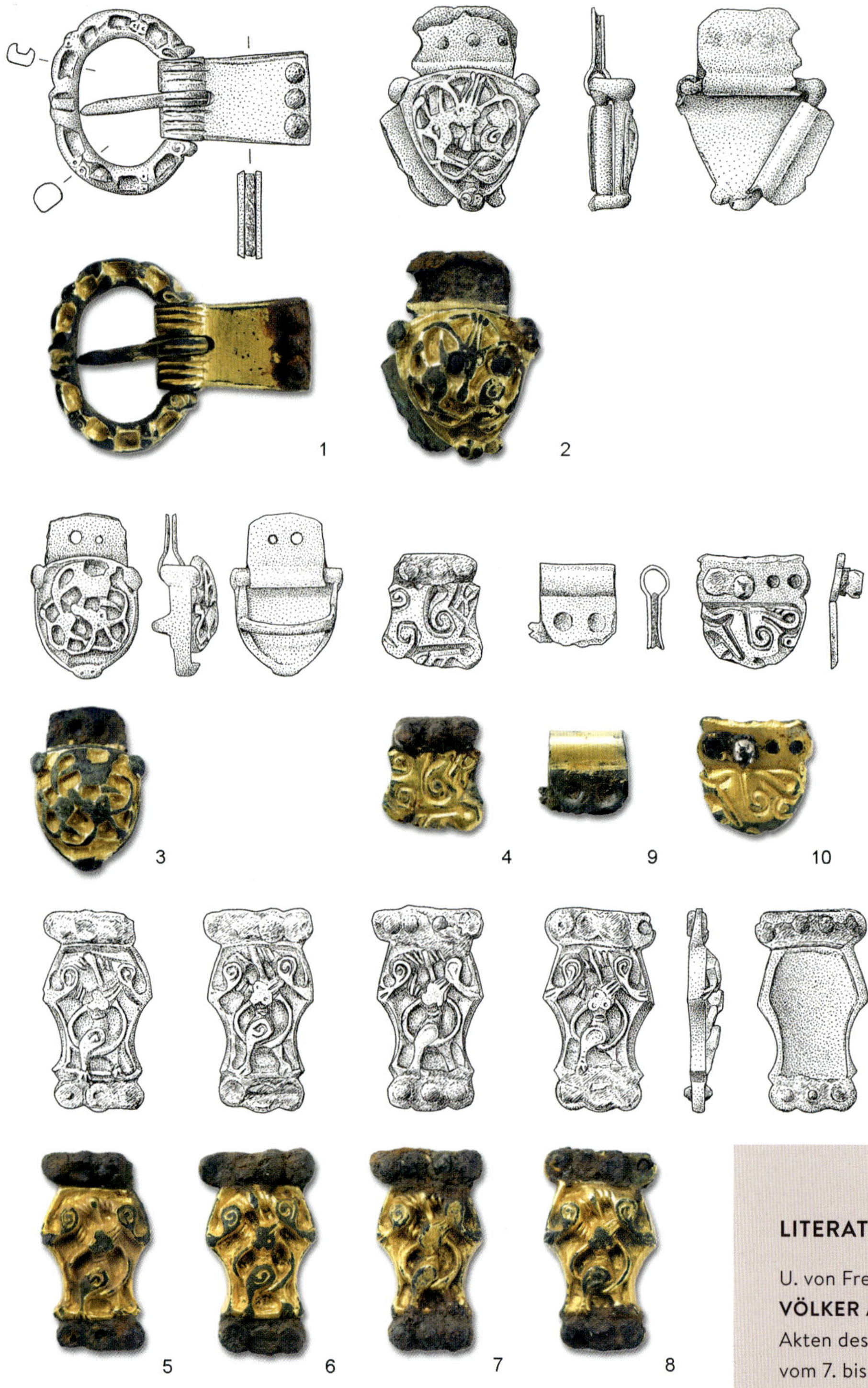

NORDISCHES IM SÜDEN In der Riemengarnitur von Marquartstein sind Beschläge mit nordischer Greiftierornamentik (unten) und anglo-karolingischer Tierornamentik (oben) miteinander kombiniert. Die Garnitur ist komplett vergoldet und datiert ins letzte Drittel des 8. Jahrhunderts. München, Archäologische Staatssammlung.

DER ÄLTERE LINDAUER BUCHDECKEL ▸ Der Buchdeckel entstand um ca. 780 im Alpenraum. Auf ihm sind Darstellungen verschiedener Stilrichtungen miteinander kombiniert, was zeigt, dass die geistliche Schicht bzw. deren Handwerker überregional Kontakt miteinander hielten. In den Feldern zwischen den Kreuzarmen insulare Tierornamentik, in den Kreuzarmen zwei Medaillons mit nordisch beeinflusster Greiftierornamentik. New York, The Pierpont Morgan Library.

LITERATUR

U. von Freeden/U. Koch/A. Wieczorek (Hrsg.), **VÖLKER AN NORD- UND OSTSEE UND DIE FRANKEN.** Akten des 48. Sachsensymposiums in Mannheim vom 7. bis 11. September 1997 (Bonn 1999).

M. Helmbrecht, Prachtvolle Zeugnisse weitreichender Verbindungen: Ein karolingerzeitlicher Neufund vom Aggbichl bei Marquartstein, Lkr. Traunstein. In: **BERICHT DER BAYERISCHEN BODENDENKMALPFLEGE** 49, 2008, 367–385.

M. Helmbrecht, Die Greiftiere auf dem Lindauer Buchdeckel – Bemerkungen zu skandinavischem Tierstil in Süddeutschland. In: B. Päffgen/E. Pohl/M. Schmauder (Hrsg.), **CUM GRANO SALIS: BEITRÄGE ZUR EUROPÄISCHEN FRÜHGESCHICHTE** (Friedberg 2005) 209–218.

E. Wamers/M. Brandt (Hrsg.), **DIE MACHT DES SILBERS. KAROLINGISCHE SCHÄTZE IM NORDEN** (Regensburg 2005).

WIKINGERZEIT IN SKANDINAVIEN

PETER PENTZ

DÄNEMARK

Dänemarks Wikingerzeit markiert den Übergang von der Vorgeschichte zur Geschichte, das heißt, von der Eisenzeit zum Mittelalter. In spätrömischer Zeit galten Dänemark und Skandinavien als weit entfernte Regionen, die Güter - und möglicherweise Soldaten - lieferten, die in Rom zwar großes Ansehen genossen, aber nichtsdestoweniger in erster Linie als Barbaricum angesehen wurden. Aus dem Blickwinkel der frühmittelalterlichen Staaten Mitteleuropas betrachtet, änderte sich an dieser Sicht in den folgenden Jahrhunderten vermutlich nur wenig. Zum Beginn der Wikingerzeit, im späten 8. Jahrhundert, wurden die nördlichen Länder und ihre Bewohner vermutlich eher als bedrohende denn als attraktive Regionen oder gar potenzielle Partner betrachtet.

Man vergisst dabei schnell, dass das wikingerzeitliche Skandinavien zu diesem Zeitpunkt immer noch von weiten Wäldern, offenem Gras- und Sumpfland bedeckt war. Wölfe und Bären zogen durch das Bergland Nordskandinaviens, Wildschweine waren in den Wäldern im Süden beheimatet. Jedoch nahmen in den folgenden Jahrhunderten die Gebiete, die von Menschen kultiviert wurden, stetig zu. Diese Entwicklung setzte sich in der Wikingerzeit fort. Im Großen und Ganzen waren die äußeren Bedingungen für die Landwirtschaft und Viehzucht vergleichbar mit denen der Moderne: Die fruchtbarsten Regionen lagen in Südskandinavien, im Besonderen in Dänemark.

PLÜNDERER – UND ZUGLEICH BAUERN, HANDWERKER, JÄGER UND FISCHER

Die eindringlichen Beschreibungen aus der Sicht der Opfer geben folgendes Bild: Einige Jahre vor 800 begannen »Barbaren« aus dem Norden, Europa und die Gebiete darüber hinaus mit Brandschatzungen, Plünderungen und Mord heimzusuchen - drei Jahrhunderte lang. Heute wissen wir jedoch, dass hinter den Expansionen der Wikinger weit mehr steckte als Plünderungen und Blutvergießen. Den Angreifern wurden verschiedene Bezeichnungen gegeben: Nordmänner, Heiden, Dänen - und Wikinger, ein Wort, das aus englischen Quellen belegt ist und auch von den Wikingern selbst verwendet wurde. Aufgrund der etablierten Bezeichnung »Wikinger« wird heute die Zeit von ca. 750-1050 n. Chr. als Wikingerzeit bezeichnet.

GEFÜRCHTET UND GEEHRT
Der Runenstein von Tirsted ist der zweitgrößte Runenstein Dänemarks. In der Inschrift wird das Wort »Wikinger« verwendet: »*Ástráðr* and *Hildu[ng]r/Hildv[íg]r/Hildu[lf]r* errichteten diesen Stein im Gedenken an *Fraði/Freði*, ihren Verwandten. Und er war der Schrecken der Männer. Und er starb in Schweden und war dann der Erste unter Friggirs Gefolgsleuten und dann unter allen Wikingern.«

DAS DORF VORBASSE Rekonstruktion des 1974 ausgegrabenen Dorfes Vorbasse, um 900. Umzäunte Parzellen säumen die breite Dorfstraße. Die Häuser waren ca. 33 m lang und bestanden aus Wohnbereichen und Ställen. Kleinere Gebäude auf den Parzellen waren Schmieden oder Grubenhäuser, beispielsweise für die Herstellung von Textilien.

Tatsächlich begannen die ersten Überfälle aber weit vor dem Jahr 800. Bereits im Jahr 515 berichten Aufzeichnungen darüber, dass Hugleik, König der Dänen, bei Plünderungen an der fränkischen Küste sein Leben verlor. In den folgenden Jahrhunderten gab es weitere Überfälle, aber erst der gut dokumentierte Überfall auf das Kloster Lindisfarne an der Ostküste von Yorkshire im Jahr 793 wird heute formal als der Beginn der Wikingerzeit betrachtet.

Der erste detaillierte Bericht des Klerikers und Chronisten Adam von Bremen aus der Zeit um 1070 zeichnet ein eher karges und landschaftlich unkultiviertes Bild von Dänemark. Dies muss aufgrund archäologischer Forschungsergebnisse korrigiert werden. Dörfer waren sehr dicht über das Land verstreut und verlagerten sich kontinuierlich in ihren jeweiligen Kleinräumen. In den Jahrhunderten vor und während der Wikingerzeit konsolidierte sich die Besiedlung: Dörfer wurden nicht mehr verlagert, sondern blieben an Ort und Stelle, Siedlungen wuchsen zusammen. Insgesamt scheint eine nun planmäßige Aufsiedelung erfolgt zu sein. Dörfer und Höfe bildeten das Zentrum der wikingerzeitlichen Wirtschaft. Landwirtschaft und Viehzucht wurden ergänzt durch Jagd, Fischerei und kleinere Gewerbe.

KÖNIGE, HÄUPTLINGE, KRIEGER UND SKLAVEN

Der Aufbau der wikingerzeitlichen Gesellschaft hatte viel mit dem der frühmittelalterlichen Staatengebilde Europas gemeinsam. An der Spitze stand der König, umgeben von seinem Gefolge, das zumeist aus Kriegern bestand. Ob der König aufgrund seiner Stellung als führender Krieger König war oder der führende Krieger selbstredend der König war, ist eine offene Frage. Klar ist jedoch, dass Kriegswesen und militärische Organisation von fundamentaler Bedeutung für die wikingerzeitliche Gesellschaft waren. Alle gesunden Männer waren dazu verpflichtet, auf ein vereinbartes Warnsignal hin, wie etwa ein Leuchtfeuer von prominentem Ort, ihren Beitrag zur Verteidigung im Falle eines Angriffs zu leisten. Mit der Etablierung der königlichen Gewalt im Laufe der Zeit wuchs auch die Möglichkeit einer zentral geführten und stärkeren Streitmacht. Folglich veränderte sich die Bedrohung durch die Wikinger, aus bislang sporadischen Plünderungen wurden gezielte Eroberungen, die schlussendlich zu einer Kolonisierung führten. Ähnlich veränderte sich das Rollenbild der Könige, die Wichtigkeit des bedrohlichen Kriegers verschob sich zugunsten von organisatorischem, sozialem und politischen Geschick.

Runensteine geben uns Auskunft über einige Ränge militärischer Anführer. Ein Angehöriger des direkten Gefolges des Königs wurde *félagi* genannt; herausragende Krieger hießen *þhegn*, die in einem Abhängigkeitsverhältnis zum König standen oder durch einen Schwur mit ihm verbündet waren. Ein Anführer der »Heimgefährten« (*hemþægar*) wurde *dróttin* genannt (der König selbst konnte diese Position innehaben).

Wie diese Hierarchie im Grabbrauch der Wikinger reflektiert wird, ist nicht ganz klar. Kammergräber, Reitergräber, Schiffsbestattungen und Gedenksteine sind vermutlich die Gräber dieser Krieger von besonderem Rang. Zudem scheint der Grabbrauch sehr von lokalen Traditionen geprägt gewesen zu sein. Körper- und Brandbestattungen treten während der gesamten Wikingerzeit auf, wenngleich die Brandbestattungen zahlenmäßig allmählich abnahmen. Die Ausrichtung der Gräber variiert, und oft wurde beobachtet, dass Gräberfelder in Verbindung zu älteren Gräbern, wie solchen aus der Eisenzeit oder noch älteren Zeitstellungen, angelegt wurden.

PRUNKSCHWERT Das Schwert aus dem Bootkammergrab von Haithabu wurde im Karolingerreich hergestellt. Schwerter wie dieses könnten als Zeichen der Gefolgschaft gedient haben, in diesem Falle vielleicht für ein Mitglied einer dänischen Königsfamilie. Schwert, Eisen mit Metalleinlagen, Haithabu, DE. 1. Hälfte des 9. Jahrhunderts. Stiftung Schleswig-Holsteinische Landesmuseen, Archäologisches Landesmuseum, Schloss Gottorf, Schleswig.

Die Gräber bezeugen auch die herausragende Rolle einiger Frauen der wikingerzeitlichen Gesellschaft. Diese Gräber beinhalten Schmuck, Importgut und Gegenstände symbolischen Charakters wie Schlüssel. Frauen wurden oft zusammen mit ihren Ehemännern bestattet, doch sind auch herausstechende weibliche Einzelbestattungen dokumentiert worden. Manche von ihnen wurden in Wagengräbern beigesetzt, eine Tradition die fast nie auf Männer angewendet wurde; andererseits sind aus Dänemark keine Frauenbestattungen aus Schiffsgräbern bekannt.

Am unteren Ende der Gesellschaft waren die Sklaven, die in totaler Abhängigkeit zu ihren Besitzern standen. Schriftliche Quellen berichten über eine Totenfolge der Sklaven, wenn der Besitzer verstarb, was durch den archäologischen Befund bestätigt werden kann. Die Sklaven waren zudem wichtige Arbeitskräfte und eines der Haupthandelsgüter.

DER SKLAVE IM GRAB Grab von Gerdrup, nahe Roskilde. Ein Sklave (links), dessen Füße und wahrscheinlich auch Hände gefesselt waren, und der durch Genickbruch zu Tode kam, folgte der Verstorbenen (rechts) ins Grab.

VON THOR ZU CHRISTUS Runenstein von Sdr. Kirkeby, Falster, errichtet von Sassur als Erinnerung an seinen Bruder Asgot: »Sassur stellte diesen Stein in Erinnerung an Ásgautr, seinen Bruder, auf, und [er] starb auf Gotland. Thor möge [diese] Runen weihen«. Die spätere Umarbeitung des Steins zu einem Baustein für eine Kirche steht symbolisch für den Sieg des Christentums über die heidnischen Götter.

RELIGION UND GLAUBE

Über die religiösen Praktiken vor der offiziellen Abwendung Dänemarks vom Heidentum um 960 ist leider wenig bekannt. Spätere schriftliche Quellen sind stark überfärbt von der »erobernden« Religion, dem Christentum, und betonen vor allem brutale Menschenopfer. Es muss allerdings festgehalten werden, dass der archäologische Befund bestätigt, dass Menschen geopfert wurden und sogar Kinder unter den Opfern waren.

Runensteine, skaldische Verse und Ortsnamen liefern jedoch einige Hinweise zum Glauben der Wikinger. Ebenso stellen Symbole und Abbildungen auf Steinen und Objekten der Kleinkunst eine wichtige Quelle dar, und schließlich geben uns die Gräber vor allem Auskunft über die Jenseitsvorstellungen.

Vor der Christianisierung hatte Dänemark das gleiche Götterpantheon wie das restliche Skandinavien. Im Gegensatz zum Christentum gab es verschiedene Götter, ein jeder mit einer mehr oder weniger klar definierten Rolle und entsprechenden Attributen. An der Spitze stand Odin, der Gott des Kampfes und der Weisheit. Odin thronte in seiner Halle über allen andern Göttern, dort fanden auch die ruhmreich in einer Schlacht gefallenen Krieger Einzug und wurden fortwährend versorgt und beköstigt. Thor, Odins Sohn, herrschte über den Himmel; er bekämpfte die finsteren Mächte wie die bösen Riesen und die Midgardschlange, die in der alles Land umgebenden See lebt. Seine Waffe war der Hammer Mjölnir. Andere wichtige Götter waren Freyr und Freyja, beide Fruchtbarkeitsgötter. Freyr war zudem der Gott des Handels und der Seefahrt.

Neben diesem Götterpantheon waren Halbgötter und übernatürliche Wesen wie die Walküren, Nornen, Disen und viele andere genauso wichtig für die Wikinger. Tatsächlich wird im täglichen Leben die Interaktion mit den übernatürlichen Mächten der Natur die größte Rolle gespielt haben. Wie der religiöse Kult organisiert war und praktiziert wurde, ist unklar. Einige Befunde der Wikingerzeit aus Dänemark werden als heidnische Kultbauten interpretiert und sind vermutlich auch in Abbildungen, z. B. Münzen, wiedergegeben.

DIE BEWAFFNETE FRAU Eine kleine Frauenfigur – vielleicht eine Walküre? Die Walküren – wörtlich »die die Gefallenen auswählen« – waren Dienerinnen des Kriegsgotts Odin. Sie brachten die auserwählten Krieger nach Walhall. Figur, vergoldetes Silber, Hårby, Fünen. Kopenhagen, Nationalmuseet.

DAS HEILIGE HAUS Rekonstruktion des hölzernen Kulthauses auf Grundlage der Ausgrabungen in Uppåkra, Schonen im heutigen Schweden.

DAS HAUS UND DAS SCHIFF Zwei Seiten einer kleinen Silbermünze. Gefunden in Tissø, wurde sie vermutlich um 800 in Haithabu geprägt und zeigt ein Wikingerschiff und ein Haus oder Tempel.

Es ist sehr wahrscheinlich, dass der König eine tragende Rolle im Kult spielte. Runensteine beziehen sich auf Personen, die als *goði* bezeichnet wurden, vermutlich eine Art Priester. Der *goði* war nicht ausschließlich mit den Aufgaben der kultischen Handlungen beschäftigt, sondern war ein wichtiges Mitglied der Gesellschaft, zum Beispiel ein *þhegn*. Die Archäologie hat einige Nachweise für den allgemeinen Glauben an Schamanismus und Heilrituale geliefert. Diese Praktiken, *seiðr* genannt, wurden in erster Linie von Frauen ausgeführt, den Völven, und beinhaltete tranceartige Bewusstseinszustände, verfolgte das Wissen um die Geister, das Heilen und die Durchführung diverser Schutzzauber. Das Attribut der Völva war der Stab. Solche Stäbe wurden in Gräbern gefunden, die fast ausschließlich als weibliche Bestattungen identifiziert werden konnten.

STÄDTE

Die ersten bekannten Städte Dänemarks befanden sich in Jütland. Bereits im 8. Jahrhundert sind stadtartige Siedlungen in Ribe und Haithabu belegt. In den folgenden zwei Jahrhunderten folgten weitere Städtegründungen, auch außerhalb Jütlands. Ursprünglich waren Städte wie Ribe und Haithabu Handels- und Produktionszentren, später dienten sie auch administrativen und exekutiven Zwecken. Nach der erfolgreichen Einführung des Christentums wurden sie außerdem zu geistlichen Zentren; einige wurden sogar in den Rang eines Bischofssitzes erhoben. Tatsächlich mögen die frühen Städte eine Art Katalysator für neue Ideen gewesen sein, und möglicherweise konnten hier kleine Gruppen von Christen die neue Religion praktizieren, lange bevor der König sie offiziell anerkannte.

Die archäologischen Untersuchungen haben eine klare Organisation der Städte in Parzellen ergeben, mit unterschiedlichen Gewerben in verschiedenen Teilen der Stadt. Diese Organisation wiederholt sich später in den durch dänische Wikinger kolonisierten Gebieten, wie z. B. in York.

KÖNIGLICHES BAUPROJEKT

Das Luftfoto zeigt den Hauptwall des Danewerks von Westen. Der Bau wurde schon vor der Wikingerzeit begonnen und während der Wikingerzeit erweitert und verbessert. Das Danewerk schützte die Südgrenze Dänemarks vor den Slawen und später vor den Franken.

HARALDS REVOLUTION UND DAS ENDE DER WIKINGERZEIT

Das wikingerzeitliche Dänemark war kein Zeitalter des Stillstand oder nur geringfügiger Änderungen. Im Gegenteil, in der zweiten Hälfte des 10. Jahrhunderst geschahen vermutlich äußerst tiefgreifende Veränderungen, die sich in dieser Form in der Geschichte Dänemarks nicht wiederholen sollten. Den politischen Rahmen bildete das Erstarken des zentralen Königtums, das vermutlich verantwortlich für die meisten der folgenden Änderungen war. König Harald Blauzahn rühmt sich auf dem Runenstein von Jelling, der Grabstätte seiner königlichen Familie, zweifach: Er, Harald, habe das Königreich unter seiner eigenen Herrschaft geeint, und er habe die Dänen, seine Untertanen, vom Heidentum zum Christentum bekehrt.

Könige wie Godfred und Haralds Vater Gorm hatten ihm den Weg bereitet. Städte waren entstanden, und die Grenze zum Süden hin war seit Langem durch das »Danewerk«, eine gewaltige Wallanlage, gesichert, die Dänemark physisch und psychisch von den expandierenden Slawen einerseits und dem karolingischen Reich andererseits abgrenzte. Zudem sicherten Seebarrieren die verwundbaren Küsten. Weitere beeindruckende Konstruktionen wie der Kanhave-Kanal, ein Durchstich, der es ermöglichte, die Insel Samsø in wenigen Minuten zu durchqueren, waren bereits entstanden. Solche Unternehmungen gehörten nicht zum Programm unbedeutender Kleinkönige. Wenn also Harald auf dem Jelling-Stein von sich behauptet, ganz Dänemark geeint zu haben, mag es sich hier um eine Übertreibung handeln, die kaum der Realität entsprach.

Dennoch gibt es einen erkennbaren Unterschied zwischen den wenigen Worten des größten der Jellingsteine, ungeachtet seiner plakativen Art, und den radikalen Änderungen im späten 10. Jahrhundert in der wikingischen Gesellschaft, wie sie aus dem archäologischen Befund erschließbar sind. Gut untersuchte Bauwerke sind beispielsweise die kreisförmigen Befestigungsanlagen. Zeitgleich scheinen die Städte befestigt worden zu sein, was im archäologischen Befund durch Wälle in Ribe, Haithabu und Århus bestätigt wird. Außerdem wurden die ersten hölzernen Kirchen erbaut; Ressourcen verschlingende Großprojekte, wie eine 760 m lange Brücke über das Sumpftal der Ravning Enge, verbesserten die Infrastruktur. Eine weitere Veränderung ist archäologisch im Grabbrauch feststellbar: Die ehemals oft reich ausgestatteten Gräber wurden nach und nach von bescheidenen beigabenlosen Bestattungen abgelöst. Die drastischsten Veränderungen des späten 10. Jahrhunderts betreffen jedoch die ländlichen Siedlungskomplexe. Bis zu dieser Zeit hatten die Menschen in Wohnbereichen in einem Ende der langrechteckigen Holzbauten gelebt, an deren anderem Ende sich der Viehstall befand. Nun wurden Vorräte, Tiere und Menschen in getrennten Gebäuden untergebracht; die Hofkomplexe waren größer als früher. Die Dörfer waren nun ortsfest, und in den Siedlungen entstanden Kirchenbauten.

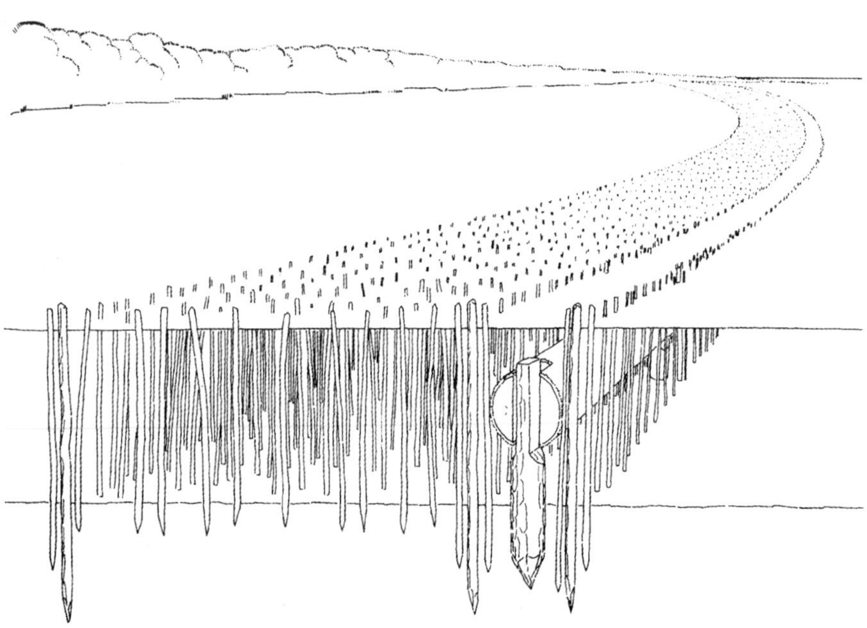

UNÜBERWINDLICHES HINDERNIS Die Seesperre vor Hominde war bis zu 8 Meter breit. Bis zu zehn Pfosten pro Quadratmeter sind in den Meeresgrund getrieben. Die Innenseite ist mit waagerechten Balken versehen. Der Bau wurde ca. 930 begonnen; 1139–1140 wurde die Seesperre erweitert und verstärkt.

DAS ENDE DES WIKINGERZEITLICHEN DÄNEMARK

All diese Unternehmungen wiesen zusammen mit der Christianisierung in Richtung einer nahezu vollständigen Integration des wikingerzeitlichen Dänemark in das damalige Europa. Unter König Knut dem Großen (1018–1035), einem Enkel Harald Blauzahns, reihte sich das dänische Königreich unter die führenden Reiche Europas ein. Neben Dänemark umfasste es England, Schottland, die Inseln im Norden, Irland, Norwegen und bedeutende Teile Schwedens. Knut residierte die meiste Zeit in England. Unter seiner Regentschaft wurde Dänemark »europäisiert«, mit einer zentral organisierten Münzprägung, einer Hierarchie ähnlich dem europäischen feudalistischen System, fest etablierten Bistümern und hoch entwickelten Städten. Eine effiziente und disziplinierte Armee unterstand dem König, der selbst die von einem christlichen König erwartete Pilgerfahrt ins Herzen des Christentums antrat. Knut war eher ein Vertreter des mittelalterlichen Königtums als ein wikingischer König. Die Könige, die Knut nach seinem Tod im Jahr 1035 auf den Thron folgten, beschritten den gleichen Weg. Als König Erik Ejegod 1103 auf Zypern seinen letzten Atemzug auf seinem Weg nach Jerusalem tat, starb mit ihm der letzte dänische König, der nach altem Wikingerbrauch mehrere Konkubinen hatte. Zu diesem Zeitpunkt existierte das wikingische Dänemark nicht mehr. Das ehemals symbolträchtige elegante Schiff der Wikinger wurde durch schwerfällige und voluminöse Frachtschiffe ersetzt; Diplomatie und Handel ersetzten Krieg und Plünderung.

GIGANTISCHES BAUWERK Die Brücke von Ravning Enge. Dieser bedeutende Bau wurde wahrscheinlich von Harald Blauzahn ca. 979–980 initiiert. Die Brücke war fast einen Kilometer lang und ca. 5,5 m breit. Die Tragkraft betrug 5 bis 6 Tonnen. Für den Bau wurden etwa 1.700 tragende Pfosten, 800 Streben und Bohlen verwendet.

LITERATUR

J. Jensen, **THE PREHISTORY OF DENMARK – FROM THE STONE AGE TO THE VIKINGS** (Kopenhagen 2013).

E. Roesdahl, The emergence of Denmark and the reign of Harald Bluetooth. In: S. Brink/N. Price, **THE VIKING WORLD** (London 2008) 652–664.

NASALHELM Helme mit Hörnern, wie sie heute oft mit Wikingern in Verbindung gebracht werden, waren den Skandinaviern des 8. bis 11. Jahrhunderts unbekannt. Die meisten Krieger trugen wohl lederne Kappen; Helme aus Metall waren sehr selten. Dieser Helm stammt aus Mähren und ist ein Vertreter der am weitesten verbreiteten Helmform der Wikingerzeit: oben konisch zulaufend und mit Nasenschutz.
Nasalhelm, Eisen, Olomouc, CZ. 10./11. Jh. Wien, Kunsthistorisches Museum, Hofjagd- und Rüstkammer.

HART, ABER FLEXIBEL Diese Lanzenspitze ist damasziert: Mehrere Lagen von Eisen bzw. Stahl wurden zu einer harten und doch flexiblen Waffe zusammengeschmiedet. Flügellanzenspitze, Önsvala, SE. Lunds Universitets Historiska Museum.

PFEILSPITZEN Pfeile waren gefürchtete und effektive Angriffswaffen. Manche konnten sogar Kettenpanzer durchschlagen. Pfeilspitzen, Haithabu, 9.–11. Jahrhundert. Stiftung Schleswig-Holsteinische Landesmuseen, Archäologisches Landesmuseum, Schloss Gottorf, Schleswig.

RAUBVÖGEL AM SCHWERT Zweiteiliger Schwertknauf mit Raubvogelornamentik. Vrångabäck, SE, vergoldetes Silber, 10. Jahrhundert. Lunds Universitets Historiska Museum.

JÖRN STAECKER

JELLING

MONUMENTALE ANLAGE DER DÄNISCHEN KÖNIGE

Die Anlage in Jelling besteht aus einer rautenförmigen Palisade mit 360 m Seitenlänge, zwei Grabhügeln, einer dazwischen liegenden Kirche, einer in Teilen erhaltenen gigantischen Schiffsetzung von 360 m Länge, mehreren Häusern vom Trelleborg-Typ und zwei Runensteinen. Sie gehört zu den eindruckvollsten Denkmälern der Wikingerzeit. In einmaliger Form besteht hier die Möglichkeit, historisch bekannte Personen - König Gorm und Königin Thyra - anhand der Grablege zu identifizieren. Die Zuweisung zu den entsprechenden Gräbern und die Rekonstruktion des Handlungsablaufs haben sich aber als wesentlich schwieriger erwiesen, als ursprünglich erwartet.

JELLING VON OBEN
Erst im Luftbild erschließt sich die ungeheure Größe der königlichen Anlagen in Jelling. Etwas rechts der Bildmitte sind die beiden gewaltigen Hügel und die Kirche zu sehen. Die Schiffsetzung, die Hausgrundrisse und der Palisadenverlauf sind weiß hervorgehoben.

KÖNIGLICHE MONUMENTE
Heute stehen die beiden Runensteine von Jelling nebeneinander, doch der ursprüngliche Standort des kleineren Steins ist unbekannt. König Gorm der Alte hatte ihn für seine Frau Thyra errichten lassen. Sein Sohn Harald Blauzahn ließ den großen Stein aufstellen, in dessen Inschrift er vor allem sich selbst rühmt.

Der ältere Runenstein wurde von König Gorm in Erinnerung an seine Frau Thyra um die Mitte des 10. Jahrhunderts errichtet. Die ursprüngliche Lage ist unbekannt. Eine Platzierung als Steven der Schiffsetzung wäre möglich, ist aber nicht belegbar. Die vertikal eingemeißelte Inschrift lautet: »König Gorm ließ diese Denkmäler in Erinnerung an Königin Thyra, Dänemarks Stolz, machen«. Der jüngere, von Harald Blauzahn um 970 n. Chr. errichtete Runenstein wurde zwischen den Hügeln aufgestellt. Die horizontal angebrachte Inschrift schafft eine Assoziation zur Buchform und integriert gleichzeitig geschickt den Text- und Bildinhalt. Es heißt:

»König Harald gebot, diese Denkmäler zu machen zum Gedenken an Gorm, seinen Vater, und Thyra, seine Mutter. Jener Harald, der ganz Dänemark für sich gewann und Norwegen, und die Dänen zu Christen machte«.

Bemerkenswert sind die Zuordnungen von »Norwegen« und »Dänen« zu »Christen«, die entsprechend unter dem heraldischen Tier bzw. der Christusfigur angebracht sind und damit den Herrschaftsanspruch Haralds über Südnorwegen und die Christianisierung des Landes unterstreichen.

Der nördliche Grabhügel wurde im 19. Jahrhundert unter zum Teil chaotischen Umständen untersucht. Man entdeckte eine um 958/59 errichtete Grabkammer mit reicher Möbelausstattung, die aber schon in antiker Zeit beraubt worden war. Unter dem Hügel glaubte man die Spuren eines bronzezeitlichen Grabhügels identifizieren zu können. Zu den wenigen erhaltenen Gegenständen gehören ein Silberbecher, zwei Beschlagstücke mit kreuzförmiger Verzierung und ein Kreuzanhänger. Der südliche Hügel war ein später errichteter Kenotaph, es konnten hier nur Teile einer Steinsetzung beobachtet werden. Bei Ausgrabungen innerhalb der romanischen Kirche wurden mindestens drei Phasen von älteren Holzgebäuden entdeckt und in den Vorberichten als Kirchenbauten angesprochen. Ein Kammergrab im Langhaus, welches eine Männerbestattung mit nicht mehr im Verband liegenden Knochen beinhaltete, wurde der ältesten »Holzkirche« zugewiesen. Das Alter des Mannes wird auf 35–50 Jahre eingeschätzt, genauere Untersuchungen liegen nicht vor.

DER SIEGREICHE CHRISTUS Christusseite des großen Jellingsteins, der auf drei Seiten mit Runeninschriften und Bilddarstellungen versehen ist. Die mit ausgebreiteten Armen stehende Christusfigur ist von Bandwerk umschlungen. Unter der Darstellung endet die Runeninschrift mit den Worten »und die Dänen zu Christen machte«.

Die gesamte Anlage ist wie folgt interpretiert worden: Zu Ehren von Königin Thyra errichtete man eine Schiffsetzung südlich des bronzezeitlichen Grabhügels. Der Nordhügel wurde dann aus Anlass von König Gorms Bestattung ausgebaut und der jüngere Runenstein auf der Mittelachse der Schiffsetzung aufgestellt. Aber schon kurze Zeit später wurde die Schiffsetzung geschleift und der südliche Hügel als Ersatz errichtet. Im Zuge der Christianisierung ordnete dann Harald Blauzahn die Überführung (*translatio*) des heidnischen Königs vom Nordhügel in die neu errichtete Holzkirche an. Bei diesem Anlass wurden dann auch die meisten Beigaben aus dem Hügel entfernt. Neue Untersuchungen haben doch starke Zweifel an dieser Darstellung geäußert, insbesondere die Rolle von Gorm als eifriger Verfechter des Heidentums muss in Frage gestellt werden. Vielleicht wurde Gorm direkt in der ältesten Kirche beerdigt; es war unmöglich, Heiden nach ihrem Tod nachträglich zu taufen und in geweihter Erde zu bestatten.

Ausgrabungen seit dem Jahr 2007 haben mehrere Theorien auf den Kopf gestellt. Die ursprünglich auf stattliche 170 m bemessene Schiffsetzung hat sich durch Funde von umgefallenen Steinen und Spuren beseitigter Steinblöcke auf ein gigantisches Maß von 360 m gesteigert. Es handelt sich damit um die längste bekannte Schiffsetzung der Wikingerzeit. Der Nordhügel liegt jetzt im Zentrum der Schiffsetzung und nicht mehr an deren Bug bzw. Heck. Die rautenförmige Holzpalisade mit einer Seitenlänge von jeweils 360 m ist ebenfalls einmalig für Skandinavien. Die gesamte Anlage mit Schiffsetzung, zentral angeordnetem (Nord-) Hügel, Holzpalisade mit Eingang im Norden und Holzhäusern in den Ecken der Raute, wurde offenbar primär zum Zweck der Erinnerung an die Toten, d. h. die Gründer der Jelling-Dynastie, als Teil einer inszenierten Memoria errichtet. Die Raute der Holzpalisade ist kein Zufall: Zwei gedanklich gezogene diagonale Linien von den jeweiligen Eckpunkten schneiden sich fast exakt über dem Nordhügel und ergeben ein gleichmäßiges Kreuz. Zur Anlage von Jelling gehört auch ein weiteres enormes Bauprojekt, das um 980 n. Chr. nur kurzfristig genutzt wurde. Die Brücke von Ravning Enge, südlich von Jelling gelegen, könnte ebenfalls Teil dieser Inszenierung gewesen sein. Sie führte Besucher über den Bach Vejle Å direkt auf die Grabhügel zu, ohne dass man diese aufgrund des ansteigenden Geländes von Weitem erkennen konnte. Der Effekt war enorm: Versteckt, hinter der Palisade, tauchten beim Zugang von Süden die Hügel wie aus dem Nichts auf. Die Palisade war somit Sichtschutz und bildete zugleich einen abgegrenzten Raum, innerhalb dessen sich nur ausgewählte Personen aufhalten durften.

Die erneute Durchsicht der alten Grabungsunterlagen hat dazu geführt, dass die sogenannte Translatio-These *ad acta* gelegt werden kann. In dem Bereich, in dem sich das Kammergrab unter der romanischen Steinkirche befindet, gab es keine eindeutig nachweisbare Holzkirche. Nach dem gegenwärtigen Kenntnisstand haben dort zwei Holzbauten gestanden, von denen Ersterer im Trelleborg-Stil errichtet worden war (Langhaus I–II). Beide Bauten korrespondieren von der West-Ost-Ausrichtung her nicht mit dem leicht versetzten Kammergrab. Eine erste Kirche könnte natürlich noch im traditionellen Baustil errichtet worden sein, aber das wäre reine Spekulation. Es deutet sich eine Phase Ib an, die mit der Ausrichtung des Grabes übereinstimmt, aber noch nicht eindeutig belegt ist, sowohl konstruktionstechnisch als auch chronologisch. Möglich wäre eine Platzierung des Grabes (mit einem darüber befindlichen Haus) nach dem vorläufig abgeschlossenen Memorialbau. Das würde bedeuten, dass vielleicht Thyra im Nordhügel und Gorm in dem Holzbau vor dem Hügel bestattet wurde, vor den Gräbern wurde dann durch Harald Blauzahn der große Runenstein errichtet.

Die bemerkenswerte Symmetrie der Anlage – welche ihre Parallelen in den von Harald Blauzahn gebauten Trelleburgen hat – wird merkwürdigerweise durch die Errichtung des Südhügels, der in den Jahren nach 976 aufgeschüttet würde, völlig zerstört. Hatte man noch einen weiteren Hügel im Norden geplant, d. h. sollten insgesamt drei Großgrabhügel für die Mitglieder der Dynastie errichtet werden? Warum kam es nicht zum Bau, und warum wurde niemand in dem unter großen Aufwand aufgeschütteten Südhügel begraben? Die kurzfristige Nutzung der Anlage bis zu Harald Blauzahns Tod um 986 könnte in einem Zusammenhang mit der schwierigen Phase der der Reichseinigung Dänemarks und der Unterwerfung Südnorwegens stehen. Im Zuge der Machtetablierung Haralds – auch gegenüber Otto II., mit dem es zwischen 974 und 983 immer wieder zu Konflikten kam – wird das Monument nicht mehr gebraucht, es hat wahrscheinlich ausgedient. Das verdeutlicht der große Runenstein: Harald hat es während seiner Regierungzeit geschafft, die Streitigkeiten um die Thronfolge zu beenden, das Herrschaftsgebiet zu erweitern und das Christentum zu etablieren. Jelling verbleibt damit einmalig. Weder Harald noch seine Nachfolger nutzten den Ort zur Bestattung. Sie wählten stattdessen die Dombauten von Roskilde oder Ringsted. Das Zentrum der Macht verschob sich von Jütland nach Seeland.

LITERATUR

S. Hvass, Jelling – Schon in der Wikingerzeit eine tausendjährige Siedlung. In: A. Wesse (Hrsg.), **STUDIEN ZUR ARCHÄOLOGIE DES OSTSEERAUMES: VON DER EISENZEIT ZUM MITTELALTER. FESTSCHRIFT FÜR MICHAEL MÜLLER-WILLE** (Neumünster 1998) 161–176.

M. Kähler Holst/M. Dengsø Jessen/S. Wulff Andersen/A. Pedersen, The Late Viking-Age Royal Constructions at Jelling, central Jutland, Denmark. Recent investigations and a suggestion for an interpretative revision. **PRAEHISTORISCHE ZEITSCHRIFT** 87/2, 474–504.

K. Krogh/B. Leth-Larsen, **HEDENSK OG KRISTENT: FUNDENE FRA DEN KONGELIGE GRAVHØJ I JELLING.** Vikingekongernes monumenter i Jelling 2 (Herning 2007).

J. Staecker, Das königliche Monument von Jelling. In: **DIE WIKINGER.** Begleitbuch zur Ausstellung im Historischen Museum der Pfalz Speyer (München 2008) 50–51.

NORWEGISCHE LANDSCHAFT
Foto: Mike Meyer Photography

NORWEGISCHE LANDSCHAFT
Foto: Mike Meyer Photography

LIV HELGA DOMMASNES

NORWEGEN

EINE PERSPEKTIVE »VON UNTEN«

Geografisch betrachtet erstreckt sich Norwegen von Süd nach Nord von 58° bis 71° nördlicher Breite. Es grenzt im Westen an den Atlantik und die Nordsee und im Osten an Schweden, Finnland und Russland. Ein Gebirgskamm verläuft von Nord nach Süd ungefähr in der Mitte von Süd-Norwegen und teilt es so in einen westlichen Teil mit feuchterem Klima mit vergleichsweise milden Wintern (bedingt durch den Golfstrom) und einen östlichen Teil mit einem etwas trockeneren Klima und kälteren Wintern.

Viehzucht und Ackerbau der Wikingerzeit sind in den meisten Teilen des Flachlands im südlichen Norwegen und entlang der west- und nordnorwegischen Küste bis hinauf nach Tromsø (69° 40′ N) belegt. Dies ist gleichzeitig der nördlichste Punkt der Ausbreitung der nordisch-germanischsprachigen Bevölkerung. Noch weiter nördlich lebte das indigene Volk der Samen, die Rentierjäger waren.

Unser Wissen über die Wikingerzeit in Norwegen basiert zu einem großen Teil auf archäologischen Quellen. Mit der Ausnahme einiger weniger Runeninschriften gibt es keine zeitgenössischen altnordischen Schriftquellen. Aus diesem Grund wird die Wikingerzeit (ca. 800–1050) häufig eher als prähistorischer denn als frühmittelalterlicher Zeitabschnitt definiert. Es gibt jedoch einige Beschreibungen der wikingischen Gesellschaft, verfasst von Missionaren oder Personen, die mit Wikingern außerhalb ihrer Heimat zusammentrafen, sowie eine Anzahl späterer Quellen, die gewissen Aufschluss über die gesellschaftlichen Verhältnisse der Wikingerzeit geben; so zum Beispiel die »Heimskringla«, ein geschichtlicher Abriss der frühen norwegischen Könige, geschrieben in der ersten Hälfte des 13. Jahrhunderts von dem isländischen Historiker Snorri Sturluson.

Ein Bericht aus erster Hand stammt von dem nordnorwegischen Anführer Ottar (Ohthere), der von sich behauptete, am weitesten nördlich von allen Nordleuten zu leben. Er beschrieb die Lebensbedingungen im nördlichen Norwegen und die Segelroute zum Handelsplatz Kaupang in Südnorwegen und weiter zum Hofe König Alfreds von Wessex, wo er seinen Bericht um 890 vorstellte.

Sowohl schriftliche als auch archäologische Quellen weisen auf vielschichtige Kontakte zwischen der wikingischen Bevölkerung und den Samen hin. Mittelalterliche Historiker, Snorri eingeschlossen, berichten davon, wie es dazu kam, dass König Harald Schönhaar die Samin Snøfrid heiratete und vier Söhne mit ihr zeugte. Dies mag zwar eher Mythos denn Geschichte sein, doch symbolisch betrachtet ist dies die Geschichte, wie Nordleute und Samen zu Verbündeten und Bewohnern des gleichen Landes wurden. Dennoch scheinen sie jeweils ihre separaten ethnischen Identitäten als Samen und Nordleute, das heißt Wikinger, behalten zu haben.

Die wikingerzeitliche Gesellschaft war hierarchisch gegliedert. Eine mythische Version wie es dazu kam, findet sich in der Edda im Lied Rigstula, das davon berichtet, wie der Asengott Heimdall drei Bauernhöfe in der Welt der Menschen besuchte. Auf jedem Hof zeugte er einen Sohn mit der Frau des Bauern. Er nannte sie *þræll* (Sklave), *karl* (freier Mann) und *kon ungr* (König), die zu den Vorfahren der drei grundlegenden sozialen Gruppen wurden: die Unfreien, die freien Landbesitzer – überwiegend Bauern – und die aristokratischen Krieger bzw. Könige. Die nachfolgende Einführung in die norwegische Wikingerzeit ist aus einer Perspektive »von unten« geschrieben. Das Hauptaugenmerk wird auf den normalen Menschen, ihrem täglichen Leben und Einfluss auf die Gesellschaft liegen und weniger auf den Kriegern und ihren Eroberungen, Anführern, Königen oder den Strukturen, die »von oben« durchgesetzt wurden. Die Darstellung beruht dabei primär auf archäologischen Quellen, aber auch schriftliche Quellen werden herangezogen.

DIE REICHSTE BESTATTUNG DER WIKINGERZEIT Im Jahr 834 wurden in Oseberg, NO, zwei Frauen in einem monumentalen Hügel mit reichsten Beigaben in einem Prunkschiff bestattet.

WIKINGER, SCHIFFE UND REISEN: WAREN SIE ALLE MÄNNER?

Wer waren die Wikinger? Während der Römer- und Völkerwanderungszeit hatte sich eine aristokratische Kriegerelite herausgebildet. Dieser Prozess gipfelte im Norden in den wikingerzeitlichen Entdeckungsreisen und Kolonisierungen. Im engeren Sinne wird der Begriff »Wikinger« oft für seefahrende Händler oder Krieger gebraucht; in zeitgenössischen schriftlichen (europäischen) Quellen charakterisieren die Überfälle und Plünderungen die Wikinger. Das war sicherlich ein Aspekt des Alltagslebens der Wikingerzeit, so wie er dies im Übrigen für große Teile der frühmittelalterlichen europäischen Bevölkerung war. Doch wenn der Begriff »Wikinger« gebraucht wird, um eine Epoche zu bezeichnen, muss er auch jene Menschen einschließen, die nicht seefahrende Krieger - oder Männer - waren.

Die Gesellschaft der Wikinger war in erster Linie agrarisch geprägt. Sie bestand aus Frauen, Männern und Kindern. Jeder, egal ob an der Spitze oder ganz unten in der Hierarchie, trug dazu bei, die Gesellschaft aufrechtzuerhalten und weiterzuentwickeln. In diesem Beitrag werden die Unfreien bewusst in die Beschreibung der Gesellschaft der Wikinger einbezogen. Auch wenn sie, nach den norwegischen regionalen Gesetzen, nur über sehr wenige Rechte verfügten, müssen sie doch mehr beigesteuert haben als nur ihren Anteil harter Arbeit.

ALTER UND GESCHLECHT

Zusätzlich zum sozialen Rang waren Alter und Geschlecht ausschlaggebend für die Rolle und das Leben jedes Menschen zur Wikingerzeit. Es war üblich, den Verstorbenen Beigaben mit in die Bestattungen zu geben; und diese waren zumindest teilweise geschlechtsspezifisch. Deshalb ist die Art der Ausstattung für das Leben im Jenseits heutzutage eine der wichtigsten archäologischen Quellen für das Verständnis der sozialen Rollen zu Lebzeiten.

Das reichste Frauengrab der Wikingerzeit in Norwegen ist das Grab von Oseberg in Østfold. Hier wurde ein Schiffsgrab für zwei Frauen angelegt, wovon die eine wahrscheinlich der königlichen Familie der Ynglinger entstammte. Das Oseberg-Grab ist einzigartig. Aber auch wenn andere Bestattungen bescheidener waren: Die archäologisch dokumentierten Bestattungen repräsentieren nur die Spitze der Gesellschaft, also die Wohlhabenden. Die Anzahl der Beigaben führenden Frauengräber beträgt nur etwa ein Viertel bis ein Drittel der Anzahl der entsprechenden

GRABHÜGEL der Eisenzeit in Vereide, Gloppen, in Nordwest-Norwegen.

Männerbestattungen, weshalb die Wikingerzeit als eine Epoche starker männlicher Dominanz angesehen werden kann. Die Grabausstattung scheint auf normative Geschlechterrollen zurückzugreifen. Das männliche Geschlecht war symbolisch assoziiert mit dem Männerbild des hochrangigen Kriegers. Männer wurden – vermutlich abhängig vom militärischen Rang – mit ihren Waffen beigesetzt, von der einfachen Axt bis hin zur vollständigen Waffengarnitur, bestehend aus Axt, Speer, Schwert und Schild. Frauen erkennt man an ihrem Schmuck: einem Paar ovaler Fibeln, zuweilen mit Perlgehänge dazwischen, und einer Drittfibel für den Umhang. Auch Schlüssel, das symbolische Zeichen der Hausherrin, wurden beigegeben. Die Hausherrin war für die Vorratshaltung und Ressourcenverwaltung des Hofes zuständig und übernahm möglicherweise während der Abwesenheit ihres Mannes die Verantwortung für den gesamten Hof.

BEWAFFNUNG Eine vollständige Waffengarnitur bestand aus Schwert, Schild, Axt und Speer. Schildbuckel, Fundort unbekannt. Breitaxt, Borgund, NO. Speerspitze, Hafslo, NO. Schwert, Lærdal, NO. Bergen, Historisk Museum.

FRAUENAUSSTATTUNG
Zwei Schalenfibeln, gleicharmige Fibel, Perlenkette, Spinnwirtel, Nadelbüchse und Bratspieß. Aus einem Frauengrab in Voss, Hordaland.
Bergen, Historisk Museum.

Nach den mittelalterlichen Schriftquellen war die symbolische Trennung zwischen der männlichen und der weiblichen Sphäre die Türschwelle. Frauen arbeiteten im Haus, die Männer draußen. Dies stimmt bis zu einem gewissen Maße mit dem überein, was sich aus den Grabfunden ableiten lässt. Norwegische wikingerzeitliche Bestattungen sind häufig mit Werkzeugen ausgestattet, zum Beispiel Tischler- und Schmiedewerkzeug im Falle der Männer und im Falle der Frauen Werkzeug mit Bezug zum Textilhandwerk: Wollkämme, Spinnwirtel, Webschwerter und Webgewichte sowie gelegentlich Nähnadeln.

Aber archäologische Funde legen auch nahe, dass das wirkliche Leben komplizierter war, als einfache Regeln es erlauben könnten. Während der langen und dunklen Winter musste fast die gesamte Arbeit nach innen verlagert werden; während der kurzen Sommer wurden alle Hände für die Arbeit im Freien benötigt. In den weiblichen Gräbern wird diese Tatsache durch die Beigabe von Sicheln reflektiert; Pfeilspitzen, vermutlich für die Jagd, treten hier und da ebenfalls auf, und es gibt mindestens ein Beispiel eines Schiffsbau-Werkzeugs in einem Frauengrab. Kochutensilien dagegen wurden offensichtlich von beiden Geschlechtern benötigt. Gewichte für Waagen treten ebenfalls sowohl in Frauen- als auch Männergräbern auf.

Daraus muss geschlussfolgert werden, dass, obwohl normative Rollenbilder scheinbar fest etabliert waren, das geschlechtliche System nicht absolut rigide war. Wie bereits gesagt: Diese hier skizzierten Rollenbilder galten für die Oberschicht. Mittellose Bauern, Knechte und Mägde sowie Sklaven unterlagen anderen Regeln.

LEBEN UND ARBEITEN AUF DEM HOF

Obwohl Bündnisse wichtig waren, war der Hof die dauerhafte wirtschaftliche und soziale Basis der meisten Wikinger-Anführer und -Krieger – und aller anderen Menschen. Die Höfe waren als unabhängige autarke Einheiten organisiert, die alles herstellten, was der gesamte Haushalt über das Jahr benötigte. Viehzucht, Ackerbau und verwandte Tätigkeiten bildeten den Kern des Lebens für den Großteil der Bevölkerung. Der jährliche Kreislauf von Aussaat, Wachstum und Ernte prägte das Leben zur Wikingerzeit. Die Lagerung und Verwaltung der Nahrung und anderer Vorräte über den Winter war genauso wichtig wie deren Produktion selbst.

Das Hauptgebäude war das dreischiffige Langhaus, dessen Länge von einigen Metern bis zu mehr als 80 m variieren konnte. Die Menschen lebten in einem Ende und die Tiere in dem anderen; diese Tradition lässt sich bis in die späte Bronzezeit zurückverfolgen. Ein mittelgroßer Hof zum Beispiel bestand normalerweise aus einem Langhaus und einem oder zwei kleineren Gebäuden. Die Höfe regionaler Anführer verfügten über einen zusätzlichen Raum, die Halle (wie etwa in Borg auf den Lofoten), die entweder in das Langhaus integriert oder ein separates Gebäude war.

Das Recht der Höfe, sich außerhalb des eigentlichen Hofgebiets liegende Ressourcen nutzbar zu machen – was sehr wichtig sein konnte –, wurde durch regionale Gesetze reguliert. Hofstellen in Hochgebirgslagen oder entlang der äußeren Küsten tendieren dazu, kleiner zu sein als die Langhäuser der zentraleren

TRADITIONELLE BAUWEISE Rekonstruiertes Gehöft der Eisenzeit in Ullandhaug nahe Stavanger.

landwirtschaftlich genutzten Gebiete. Sie werden deshalb als saisonale Siedlungen interpretiert, wo ausgelagerte Aktivitäten wie Milchviehhaltung, Eisenerzabbau, Jagd oder Fischerei stattfanden. Es gibt auch Indizien dafür, dass zum Beispiel Eisenerzabbau und Jagd im großen Rahmen organisiert worden sein könnte, als Bestandteil von Handelsnetzwerken. Wie auch immer dies im Detail geregelt war, bedeutete die Nutzung von Außenbereichen doch, dass Angehörige des Haushalts zeitweise außerhalb des Haupthofes lebten.

Während der Wintermonate jedoch war ein mittelgroßer oder großer wikingerzeitlicher Hof Unterkunft und Arbeitsplatz für die Eigentümer und vielleicht mehrere Generationen ihrer Familien sowie für die Arbeiter, Diener und Sklaven, einschließlich Gäste, die von hohem Rang bis hin zum Sklaven reichten und aus unterschiedlichen Teilen Norwegens und Europas kamen. Jeder Hof war also nicht nur eine wirtschaftliche Einheit, sondern vielmehr eine Gemeinschaft, in der Menschen unterschiedlichen Geschlechts, Ranges und Herkunft zusammen lebten und arbeiteten.

Da Eheverbindungen Bestandteile der Bündnispolitik waren, waren einige der Ehegatten (in den meisten Fällen die Ehefrauen) Ausländer oder kamen aus anderen Teilen Norwegens. Die Herrin über einen Hof zu sein, war eine sehr machtvolle Position, und es ist schwer vorstellbar, dass eine ausländische Braut alleine kam. Wahrscheinlich führte sie ein Gefolge von Helfern mit sich, die fremde Sitten und Bräuche in ihr neues Heim brachten. Sie gehörten zu den höheren Rängen der Hofgemeinschaft, und ihre Meinungen und Ansichten fanden Gehör.

Ebenso konnten Kunsthandwerker angeworben und Sklaven aus dem Ausland erworben werden (es war verboten, innerhalb Norwegens Menschen zu versklaven). Zählt man die gelegentlichen Gäste hinzu, bei denen es sich beispielsweise um Verwandte oder Verbündete handelte, wurde der Hof zum Treffpunkt für Menschen unterschiedlicher Herkunft, Fertigkeiten und Glaubensvorstellungen. In diesem Umfeld wurden sowohl Informationen und Einblicke aus vielen Teilen der bekannten Welt geteilt als auch Kinder unterrichtet und handwerkliche Fähigkeiten vermittelt. Zudem waren einige der Neuankömmlinge sehr wahrscheinlich Christen. Es ist gut möglich, dass die Basis für den späteren Religionswechsel in diesem ungezwungenen Kreis vorbereitet wurde.

Das Leben auf kleineren Höfen war einfacher und weniger bunt. Allen Höfen gemein war jedoch, dass hier beides, die alltäglichen wie die nur gelegentlich anfallenden Arbeiten, ausgeführt wurden. Nahezu alles, was für das tägliche Leben gebraucht wurde, musste auf dem Hof produziert werden. Dies setzt viele unterschiedliche Fertigkeiten und Spezialisierungen voraus. Zu den immer wiederkehrenden Aufgaben zählten vermutlich die Instandhaltungsarbeiten. Von solcher Arbeit denkt man häufig, sie sei unkreativ, monoton und langweilig und wurde daher den Dienern oder Sklaven überlassen. Aus einem anderen Blickwinkel betrachtet, bieten gerade die Instandhaltungsarbeiten, genauer gesagt, die routinehaften Arbeiten die Möglichkeit, spezielle handwerkliche Fähigkeiten zu verfeinern. Hilfsarbeiten könnten in Wirklichkeit der Ausgangspunkt für die Entwicklung neuer Techniken und Kompetenzen im Handwerk gewesen sein. Das wikingerzeitliche Handwerk war in vielerlei Hinsicht exzellent. Schiffsbau und Textilproduktion, beides Voraussetzungen für wikingische Raubzüge und Kolonisation (Wikingerschiffe benötigten Segel), sind Beispiel dafür. Regelhaft entlang der Küste angetroffene Funde von großen Bootshäusern unterstreichen die Bedeutung der Schiffe sowohl im Krieg als auch im friedlichen Handel und Transport. Nach den Funden zu urteilen, fand sowohl Schiffsbau als auch Weberei auf den Höfen statt.

WANDSCHMUCK Das Zuhause schmückten Wandteppiche, die mit bildlichen Darstellungen bestickt waren. Sie sind selten erhalten geblieben. Eine Ausnahme ist das Fragment aus Hougen, Rolvsøy in Østfold, wo es Teil der Grabausstattung war.

DAS LANGHAUS VON BORG
Im Ausgrabungsplan sind die Pfostenlöcher und Raumunterteilungen erkennbar. Das Haus war 83 Meter lang und hatte eine Fläche von 600 Quadratmetern. Im Westen befanden sich die Wohnräume, im Osten der Stall. Raum C wird als »Halle« interpretiert. Er alleine ist 120 Quadratmeter groß.

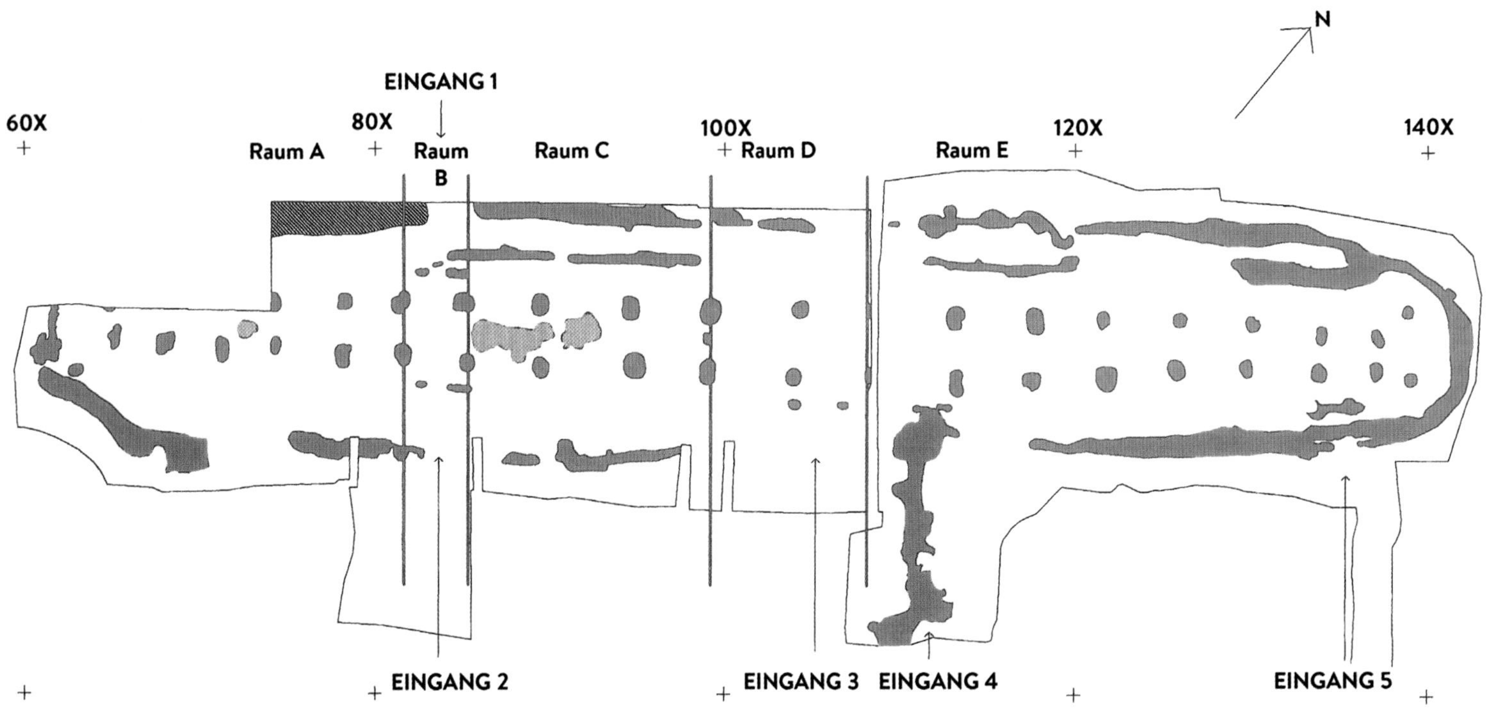

BEGRÄBNISSE UND FESTE

Eine Besonderheit wikingerzeitlicher Höfe in Norwegen, im Besonderen in West- und Nordnorwegen, ist die Bestattung der Toten sehr nah bei oder auf dem Hofareal. Dieses Privileg, das in einigen Regionen bis zurück in die römische Eisenzeit reicht, war vermutlich primär den Eigentümern, also Ehemann und Ehefrau, vorbehalten. Das Begräbnis eines wohlhabenden Hofbesitzers oder eines Häuptlings bzw. seiner Frau war ein öffentliches Ereignis in einer kleinen Gemeinschaft, und viele Menschen nahmen sowohl am Bau des Grabmonuments als auch an der Beisetzung teil.

Ein anderer öffentlicher Aspekt des Lebens auf einem Hof waren die Festmahle, die ein Anführer abhielt. Festessen hatten primär die Funktion, alte Bündnisse zu pflegen und neue zu schließen. Allianzen bildeten, zusammen mit familiären Verbindungen und Land, die Machtbasis, vor allem in Konfliktfällen und Kriegszeiten.

Im Norden bildete die Halle die Bühne für solche Festmahle, ein großer Raum oder manchmal auch ein separates Gebäude, auf dem Hof des Anführers. Die nördlichste bekannte Halle in Norwegen befindet sich in der Siedlung Borg auf den Lofoten – am nördlichsten Rand des Siedlungsgebiets der Wikinger. Die jüngste Bauphase eines beeindruckenden, 83 m langen Gebäudes datiert vom 7. Jahrhundert bis um 1000 n. Chr. Die Halle alleine war 120 Quadratmeter groß. Eine Reihe außergewöhnlicher Funde entstammen dem Raum, darunter importierte Keramik, Gläser und, besonders erwähnenswert, fünf kleine Goldblechfiguren, die jeweils einen Mann und eine Frau darstellen. Solche Figuren, die an vielen Orten in Skandinavien gefunden wurden, wurden mit adligen Familien und der Legitimation politischer Macht in Verbindung gebracht. Die Herrscher über Nordnorwegen lebten also vermutlich in Borg.

BETT Zu den Beigaben der Frauen im Oseberg-Grab gehörte dieses Bett mit geschnitzten Tierkopfpfosten.

LOKALE GEMEINSCHAFTEN UND ZENTRALISIERTE MACHT

In jeder Gesellschaft wird ein Versammlungsort benötigt, wo Angelegenheiten von öffentlichem Interesse angehört und diskutiert werden können. Die aktuelle archäologische Forschungsmeinung tendiert dazu, diese sogenannten Gerichtsstätten, welche aus Gruppen eher kleiner, kreis- oder hufeisenförmig angeordneter Gebäude bestehen und in die frühere Eisenzeit zurückgehen, als frühe lokale *thing*-Stätten zu sehen, wobei jedes Gebäude einen Anführer und sein Gefolge beherbergte. Diese Things, die nur einen relativ kleinen geografischen Bereich abdeckten, waren die Vorläufer der regionalen Things und des Rechtssystems, das in der späteren Wikingerzeit etabliert wurde. Dies ging einher mit der schrittweisen Zentralisierung und Stabilisierung der politischen Macht. Während der Wikingerzeit entwickelte sich ein militärisches System, das Leidang-System: Bestimmte Gebiete hatten je ein Kriegsschiff zu bauen, auszurüsten und zu bemannen. In der späten Wikingerzeit entwickelten sich einige Marktplätze zu Städten.

Im 9. Jahrhundert begannen die Versuche, Norwegen unter einer Königskrone zu einigen. Einige der frühen Wikingerkönige versuchten, das Christentum einzuführen, jedoch ohne großen Erfolg. Der Wendepunkt der Christianisierung Norwegens wird häufig in der Schlacht bei Stiklestad im Jahr 1030 gesehen, in der König Olav Haraldsson, ein Christ, sein Leben verlor, aber mit seinem Anliegen hatte er dennoch Erfolg: Nach seinem Tod wurden einige Wunder mit seinem Leichnam in Verbindung gebracht. König Olav wurde heiliggesprochen, und das Christentum fasste während der nachfolgenden Jahre Fuß in Norwegen. In diesen Jahren ging auch die Wikingerzeit in Norwegen ihrem Ende zu.

LITERATUR

L. H. Dommasnes, On a whirling wheel their hearts were made. In: S. Monton-Subías/M. Sánchez Romeró (Hrsg.), **ENGENDERING SOCIAL DYNAMICS: THE ARCHAEOLOGY OF MAINTENANCE ACTIVITIES.** BAR International Series 1862 (Oxford 2008) 87–95.

L. I. Hansen/B. Olsen, **HUNTERS IN TRANSITION. AN OUTLINE OF EARLY SÁMI HISTORY** (Leiden/Boston 2014).

A. B. Olsen, **COURTYARD SITES IN WESTERN NORWAY. CENTRAL PLACES AND JUDICIAL INSTITUTIONS IN THE LATE IRON AGE.** In: M. H. Eriksen u. a. (Hrsg.), Viking Worlds. Things, Spaces and Movement (Oxford 2015).

G. Stamsø Munch/O. Sverre Johansen/E. Roesdahl (Hrsg.), **BORG IN LOFOTEN. A CHIEFTAIN´S FARM IN LOFOTEN** (Trondheim/Borg 2003).

G. Steinsland, **NORRØN RELIGION. MYTER, RITER OG SAMFUNN** (Oslo 2005).

J. Bately/A. Englert (Hrsg.), **OHTHERE'S VOYAGES. A LATE 9TH-CENTURY ACCOUNT OF VOYAGES ALONG THE COASTS OF NORWAY AND DENMARK AND ITS CULTURAL CONTEXT.** Maritime Culture of the North 1. The Viking Ship Museum (Roskilde 2007).

I. Storli, Court Sites of Arctic Norway: Remains of Thing Sites and Representations Of Politica Processes in the Northern Germanic World during the First Millennium AD? **NORWEGIAN ARCHAEOLOGICAL REVIEW** 43/2, 2010, 128–144.

CHRISTOPH KILGER

KAUPANG IN SKIRINGSSAL

EIN FRÜHWIKINGERZEITLICHER HANDELSPLATZ IN NORWEGEN

Unweit der Ortschaft Tjølling in Vestfold, Norwegen, liegt der frühwikingerzeitliche Handelsplatz Kaupang. Zur Wikingerzeit lag Kaupang an einer viel befahrenen Schiffahrtsstraße, die sich von Dänemark bis hoch nach Nordnorwegen erstreckte, geschützt an einem heute verlandeten Arm des Viksfjords. Um ca. 890 wird der Handelplatz erstmals erwähnt, und zwar von dem nordnorwegischen Reisenden Ottar unter der Bezeichnung Skiringssal. Erst in schriftlichen Quellen des Spätmittelalters finden wir den Namen Kaupang. Mit aller Wahrscheinlichkeit wurde der Name Kaupang aber schon während der Wikingerzeit von den Einheimischen benutzt. Damit meinte man die Handelsbucht oder den Marktplatz, wo man Waren kaufen und verkaufen konnte. Auswärtige Handelsreisende wie Ottar verwendeten vermutlich »Kaupang in Skiringssal« oder einfach abgekürzt »Skiringssal«.

Seit dem 18. Jahrhundert hat man versucht, Skiringssal zu lokalisieren. Schon 1822 schlugen Historiker die Gegend um Tjølling vor. Doch erst mit den Ausgrabungen, die zwischen 1950 und 1974 unter der Leitung von Charlotte Blindheim durchgeführt wurden, kam der wissenschaftliche Durchbruch. Blindheim entdeckte neben einem Bootgräberfeld mit reichen Funden auch die Reste einer frühwikingerzeitlichen Siedlung mit umfangreichen Spuren von Handel und Handwerk. Die Fundstelle lag auf dem Acker des Bauernhofes Kaupang. Das konnte kein Zufall sein. Mit den letzten Forschungsgrabungen zwischen 2000 und 2003 unter der Leitung von Dagfinn Skre, Universität Oslo, konnte der Zusammenhang mit Skiringssal geklärt werden.

Als spezialisierte Handwerks- und Handelssiedlung war Kaupang seit seiner Gründung einem älteren religiösen und politischen Machtzentrum, dem sogenannten Skiringssalkomplex, untergeordnet. Skiringssal kann möglicherweise mit »leuchtendem Saal« übersetzt werden. Im Altnordischen bezeichnet *salr* eine herrschaftliche Halle oder einen Adelshof. Ungefähr 1 km nördlich von Kaupang bei dem Gehöft Huseby wurden die Reste eines eisenzeitlichen Langhauses von 36 m Länge untersucht. Das Hallengebäude, in dem exklusive Kleinfunde auftauchten, wurde auf einem künstlichen Plateau errichtet und war weithin in der Gegend sichtbar. Vermutlich bezieht sich der Name Skiringssal ursprünglich auf dieses Gebäude.

KAUPANG IN SKIRINGSSAL Topografische Karte über das Gebiet von Tjølling mit den verschiedenen Bestandteilen des Skiringssalkomplexes und den Gräberfeldern (orange).

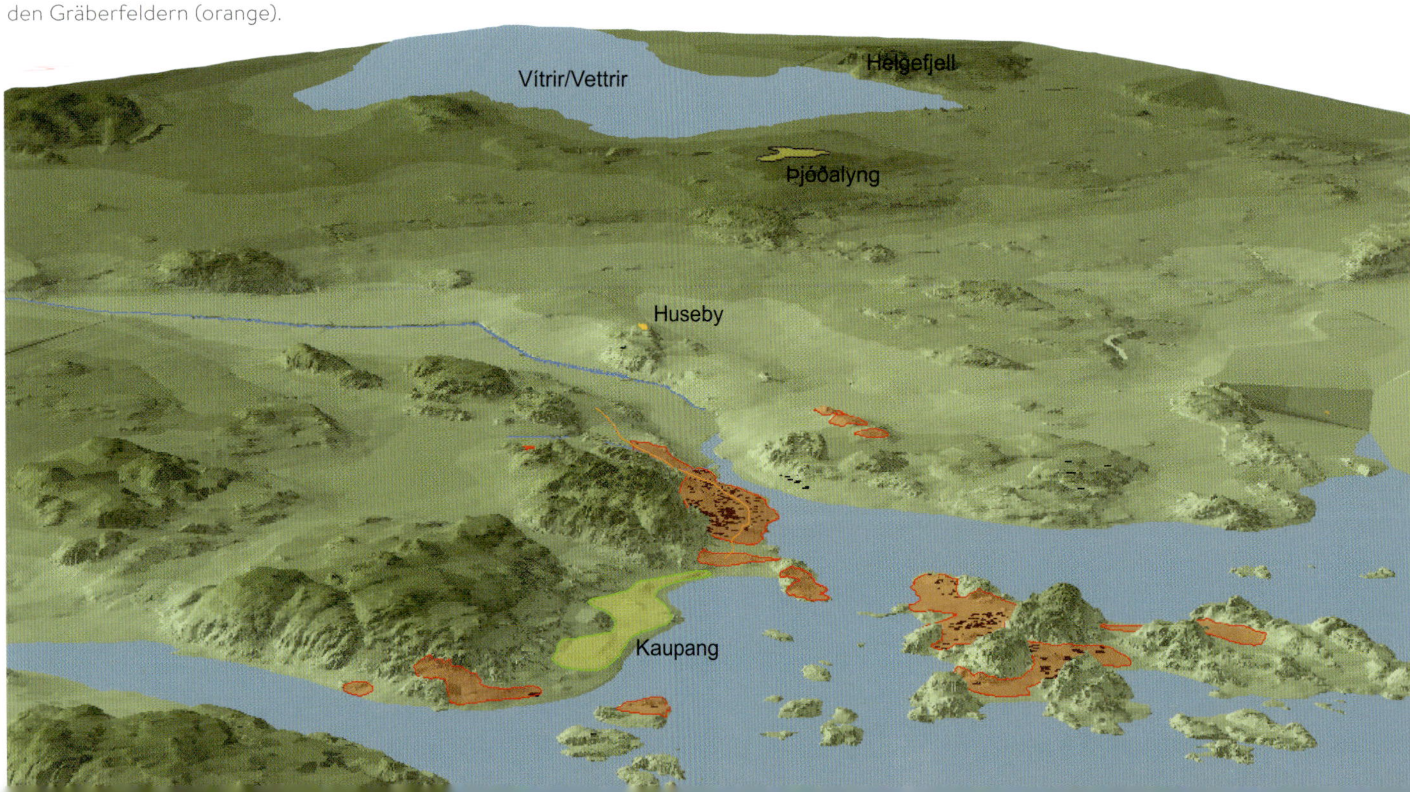

ALLTAG IN KAUPANG An dem Handelsplatz ging es zur Wikingerzeit lebhaft zu.

Der Skiringssalkomplex umfasste außer der Halle und dem Handelsplatz auch einen Thingplatz (altnordisch *Þjóðalyng*), bei der mittelalterlichen Kirche in Tjølling gelegen, und einen heiligen See (altnordisch *Vettir*). Skiringssal vereinte damit wirtschaftliche, politische, juristische und kultisch-religiöse Dimensionen der wikingerzeitlichen Gesellschaftsordnung. Aus den isländischen Sagas wissen wir, dass Skiringssal während des 9. Jahrhunderts von Kleinkönigen aus dem sagenumwobenen Geschlecht der Ynglinger beherrscht wurde. Heute ist von dem Komplex nicht mehr viel zu erkennen mit Ausnahme der zahlreichen Gräberfelder, die die Handelssiedlung umgaben.

Die letzten Forschungsergebnisse festigen den Eindruck, dass Kaupang am Anfang des 9. Jahrhunderts vermutlich unter dänischem Einfluss gegründet wurde. Die Gründung kann mithilfe der Dendrochronologie spätestens auf das Jahr 803 festgelegt werden. Die Siedlung nahm während ihrer größten Ausdehnung eine Fläche von ca. 54.000 Quadratmetern ein; sie war ungefähr 750 Meter lang und zwischen 20 und 90 Meter breit. In Reihen angelegte Grundstücke deuten auf eine organisierte Planung hin. Nachgewiesen wurden Perlen- und Textilproduktion, Bernsteinbearbeitung sowie Gold- und Silberschmieden. Die Einwohnerzahl Kaupangs zu seiner Glanzzeit um 900 wird auf zwischen 400 und 600 Personen geschätzt. Vermutlich wohnte ein Großteil der Bevölkerung permanent am Ort. Kaupang kann daher mit allem Recht als eine städtische Siedlung auf gleicher Linie mit Birka, Haithabu und Ribe bezeichnet werden.

Die archäologischen Befunde weisen für die erste Hälfte des 9. Jahrhunderts auf Kontakte mit dem Fränkischen Reich hin. Spätestens nach ca. 860 deuten sich umfassende Änderungen in den Handelsbeziehungen an. Der kontinentale Einfluss nahm ab, Verbindungen vor allem zum Ostseeraum treten stärker hervor. In diesem Zeitraum wurden auch große Mengen von Silbermünzen aus dem Orient, sogenannte Dirhem, importiert und nach Gewicht als Zahlungsmittel benutzt. Wann Kaupang aufgegeben wurde, ist schwieriger festzustellen, da die jüngsten Schichten durch Ackerarbeiten zerstört wurden. Der Niedergang der städtischen Siedlung begann vermutlich bereits um 930. Als saisonaler Markt wurde die Siedlung noch eine Zeit lang besucht. Spätestens um 960/980 war Kaupang verlassen. Ein wichtiger Grund dafür ist der Übergang zum Christentum, welcher seit der Mitte des 10. Jahrhunderts in der Oslofjordregion fassbar ist und die politische und religiöse Grundlage von Skiringssal schwächte. Damit änderte sich auch die ökonomische Bedeutung Kaupangs. Dessen angestammte Rolle als Schnittstelle für den internationalen und regionalen Handel konnte nicht mehr aufrechterhalten werden.

LITERATUR

D. Skre (Hrsg.) **KAUPANG IN SKIRINGSSAL.**
Kaupang Excavation Project Publication Ser. 1 (Århus 2007).

D. Skre (Hrsg.) **MEANS OF EXCHANGE. DEALING WITH SILVER IN THE VIKING AGE,**
Kaupang Excavation Project Publication Ser. 2 (Århus 2008).

D. Skre (Hrsg.), **THINGS FROM THE TOWN. ARTEFACTS AND INHABITANTS IN VIKING-AGE KAUPANG.**
Kaupang Excavation Project Publication Ser. 3 (Århus 2011).

ANNE-SOFIE GRÄSLUND

SCHWEDEN

Die Menschen, die zur Wikingerzeit in den Gebieten des heutigen Schweden lebten, identifizierten sich zur Wikingerzeit über die Regionen, aus denen später die Provinzen hervorgingen; ein Land Schweden existierte noch nicht. Die Chronologie der Wikingerzeit ist in der Forschung ausführlich diskutiert worden. Geht man von historischen Ereignissen aus, das heißt dem ersten bezeugten Wikingerüberfall auf das Kloster Lindisfarne im Jahr 793 und die letzte Schlacht der Wikinger in Hastings im Jahr 1066, umfasst die Wikingerzeit etwa die Jahre von ca. 800 bis 1066. Diese historischen Daten wurden traditionellerweise auch in der Archäologie gebraucht. Jüngste archäologische Befunde rechtfertigen jedoch eher die Epochengrenzen 750 bis 1050, nachdem neue Ausgrabungen in den 1990er-Jahren in Birka zeigen konnten, dass die Stadt bereits deutlich vor dem Jahr 750 gegründet wurde. Schon seit Beginn des 20. Jahrhunderts galten die Funde aus Birka als Musterbeispiele der materiellen Kultur der Wikingerzeit bis in das letzte Viertel des 10. Jahrhunderts, als Birka als Stadt anscheinend aufgegeben wurde.

Während der Wikingerzeit dehnte sich die landwirtschaftliche Besiedlung in vormals abgelegene Gebiete aus. Das wissen wir hauptsächlich aufgrund von Grabfunden. In den vergangenen zwei Jahrzehnten wurden mehrere großflächige Ausgrabungsprojekte in Zusammenhang mit dem Straßenbau durchgeführt, die unser Wissen über Siedlungen der Älteren und Mittleren Eisenzeit enorm erweitern konnten. Bereits in der späten Bronzezeit, im ersten Jahrtausend vor Christus, entstanden die ersten Dörfer, jedoch wurden in der Mitte des 6. Jahrhunderts viele von ihnen wieder aufgegeben. Später expandierten die überlebenden Dörfer langsam wieder und entwickelten sich zu den historischen Dörfern. Jüngste Ausgrabungen in dem Gebiet um Gamla Uppsala (Alt-Uppsala) lieferten ein exzellentes Beispiel einer solchen kontinuierlichen Siedlungsentwicklung vom Ende des ersten Jahrtausends vor Christus bis in das Mittelalter, sowohl was Siedlungen der Elite betrifft als auch gewöhnliche Höfe.

Wichtige Fundorte der Wikingerzeit und die späteren schwedischen Provinzen.

GEPFLEGTER WIKINGER Haar- und Barttracht sowie der konische Helm mit Nasenschutz sind sorgfältig herausgearbeitet. Schnitzerei aus Elchgeweih, Sigtuna, SE, 11. Jh. Stockholm, Historiska Museet.

FRAUEN *EN MINIATURE* Vier kleine Frauenfiguren aus Silber, die wohl als Anhänger getragen wurden. Frisur und Bekleidung sind deutlich zu erkennen. Manche von ihnen tragen ein Trinkhorn – sind hier Walküren dargestellt? 10. Jh. Stockholm, Historiska Museet.

Es gibt nicht viele zeitgenössische Darstellungen von den Menschen der Wikingerzeit. Sie waren uns sicher sehr ähnlich. Männer werden häufig mit Helmen dargestellt, sie haben schulterlanges Haar und Oberlippenbart. Frauen tragen häufig langes Haar, das in einer Art Pferdeschwanz hochgebunden ist, und sie tragen normalerweise ein sehr charakteristisches Kleid, welches aus Unterkleid, Trägerrock und einem Schultertuch besteht. Es gibt keine zeitgenössischen Darstellungen von Kindern. Kinder müssen natürlich Teil der Gesellschaft gewesen sein, aber es ist auch auffällig, dass Kindergräber der Wikingerzeit deutlich häufiger zu finden sind als aus früherer Zeit, möglicherweise aufgrund von christlichem Einfluss. Einige Funde wie schematische Waffen, Tiere und Glocken, die in Gräbern und Siedlungen gefunden wurden, werden als Spielzeug gedeutet. Es scheint, als ob die Gesellschaft der Wikingerzeit von Männern dominiert wurde, aber archäologische und literarische Belege zeigen, dass – auch wenn die Geschlechterrollen deutlich voneinander abgegrenzt waren – es mächtige Personen beiderlei Geschlechts gab. Die Frau des Hauses leitete die Arbeiten im Haus und war für die Bevorratung und Versorgung des Hofes verantwortlich; ein wichtiges Symbol dafür war der Schlüssel, der ihr häufig mit ins Grab gegeben wurde. Bei den Gelagen in den Hallen der Herrscher erfüllten die Frauen des Hauses eine wichtige Rolle, indem sie den Gästen in einer festgesetzten Reihenfolge Met ausschenkten.

Die Menschen der Wikingerzeit verwendeten unterschiedlichste Gegenstände. Die Schweden von heute haben keine Probleme damit, die meisten von ihnen zu erkennen, insbesondere, wenn es um Werkzeuge geht. Es steht fest, dass die Werkzeuge derart durchdacht und funktional waren, dass viele Typen bis in die Neuzeit Verwendung fanden. Ein anschauliches Beispiel ist eine Werkzeugkiste aus Eichenholz, die eine große Anzahl an Werkzeugen für Tischlerei und Metallbearbeitung enthielt. Sie war 1936 in Mästermyr, einem Moor im südlichen Teil Gotlands, gefunden worden. Der Bauer, der die Kiste fand, nahm an, sie sei von jemandem aus der Generation seines Großvaters verloren worden. Erst als die Kuratoren des Museums den Inhalt analysierten und feststellten, dass einige der Objekte wikingerzeitliche Ornamentik aufwiesen, verstand man das wirkliche Alter der Kiste. Vermutlich hatte sie ein Wanderhandwerker verloren, während er – wahrscheinlich im Winter – durch das Moor reiste.

Die Wikingerzeit war geprägt von tief greifenden gesellschaftlichen Veränderungen. So scheint sich eine allgemeine Entwicklung von den Kleinkönigtümern der Völkerwanderungszeit hin zur Herausbildung eines Staates abzuzeichnen, obwohl das Königreich Schweden nicht vor dem 12. Jahrhundert Realität wurde. Teile des heutigen Schwedens gehörten nicht dazu – die südlichen Provinzen von Skåne und Halland sowie Bohuslän im Westen. Ausgehend von der Reisebeschreibung des angelsächsischen Reisenden Wulfstan in der südlichen Ostsee aus dem ausgehenden 9. Jahrhundert, gehörten die Provinzen Blekinge, Möre (das südöstliche Småland), Öland und Gotland zu den *Svear*. Der in der altnordischen Literatur vorkommende Begriff

Svithjod wird als Kerngebiet der Svear interpretiert, dessen zentraler Teil das Gebiet um den Mälarsee war, mit Gamla Uppsala als wichtigstem Zentralplatz.

Die schwedische Topografie ist sehr abwechslungsreich. Im Westen, entlang der Grenze zu Norwegen, besteht Norrland aus stark zerklüfteten Gebirgsregionen, in denen mehrere große Flüsse entspringen, die in Richtung Südosten durch dichte Nadelwälder fließen, die sich bis in die Ebenen an den Ufern der nördlichen und mittleren Ostsee erstrecken. Die am dichtesten bevölkerten Regionen zur Wikingerzeit waren die großen Ebenen um den See Mälaren und um die beiden innerhalb Öster- und Västergötlands liegenden großen Seen Vänern und Vättern, sowie Skåne (Schonen) im Süden. Große Waldgebiete und Bergbauregionen mit reichen Erzvorkommen spielten eine ebenso große wirtschaftliche Rolle wie die lang gestreckte Küste mit mehreren wichtigen Archipelen.

Die Lebensweise der Wikingerzeit war bestimmt durch Landwirtschaft, Ackerbau und Viehhaltung. Welche davon vorrangig war, hing jeweils von den geografischen Bedingungen ab: Ackerbau spielte in den Flachlandgebieten die größte Rolle, während in Gegenden mit variierender Topografie die Viehhaltung bevorzugt wurde. Im Gefolge der Angehörigen der Elite befanden sich unterschiedliche Spezialisten, Männer der Gefolgschaft und Handwerker, deren Siedlungen noch heute in Ortsnamen nachgewiesen werden können. Rechtliche, religiöse und wirtschaftliche Zentren verteilten sich über das gesamte Land, insbesondere im Mälarseegebiet und in Östergötland. Die Svear waren Teil eines großen, international organisierten Handelssystems. Das hatte eine Urbanisierung zur Folge, die auch aus dem Bedürfnis der Zentralmacht nach Kontrolle des Handels erwuchs. Die Handelsstadt Birka wurde von vornherein nach einem Stadtplan mit festgelegten Blöcken erbaut, was die Annahme stützt, dass Birka auf königliche Initiative hin gegründet wurde.

In den meisten Gebieten war die Jagd als Ergänzung zur Landwirtschaft unverzichtbar, genauso wie Fischerei und Robbenjagd entlang der Küsten. Die Pelzjagd war außerdem für den Handel wichtig. In Norrland, das einen Großteil des heutigen Schweden ausmacht, finden sich Siedlungen der mittelschwedischen Wikinger-Kultur bis auf die Höhe von Ångermanland. In großen Gebieten lebten die Samen, die größte Bevölkerungsgruppe des Nordens, Seite an Seite mit den Nordleuten. Die in Birka deutlich zu beobachtende Vermischung unterschiedlicher Kulturen fand auch hier statt, allerdings in etwas geringerer Ausprägung.

In der Zeitspanne zwischen ca. 900 bis 1200 war das Klima Nordeuropas einige Grade wärmer als heute, was zu günstigen Lebensbedingungen führte. Ohne Zweifel hatte dies einen großen Einfluss auf die Kolonisierung Islands und Grönlands – die Besiedlung Grönlands durch die Wikinger endete, als das Klima wieder kälter wurde.

Im Gegensatz zu Dänemark und Norwegen ist Schweden hauptsächlich dem Osten zugewandt – über die Ostsee nach Süden und südöstlich nach Polen und den baltischen Ländern sowie nach Osten in Richtung Finnland und Russland und bis in den Orient. Entsprechend führten viele Expeditionen der Wikinger ostwärts. Bereits für die Vendelzeit belegen archäologische Funde ostschwedische Aktivitäten in den baltischen Ländern. Dort fand man Gräber mit Artefakten, die für Mittelschweden und Gotland typisch sind.

Die Provinz Västergötland stellt eine Ausnahme von dieser östlichen Orientierung dar. Es wurden sogar enge politische Verbindungen zwischen Västergötland und Dänemark während der Wikingerzeit vorgeschlagen. Mehrere Runeninschriften zeigen auch, dass viele Männer aus den ostschwedischen Regionen an den Expeditionen der Wikinger nach England teilnahmen. Isländische Quellen erzählen uns, dass einer der beiden ersten Nordleute, die Island entdeckten, Gardar, Sohn von Svavar dem Schweden war. Somit zeigt sich, dass auch der Westen für Ostskandinavier interessant

WERKZEUGE AUS DEM MOOR Der Fund von Mästermyr (»Meister-Moor«) auf Gotland besteht aus über 200 Werkzeugen und weiteren Gebrauchsgegenständen. Der Fund gibt einen einzigartigen Einblick in das Handwerk der Wikingerzeit.

war, wenn auch die Expeditionen nach Osten am häufigsten waren. Die Beschreibung der Nestorchronik über die Gründung des russischen Staates im Jahr 860 durch die *Svear* unter dem Anführer Rurik ist vermutlich eine Legende, dem aber vielleicht ein Kern an Wahrheit innewohnt. Archäologische Funde belegen, dass Skandinavier hauptsächlich aus dem östlichen Schweden einen aktiven Anteil an der Entwicklung hatten, die schließlich zur Gründung des russischen Staates führte.

Schweden hat keine Funde von beeindruckenden Wikingerschiffen, wie das Oseberg- und Gokstadschiff in Norwegen oder das Ladbyschiff aus Dänemark, vorzuweisen. Es haben sich jedoch die Überreste von vielen kleineren, schmalen und leichten Booten mit einer durchschnittlichen Länge von 7 bis 10 Metern in mehreren Bootsgräbern erhalten. Die uppländischen Bootsgräberfelder Vendel, Valsgärde und andere wurden in der Vendelzeit angelegt; Bootsgräber (üblicherweise für einen Mann pro Generation) wurden hier bis in die späte Wikingerzeit angelegt. In Bootsgräbern wurden auch Frauen bestattet, insbesondere in der benachbarten Provinz Västmanland. Das Holz ist fast immer vergangen, aber die Bootsnägel sind erhalten geblieben. Sorgfältige Ausgrabungen und genaue Dokumentation ermöglichten die Rekonstruktion der Boote aus Valsgärde. Aller Wahrscheinlichkeit nach wurden diese Bootstypen für die Expeditionen entlang der russischen Flüsse Dwina, Wolga und Dnjepr genutzt. In jüngerer Zeit wurden Versuche mit rekonstruierten Schiffen durchgeführt, die entlang der Flussrouten zum Schwarzen und zum Kaspischen Meer segelten, ruderten oder gezogen wurden.

Die Kontakte mit Osteuropa und dem Orient sind im archäologischen Material durch eine Vielzahl von Artefakten östlicher Herkunft belegt – nicht zuletzt in Birka –, insbesondere aber durch die große Anzahl von Silberhorten in allen schwedischen Provinzen mit Ausnahme des nördlichsten Norrland. Insgesamt sind mehr als 1.100 Horte gefunden worden. Die meisten beinhalteten Münzen und Schmuck, manchmal auch Hacksilber und Silberbarren. Weil die Wirtschaft in Skandinavien vor der Jahrtausendwende nicht auf Münzprägungen beruhte, sondern auf dem Edelmetallwert, wurde das Silber mit kleinen Waagen gewogen. Häufig wurden Münzen und Schmuckstücke zerstückelt. In Gotland, der in dieser Beziehung reichsten Provinz, hat man mehr als 700 Silberhorte gefunden, den größten Hort im Jahr 1999 in Spillings im nördlichen Gotland. Er bestand aus arabischen Münzen aus der zweiten Hälfte des 9. Jahrhunderts und unzähligen Armringen. Zusammen haben sie ein Gewicht von etwa 70 kg – ein Vermögen von kaum vorstellbarer Größe. Nach ca. 970 endete der Zustrom arabischer Münzen und ab den 990er-Jahren dominieren westeuropäische Münzen – angelsächsische und deutsche – in den Horten, was die engen Kontakte mit diesen Regionen widerspiegelt. Die ältesten schwedischen Münzen wurden von englischen Münzmeistern unter der Herrschaft von Olof Skötkonung in Sigtuna im Jahr 995 geschlagen.

Birka als Stadt verschwand im letzten Viertel des 10. Jahrhunderts. Das nahe gelegene Sigtuna mit der ältesten Diözese Schwedens gilt für gewöhnlich als die älteste Stadt des Landes im Sinne eines dicht bevölkerten, administrativen, geistigen, rechtlichen und wirtschaftlichen Zentrums. Die Siedlungsentwicklung folgte von Beginn an einem Stadtplan mit abgegrenzten Grundstücken von festgelegten Größen. Zuerst wurden die Gräben zwischen den Grundstücken ausgehoben, danach die frühesten Häuser erbaut. Die Grundstücksgrenzen blieben über die gesamte Blütezeit Sigtunas unverändert. Offensichtlich existierte bereits ab der frühesten Siedlungsphase, die dendrochronologisch in die 970er-Jahre datiert wird, eine geordnete, dicht und dauerhaft bewohnte Siedlung an dieser Stelle – eine gegründete Stadt, möglicherweise nach westeuropäischem Vorbild. Große Ausgrabungen in den 1990er-Jahren erbrachten zahlreiche Funde, viele davon östlicher Herkunft: slawische, russische und byzantinische Objekte, aber auch viele Artefakte westeuropäischer und einheimischer Produktion. Es gab also Einflüsse sowohl aus dem Osten als auch aus dem Westen.

Der Großteil unseres Wissens über die Wikingerzeit basiert auf Grabfunden. Viele wikingerzeitliche Gräber sind einfache Brandgräber, die wenige und alltägliche Gegenstände wie beispielsweise Kämme, Messer, Perlen, Keramikgefäße etc. enthalten. Daneben gibt es aber auch reich ausgestattete Körpergräber, vor allem in Birka. Aber auch in anderen Regionen haben sich interessante Beispiele gefunden, etwa das Frauengrab von Aska in der Gemeinde Hagebyhöga, Östergötland, aus dem 10. Jahrhundert. Die Frau wurde zusammen mit vier Pferden verbrannt, und die Überreste des Scheiterhaufens wurden mit einem Steinhügel bedeckt. Unter den Überresten des Scheiterhaufens fand man Schmuck aus Silber und Bronze – unter anderem eine silberne Kleeblattfibel und mehrere Silberanhänger, darunter einer in der Form eines Männerkopfes mit Helm und Schnurrbart und ein Anhänger mit einer Frauendarstellung in Frontalansicht, fünf birnenförmige Silberanhänger mit Filigranverzierung, die vermutlich aus Südrussland stammen, eine beinahe einzigartige Kupferflasche mit kufischer Schrift, vermutlich aus Samarkand, eine westeuropäische Bronzeschale mit zwei vogelförmigen Beschlägen und beeindruckendes Pferdegeschirr aus einheimischer Produktion, nämlich Riemenverteiler und eine Trense. Die in diesem Grab bestattete Frau war offensichtlich von edler Abstammung, sehr reich und mächtig. Vielleicht besaß sie auch religiöse Macht: Es wurde diskutiert, ob der Frauen-Anhänger die Göttin Freyja und der Männerkopf den Gott Odin darstellt.

SILBERNE MINIATUR Anhänger in Form eines Kopfes mit vogelverziertem Helm und Schnurrbart. Er wurde zusammen mit weiteren Anhängern in einem Frauengrab des 10. Jahrhunderts in Aska, Hagebyhöga, Östergötland gefunden. Stockholm, Historiska Museet.

Die bekannteste und vermutlich auch bedeutendste aller skandinavischen Kultstätten war Gamla Uppsala, bekannt durch die Beschreibung in der Kirchengeschichte Adam von Bremens. Hier befinden sich große Gräberfelder mit Gräbern aus der zweiten Hälfte des ersten Jahrtausends nach Christus. Noch in der Wikingerzeit, bis weit in das 11. Jahrhundert hinein, wurden sowohl Brand- als auch Körpergräber angelegt. Die Mischung von Grabsitten zeigt möglicherweise, dass hier Heiden mit Christen Seite an Seite lebten.

Adams ausführliche Beschreibung des Tempels wurde noch bis in die jüngste Zeit zurückgewiesen. Zum einen erschien die Beschreibung stark beeinflusst durch kontinentale Tempelanlagen, die Adam viel vertrauter gewesen sein dürften. Zum anderen gab es lange Zeit keinen Beleg für spezielle Kulthäuser; es wurde angenommen, dass Kulthandlungen im Freien im Bereich der herrschaftlichen Hallen durchgeführt wurden. In den letzten beiden Jahrzehnten wurden jedoch die Grundrisse kleiner, einfacher Gebäude in Zusammenhang mit wikingerzeitlichen Siedlungen ausgegraben, in deren nächster Nähe sich Ansammlungen von Amulettringen, ausgewählten Tierknochen und eine große Anzahl an Feuerstellen befunden haben. Vermutlich handelt es sich bei diesen Gebäuden um spezielle Kultbauten, wie sie beispielsweise aus Borg in Östergötland und Sanda in Uppland bekannt sind. An dem Zentralplatz von Uppåkra in Skåne fand man ein Kulthaus der Vendel- und Wikingerzeit, welches reiche Funde von Goldblechfiguren und beeindruckende Glas- und Metallgefäße erbrachte.

LEGENDENUMWOBEN
Die großen Hügel in Alt-Uppsala.

HEIDNISCHES UND CHRISTLICHES Auf den berühmten Bildteppichen von Överhogdal (ca. 1040–1170) sind Szenen aus der nordischen Mythologie und Heldensage, aber auch christliche Motive, wie eine Kirche (links oben), dargestellt. Östersund, Jamtli.

Kult ist möglicherweise auch das Thema einiger erstaunlich gut erhaltener Wandteppiche aus Överhogdal in Härjedalen, die mit der Radiokarbonmethode auf das 10. und 11. Jahrhundert datiert wurden. Viele Figuren entstammen der nordischen Mythologie, beispielsweise Sleipnir, Odins achtbeiniges Pferd, aber auch eindeutige christliche Elemente, beispielsweise ein Haus mit einem Kreuz auf dem Dach, sind auf den Teppichen zu sehen.

Im 10. und 11. Jahrhundert lassen sich viele Beispiele von Synkretismus, d. h. dem Nebeneinander und der Vermischung der alten und der neuen Religion, beobachten. Der skandinavische Tierstil, der in der Völkerwanderungszeit entstanden war und aller Wahrscheinlichkeit nach ursprünglich religiöse Bedeutung hatte, wurde auch während der Christianisierung fortgeführt. Dies ist z. B. auf Runensteinen zu sehen oder auf den einzigartigen Wetterfahnen von Söderala in Hälsingland und Källunge auf Gotland. Ursprünglich dienten sie vermutlich als Wetterfahnen für Schiffe, die am Mast oder Bug befestigt waren. Später nutzte man sie als Wetterfahnen an Kirchen. Die Verzierung ist eine späte Variante des Tierstils im sogenannten Ringerike- und Urnesstil mit einem möglichen Hintergrund in der christlichen Ikonografie: Das große Tier im Kampf mit der Schlange ist ein Sinnbild für den Kampf zwischen Gut und Böse.

Ein charakteristisches Element der schwedischen Landschaft sind die Runensteine der späten Wikingerzeit. Insgesamt gibt es in Schweden ca. 2800 Runensteine, die meisten davon in den Provinzen um den Mälarsee, und allein 1400 in Uppland. Runensteine zu errichten, war eine alte Tradition, die durch den Jellingstein in Jütland (errichtet ca. 965–970) wieder in Mode kam und sich rasch nach Norden verbreitete. In Schweden wurden die meisten Runensteine vom Ende des 10. bis zu Beginn des 12. Jahrhunderts errichtet.

SCHIFFS- UND KIRCHENSCHMUCK
Durchbrochen gearbeitete Wetterfahne aus vergoldeter Bronze von Söderala, Hälsingland, Schweden, 11. Jahrhundert. Sie schmückte ursprünglich einen Schiffssteven und wurde später zu einer Wetterfahne umfunktioniert.

GELIEBTE SCHWIEGERMUTTER Der Stein von Norby, Bondkyrka, SE (U 897) wurde von Sigvid im Gedenken an seine Schwiegermutter Ragnälv errichtet. Letztes Viertel des 11. Jahrhunderts.

Es gibt deutliche Verbindungen zwischen den Runensteinen und dem Prozess der Christianisierung. Vielleicht stellte das Errichten von Runensteinen mit Tierornamentik und großen, zentralen Kreuzen ein Mittel dar, die Akzeptanz des Christentums zu demonstrieren und gleichzeitig die eigene heimische Identität zu betonen. In erster Linie sind Runensteine Gedenkssteine für verstorbene Familienmitglieder; daneben können sie auch andere Informationen erhalten, beispielsweise besondere Taten des Verstorbenen, den Bau einer Brücke für die Seele des Toten, die Markierung einer Grenze oder die Dokumentation von vererbtem Besitz. Frauen spielten bei der Errichtung von Runensteinen eine aktive Rolle. Es gibt viele Beispiele für Steine, die von Frauen oder in Erinnerung an Frauen errichtet wurden; in Uppland werden Frauen auf 39 % der Steine erwähnt.

In den letzten Jahrzehnten haben interdisziplinäre Untersuchungen der Wikingerzeit unter Beteiligung der Archäologie, Philologie, Religionswissenschaft, Kunstgeschichte und zahlreichen anderen Fächern ein nuanciertes Bild der Menschen aus der Wikingerzeit gezeichnet. Ihre Denkweisen und Weltanschauungen sowie ihre Vorstellungen von Ideologie, Identität, Spiritualität und Glaube scheinen nicht zuletzt in den Inschriften der Runensteine auf.

LITERATUR

Adam von Bremen, Gesta Hammaburgensis ecclesiae pontificum. In: W. Trillmich/R. Buchner (Hrsg.), **QUELLEN DES 9. UND 11. JAHRHUNDERTS ZUR GESCHICHTE DER HAMBURGISCHEN KIRCHE UND DES REICHES.** FSGA 11 (Darmstadt 2000).

A.-S. Gräslund, Rune Stones – On Ornamentation and Chronology. In: B. Ambrosiani/H. Clarke (Hrsg.), Developments **AROUND THE BALTIC AND THE NORTH SEA IN THE VIKING AGE: THE TWELFTH VIKING CONGRESS.** Birka Studies 3 (Stockholm 1994), 117–131.

Klos, Lydia 2009. **RUNENSTEINE IN SCHWEDEN: STUDIEN ZU AUFSTELLUNGSORT UND FUNKTION. DE GRUYTER.** (Ergänzungsband zum Reallexikon der Germanischen Altertumskunde, Bd, 64).

T. Lindkvist, The Emergence of Sweden. In: S. Brink/N. Price (Hrsg.), **THE VIKING WORLD** (London/New York 2008).

S. B. F. Jansson, **RUNES IN SWEDEN** (Stockholm 1987).

CHARLOTTE HEDENSTIERNA-JONSON

BIRKA

Birka ist eine der bekanntesten archäologischen Fundorte des wikingerzeitlichen Skandinavien. Auf der kleinen Insel Björkö im Mälarsee, heute in den Rückstauwässern Stockholms gelegen, war es einst ein Knotenpunkt in den Kommunikationsrouten des östlichen Zentralschweden.

DER BLICK VON OBEN Blick vom höchsten Punkt innerhalb der Befestigung von Birka mit dem Kreuz, das an den Besuch des Missionars Ansgar erinnert, über die Wasserwege des Mälarsees.

Gegründet in der Mitte des 8. Jahrhunderts, entwickelte sich Birka schnell zu einem größeren Zentrum für Handwerk und Handel, sowohl regional als auch überregional. Während des folgenden Jahrhunderts (750-860 n. Chr.) war Birka Teil eines Netzwerks, das weite Teile der Nord- und Ostseeküste umspannte und weitere urbane Siedlungen wie Dorestad, Ribe, Haithabu und Truso umfasste.

In der 2. Hälfte des 9. Jahrhunderts nahm die Bedeutung dieser Verbindungen jedoch ab, und Birka wurde ein wichtiger Knotenpunkt im Handelsnetz im Osten. Birka pflegte enge Kontakte mit vergleichbaren Siedlungen in der Rus', mit Byzanz und darüber hinaus sogar mit einigen Stämmen der eurasischen Steppe. Spezialisierte Werkstätten fertigten Schmuck, Textilien und andere Wertgegenstände, die in Kombination mit Sklaven gegen Silber und prestigeträchtige exotische Waren getauscht werden konnten.

Aufgrund seines Reichtums sah sich Birka der ständigen Bedrohung durch Überfälle ausgesetzt. Befestigungen sowohl an Land als auch im Wasser wurden um die Stadt angelegt und in dem Maße ausgebaut und verstärkt, wie das Handelsnetz sich erweiterte. Im frühen 10. Jahrhundert wurde ein Militärstützpunkt in der Stadt angelegt, von dem aus die Stadt und der Hafen überblickt werden konnten. Die Befestigungsanlagen waren jedoch nicht rein defensiven Charakters. Die Kontrolle über Stadt und Hafen bedeutete auch die Kontrolle über den Waren- und Personenverkehr. Der Handel war von größerer Bedeutung als zuvor, und Expeditionen wurden zu Unternehmungen mit einem hohen ökonomischen Risiko. Söldner begleiteten die Handelsexpeditionen und kehrten nicht nur mit neuartigen fremden Waffen heim, sondern auch mit neuen Kampftechniken.

Der Charakter und die schiere Größe der Siedlung heben Birka aus seiner Umgebung hervor. Zum ersten Mal sah sich diese Region den Reichtümern und damit einhergehenden Problemen eines auf Handwerk und Handel spezialisierten Zentrums ausgesetzt. Die Versorgung so vieler Menschen, die in diese Prozesse eingebunden waren, bedurfte einer organisierten Verwaltungsstruktur, von einem größeren Maßstab als je zuvor. Es ist sehr wahrscheinlich, dass die Änderungen im Alltag, die mit den spezialisierten und unterschiedlich strukturierten Aktivitäten des städtischen im Vergleich zum ländlichen Leben einhergingen, auch das Rollenbild und die Identität des Einzelnen beeinflussten. Die Einwohner Birkas des 10. Jahrhunderts wurden Teil einer urbanen Kultur, die sich vom täglichen Leben und Arbeiten der Umgebung deutlich abgrenzte. Eine der größten Besonderheiten, die durch die archäologischen Hinterlassenschaften reflektiert wird, ist der Umfang und die Vielfalt der Kontakte und Einflüsse aus anderen Orten. Von Kleidung bis hin zu religiösen Praktiken, die engsten Parallelen zu Birka sind die stadtartigen Siedlungen entlang der russischen Flüsse, in Städten wie Staraja Ladoga, Gnezdowo und Kiew.

KNOTENPUNKT IM HANDELSNETZWERK
Während seines Bestehens hielt Birka intensive Kontakte mit anderen stadtartigen Siedlungen in den Handelsnetzwerken im Westen und Osten.

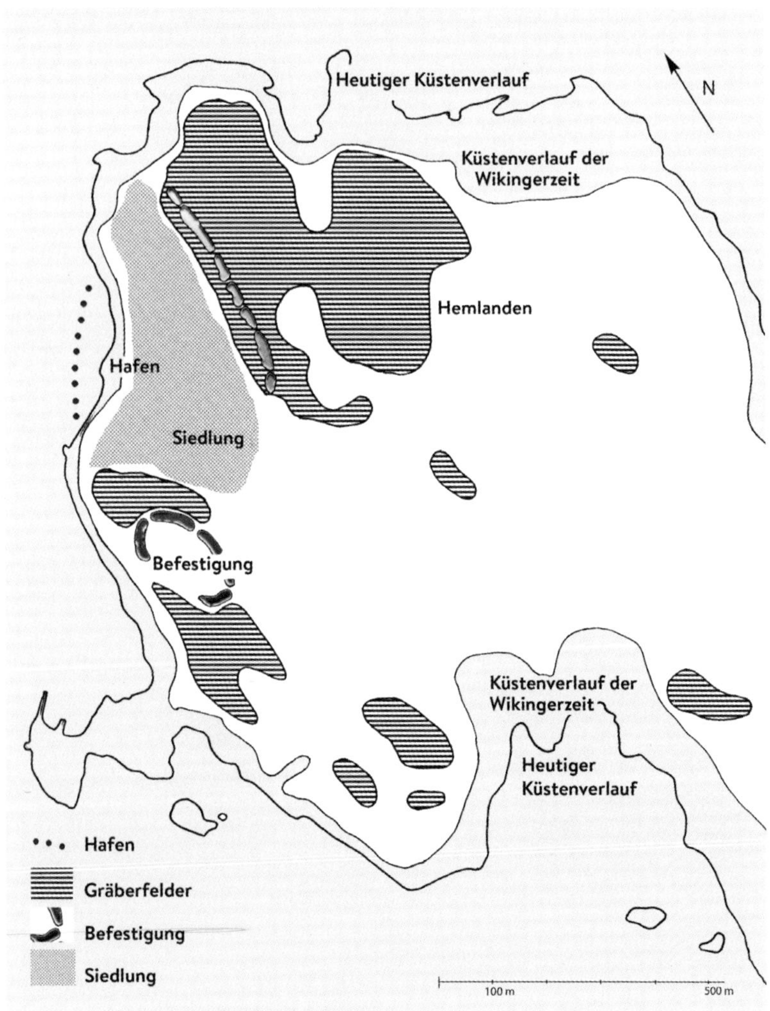

BIRKA Die Insel Björkö mit den archäologischen Strukturen von Birka: dem Hafen, der zentralen Siedlung, den Gräberfeldern und der Befestigung. Zur Wikingerzeit lag die Küste höher als heute.

Birka agierte als bedeutender Handelsstützpunkt in der Ostsee und darüber hinaus, und der Hafen war das Herz dieser Aktivitäten. Er bot sowohl Raum für den Handel als auch das Umladen der Waren auf kleinere Schiffe für den Transport in das Landesinnere. Als Anlage musste der Hafen auch Schutz für auswärtige Schiffe gewährleisten, wo diese sicher vor Unwettern und Übergriffen ankern konnten. Die Stadt war komplett darauf ausgerichtet, diese Lebensader zu versorgen, sei es durch notwendige Reparaturen, Arbeitskraft, Vorräte und Nachschub. In den vergangenen Jahren wurden die Hafenanlagen unter der Wasseroberfläche archäologisch untersucht. Unterwasserkartierungen und Ausgrabungen haben zu einem größeren Verständnis von Umfang und Funktion der Hafenkonstruktion geführt. Da Wasser der Erhaltung organischer Materialien wie Holz und Textilien förderlich ist, erbrachten die Ausgrabungen unter Wasser zudem eine hohe Anzahl von Objekten, die an Land unterrepräsentiert sind. Einfache Alltagsgegenstände wie Teller und Löffel aus Holz, Taue und Tuchfragmente sowie Lederreste liefern neue Erkenntnisse über das alltägliche Leben in der Wikingerzeit.

Weitere wichtige Erkenntnisse über das Leben der Menschen in Birka erbringen die sterblichen Überreste der Bestatteten. Laufende Studien am Skelettmaterial wie DNA- und Isotopanalysen sowie die anthropologische Untersuchung im Hinblick auf Größenverhältnisse und Pathologien erlauben Einblicke in Gesundheit, Ernährung, Mobilität und Verwandtschaftsverhältnisse der Menschen der Wikingerzeit. Menschen unterschiedlichen Ursprungs, mit unterschiedlichen Mobilitätsmustern und Ernährungsweisen trugen zum polyethnischen und vielfältigen Charakter der Stadt bei.

Allerdings sahen sich die Einwohner Birkas auch mit den Schattenseiten des Lebens in einer frühen Stadt konfrontiert: mit einem allgemein schlechten Gesundheitszustand und einem häufig frühen Tod, bedingt durch beengte Wohnverhältnisse, mangelnder Abfallentsorgung und hoher Ansteckungsgefahr.

Die Heterogenität der Einwohner spiegelt sich auch in der Vielfalt des Grabbrauchs wider. Birka können über 3.000 Gräber zugeordnet werden, von denen annähernd 1.100 ausgegraben wurden. Die Gräber verteilen sich über ausgedehnte Areale rings um die Stadt.

DER ORT DER TOTEN
Grabhügel in Birkas größter Nekropole, »Hemlanden«. Mehr als 3.000 Gräber wurden während der kurzen Zeit angelegt, in der der Handelsplatz existierte.

Unterschiedliche Variationen von Körperbestattungen sind ebenso vertreten wie die in der Gegend traditionellen Brandbestattungen. Sehr beeindruckend sind sogenannte Kammergräber, in denen die Verstorbenen in unterirdischen Kammern zusammen mit reichen Grabbeigaben und zuweilen ein bis zwei Pferden bestattet wurden. Bestimmte Areale der Nekropolen mit Körperbestattungen in Holzsärgen mögen christliche Elemente aufweisen; trotzdem ist das Charakteristische der Grabareale Birkas, dass verschiedene Grabsitten variiert und gemischt wurden und dass heidnische und christliche Glaubenselemente kombiniert wurden.

Ungeachtet diverser Kontakte mit der christlichen Welt, blieb Birka im Grunde heidnisch, wohingegen die wikingerzeitliche Gesellschaft vor der Christianisierung stand. Die sozialen und religiösen Unterschiede zwischen Birka und seiner Umgebung mögen zum Ende der Stadt (um 975) beigetragen haben. Was genau zum Untergang dieses bedeutenden Handelsplatzes führte, ist nach wie vor unklar; verschiedene Theorien nennen die Verschiebung von Handelsrouten, die Änderung der Machtverhältnisse oder Religionsfragen.

Die Erforschung Birkas ist eine nicht endende Aufgabe und ein großes Abenteuer. Die Kombination von Archäologie, Kulturwissenschaften und naturwissenschaftlichen Analysen liefert neue Erkenntnisse, führt aber auch zu neuen Fragestellungen. Der gute Erhaltungszustand der wikingerzeitlichen Anlagen und die Fülle des archäologischen Materials geben uns einen einzigartigen Einblick in die wikingerzeitliche Welt.

LITERATUR

B. Ambrosiani, 2013. **EXCAVATIONS AT BIRKA 1990–1995. THE STRATIGRAPHY.** Birka Studies 9 (Stockholm 2013).

B. Ambrosiani/H. Clarke (Hrsg.), **BIRKA STUDIES 1–4.** Riksantikvarieämbetet (Stockholm 1992–1997).

H. Arbman, **BIRKA I. DIE GRÄBER.** (Stockholm 1940–43).

A.-S. Gräslund, **THE BURIAL CUSTOMS. A STUDY OF THE GRAVES ON BJÖRKÖ.** Birka VI (Stockholm 1980).

Ch. Hedenstierna-Jonson (Hrsg.), **BIRKA NU. PÅGÅENDE FORSKNING OM VÄRLDSARVET BIRKA OCH HOVGÅRDEN** (Stockholm 2012).

L. Holmquist Olausson/M. Olausson (Hrsg.), **THE MARTIAL SOCIETY. ASPECTS OF WARRIORS, FORTIFICATIONS AND SOCIAL CHANGE IN SCANDINAVIA.** Theses and Papers in Archaeology B:11 (Stockholm 2009).

S. Kalmring, The Birka Proto-Town GIS – A Source for Comprehensive Studies of Björkö. **FORNVÄNNEN** 107, 2012, 253–265.

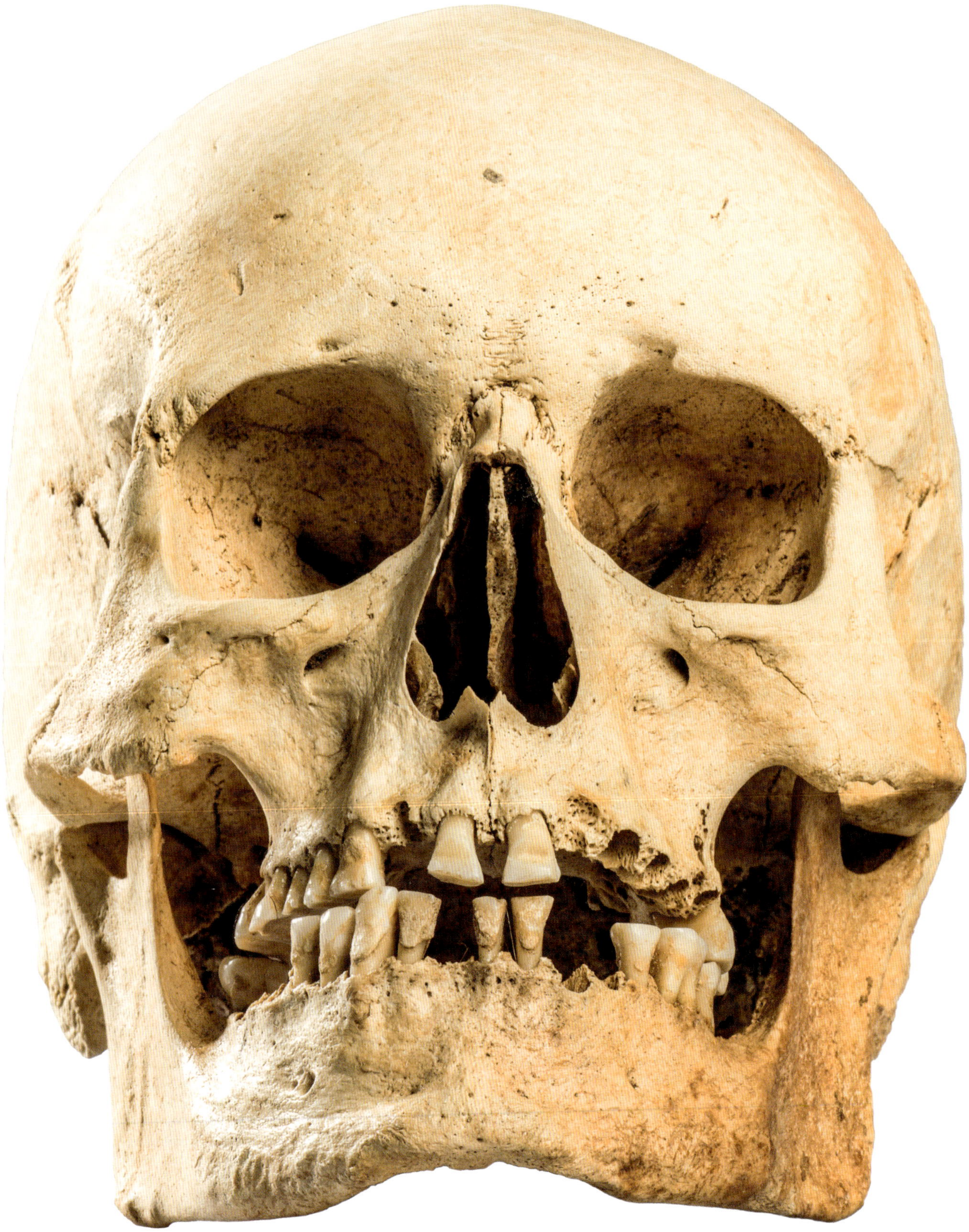

GEFEILT UND GEFLETSCHT Manche Krieger ließen sich waagerechte Rillen in die Schneidezähne feilen und schwarz einfärben. Wer diese schmerzhafte Prozedur hinter sich hatte, galt als besonders mutig und männlich – und machte im Kampf einen furchterregenden Eindruck. Schädel mit gefeilten Schneidezähnen, Fjälkinge, SE, Wikingerzeit. Lunds Universitets Historiska Museum.

JÖRN STAECKER

GOTLAND

Gotland ist die größte und auch die berühmteste Ostseeinsel. Während der Wikingerzeit war die Insellage für die küstengebundene Schifffahrt von größter Bedeutung. Viele Handelsreisende machten hier Zwischenstation. Die Insel war bis zu ihrer Eroberung durch den dänischen König Valdemar Atterdag im Jahre 1361 politisch und wirtschaftlich nahezu selbstständig. An den schwedischen König wurde nur eine geringe Steuer entrichtet. Es gab keinen Adel oder eine mit dem schwedischen Festland vergleichbare hierarchische Sozialstruktur. Stattdessen deutet das Richteramt auf Gotland an, dass es unter den Bauernkaufleuten in einem oder mehreren Kirchspielen einen *primus inter pares* gab, der sein Amt weitervererben konnte.

Sowohl die besondere Lage der Insel als auch deren Geschichte sind der Grund dafür, dass der Bestand an wikingerzeitlichen Funden exzeptionell und nicht mit anderen schwedischen Landschaften vergleichbar ist. Dieses gilt für die Bildsteine, Depotfunde, Gräber, Handelsplätze und frühen Kirchen. Die Bildsteine stellen eine Art von »Markenzeichen« für Gotland dar, das in anderen Landschaften nicht auftritt. Die Produktion der mit unterschiedlichen Motiven dekorierten Steine begann schon im 4. Jahrhundert. Ab dem 8. bis 9. Jahrhundert tritt ein neuer Typ auf, auf dem Handlungen abgebildet sind. Die Bildwelt dieser Steine gibt reichlich Anlass zur Spekulation. Vermutlich müssen die Motive als Teile von Sagen betrachtet werden, die man in Ausschnitten - ähnlich wie Comicstrips - erzählte. Ein beliebtes Motiv war die Völsunga saga, die mit ihrer Schilderung von Helden, Drachen, Liebe, Betrug und Verrat den Zeitgeschmack getroffen haben muss.

Auf eindrucksvolle Art und Weise wird das prämonetäre Wirtschaftssystem durch die zahlreichen Schatzfunde illustriert. Gotland weist hierbei den größten Anteil an arabischen Münzen im gesamten Norden auf und verdeutlicht damit das weit gestreckte Handelsnetz. Mit 67 kg hält der 1999 entdeckte »Spillingsschatz« bisher den Rekord als weltgrößter wikingerzeitlicher Silberfund. Der Schatz wurde um 870 n. Chr. in Säcken unter den Dielen eines Hauses versteckt. Hier wurde die enorme Silbermenge auf diese Weise in Sicherheit gebracht, wie in einem Banktresor. Es gab aber auch andere Gründe für die Niederlegung von Schätzen Denkbar sind z. B. Brautgaben, Opfer an die Götter oder die finanzielle Absicherung für das Jenseits.

MYTHOLOGIE IM BILD Die Bildwelt der gotländischen Bildsteine ist nicht leicht zu deuten. Wahrscheinlich sind Szenen aus Mythologie und Heldensage abgebildet. Krieger, Pferde, Vögel und Schiffe sind häufige Bildmotive. Stein von Stora Hammars, Lärbro, Gotland, 9.–10. Jahrhundert.

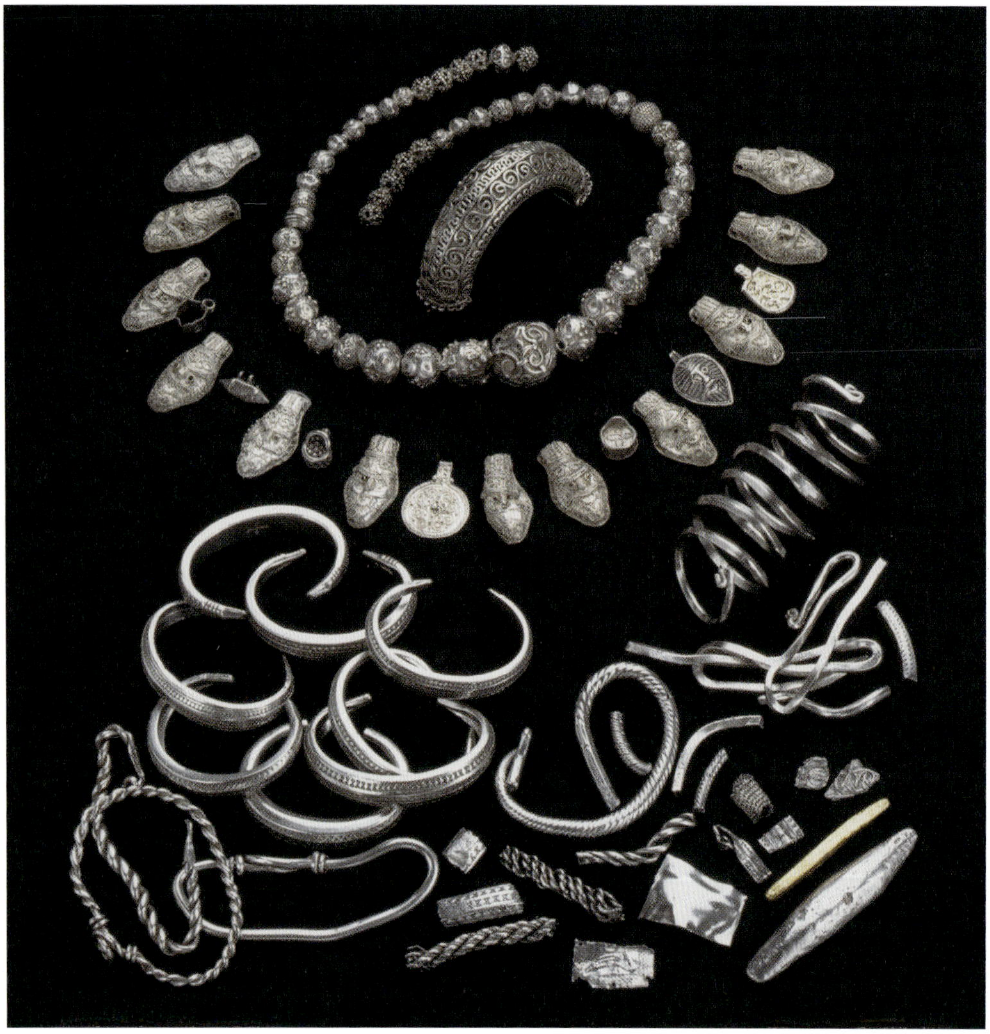

DER SCHATZ VON FÖLHAGEN
Neben zerhackten Schmuckstücken beinhaltet der Schatz auch ganze Armreifen, Perlen und zwölf gleichartige Anhänger aus Silberblech. Sie stellen jeweils ein bärtiges Gesicht dar. Die Verarbeitungstechnik weist auf östlichen Einfluss hin.

Die gotländischen Frauen- und Männergräber sind vielfach reich mit unterschiedlichen Gegenständen ausgestattet. Während der Wikingerzeit handelt es sich primär um Körpergräber. Für die Frauen stellten die Tierkopf- und Dosenfibeln einen charakteristischen Teil der Tracht dar. Die Männer trugen in der jüngeren Wikingerzeit zumeist eine Ringfibel, deren Enden wie Gewichtseinheiten gestaltet sind. Es könnte sich hier um Zeichen einer Kaufmannselite mit ihren breit gefächerten Verbindungen handeln. Ab dem 11. Jahrhundert wurden im Zuge der Christianisierung die ersten Toten auf Friedhöfen bestattet. Auf dem Lande wurden die Geschlechter strikt getrennt, mit Frauengräbern im Norden und Männergräbern im Süden. Auf mehreren Friedhöfen wurden die Toten in ihrer Tracht begraben.

KOSTBARE KLEINODIEN
Sogenannte Dosenfibeln waren Bestandteil der gotländischen Frauenkleidung. Manchmal waren sie aufwendig verziert, wie diese Fibel aus Mårtens, Grötlingbo (11. Jahrhundert), die mit Goldblechen mit Filigran- und Granulationsauflagen besetzt ist. Stockholm, Historiska Museet.

Um die Insel herum lagen mehrere Handelsplätze und Fischerhäfen, die es den Schiffen ermöglichten, Schutz vor Stürmen zu suchen oder günstige Winde abzuwarten. Die Anzahl von Häfen hat sich vervielfacht, seitdem Orts- und Flurnamen näher auf ihren Bedeutungsinhalt (z. B. »Snäck« für Boot) untersucht worden sind. Mehrere Handelsplätze wurden im Verlaufe des 12. und 13. Jahrhunderts aufgegeben, vermutlich waren sie gegenüber der Hansestadt Visby nicht konkurrenzkräftig.

Spätestens ab dem 12. Jahrhundert verfügte die Insel über eine Parochialorganisation von 95 Kirchspielen. Zu den ältesten - ärchäologisch nachweisbaren - Kirchen gehören Eke und Hemse (dendochronologische Datierung 1075 und 1086). Die Kirche von Hemse zählt zu den am besten erhaltenen Stabkirchen des 11. Jahrhunderts. Die dekorierten Planken wurden später als Fußboden in die romanische Kirche eingebaut und konnten dadurch im 19. Jahrhundert nahezu unversehrt geborgen werden.

GESELLSCHAFT UND ALLTAG

STEFAN BRINK

GESELLSCHAFT UND KULTUR

In der Zeit zwischen ca. 800 und 1100 machen Skandinavier in Europa auf sich aufmerksam - und sich unbeliebt: Aus unterschiedlichen Gründen begab man sich nach Westen, Süden und Osten auf Handelsreisen und/oder Plünderzüge. Fränkische, angelsächsische und irische Annalen berichten, wie diese Männer Kirchen und Klöster plündern, Handelsplätze und Städte angreifen, Gefangene nehmen und diese als Sklaven verkaufen. Dieses Bild hat die europäische Geschichtsschreibung bis in die 1960er-Jahre dominiert. Die Skandinavier jener Zeit, die bald als Wikinger bezeichnet wurden, werden als kriegerische Menschen dargestellt, die morden, plündern und Schrecken verbreiten.

ELEGANT UND SCHNELL Voraussetzung für die Fahrten der Wikinger war die Entwicklung von hochseetauglichen Segelschiffen. Das Schiff aus dem Oseberg-Grab wurde um 820 gebaut.

In den 1950er- und 1960er-Jahren, als Europa – unter dem Eindruck von Plünderungen und in Trümmern liegend – kriegsmüde war, betonte die Forschung eine andere Seite der Nordleute jener Zeit, nämlich den Handel treibenden, friedlichen und kulturellen »Wikinger«, der Städte wie Dorestad, York, Dublin, Kiew und Byzanz besuchte und sogar eigene Handelsplätze anlegte: Haithabu, Ribe, Birka und Kaupang. Die Nordleute begaben sich auf dramatisch lange Reisen und kolonisierten den Nordatlantik mit den Färöern, Island und Grönland. Dabei erreichten sie sogar Amerika. Nordische Skaldendichter schufen kunstvolle Verse auf der Grundlage einer einzigartigen Mythologie und Eschatologie. Die Nordleute entwickelten eine durchdachte Kunststilwelt: Tierornamentik, die auf Schmuckstücken, Runensteinen und Bildsteinen dargestellt wurde.

Welches der beiden Bilder ist nun korrekt? Beide natürlich. Die literarischen Darstellungen unterschiedlicher zeitlicher Epochen sind – wie immer – eine Auswahl und nur Teile der gesamten Geschichte. Aus unserer Geschichte wählen wir die Geschichten aus, die wir erzählen wollen. Heute sind die Wikinger insbesondere in der englischsprachigen Welt ein spannendes und immer wieder beliebtes Thema, während das Thema »Wikinger« in Schweden heruntergespielt oder öffentlich ignoriert wird, da es sich um ein »heißes Eisen« handelt. In den Nachbarländern Dänemark, Norwegen und Deutschland werden die Wikinger hingegen als nicht so problematisch verstanden. Der Hintergrund für diese unterschiedlichen Haltungen ist politisch begründet und liegt in der Frage, welche Geschichten wir aus unserer Geschichte betonen möchten.

KOMPLIZIERTER ERBGANG In kunstvoll verschlungenen Tierleibern berichtet die Runeninschrift von Hillersjö von Geirlaugs Schicksal. Ihre drei Ehemänner starben, und sie überlebte auch ihre Kinder. So fiel der Familienbesitz wieder an sie zurück.

HOCHGESCHÄTZTE WAFFE
Keine Waffe schätzten die Wikinger so hoch wie ihr Schwert. In Gedichten und Sagas tragen Schwerter klingende Namen wie *Kvernbítr* (Mühlstein-Beißer) oder *Gram* (der Grimmige). Schwert, Eisen mit Messingeinlagen, Kristianstad, SE. Lunds Universitets Historiska Museum.

Der Begriff »Wikinger« ist technischer Natur, der sich in Literatur und Forschung in den letzten Jahrzehnten entwickelt hat. Besondere Bedeutung erhielt der Begriff *vikings* in der nationalromantischen Literatur des viktorianischen Englands im 19. Jahrhundert. Die Epoche »Wikingerzeit« dagegen ist eine moderne archäologische Zeiteinteilung, die sich auf den Zeitraum von ca. 800 bis 1050 bezieht - jener Zeit also, in der sich die Nordleute im übrigen Europa auf verschiedene Art und Weise auf sich aufmerksam machten. Beginn und Ende jener Periode markieren der Überfall auf das Kloster von Lindisfarne im Jahr 793 und die Schlacht von Stamford Bridge 1066; beide Ereignisse können als Grenzen einer Periode gelten, die man als Wikingerzeit versteht, aber die Daten sind natürlich nicht absolut zu sehen. Die »Wikinger« selber hatten keine Ahnung davon, dass sie in der »Wikingerzeit« lebten. Gewisse Forscher sind bis heute der Meinung, dass der Begriff eine moderne Konstruktion ist, aber das ist nicht der Fall.

MILITÄRISCHE GROSSPROJEKTE In den »Trelleborgen« – kreisrunden Anlagen, die innen und im Außenbereich bebaut waren – ließ König Harald Blauzahn große Truppen zusammenziehen. In den zu den Anlagen gehörenden Gräberfeldern wurden aber auch Frauen und Kinder bestattet.

Das Wort »Wikinger« gab es bereits zur Wikingerzeit. Das zeigen uns wikingerzeitliche Runeninschriften, auf denen genau genommen zwei unterschiedliche Begriffe zum Thema Wikinger vorkommen: einmal mit maskulinem Genus und einmal als feminines Wort. Der altnordische Begriff *víking* (fem.) bezeichnet eine Reise, offenbar mit einem menschlichen Kollektiv – es geht nicht aus den Inschriften hervor, ob es dabei um Plünderungen oder friedliche Handelsaktivitäten ging. Man bekommt aber den Eindruck, dass sich »*fara i víking*«, wie es auf den Runensteinen steht, in erster Linie auf kriegerische Handlungen bezogen hat. Jemand, der sich auf *víking* begab, wurde im Altnordischen als *víkingr* (mask.) bezeichnet, also ein Wikinger. Was die genaue Bedeutung betrifft, hat die Forschung bislang noch keine allgemein akzeptierte Erklärung gefunden. Einige meinen, dass der Begriff in Zusammenhang mit dem Ortsnamen *Viken* steht, der die große Meeresbucht vor Oslo im südlichen Norwegen bezeichnet (eine Meeresbucht, deren alter Name jedoch *Fold* war). Dies würde bedeuten, dass Wikinger ursprünglich jene Menschen waren, die aus *Viken* stammten. Andere meinen unterdessen, dass sich das Wort auf die kriegerischen Nordleute bezieht, deren Überfallstrategie es war, sich mit den Schiffen in Buchten (altnord. *vík*) in einen Hinterhalt zu legen, um einen Überraschungsüberfall auszuführen, während wieder andere meinen, das Wort stehe in Zusammenhang zu altnord. *víkja*, was eine Bezeichnung aus der Schifffahrt war. Darüber hinaus gibt es noch viele weitere, hier nicht genannte, Erklärungsversuche.

Das größte Interesse für die Wikinger betrifft nicht die Heimatländer der Wikinger in Skandinavien, sondern hauptsächlich ihre Unternehmungen außerhalb Nordeuropas. Zu diesem Aspekt der Geschichte der Wikinger gibt es insbesondere in Großbritannien unzählige Publikationen. In der populärwissenschaftlichen Literatur findet man nur selten Forschungsergebnisse zu den Heimatländern der Wikinger. Aber um die Gesellschaft in Nordeuropa besser zu verstehen, muss man sie in einen größeren Zusammenhang einbinden.

Im 8. Jahrhundert dominierte das Fränkische Reich in Europa, und zum Ende des Jahrhunderts erweiterte Karl der Große das Imperium weiter, indem er um das Jahr 800 die Sachsen besiegte und einen Großteil der Bevölkerung aus ihrem Territorium vertrieb. Dies geschah, um den christlichen Glauben zu verbreiten, der gerne als Vorwand für Aggressionen genutzt wurde. Als Nächstes wären die Gebiete im Norden an der Reihe gewesen. Wir meinen zu wissen, dass es hier im Norden zu jener Zeit regionale, mehr oder weniger clan-basierte politische Gruppen gab, die *land, fylki, ríki* o. ä. genannt wurden, die von einem oder mehreren *konungar*, also Königen, regiert wurden. Schon im 9. Jahrhundert sind solche »Könige« in den Quellen belegt. Am bekanntesten sind wohl die dänischen Könige, die sich zeitweise im Fränkischen Reich aufhielten, beispielsweise um politische Unterstützung zu erhalten. Aus diesem Grund ließen sie sich und ihre Familien taufen. Wir wissen nicht, welches Gebiet diese »dänischen Könige« beherrschten, aber es ist anzunehmen, dass sie wohl nur die Macht über Jütland besaßen. In Norwegen wurden bereits im 10. Jahrhundert erste Schritte zur Reichseinigung unternommen: Eine erste »Reichssammlung« geschah in der Fjordlandschaft Westnorwegens. Viken, das Gebiet um den Oslofjord, wurde zu dieser Zeit vermutlich von dänischen Königen kontrolliert. Wir werden noch sehen, dass die politischen Verhältnisse in Schweden zur Wikingerzeit schwieriger zu verstehen sind.

Im 10. Jahrhundert fand auch in Dänemark eine umfassende Reichsbildung statt, deren Höhepunkt in den Jahren von 960 bis 980 liegt, in denen der ehrgeizige König Harald Blauzahn den berühmten Runenstein von Jelling errichten ließ. Auf diesem Stein rühmt er sich damit, das Christentum im Land eingeführt sowie Dänemark inklusive Norwegen als Königreich vereint zu haben (*vann Danmörk alla ok Norveg ok dani gærði kristna*). In dieser kurzen Zeit etabliert er Jelling als einen veritablen Königssitz mit monumentalen Großgrabhügeln und zwei Runensteinen. Um diesen Königshof ließ er eine beeindruckende rautenförmige Palisade errichten, die ungefähr im Jahre 968 aus mehr als 1.000 Eichenstämmen gebaut wurde und ein Königshofareal von ca. 125.000 m^2 umfasst. Allem Anschein nach hatte diese Anlage jedoch nur eine kurze Lebensdauer, vermutlich nicht mehr als wenige Jahrzehnte.

In der gleichen kurzen Zeitspanne wurden außerdem – vermutlich ebenfalls durch König Harald Blauzahn – mehrere Ringburgen in Trelleborg, Aggersborg, Nonnebakken und Fyrkat angelegt (möglicherweise noch einige mehr, darunter unter anderem Vallø Borgring in Køge im östlichen Seeland, die gerade erst entdeckt wurde). Das Danewerk, die fortifikatorische Grenzanlage im südlichen Jütland, wurde zur gleichen Zeit ausgebaut und weiter verstärkt. Die Gründe, die hinter diesem umfassenden Bau von Verteidigungsanlagen und Königssitzen standen, wurden kontrovers diskutiert; heute glauben wir, dass keine einzelne Bedingung diesen Umstand erklären kann. Vermutlich müssen die Anlagen vor dem Hintergrund erhöhter Aktivitäten des Ottonischen Reichs in Richtung Norden gesehen werden. Der Chronist Thietmar von Merseburg berichtet beispielsweise von einer Schlacht zwischen König Harald und den Armeen Kaiser Ottos II. um das Jahr 974 in Jütland. Die Ursachen könnten auch in internen, politischen Verwicklungen zu finden sein, beispielsweise Haralds Erweiterung seiner Interessenssphäre und der Befriedung benachbarter Landschaften. Es gibt Angaben dazu, dass gewisse Aristokraten in Dänemark unter der Leitung von König Haralds Sohn Sven Gabelbart versuchten, den König zu stürzen und die Macht zu übernehmen.

DAS ISLÄNDISCHE ALTHING In der Ebene von Thingvellir wurde ab dem 10. Jahrhundert einmal jährlich eine Thingversammlung aller Isländer abgehalten.

Die norwegische Reichseinigung begann, wie oben gesagt, in Westnorwegen, wo entlang der Küste eine Reihe von Königshöfen an strategischen Plätzen angelegt wurden. Man wollte »den nördlichen Weg« (Nor-wegen), eine wichtige Fahrtroute entlang der Küste, kontrollieren. Zu einem bestimmten Zeitpunkt verschiebt sich die politische Macht nach Osten, und Vest- und Østfold erhalten eine immer größere Bedeutung. Eine politische Gruppe in Trøndelag, die sogenannten Jarle von Lade, bilden während der gesamten Wikingerzeit eine wichtige politische Macht, die zeitweise auch so gut wie autonom agieren konnte. In der Geschichtsschreibung haben die beiden Könige Olav Tryggvason und Olav Haraldsson (der später Olav der Heilige genannt wird) in den Jahrzehnten um 1000 eine wichtige Bedeutung für die Reichseinigung in Norwegen. Paradoxerweise sind es gerade die für Olav Haraldsson unglückliche Schlacht von Stiklestad im Jahr 1030, in der er fällt, und seine Kanonisierung als *Rex perpetuum Norwegiae*, durch die das Reich Norwegen erwächst.

In Schweden findet man keine mit Dänemark und Norwegen vergleichbaren Versuche der Reichseinigung. Möglicherweise lassen uns hier auch einfach nur die Quellen im Stich. Aber im 11. Jahrhundert wurden auch hier Versuche zur Reichseinigung unternommen. Zu dieser Zeit, und auch später im Mittelalter, haben wir in Schweden einen politischen Kampf zwischen Götar und Svear, in dem insbesondere die aristokratischen Familien aus Östergötland eine wichtige Stellung einnahmen. Die Bischofssitze in Skara und Linköping waren frühe kirchliche und politische Machtzentren, und es ist auffällig, dass nicht Linköping Schwedens politischer Königssitz wird, sondern Uppsala in Uppland und Svealand. Offenbar war es wichtig, den alten Königssitz und Kultplatz der Svear zu kontrollieren, sodass Uppsala eine natürliche Wahl für einen Königssitz war. Ab der Wikingerzeit und weit in das Mittelalter hinein besteht dieser Kampf um die Macht in Schweden zwischen den aristokratischen Familien aus Götaland und Svealand fort, was daher im Mittelalter besser als Föderation denn als Königreich bezeichnet werden sollte.

Nach der Sagaliteratur findet die Kolonisierung Islands im Ende des 9. Jahrhunderts statt. Traditionell wird gesagt, dass König Harald Schönhaars harte Führung in Norwegen viele norwegische Anführer dazu brachte, das Land zu verlassen und sich auf Island anzusiedeln. Diese Männer werden *landnámnsmenn* genannt (wobei sich unter diesen Männern auch die Witwen einiger Anführer befanden). Man etablierte sich auf Island und vergrößerte seinen Besitz, indem man das Land auf die Untergebenen aufteilte. Von diesen Kolonisierungsunternehmungen kann man in dem faszinierenden, aber leider nicht in allen Punkten mit der Wahrheit übereinstimmenden *Landnámabók* – dem Buch der Landnahme – lesen; heute wissen wir, dass die Kolonisierung komplexer ablief, als dort geschildert. Durch DNA-Analysen von Isländern konnte man feststellen, dass insbesondere viele Frauen ihren Ursprung in keltischen Gebieten hatten. Über die Ursachen dieser umfassenden Übersiedlung nach Island und den Färöern streiten die Forscher noch heute.

Durch die Etablierung eines gemeinsamen Thingplatzes in *Þingvellir* und der Einführung eines Systems von Anführern (altnord. *goðar*) und ihren Thingleuten entstand in Island während der sogenannten Freistaatzeit eine Oligarchie mit 39 gleichrangigen *goðar* ohne König. Das Jahr 1000 (oder 999) markierte eine wichtige Zäsur: Das Land drohte von zwei starken Gruppierungen zerschlagen zu werden - Christen und Heiden. Der heidnische Gesetzessprecher *Þorgeirr frá Ljósavatn* hielt jedoch eine berühmte Rede auf dem *Alþingi*, die dazu führte, dass Island als politische Einheit bestehen blieb, alle das Christentum annahmen und christlichen Gesetzen folgten (aber natürlich hatte *Þorgeirr* in der Rede für seinen eigenen Fall ganz pragmatische Ausnahmen formuliert). Im 13. Jahrhundert zur sogenannten Sturlungenzeit zerschlugen Bürgerkriege trotzdem das Land, und 1264 wurde eine Übereinkunft mit Norwegen erzielt, in der Island unter die norwegische Krone fiel. Island wurde danach zur Kolonie, tributpflichtig zuerst an Norwegen, dann an Dänemark. Das selbstständige Island entstand erst nach 1944 von Neuem.

Die Wikingerzeit kann also sozusagen in zwei »Wikingerzeiten« unterteilt werden. Die ältere Wikingerzeit ist insbesondere im 9. Jahrhundert eine Fortführung der vorherigen Periode, die in Schweden Vendelzeit genannt wird (ca. 600-800), und in Norwegen und Dänemark Germanische Eisenzeit (ca. 400-800). Zu dieser Zeit bestand noch keines der drei Reiche. Stattdessen war Skandinavien von unterschiedlichen politischen Gruppen bestimmt und zerrissen. Schon früh scheint eine Einteilung in *land* und *fylki* (*ríki*) zu erwachsen, Letzteres wird oft mit einem Volk identifiziert, wie zum Beispiel Gotland (< *Gutaland*), Öster-Götland, Väster-Götland, Södermanland, Västmanland, Hälsingland, Jämtland, Ångermanland, Jütland, Romerike, Ringerike, Trøndelag, Hordaland und so weiter. Es ist wohl festzustellen, dass viele von diesen als alte Rechtseinheiten fungierten, deren eigene Gesetzestraditionen sie zusammenhielten. Ob diese Einheiten auch als Kleinkönigtümer mit einem König ähnlich den angelsächsischen Königreichen (*petty kingdoms*) oder den irischen *tuath* angesehen werden können, ist unsicher, denn diesbezüglich gibt es keinerlei schriftliche Quellen.

Die Könige (?) und Anführer der frühen Wikingerzeit bauten für ihre Bankette erstaunliche Hallen, Langhäuser, in denen man die Untertanen mit prächtigen Trinkgelagen umgarnte, reiche Gaben verteilte, um Allianzen zu schmieden und Beratungen abhielt. Diese Hallen (altnord. *salir*) werden in den isländischen Sagas und dem Gedicht »Beowulf« beschrieben, aber erst in den letzten Jahrzehnten fand man bei archäologischen Ausgrabungen die Überreste jener Gebäude. Diese befanden sich fast immer an den prominentesten Plätzen in der Landschaft, beispielsweise (Gamla) Uppsala, Lejre, Kaupang, Borg usw. Es scheint, als ob Kriege untereinander geführt wurden, bei denen man versuchte, diese Hallen zu erobern und zu dominieren.

Während dieser ältesten Wikingerzeit hatte das Christentum noch nicht im Norden Fuß gefasst. Es gibt frühe Angaben darüber, dass beispielsweise Ansgar Dänemark oder Birka in Schweden mit der Absicht besuchte, das Volk im Norden zu christianisieren, aber diese Bemühungen hatten - so scheint es - nur wenig Erfolg. Erst im 10. Jahrhundert können die ersten christlichen Bestattungen nachgewiesen werden. Daher müssen wir davon ausgehen, dass die Nordleute zu jener Zeit den Asen und Vanen opferten: Thor, Odin, Freyr, Freyja, Njörd usw. Diese Götter und Göttinnen sind Teil einer einzigartigen Mythologie, die uns bis heute fasziniert. Wir kennen diese Mythologie und ihre Götter dank Gedichten wie der *Völuspá* aus der Lieder-Edda, aus Snorri Sturlusons Edda sowie theophoren und kultischen Ortsnamen.

Zentrales Element dieser »Religion« war der Kult, dessen Rituale wichtig und oft auch blutig waren. Rituale zur Bestattung scheinen besonders aufwendig gewesen zu sein. Eine bekannte Beschreibung eines solchen Rituals stammt von dem arabischen Gesandten Ibn Fadhlân, der von dem Begräbnis eines (vermutlich) schwedischen Königs oder Anführers berichtet (genannt *rûs*), der zu Beginn des 10. Jahrhunderts am Fluss Wolga mit umfassenden und komplizierten Ritualen bestattet wurde. Zusammen mit wertvollen Beigaben folgte dem Verstorbenen auch eine seiner Sklavinnen mit in das Grabschiff. Das Schiff mit den Toten wurde angezündet, und das Ganze endete, indem ein Hügel über dem verbrannten Schiff errichtet wurde. Dank der Ortsnamen, die beispielsweise auf *-vi/-vé/-væ* (vgl. dt. *weih*) und *-hof/-hov* enden, sowie allen theophoren Ortsnamen, beispielsweise *Odenseke*, *Torsåker* oder *Frövi,* erfahren wir, wo die Kultplätze in der vorchristlichen nordischen Landschaft gelegen waren. Viele einzelne Mythen, die Teil der gesamten Mythologie waren, sind auf den einzigartigen gotländischen Bildsteinen abgebildet.

Das 10. Jahrhundert war eine Umbruchszeit im Norden. Nun begann sich die christliche Lehre durchzusetzen; christliche Begräbnisse wurden angelegt und gegen Ende des Jahrhunderts wurden die ersten Kirchen gebaut. Schon während des gesamten ersten Jahrtausends waren im Norden Runen geritzt und Runensteine errichtet worden; im 10. Jahrhundert erreichte die Sitte, Runensteine zu errichten, einen Höhepunkt. Ein Katalysator war vermutlich König Harald Blauzahns Jellingstein von ca. 970. Mit diesem im Hintergrund und als Vorbild wurden Tausende neuer Steine mit Runen errichtet. Im Mälartal explodierte die Anzahl der neuen Runensteine förmli ch im 11. Jahrhundert.

Aus irgendeinem Grund trat um 800 sowohl in der altnordischen Sprache als auch bei den Runen eine radikale Veränderung ein. Die Sprache veränderte sich und unterschied sich in wichtigen Aspekten von den westgermanischen Sprachen (Althochdeutsch und Altenglisch), indem Synkopen (Schwächung und Wegfall von Vokalen: (*fiskarR* > *fiskr*), Umlaut (*gastir* > *gæstr*, *hulta* > *holt*, *valu* > *völ*) und Brechung (ein kurzer Vokal bricht sich in einen Diphtong: *bernu* > *biörn*, *sterna* > *stiarna*) auftreten. Gleichzeitig wird das Runenalphabet (*fuþark*) von 24 Runen im Älteren Futhark zu 16 Runen im Jüngeren Futhark reduziert. Die Gründe für diese radikalen Veränderungen werden bis heute kontrovers diskutiert.

DAS GOKSTAD-SCHIFF Um 895 gebaut, diente das Gokstad-Schiff als Grabschiff für einen Aristokraten, dem noch weitere drei Boote und zahlreiche weitere Beigaben mit ins Grab folgten. Es ist ausgestellt in der Wikingerschiffshalle in Oslo.

DAS GESETZ AUF DEM RING Der Ring aus Forsa trägt eine Runeninschrift aus dem 10. Jahrhundert. In ihr sind die Strafen gegen Gesetzesverstöße aufgeführt.

Das älteste Gesetz des Nordens stammt aus dem 10. Jahrhundert. Es wurde in einen Eisenring geritzt, der zum Zeitpunkt seiner Entdeckung als Türring in der Kirche von Forsa in Hälsingland, Schweden, diente. Offensichtlich hatte er zuvor eine andere Funktion. Eine mögliche Deutung ist, dass er auf dem gemeinsamen Thingplatz der Bewohner Hälsinglands als Eidring für die Landschaft (*land*) genutzt wurde. Wovon die Inschrift handelt, ist zum Teil unklar; das Gesetz regelt eine Buße für ein nicht genanntes Delikt, sodass man Ochsen und Aura zum *staf* zahlen soll, was immer dies bedeutet. Von besonderer Bedeutung ist die Wortfolge *svað liuðir æigu at liuðrettr*, das bedeutet »wozu das Volk das Recht hat aufgrund des Volks-(= *land*) Gesetzes«. Dies belegt, dass es im 10. Jahrhundert die Auffassung gab, dass die Bewohner von Hälsingland eine eigene Gesetzestradition hatten.

Die wikingerzeitliche Gesellschaft war hierarchisch gegliedert. Zuoberst in der Gesellschaft rangierten Könige und Jarle. Darunter befanden sich die aristokratischen Familien, die Familien der Anführer. Diese dominierten unterschiedliche Gebiete. Die Macht, die zu jener Zeit ausgeübt wurde, war nicht territorial begründet, sondern persönlich. Es waren die persönlichen Eigenschaften und der Reichtum (d. h. die Möglichkeit, sich Allianzen zu kaufen) eines jeden einzelnen Königs bzw. Anführers, der die Machtposition bestimmte. Die Macht wurde dort ausgeübt, wo sich der Anführer mit seinem Gefolge aufhielt. Die große Masse der Menschen bestand aus Bauern, einige davon reicher als andere. Heute erscheint es offensichtlich, dass ein Großteil der Bauern frei war oder über eigenen Besitz verfügte und somit einen eigenen Hof und Land besaß, obwohl dies manchmal infrage gestellt wird, da man die Agrargesellschaft des Nordens ähnlich den kontinentalen Verhältnissen sehen möchte. Viele Forscher erwägen heute die Möglichkeit, dass es auch Vasallen gegeben hat, die auf einem Hof lebten und diesen bewirtschafteten, ohne, dass er ihr Eigentum, sondern Besitz des Königs bzw. Anführers war. Ein großes Problem mit der Wikingerzeit im Norden ist jedoch, dass wir nicht wissen, wie Besitz genau definiert wurde.

Ganz unten in der Gesellschaft befanden sich die Sklaven oder *trälar*, wie sie im Norden genannt wurden. Es besteht kein Zweifel über die Existenz von Sklaven, aber es ist ungemein schwer festzustellen, wie groß ihre Anzahl war und welche Funktionen sie ausübten, denn hier fehlen die schriftlichen Quellen. Häufig werden Sklaven in den isländischen Sagas erwähnt, aber dort besitzen sie immer die besondere Funktion als Kontrast zum freien Isländer. Man kann daher von einem speziellen Sklaventopos in den Sagas sprechen, sodass es schwierig ist, diese Geschichten als Geschichtsquellen zu benutzen. Häufig kommen Sklaven auch in den ältesten schriftlich fixierten Gesetzestexten vor, den Landschaftsgesetzen. Diese wurden jedoch erst zwischen dem 12. und 14. Jahrhundert aufgeschrieben, sodass wir uns damit bereits am Ende der Sklaverei befinden. Das macht es schwierig, diese Quellen auf die Verhältnisse zur Wikingerzeit rückzuübertragen. Aufschlussreich ist eine Analyse der Begrifflichkeiten für die Sklaverei im Norden, die darauf hindeutet, dass Sklaven in

»TIERISCHE« ACCESSOIRES Die Frauen trugen ein Trägerkleid, das vorne mit zwei Schalenfibeln verschlossen wurde. Die Schalenfibeln sind mit Tierornamentik versehen. Schalenfibel, Åhus, SE, Bronze, 8. Jahrhundert. Lunds Universitets Historiska Museum.

HINTER SCHLOSS UND RIEGEL Häuser und Kästchen mit Wertsachen wurden streng verschlossen gehalten. Die Hüterin der Schlüssel war die Frau des Hauses. Sie war verantwortlich für die Wirtschaft am Hof. Schlüssel, Bronze, Uppåkra, SE, 9. Jh. Lunds Universitets Historiska Museum.

unterschiedlichen gesellschaftlichen Schichten vertreten waren und sehr unterschiedliche Aufgaben hatten, vom Hofverwalter und Schmied bis hin zu reinen Arbeitssklaven, die in der Scheune bei den Tieren schliefen. Auch im archäologischen Befund ist es schwer, Information zu Sklaven zu erhalten; noch das sicherste Indiz sind die sogenannten Doppelbestattungen in Dänemark und Schweden. In diesen Gräbern finden wir eine begrabene Frau oder einen Mann sowie eine (oder mehrere) weitere Person mit zusammengebundenen Händen und Füßen, die enthauptet wurde. Man nimmt an, dass es sich dabei um Sklaven handelt, die mit ihrem Herren oder der Hausfrau bestattet wurden, um ihnen in die nächste Welt zu folgen.

DAS HANDWERK DER FRAUEN In die Verantwortung der Frauen – egal welchen Ranges – fiel die Textilproduktion, also unter anderem das Spinnen von Wolle. Spinnwirtel, Schiefer, Valleberga, SE, Wikingerzeit. Lunds Universitets Historiska Museum.

Zu Beginn der Wikingerzeit werden die ersten Städte, Proto-Städte oder Handelsplätze angelegt. Die ältesten sind Ribe in Jütland und Haithabu in Schleswig, Birka im Mälarsee in Schweden sowie Kaupang in Südnorwegen. Diese Orte existierten ausschließlich während der Wikingerzeit, bilden aber um das Jahr 1000 Nachfolger in nächster Nähe aus, beispielsweise (das heutige) Ribe, Schleswig und Sigtuna. Diese ältesten Städte sind Knoten in einem engen Netz von Handelswegen, was zeigt, dass ein umfassender und reicher Handel eine der wichtigsten Voraussetzungen zur gesellschaftlichen Entwicklung zur Wikingerzeit im Norden und in Nordeuropa insgesamt war.

Die späte Wikingerzeit von ca. 950 bis 1000 wird durch die Einführung einer neuen Religion geprägt, dem Christentum, und damit der Kirche als einem neuen gesellschaftlichen Akteur. Die Christianisierung selbst ist ein langer Prozess, der mehrere Hundert Jahre andauerte; einige politische Ereignisse waren in diesem Prozess von besonderer Bedeutung. Drei Runensteine berichten von diesen Ereignissen. Der erste wurde bereits genannt, nämlich der Jellingstein in Dänemark, der zwischen 960 und 970 errichtet wurde und auf dem König Harald angibt, dass er Dänemark christianisiert habe. Das ist offenbar nicht die ganze Wahrheit, kann aber als politisches Statement verstanden werden, vergleichbar mit dem Beschluss der Isländer auf dem *Alþingi* im Jahr 999/1000. Auf einem Runenstein aus Jämtland in Nordschweden aus der Zeit um 1050 steht, dass ein »Östman Gudfastsson … Jämtland christlich machte«. Wer war dieser Östman, der eine ganze Landschaft christianisieren konnte? Vielleicht war er Gesetzessprecher in Jämtland, und der Inhalt des Runensteins bezieht sich auf einen Thingbeschluss, vergleichbar mit dem isländischen, von dessen Annahme an die Jämtländer christlich sein sollten. Der dritte Runenstein, der Kulistein, stand in Møre in Mittelnorwegen. In der Inschrift steht geschrieben, dass »für zwölf Winter das Christentum in Norwegen war« (als man den Stein errichtete). Viele Forscher glauben, dass sich die Inschrift auf ein Ereignis bezieht, bei dem König Olav und Bischof Grimkell auf dem Thing in Moster in den 1020er-Jahren ein christliches Gesetz erließen.

Während des 11. Jahrhunderts gewann die Kirche immer mehr Einfluss im Norden. Zu Beginn fungierten Priester und Bischöfe als Ratgeber der Könige (wie beispielsweise Grimkell für König Olav in Norwegen); ab der Regierung Knuts des Großen als König über England, Dänemark und Norwegen zu Beginn des 11. Jahrhunderts wurden Bischöfe – häufig aus England – in den neuen Bischofsstädten wie Lund, Århus oder Roskilde eingesetzt. Diese entwickelten sich zu wichtigen Knoten im Bestreben der Kirche, den gesamten Norden zu gewinnen. Zu dieser Zeit gehörte der Norden zum Erzbistum Hamburg-Bremen und dank dem Priester Adam von Bremen, der die Geschichte des Erzbistums in den 1070er-Jahren aufschrieb, haben wir zum ersten Mal eine Art geschriebene Geschichte des Nordens. Erst 1103 erhielt der Norden ein eigenes Erzbistum in Lund. Mit der Kirche als neuer Macht und der Zusammenarbeit zwischen den Königen in Norwegen, Dänemark und Schweden wurde eine neue Epoche im Norden eingeleitet, in der Institutionen und kulturelle Neuerungen, beispielsweise die lateinische Schrift, den Norden und seine Bewohner nach kontinentaleuropäischem Muster umformten.

Island unterschied sich insofern von diesem Muster, indem zwei Bischofssitze – in Skálholt und Hólar – eingerichtet und Klöster angelegt wurden. Diese Orte waren äußerst bedeutsam, weil in ihren Schreibstuben die einzigartigen isländischen Sagas auf Pergament gebracht wurden. So konnte bis heute weltweit einzigartige Literatur bewahrt werden, darunter Werke wie *Heimskringla*, Snorris *Edda, Njáls saga, Egil Skallagrimssons saga* und viele weitere, welche die Menschen seit Jahrhunderten faszinieren.

LITERATUR

P. Foote/D. Wilson, **THE VIKING ACHIEVEMENT.** New Edition (London 1980).

E. Roesdahl, **THE VIKINGS.** 2nd ed. (London 1998).

R. Hall, **EXPLORING THE WORLD OF THE VIKINGS** (London 2007)

S. Brink/N. Price, **THE VIKING WORLD** (London/New York 2008).

G. Williams/P. Pentz/M. Wemhoff (Hrsg.) **DIE WIKINGER.** Dänisches Nationalmuseum, Kopenhagen – British Museum, London – Museum für Vor- und Frühgeschichte der Staatlichen Museen zu Berlin (München 2014).

KOSTBARSTES GOLD Gold war knapp und überaus kostbar. Schmuck und andere Gegenstände vergolden zu lassen, konnten sich nur die Reichsten leisten. Anhänger, Uppåkra, SE, vergoldete Bronze, 10. Jh. Lunds Universitets Historiska Museum.

WALKÜREN ODER KRIEGERINNEN? Bildliche Darstellungen von bewaffneten Frauen zeigen vermutlich Walküren, vielleicht aber auch Kriegerinnen: Frauen haben zu den Waffen gegriffen, wenn sie unverheiratet waren und kein männlicher Erbe vorhanden war. Anhänger mit der Darstellung einer bewaffneten Frau, Galgebakken, DK, 9./10. Jh. Kopenhagen, Nationalmuseet.

»MILITARY LOOK« Fibeln in Kleeblattform benutzten die Frauen, um den Umhang zu schließen. Form und Dekor der Fibeln sind von karolingerzeitlichen Schwertgurtbeschlägen inspiriert. Kleeblattfibel, vergoldete Bronze, Fundort unbekannt, 9. Jh. Lunds Universitets Historiska Museum.

ZEIGE MIR DEIN SCHWERT, UND ICH SAGE DIR, WER DU BIST!
Prachtschwerter waren Zeichen für Wohlstand und Macht. Solche Statussymbole wurden wahrscheinlich nie im Kampf gebraucht. Schwert, Oppmannasjön, SE, Eisen, Bronze, Silbertauschierung, 9. Jh. Lunds Universitets Historiska Museum.

STEEN HVASS

HÄUSER UND SIEDLUNGEN

Plünderung, Handel und Kolonisation kennzeichneten die Welt der Wikinger. Die Wikinger gründeten neue Siedlungen in Westeuropa sowie den nordatlantischen Gebieten und reisten bis Russland und Konstantinopel. Mentalität und Lebensweise im wikingerzeitlichen Skandinavien hingen von zahlreichen Faktoren ab, vor allem vom Status eines jeden in der Gesellschaft und der Gegend, in der er lebte. Diese Gegebenheiten veränderten sich jedoch im Laufe der Jahrhunderte - die Wikinger lebten in einer dynamischen Welt. Vom Beginn bis zum Ende der Wikingerzeit vollzog sich sowohl in der politischen und religiösen als auch in der gesellschaftlichen Situation in Skandinavien ein tief greifender Wandel.

Die Bevölkerung im wikingerzeitlichen Skandinavien beschäftigte sich hauptsächlich mit der Produktion von Nahrungsmitteln. Man nutzte die fruchtbaren Böden, die guten Weiden, die reichen Fischgründe und alles, was die Natur ansonsten zum täglichen Lebensunterhalt beitragen konnte. Die Gemeinschaften waren nicht nur Selbstversorger, sondern produzierten Überschüsse, die es ermöglichten, dass die Wikinger weit über die Grenzen ihrer Heimat hinaus aktiv sein konnten. In Skandinavien waren die Dörfer und Höfe das wirtschaftliche Rückgrat der Gesellschaft.

In den letzten 30 Jahren haben neue Ausgrabungsmethoden, in Verbindung mit der konsequenten Untersuchung des archäologischen Kulturerbes im Vorfeld von Baumaßnahmen, neues und sehr umfangreiches Material zum Siedlungswesen im wikingerzeitlichen Skandinavien zutage gebracht. In verschiedenen Gebieten Skandinaviens sind Langhäuser in größeren Höfen ausgegraben worden, die zweifellos von der gesellschaftlichen Elite bewohnt waren. Diese großen Höfe oder Zentralplätze nahmen häufig markante Stellen in der Landschaft ein. Sie bestanden augenscheinlich nur aus einem Gehöft mit großer Einfriedung und einem Zentralgebäude mit zentraler Halle. In Verbindung mit diesen großen Höfen fanden kultische Handlungen statt, man führte dort vermutlich auch Gerichtsverfahren durch. Mit diesen Plätzen lassen sich ferner ausgedehnte Handwerksgebiete mit Spuren von Edelmetallverarbeitung und umfangreichem Handel verbinden. Die Funde sind von sehr hoher Qualität. Diese Zentralplätze verfügten über Verbindungen, die weit über die Grenzen der Heimat hinausreichten.

Das größte Haus der Wikingerzeit, das aus Skandinavien bekannt ist, liegt zugleich auch am nördlichsten. Nördlich des Polarkreises sind in Borg auf den Lofoten zwei Langhäuser gefunden worden, die zeitlich aufeinander folgen. Das jüngere Gebäude ist 80 Meter lang. Dieses längste Haus der Wikingerzeit entspricht in seiner Bauweise und der funktionellen Aufteilung vollständig den gewöhnlichen Hauptgebäuden der älteren wikingerzeitlichen Höfe mit einer Hausform, die vom 5. bis zum 7. Jahrhundert existierte, aber auch noch in der Wikingerzeit vom 8. bis zum 10. Jahrhundert aus dem mittleren Skandinavien, Norwegen und Schweden belegt ist. Das reiche Fundmaterial aus dem längsten Haus von Borg, inbesondere die Funde aus der Umgebung der Halle, illustrieren mit den Prestigeobjekten den besonderen Status dieses Gebäudes. Die Funde dokumentieren einerseits eine Machtkontinuität vom 6. bis ins 10. Jahrhundert, andererseits die direkten Verbindungen, die zwischen den Lofoten und Südskandinavien (Dänemark), dem Kontinent und England bestanden haben.

Diese Zentralplätze repräsentieren in Skandinavien das Zentrum der absoluten gesellschaftlichen Elite mit einer Konzentration der wirtschaftlichen, sozialen, politischen und religiösen Macht.

Entlang der südskandinavischen Küste trifft man auf eine völlig andere Art von Siedlungen. Sie bestehen aus einer langen Reihe von Landestellen mit unterschiedlichen Formen von Siedlungen, mit denen verschiedenes Handwerk und der daraus folgende Handel verbunden waren. Die Lage dieser zumeist kleineren Siedlungen direkt am Meer ergab sich aus der Nutzung des Wassers als Transportweg von und zu den verschiedenen örtlichen Märkten. In diesen küstennahen Landestellen dominieren Grubenhäuser, eingetiefte Arbeitshütten sowie einzelne Pfostenhäuser, die sowohl größere Langhäuser als auch kleinere Häuser bildeten, wie wir sie auch aus den Dörfern im Landesinneren kennen. Die Pfostenhäuser lagen häufig entlang der Küste und wurden meist etwas vom Strand zurückgesetzt errichtet, im Gegensatz zu den Grubenhäusern, die in direkter Nähe des Strandes platziert sein konnten. Die am häufigsten vorkommenden Handwerke waren Eisenverarbeitung und Bronzegießerei. Die Verarbeitung von Eisen, die man an zahlreichen Orten antrifft, bringt man üblicherweise mit dem Einschmelzen von alten Schiffsnieten zur Herstellung neuer Nieten in Ver-

bindung. Dies ist ein Hinweis auf den Bau von Booten an den Stränden. Andere Orte sind hingegen durch eine große Anzahl von Grubenhäusern mit Spuren von Textilverarbeitung charakterisiert. Auch Textilverarbeitung in großen Umfang deutet auf den Bootsbau hin, da Stoffe für Schiffssegel benötigt wurden. Hierbei handelte es sich um saisonale Arbeitsplätze, deren Handwerker vermutlich von den umliegenden Höfen und Dörfern stammten.

Sowohl in den fundreichsten Großhöfen in Skandinavien als auch in den eher gewöhnlichen Dörfern im westlichen Dänemark lassen sich über fast ein ganzes Jahrtausend hin, von etwa Christi Geburt bis zum Ende des 10. Jahrhunderts, Gebäude dokumentieren. Das umfangreiche Fundmaterial der großen Höfe zeigt, dass die Periode vom 7. bis zum Ende des 10. Jahrhunderts die Blütezeit der Siedlungen sowohl als Handelsplatz als auch als Kultstätte gewesen ist. Danach setzt eine Reihe umfangreicher Veränderungen in der wikingerzeitlichen Gesellschaft ein.

DAS LÄNGSTE HAUS DER WIKINGERZEIT
Rekonstruiertes wikingerzeitliches Langhaus in Borg auf den Lofoten, NO. Hier herrschte vor mehr als 1000 Jahren ein mächtiger Wikingerfürst gemeinsam mit seiner Frau. Heute können Besucher die Wikingerzeit in dem 83 Meter langen Langhaus, den Ausstellungsräumen und mit Filmen erleben. Im Sommer können die Museumsgäste ein Wikingerschiff segeln und rudern und Bogen schießen.

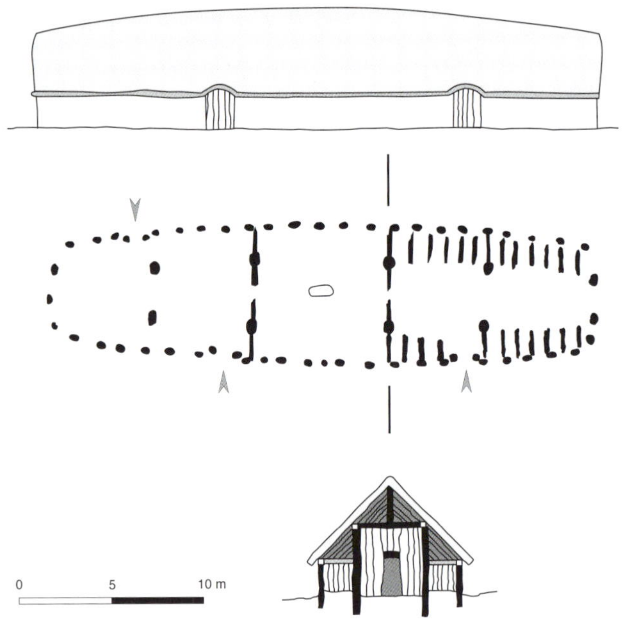

VORBASSE Das Hauptgebäude des Hofes, Anfang 10. Jahrhundert. Wohnbereich, zentrale Halle mit Feuerstelle und Stall.

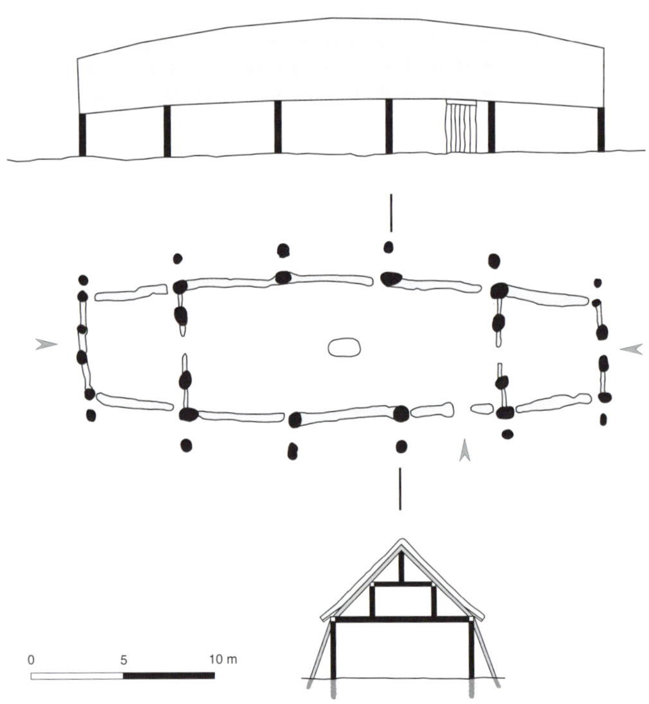

GROSSE ZENTRALE HALLE Das Hauptgebäude des Hofes am Ende des 10. Jahrhunderts. Große Halle mit Feuerstelle.

In Vorbasse in Jütland lässt sich eine Siedlung über 1100 Jahre von etwa Christi Geburt bis um 1100 verfolgen. Hiermit bietet sich die einzigartige Möglichkeit, eine dörfliche Gesellschaft mit Siedlungskontinuität innerhalb eines Gebiets von einem Quadratkilometer zu verfolgen. Zu Beginn des 8. Jahrhunderts sind die umfriedeten Höfe doppelt so groß wie ihre Vorläufer. Bei den Häusern setzt eine neue Entwicklung ein, wobei die einzelnen Gehöfte nun aus mehreren Gebäuden bestehen. Auch die Kontakte vom und zum Ausland verändern sich. Man trifft nun auf importierte massenproduzierte Alltagswaren, wie Mahlsteine aus Basaltlava aus dem Rheingebiet sowie Wetzsteine und Specksteingefäße aus Norwegen. Die heimische Keramik zeigt Verbindungen in das friesische Gebiet nach Norddeutschland und Holland. Gleichzeitig entstehen die ersten städtischen Gesellschaften in Jütland mit Ribe, Århus und Haithabu, die den neuen massenproduzierten Import in die dörflichen Ansiedlungen weitervertreiben. In Anbindung an die Dörfer entwickelt sich die Landwirtschaft mit eingefriedeten Innenfeldern, die in lange parallele Äcker aufgeteilt werden. Diese Änderungen des 8. Jahrhunderts zeugen von einer landwirtschaftlichen Produktionssteigerung innerhalb eines mehr zentralistischen Systems, in dem die individuell eingezäunten Höfe Teil eines regulierten Dorfes mit fester Struktur sind.

Das ganze Dorf Vorbasse mit seinen sechs Hofstellen konnte in der Situation des beginnenden 10. Jahrhunderts komplett dokumentiert werden. Die Höfe, die beiderseits eines 8-10 Meter breiten Weges angelegt waren, zeigen eine sehr einheitliche Struktur. Ihr zentrales Gebäude bestand aus einen Langhaus mit Feuerstelle in der Mitte des größten zentralen Raumes, der Halle. Hier fanden auch handwerkliche Tätigkeiten an aufrecht stehenden Webstühlen statt. Der westliche Raum war der Wohnbereich, während der Stall mit Platz für etwa 20 größere Tiere im östlichen Teil des Langhauses untergebracht war. Der Innenbereich des Hofes war mithilfe des Langhauses und eines Zaunes in zwei Hauptbe-

GROSSZÜGIGES INNERES Blick ins Innere des rekonstruierten Langhauses von Borg, Lofoten.

DAS DORF VORBASSE AM ANFANG DES 10. JAHRHUNDERTS.

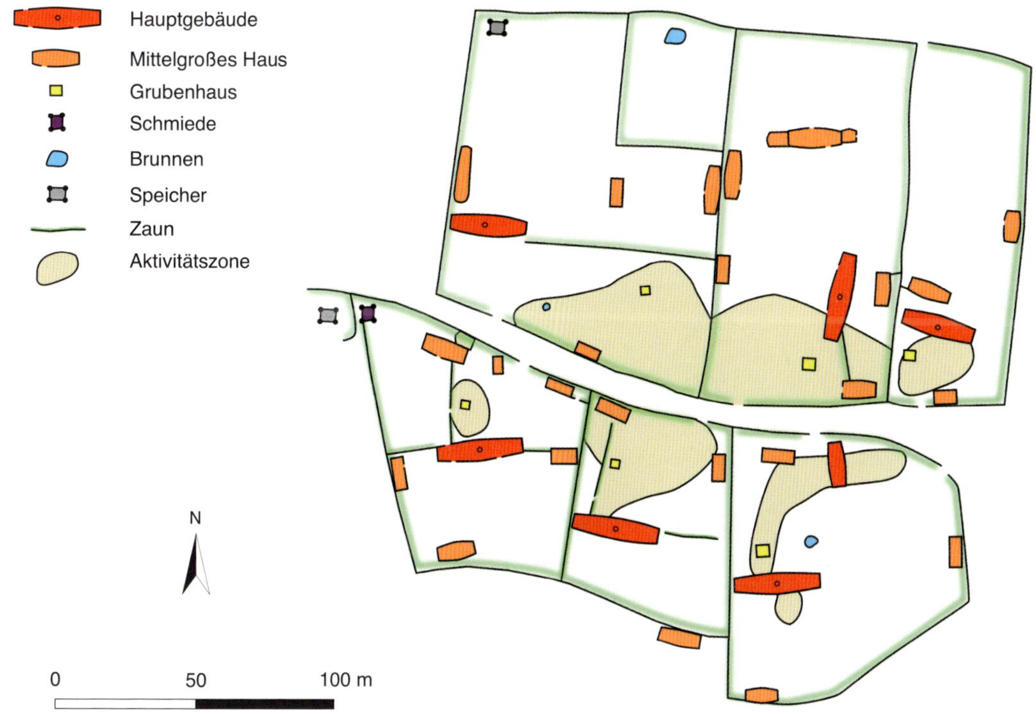

DAS DORF VORBASSE AM ENDE DES 10. JAHRHUNDERTS.

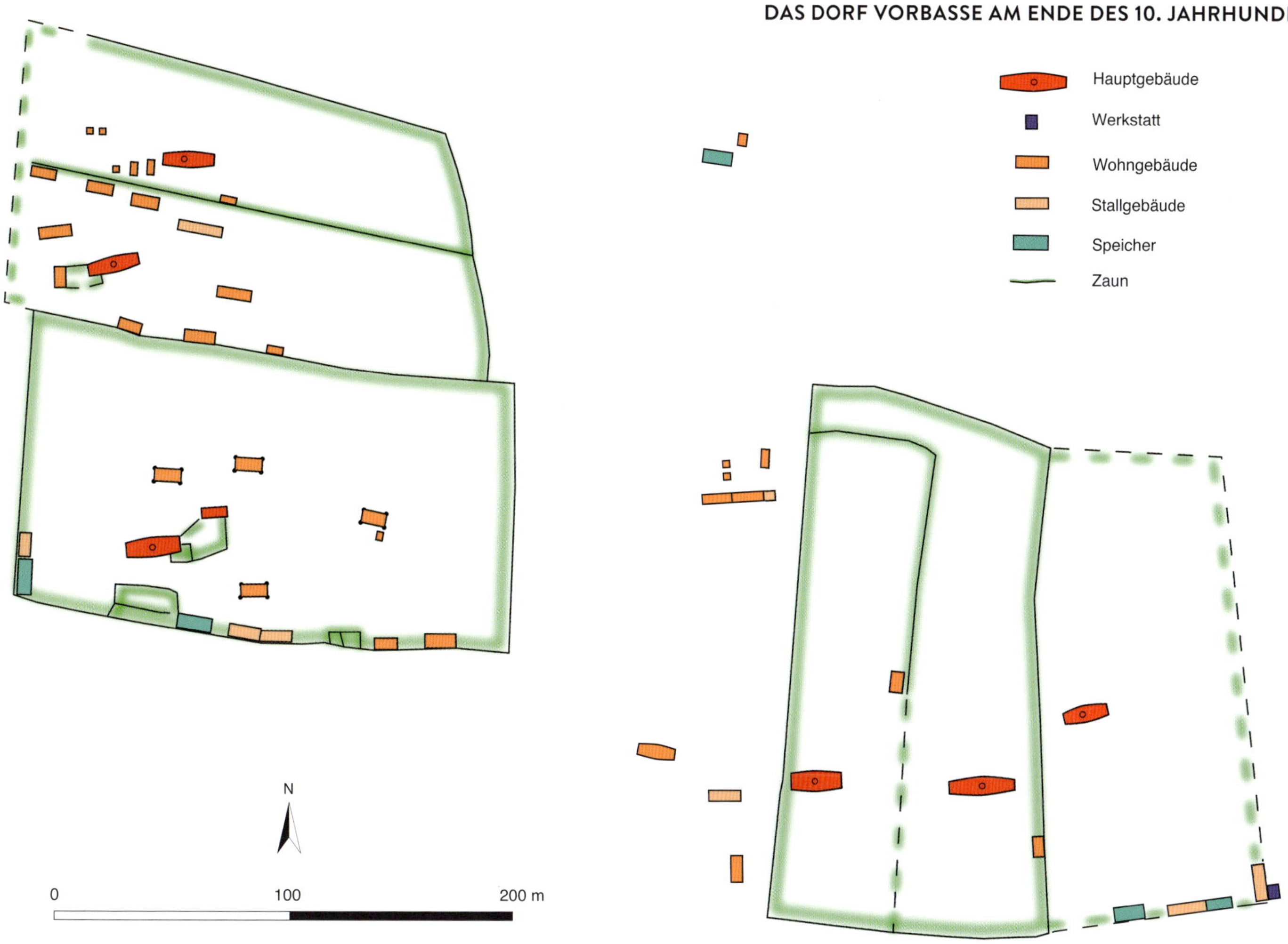

UMFRIEDET UND SEPARIERT Plan des größten Hofes in Vorbasse am Ende des 10. Jahrhunderts: Hauptgebäude mit großer Halle, kleinere und mittelgroße Wohngebäude mit Feuerstelle.

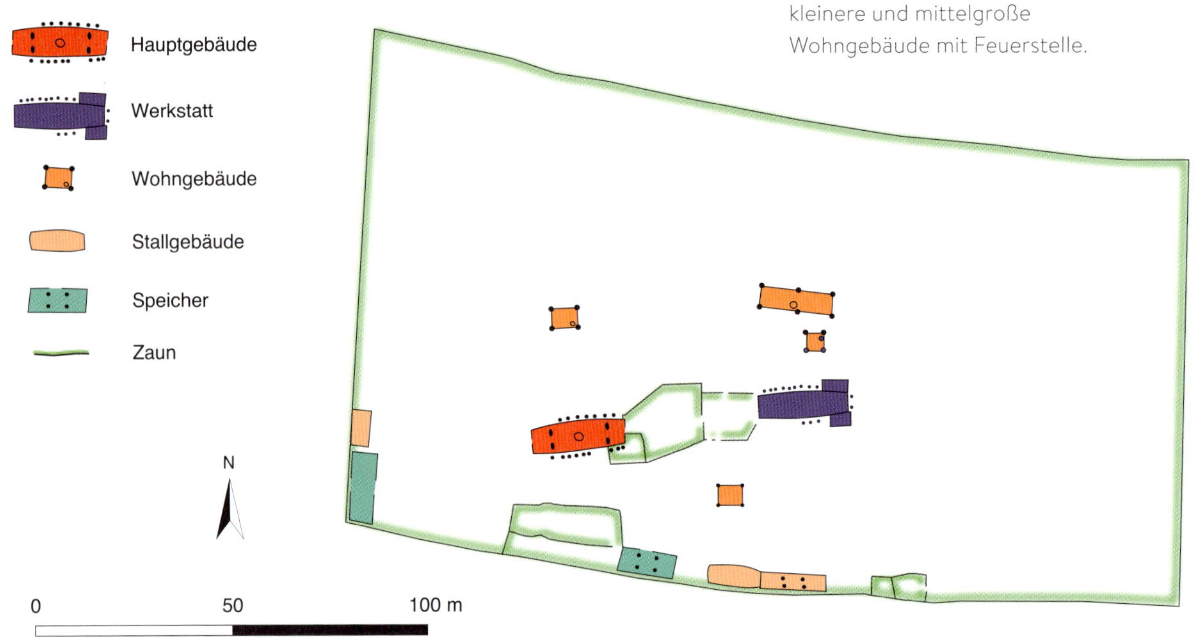

reiche unterteilt. Die Verbreitung des Fundmaterials sowie die Platzierung der Grubenhäuser, die in Vorbasse ausschließlich der Textilproduktion dienten, zeugen von menschlichen Aktivitäten im Gebiet zwischen den Langhäusern und dem durchgehenden Weg. Dagegen ist das Gebiet zwischen dem zentralen Langhaus und dem den Hof umgebenden Zaun in Richtung Felder im Großen und Ganzen ohne Funde und muss deshalb der Bereich der einzelnen Höfe gewesen sein, welcher der Tierhaltung und Arbeiten, die in Verbindung mit der übrigen landwirtschaftlichen Produktion standen, vorbehalten war.

In Vorbasse lassen sich in der zweiten Hälfte des 10. Jahrhunderts, als die Höfe des Dorfes den höchsten Stand ihrer Entwicklung erreichten, radikale Veränderungen innerhalb des ganzen Dorfes und seiner Höfe erkennen. Auch in zahlreichen anderen Siedlungen innerhalb des altdänischen Gebietes enden die Siedlungen in der 2. Hälfte oder zum Ende des 10. Jahrhunderts oder ändern ihren Charakter. So kommt es zu radikalen Veränderungen in Bezug auf die Größe der Dörfer, ihre Aufteilung in Höfe, die Größe der Höfe sowie die Bauweise und Funktion der Häuser. In Vorbasse ist die Zahl der Höfe im jüngeren Dorf die gleiche wie im vorhergehenden. Doch besitzt das ganze Dorf nun eine neue Struktur auf einer Fläche, die etwa 3,5 mal größer ist als die ältere Ansiedlung. Auch die einzelnen eingefriedeten Höfe sind nun wenigstens doppelt so groß wie früher.

Das zentrale Gebäude des Hofes besteht nun jeweils aus einer größeren Halle. Im größten Hof in Vorbasse war mit dieser Halle ein kleineres Haus verbunden, das die einzige Metallwerkstatt des Dorfes mit Schmiede, Bronzegießerei und Silberverarbeitung beherbergte. Zu den Höfen gehören nun ebenfalls kleinere und mittelgroße Wohngebäude mit Feuerstelle und mehrere selbstständige Stallgebäude mit zugehörigen großen Speichern und kleineren Umhegungen für Tiere. Alle Höfe waren von einer annähernd rechteckigen Einzäunung begrenzt, die für drei fast gleich große Höfe eine Fläche von etwa 25.000 Quadratmetern einfasste.

Die großen Zentralgebäude der Höfe, die großen Hallen, sind vor allem aus den wikingerzeitlichen Burgen Aggersborg und Fyrkat in Nordjütland sowie Trelleborg auf Seeland bekannt. Auf den gleichen Typ trifft man ansonsten auch bei den ältesten bekannten Häusern in den Städten Lund in Schonen und Viborg in Jütland. In den letzten Jahren ist im südlichen Skandinavien ferner eine große Zahl von ländlichen Ansiedlungen mit entsprechenden, zeitgleichen Hauptgebäuden in den Höfen ans Tageslicht gekommen, die genau denen von Vorbasse entsprechen. Die Größe der Höfe der verschiedenen jütischen Lokalitäten ist so ähnlich, dass man ein einheitliches, geschlossenes Vermessen voraussetzen muss, das in Verbindung mit der Umstrukturierung und Regulierung der Höfe in den Jahrzehnten um 1000 stattgefunden

REKONSTRUIERTES LANGHAUS Im Ribe VikingeCenter wurde das Langhaus des Häuptlingshofes (um 980) nach den Grabungsbefunden rekonstruiert.

hat. Ein solch umfassendes Vermessen aller Höfe des Landes muss von einer starken Königsmacht vor dem Hintergrund einer geänderten Besteuerung ausgegangen sein. Zu Beginn des 11. Jahrhunderts entstand ein dänisches Nordseeimperium, in dem der dänische König über ganz England und Dänemark sowie über Norwegen und einen Teil Schwedens herrschte. Für eine kurze Zeit war dieses Reich Nordeuropas größte Seemacht.

In Vorbasse folgte auf die Wikingersiedlung ein frühmittelalterliches Dorf, das 1000 Meter südlich der vorigen Siedlungen der Wikingerzeit lag. Die mittelalterliche Siedlung bildet den Kern des heutigen Vorbasse. Die gleiche dörfliche Gesellschaft lässt sich somit über 2000 Jahre verfolgen.

Eine ähnliche Verlagerung der Siedlungen im Laufe des 11. und 12. Jahrhunderts lässt sich in den Dörfern ganz Südskandinaviens beobachten. Die Änderungen im Siedlungsmuster beruhen auf dem Übergang von der heidnischen Wikingerzeit zum christlichen, europäisch beeinflussten Mittelalter, der fundamentale gesellschaftliche Veränderungen mit sich brachte.

GRUBENHAUS Rekonstruktion im Ribe VikingeCenter.

LITERATUR

C. J. Becker/L. B. Jørgensen/S. Hvass u. a., Viking Age Settlements in Western and Central Jutland – recent Excavations. **ACTA ARCHAEOLOGICA** 50, 1979, 89–208.

S. Hvass/B. Storgaard (Hrsg.), **DIGGING INTO THE PAST. 25 YEARS OF ARCHAEOLOGY IN DENMARK** (Århus 1993).

G. S. Munch/O. S. Johansen/E. Roesdahl (Hrsg.), **BORG IN LOFOTEN. A CHIEFTAIN'S FARM IN NORTH NORWAY.** Arkeologisk skriftserie 1 (Trondheim 2003).

S. Hvass, S. V. Vorbasse. **REALLEXIKON DER GERMANISCHEN ALTERTUMSKUNDE** 32, 2006, 595–599.

ROSKILDEFJORD, 30. MÄRZ 864 N. CHR. – 1152 JAHRE VOR HEUTE

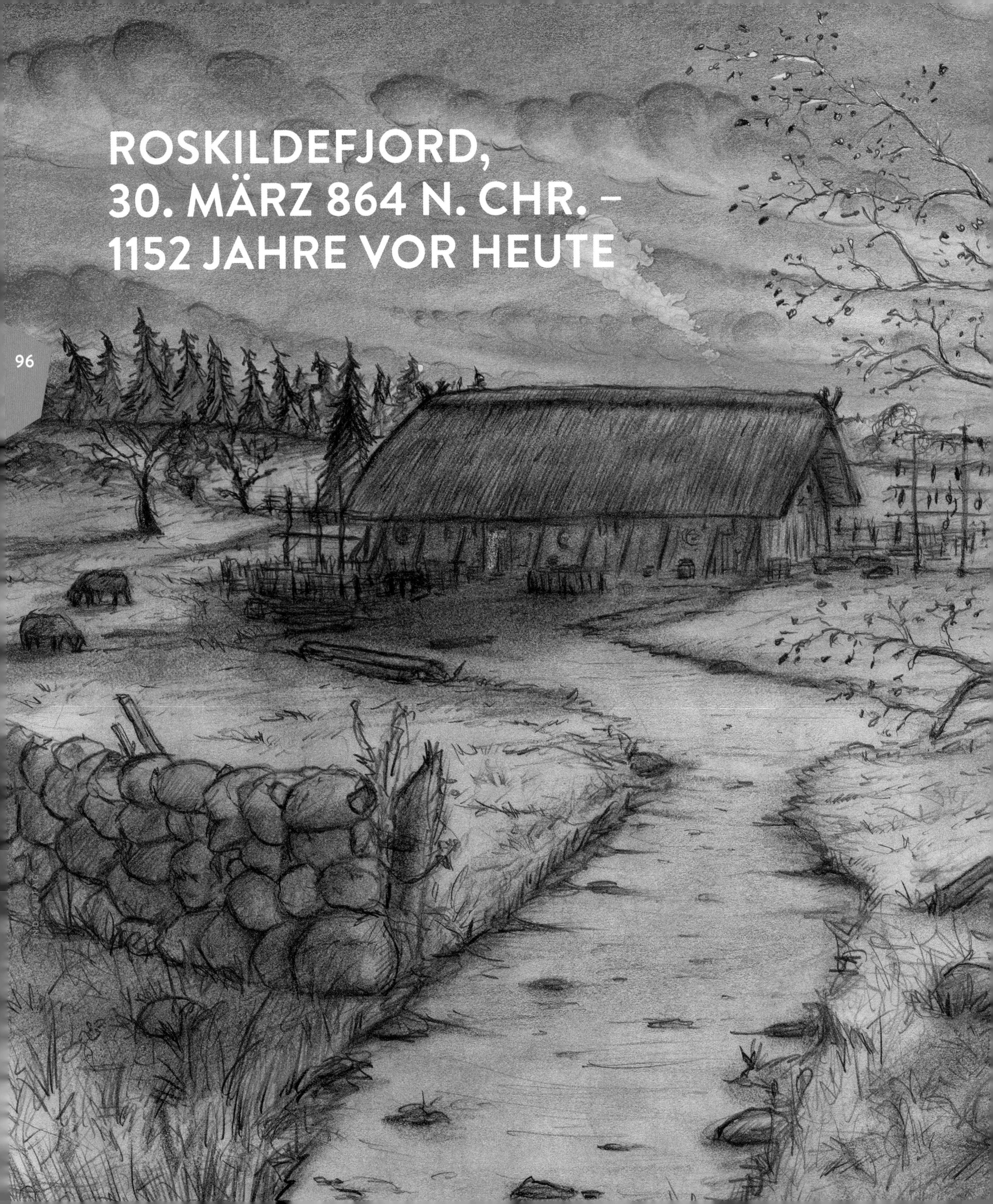

Es ist Frühling, am Ufer des Roskildefjords auf Seeland werden die Tage wieder länger und die Nächte kürzer. Auf einem stattlichen Hof leben die Eheleute Gudrid und Thorstein mit ihren vier Kindern, Thorsteins Mutter und vier Sklaven.

04:30 Uhr

Noch bevor die Sonne aufgeht, strecken die ersten Bewohner des Hofs ihre Glieder. Thorstein hat sein Wams mit einem Gürtel festgeschnallt und die ledernen Schuhe geschnürt. Jetzt packt er wie jeden Morgen die wichtigsten Utensilien in seine Gürteltasche: einen Wetzstein und einen Feuerstahl. Er überprüft, ob sein Messer noch scharf genug ist, und steckt es in die Scheide. Den Umhang mit der Ringfibel als Verschluss legt er für später bereit.

04:44 Uhr

Gudrid legt ihre Kleidung an und hat ihren Schmuck bereitgelegt. Sie wählt zwei ovale Schalenfibeln für ihr Kleid aus. Leise fluchend sucht sie für ihren Umhang nach der vergoldeten kleeblattförmigen Fibel, die sie so gern trägt, kann sie aber nicht finden. Stattdessen greift sie schließlich zu einer gleicharmigen Fibel. Währenddessen hat ihre Schwiegermutter begonnen, die Kinder zu kämmen.

05:00 Uhr

Die Großmutter trägt zwei tierkopfförmige Fibeln, wie es in ihrer Heimat Gotland üblich ist. Fischkopfförmige Anhänger schmücken ihren Hals. Ihre Armreifen und den Umhang mit einer dosenförmigen Fibel als Verschluss will sie später umlegen. Sie verscheucht die Kinder, die vor der Feuerstelle toben, und beginnt mit den Vorbereitungen für das Morgenmahl.

06:00 Uhr

Für Thorstein gab es heute Brot mit Skýr (eine Art Joghurt). Frisch gestärkt tritt er vor die Tür und hört schon die Hühner, Kühe, Schweine und Schafe rufen, die dringend versorgt werden wollen. Während Gudrid und ihre Schwiegermutter den Abwasch machen, macht sich Thorstein an die Aufgaben des Tages. Heute will er die Äcker für den Getreideanbau pflügen und den Gemüsegarten umstechen.

09:00 Uhr

Gudrid versperrt die Essensvorräte der Familie. Besonders aus den Weinamphoren, die Thorstein von seiner letzten Fahrt ins Rheinland mitgebracht hat, soll niemand etwas stehlen können! Es ist gut, dass der Knecht des Nachbarhofs am frühen Morgen etwas Honig vorbeigebracht hat. Merkwürdig eilig hatte der es heute, wundert sich Gudrid, und überhaupt: Wo ist eigentlich ihre geliebte Fibel hin verschwunden? In diesem Moment kommt aufgeregt die Tochter angelaufen und erzählt, dass sie bei den Nachbarn eine Fibel gesehen hat, die der ihrer Mutter zum Verwechseln ähnlich sieht. Gudrid wird wütend.

11:00 Uhr

Als Thorstein das Langhaus betritt, sind die Frauen mit den Kleidern beschäftigt. Die Großmutter strafft mit einem Glättstein die frisch gewaschenen Leinenkleider. Während Gudrid ihrem Mann davon berichtet, dass ihre Fibel gestohlen wurde und nun bei den Nachbarn aufgetaucht ist, beginnt sie damit, Wolle zu spinnen. Energisch bringt sie ihre Spindel mit dem Wirtel aus Bernstein zum Kreisen. Sie beschwört ihren Mann, endlich Rache zu nehmen, denn dies war nicht der erste Diebstahl des Nachbarsknechts!

14:05 Uhr

Nach dem Mittagessen spielen die Kinder vor dem Langhaus. Einer der Kleinen lässt einen Schnurrer an einer Schnur kreisen. Die beiden Ältesten sind über ein Brettspiel gebeugt. Thorstein hört sie aufgeregt tuscheln und schnappt dabei auf, dass sie beobachtet haben, wie der Nachbarsknecht die Lieblingsfibel der Mutter aus der Truhe genommen hat. Es stimmt also! Wutenbrannt läuft Thorstein zum Nachbarshof.

14:10 Uhr

Währenddessen lässt Gudrid den alten Knecht Eiskufen aus Knochen schnitzen, die sich die Familie im Winter unter die Schuhe schnallen kann. Er schnitzt auch Nadeln und sägt Kämme aus Knochen und Geweih, die Thorstein auf seinen Handelsreisen eintauschen kann. Zufrieden beaufsichtigt sie seine Arbeit. Unter ihrem strengen Blick käme kein Knecht auf die Idee zu stehlen!

16:00 Uhr

Thorstein findet den Knecht schließlich am Ufer und konfrontiert ihn mit den Vorwürfen. Doch der streitet alles ab, bis Thorstein immer wütender wird und die Axt gegen ihn erhebt: Nach einem Hieb sinkt der Knecht tot zu Boden.

17:00 Uhr

In der Zwischenzeit hat Gudrid auf dem Hochsitz Platz genommen, der nur Thorstein und ihr vorbehalten ist. Da kommt ihr Mann herein und reicht ihr die wiedergewonnene Fibel. Gudrid ist erleichtert. Während Thorstein erzählt, was passiert ist, gibt es einen Eintopf aus Gerste, Fisch und Frühlingskräutern, den auch die Großmutter mit ihren 45 Jahren noch gut kauen kann.

19:00 Uhr

Die friedliche Stimmung wird jäh getrübt, als der Nachbar auf dem Hof auftaucht. Er stellt Thorstein zur Rede: Wie konnte er nur seinen Knecht erschlagen? Beschwichtigend erklärt Thorstein die Sache mit der Fibel. Gudrid bringt in einem Trinkhorn selbst gebrautes Bier zur Versöhnung, sodass der Nachbar endlich einlenkt.

MICHAEL MÜLLER-WILLE

GRABFORMEN UND BESTATTUNGSSITTEN

Grabformen und Bestattungssitten der Wikingerzeit im nördlichen Europa zeichnen sich durch eine bemerkenswerte Vielfalt aus. Exemplarisch sei diese Vielfalt anhand der etwa 650 Gräber des 8.-11. Jahrhunderts erläutert, die von etwa 100 Fundorten im Gebiet zwischen Eider, Landesteil Schleswig, und Kongeå, Sønderjylland - es entspricht dem ehemaligen Herzogtum Schleswig -, südlich und nördlich der deutsch-dänischen Grenze überliefert sind. Sie repräsentieren durchweg ländliche Siedlungen im dänischen Herrschaftsbereich und in den friesisch- sächsisch-fränkischen Grenzgebieten, mit Ausnahme der Handelsplätze von Ribe an der Westküste des südlichen Jütland und von Hedeby/Haithabu - seine Gräberfelder seien eigens betrachtet - am Südufer der inneren Schlei.

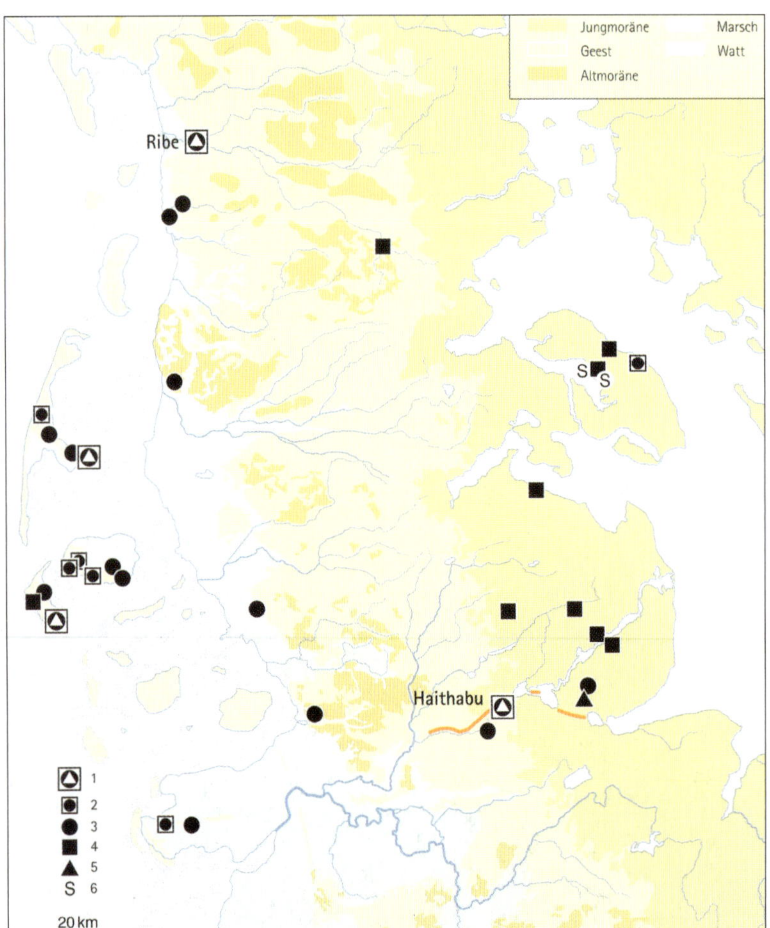

Aus der Wikingerzeit sind in Skandinavien und den südlichen Grenzgebieten sowohl Brand- als auch Körpergräber bezeugt. Im Laufe des fortgeschrittenen 9. und des 10. Jahrhunderts setzt sich jedoch die Körpergrabsitte durch, die mit der Anlage von Kirchfriedhöfen seit der Zeit um 1000 ein normiertes christliches Gepräge erhält.

Bei den Brand- und Körperbestattungen im südlichen Bereich Altdänemarks können jeweils drei Grabformen unterschieden werden. Mehr als die Hälfte (55 %) der wikingerzeitlichen Bestattungen sind als Brandgräber nachgewiesen. Zwei Drittel dieser Brandbestattungen sind als Urnengräber, knapp ein Drittel als Brandschüttungs- und nur ein kleiner Teil als Brandgrubengräber zu bezeichnen. Bei dem Urnengrab wurden Leichenbrand, Beigaben und Scheiterhaufenreste in einem Behälter beigesetzt, meist in einem einfachen Tongefäß, gelegentlich auch in einem Eimer, einem Kästchen oder einer Schale aus Holz sowie einem Metallgefäß oder Stoffbehälter. Um die Urne herum, die des Öfteren in eine leicht eingetiefte Grube gestellt worden ist, konnte manchmal eine flächige Streuung aus Holzkohle und Asche sowie Beigabenresten festgestellt werden.

BRANDGRABFORMEN
der Wikingerzeit im Gebiet zwischen Eider und Kongeå.
1 Alle Brandgrabformen
2 Urnen- und Brandschüttungsgrab
3 Urnengrab
4 Brandschüttungsgrab
5 Brandgrubengrab
6 Schiffssetzung

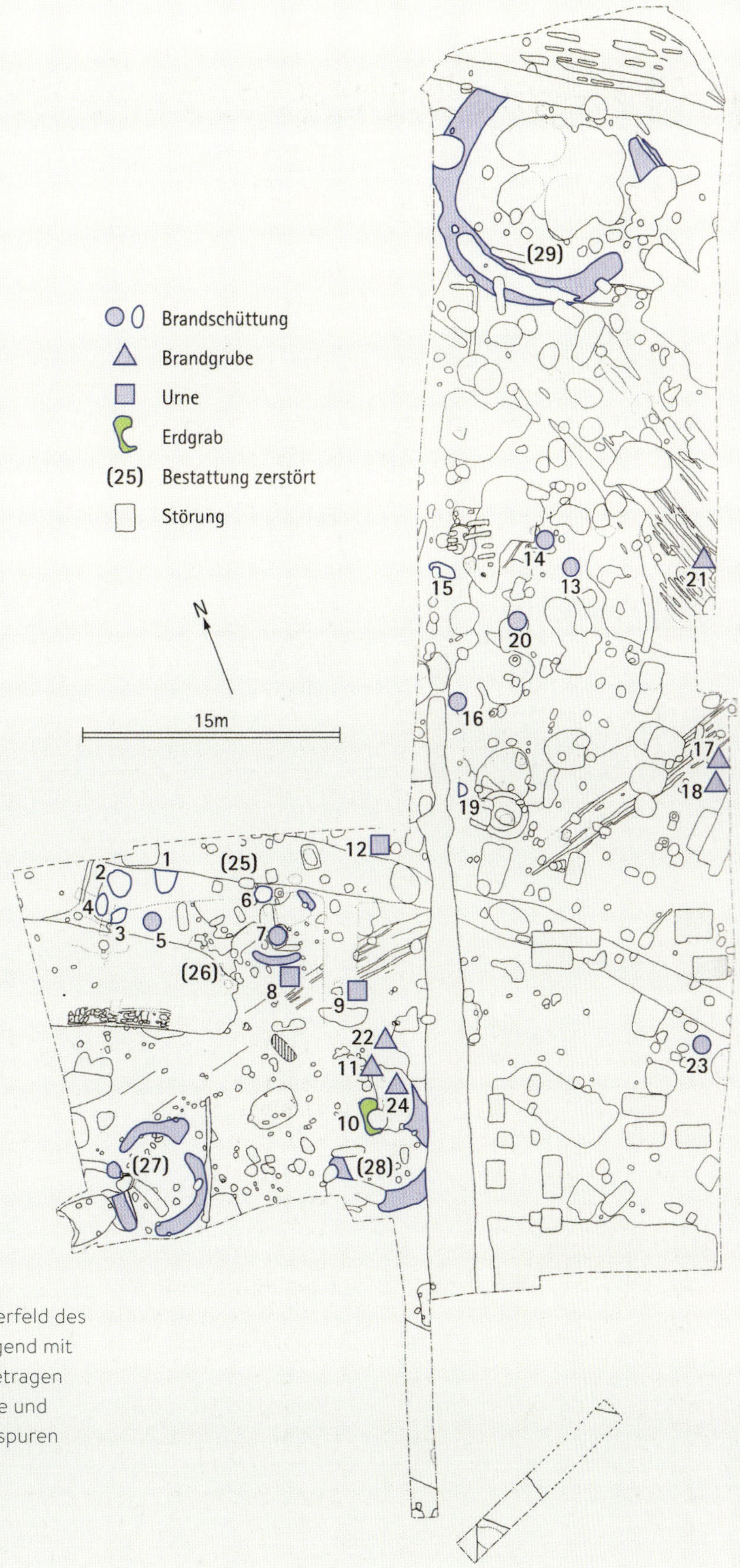

RIBE, ROSENALLÉ Gräberfeld des 8. Jahrhunderts, überwiegend mit Brandbestattungen; eingetragen sind auch wikingerzeitliche und mittelalterliche Siedlungsspuren sowie jüngere Störungen.

Die Brandschüttungsgräber zeichnen sich im archäologischen Befund als eine über eine größere Fläche streuende Konzentration von Holzkohle, Asche und Leichenbrand sowie Beigaben aus. Eine meist mehrere Zentimenter dicke Schicht lag auf der ehemaligen Oberfläche und bildete eine rundliche, ovale oder auch unförmige Fläche. Die Brandgrubengräber hingegen sind durch deutlich eingetiefte Gruben gekennzeichnet; sollte der Leichenbrand in einem organischem Behälter gesammelt worden sein, der durchweg nicht nachgewiesen werden kann, dann handelt es sich eigentlich um Urnengräber. Bei Urnengräbern mit Brandschüttungen als auch bei Brandschüttungsgräbern wies der Untergrund mitunter Spuren von Hitzeeinwirkung auf. Hier fand offenbar die Beisetzung auf dem Verbrennungsplatz statt. Ein Großteil der Brandgräber war mit kleinen kuppigen Hügeln von 6-12 Metern Durchmesser und bis zu einem Meter Höhe bedeckt. Nur gelegentlich wurden Nachbestattungen in älteren Hügeln angelegt. Im Gegensatz zu vielen anderen Gebieten Skandinaviens sind Steinsetzungen, darunter in Form von Schiffen (Schiffssetzungen), nur selten überliefert.

Als Beispiel eines Gräberfeldes, auf dem sowohl Urnen- als auch Brandschüttungs- und Brandgrubengräber entdeckt worden sind, mag der ausgegrabene Ausschnitt eines ursprünglich größeren Gräberkomplexes nordöstlich und östlich der Marktsiedlung von Ribe dienen. An einigen Stellen sind Kreisgräben erhalten, die auf Hügel hinweisen. Aufgrund vergleichbarer Urnengefäße im östlichen und südlichen Nordseeküstengebiet und der stratigraphischen Verhältnisse - eine Siedlung des 9. Jahrhunderts überlagert die Gräber - wird das Gräberfeld von Ribe-Rosenallé in das 8. Jahrhundert, also in die Frühphase des Handelsplatzes datiert. Das Gräberfeld hat sich im 8. und 9. Jahrhundert möglicherweise über eine Länge von 400 bis 500 Metern östlich des in der ersten Hälfte des 9. Jahrhundert errichteten »Stadtgrabens« erstreckt.

Unter den wikingerzeitlichen Grabanlagen, die im Bereich des ehemaligen Herzogtums Schleswig überliefert sind, stellen knapp weniger als die Hälfte (45 %) Körperbestattungen dar. Die am häufigsten vertretene Grabform ist das einfache Erdgrab. Kaum weniger häufig ist das Sarggrab vertreten. In der Regel fanden rechteckige Brettersärge Verwendung, die nur selten mit Nägeln zusammengehalten worden sind. Als Särge konnten auch Behälter dienen, die ursprünglich eine andere Funktion gehabt haben, so Wagenkästen, in denen meist Frauen beigesetzt worden sind.

Ein deutlich größerer Arbeits-und Materialaufwand als für die Erd- und Sarggräber war für die Errichtung eines Holzkammergrabes notwendig. Der oder die Tote selbst wurde in einem Sarg oder in einem Wagenkasten beigesetzt. Die Wände der in die Erde eingegrabenen Kammern bestanden aus senkrecht stehenden (Stabbau) oder aus waagerecht liegenden Planken (Wandbohlenbau). Bei den 26 ausgegrabenen Kammergräbern sind Längen von 1,8 bis 3,1 Meter, Breiten von 1,2 bis 2,2 Meter und Tiefen bis zu 1,8 Meter belegt.

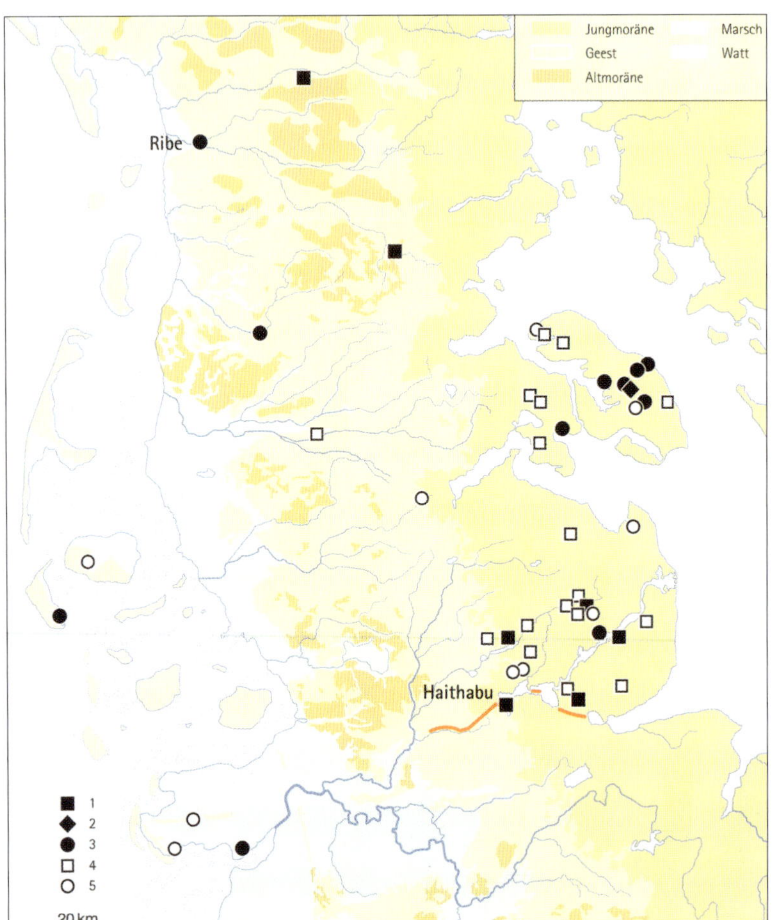

KÖRPERGRABFORMEN
der Wikingerzeit im Gebiet zwischen Eider und Kongeå.
1 Kammer-, Sarg- und Erdgrab
2 Reiter-, Sarg- und Erdgrab
3 Sarg- und/oder Erdgrab
4 Reiter- oder Waffengrab
5 unbestimmt.

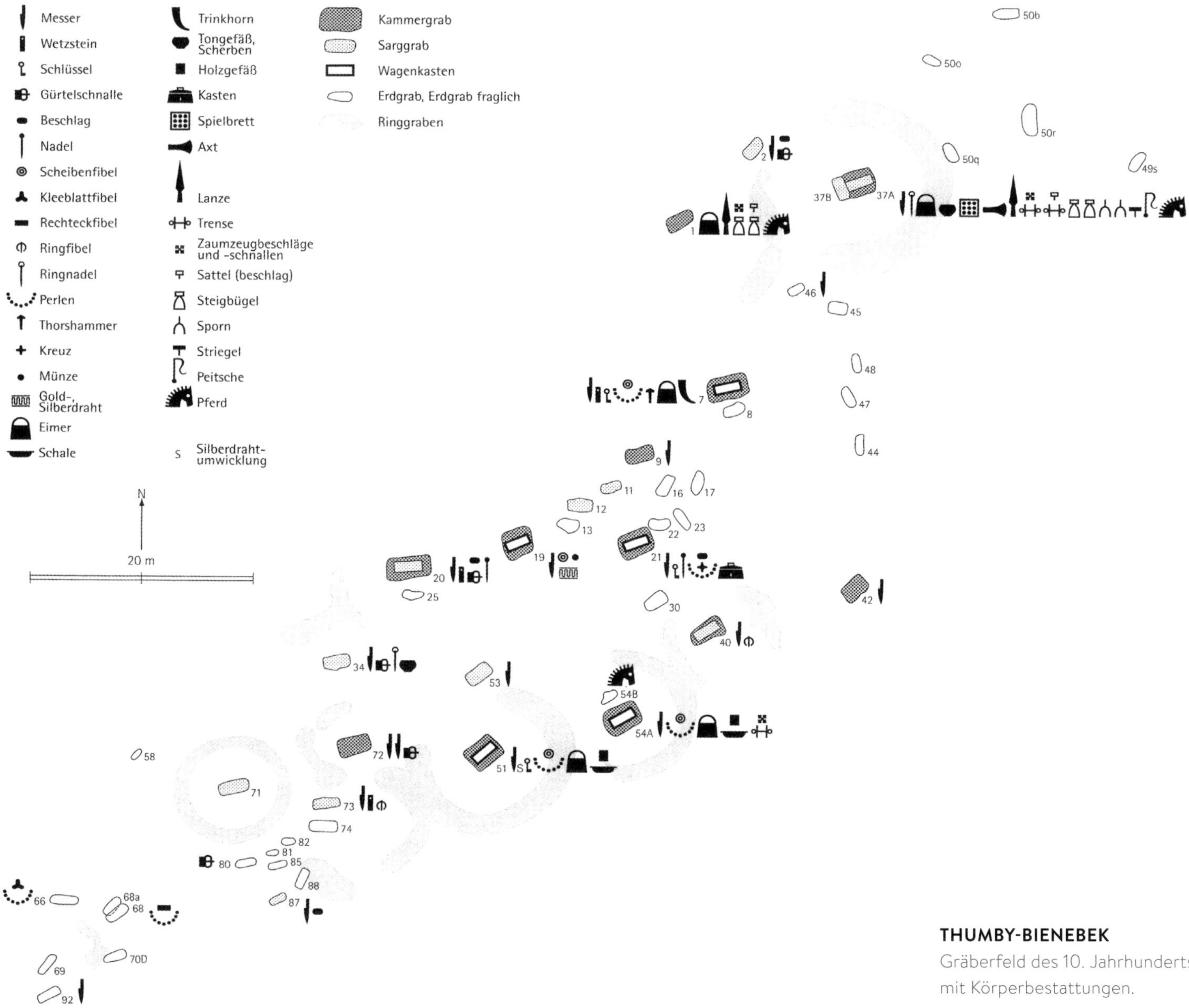

THUMBY-BIENEBEK
Gräberfeld des 10. Jahrhunderts mit Körperbestattungen.

Als Beispiel für ein Gräberfeld, auf dem sowohl Erd- und Sarg- als auch Kammergräber angelegt worden sind, diene die Nekropole von Thumby-Bienebek im Hinterland von Hedeby/Haithabu. Etwa die Hälfte der 56 nachgewiesenen überwiegend west-östlich ausgerichteten Körpergräber erbrachte Beigaben, wie das auch auf die etwa 650 Gräber im Gebiet zwischen Eider und Kongeå zutrifft. Während alle Kammergräber Beigaben enthielten, wiesen nur wenige Erdgräber ein Messer oder Schmuckstück auf, einzelne Sarggräber hingegen Teile des persönlichen Gebrauchsgutes und Schmucks (Messer, Wetzstein, Gürtelschnalle, Perlenkette u. a.). Das Beigabenspektrum der Kammergräber umfasste folgende Gegenstandsgruppen: Tracht- und Körperschmuck (Scheiben-, Rechteck- und Kleeblattfibeln, Ringnadeln und- fibeln, Perlen, Schnallen, Riemenzunge, Anhänger), persönliches Gebrauchsgut (Messer, Wetzsteine, Schlüssel, Kasten, Spielbrett, Münze), Tafelgeschirr (Holzeimer, Bronzeschalen, Trinkhorn, Holzgefäße, Tongefäße), Waffen und Reitzeug (Lanze, Axt, Trensen, Zaumzeugbeschläge, Steigbügel, Sporen, Sattel, Striegel, Peitsche) sowie Pferde. Ein Teil der Kammergräber war von Kreisgräben umgeben, die auf Überhügelungen schließen lassen. Eine Hügelnekropole dürfte auch das kleine Gräberfeld von Kosel-Ost dargestellt haben, das in unmittelbarer Nähe einer ländlichen Siedlung unweit von Haithabu ausgegraben worden ist; es weist eine gleichartige Differenzierung der Körpergrabformen wie in Thumby-Bienebek auf.

Das Gräberfeld von Thumby-Bienebek lässt sich, vorwiegend nach den Beigaben in den Kammergräbern, in die erste Hälfte und Mitte des 10. Jahrhunderts datieren. In diese Zeit gehören offenbar die meisten Kammergräber im Gebiet zwischen Eider und Kongeå. Der aufwendige Grabbau und das qualitätvolle Beigabengut weisen auf eine hervorgehobene soziale Stellung der Bestatteten. Die vorwiegend im altdänischen Gebiet verbreiteten Reiter- sowie zugehörigen Frauengräber in Wagenkästen repräsentieren offenbar Mitglieder führender und vornehmer Familien, die durch einen gemeinsamen Glauben an ein heidnisches mit der Odinverehrung und der Vorstellung von Walhall verknüpftes Jenseits geprägt und durch Gefolgschaftswesen an den König gebunden waren. Die Beigabenausstattung sollte es ermöglichen, im jenseitigen Leben den gleichen Standard für Kampf und Zeitvertreib aufrechtzuerhalten wie im irdischen Leben. Kreuzanhänger, Scheibenfibeln mit kreuzförmiger Zier und Schleiergewebe einiger Gräber werden jedoch in einem christlichen Kontext betrachtet, in den auch Thorshämmer und Wagenkästen im Sinne einer *interpretatio Christiana* ursprünglich heidnischer Beigaben einbezogen werden.

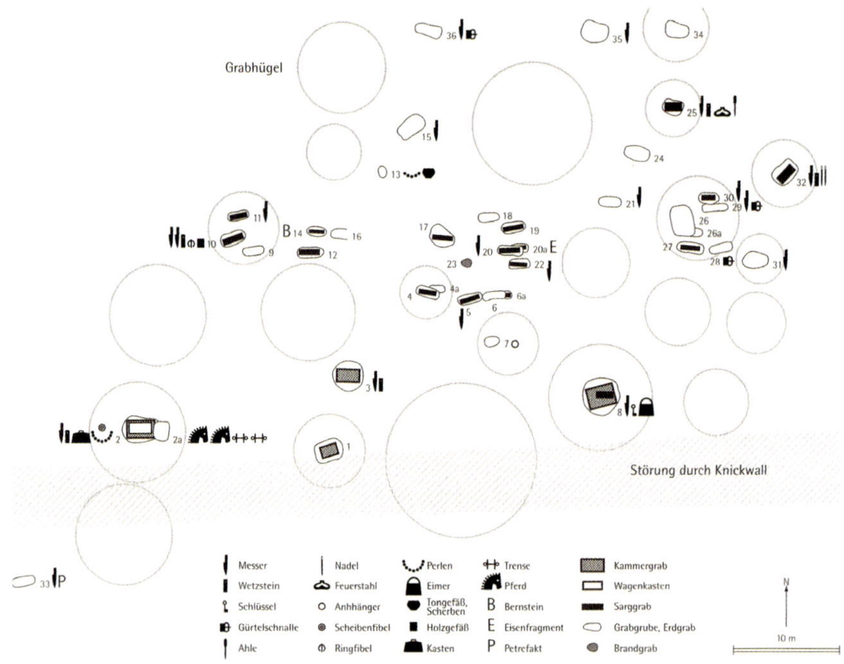

KOSEL-OST Gräberfeld des 10. Jahrhunderts, überwiegend mit Körperbestattungen und vermuteten Grabhügeln. Grab 2 mit Wagenkasten und Beigaben sowie zwei Pferden ist gesondert dargestellt (unten).

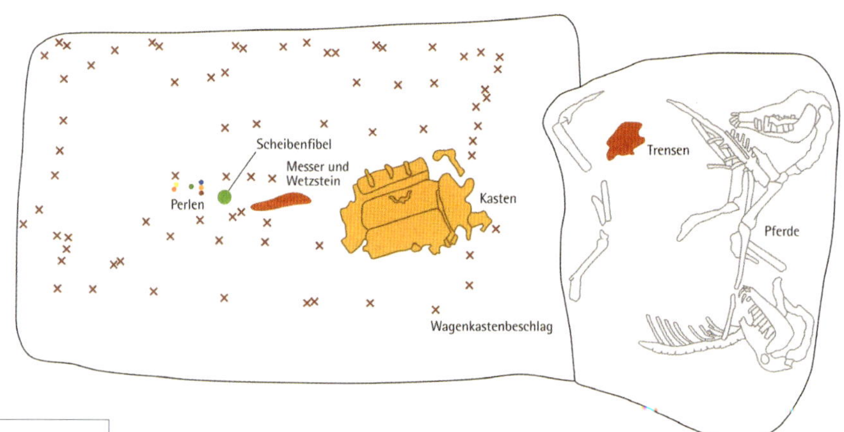

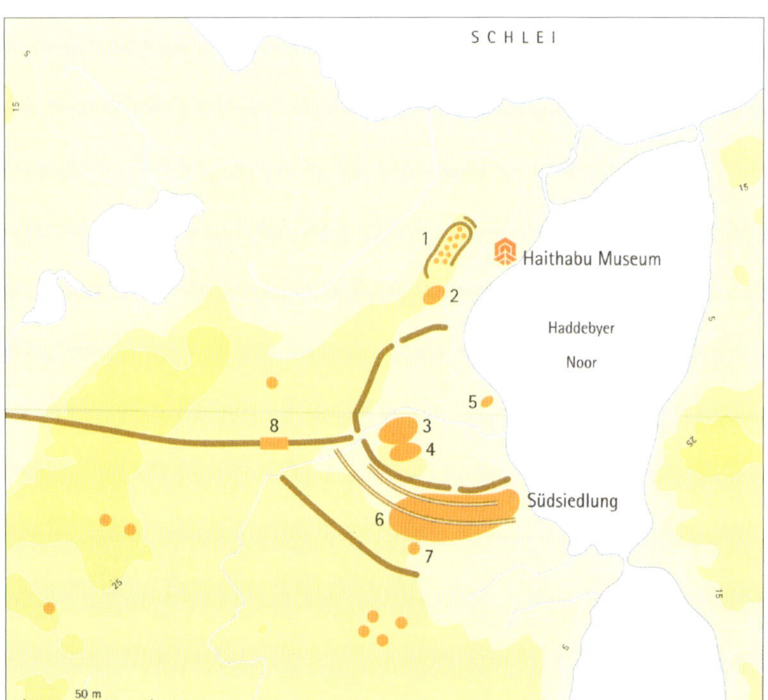

Mit dem Siedlungskomplex von Haithabu sind sechs Gräberfelder verbunden. Im Laufe der langen Forschungsgeschichte – seit mehr als hundert Jahren wurden systematische Untersuchungen betrieben – konnten etwa 1.350 Gräber untersucht werden. Der größte Teil sind Körpergräber, nur 86 Brandgräber sind überliefert. Die ältesten Bestattungen – überhügelte Brandgräber der zweiten Hälfte des 8. und des 9. Jahrhunderts – sind auf dem westlichen Teil des Südgräberfeldes nachgewiesen. Der

HAITHABU

Gräberfelder und Einzelgräber des 8. bis 11. Jahrhunderts.

1 Hügelgräberfeld auf der Hochburg
2 Sarggräber am Fuß der Hochburg
3–4 Körpergräberfeld und Kammergräberfeld innerhalb des Halbkreiswalles
5 Einzelne Körpergräber zwischen Häusern in Hafennähe
6 Südgräberfeld
7 Bootkammergrab
8 Körpergrab unter Verbindungswall

Punkte: Grabhügel.

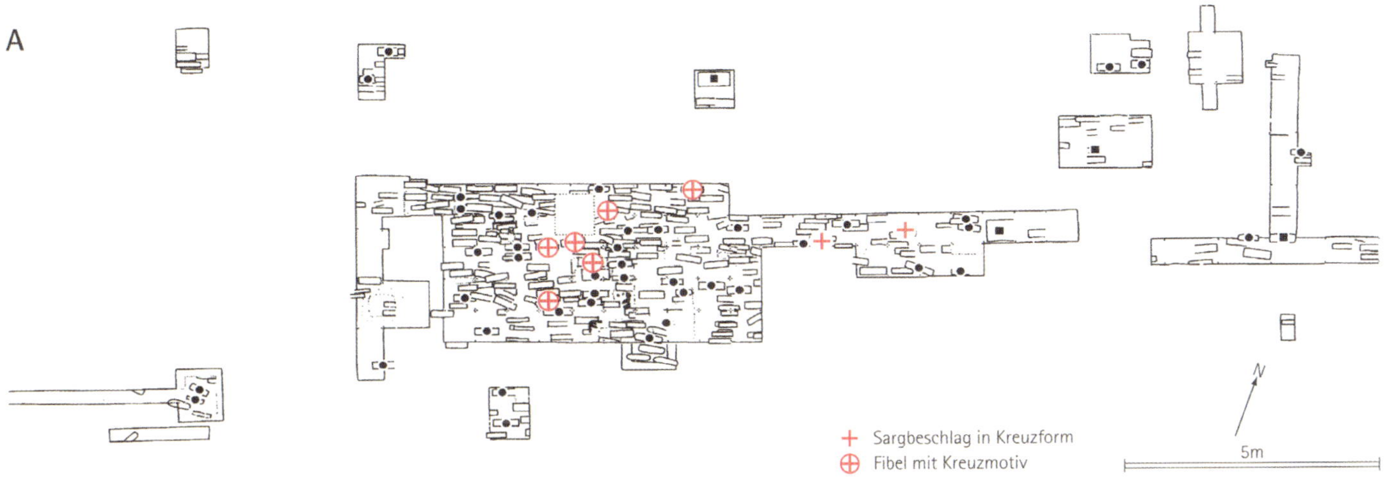

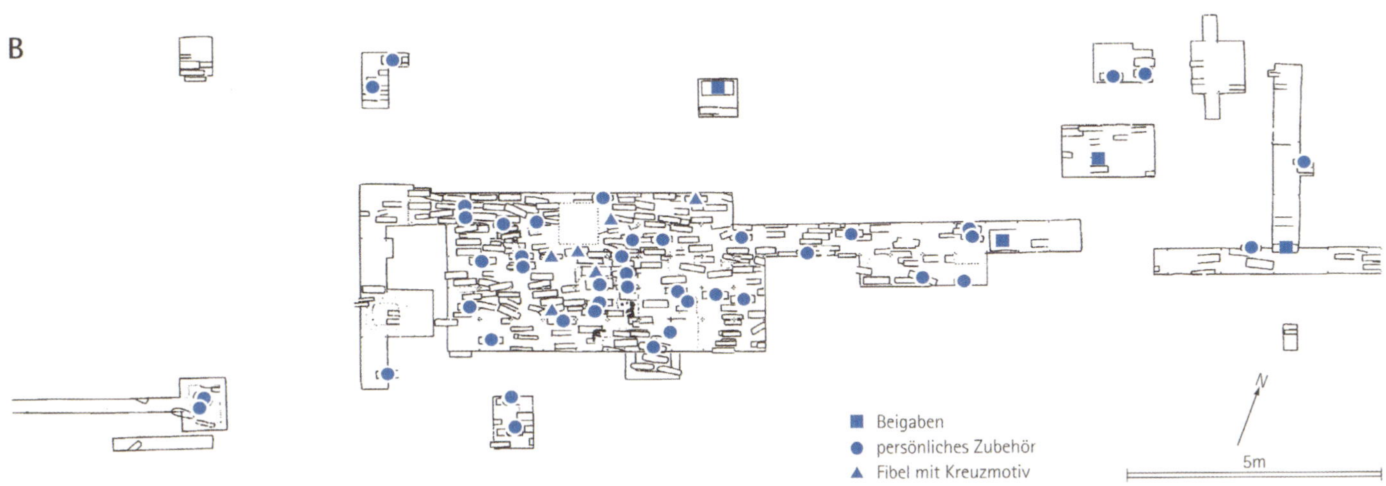

östliche Teil hingegen ist durch Kammer-, Sarg- und Erdgräber des späten 9. und des 10. Jahrhunderts geprägt. Innerhalb des Halbkreiswalles wurden weitere Kammergräber entdeckt, von denen die meisten ebenso wie auf dem Südgräberfeld durch Beigabenreichtum gekennzeichnet sind.

Das Körpergräberfeld innerhalb des Halbkreiswalles besteht hingegen aussschließlich aus Sarg- und Erdgräbern. Nur etwa ein Fünftel der überwiegend orientierten Körpergräber enthielt Beigaben, meist in Form persönlichen Zubehörs; die ältesten datieren aus der Zeit um 800, die jüngsten aus der Zeit um 1000. Hinweise auf christliche Bestattungen bieten Särge mit eisernen Kreuzapplikationen und Bestattungen mit kreuzverzierten Fibeln aus der zweiten Hälfte des 9. Jahrhunderts. Aus dieser Zeit stammt auch eine kleine Gruppe beigabenloser Gräber am westlichen Ufer des Noores, die um 900 von Siedlungsschichten überlagert wurden. Keines der beiden Gräberfelder lässt sich mit der historisch überlieferten Kirche Ansgars aus der Zeit um 850 verbinden, deren Standort bislang unbekannt ist.

HAITHABU, KÖRPERGRÄBERFELD INNERHALB DES HALBKREISWALLES
A Sargbeschläge in Kreuzform und Fibeln mit Kreuzmotiv
B Beigaben und persönliches Zubehör (einschließlich Fibeln mit Kreuzmotiv).

MEHRFACHBESTATTUNG Zeichnerische Rekonstruktion des Bootkammergrabs von Haithabu.

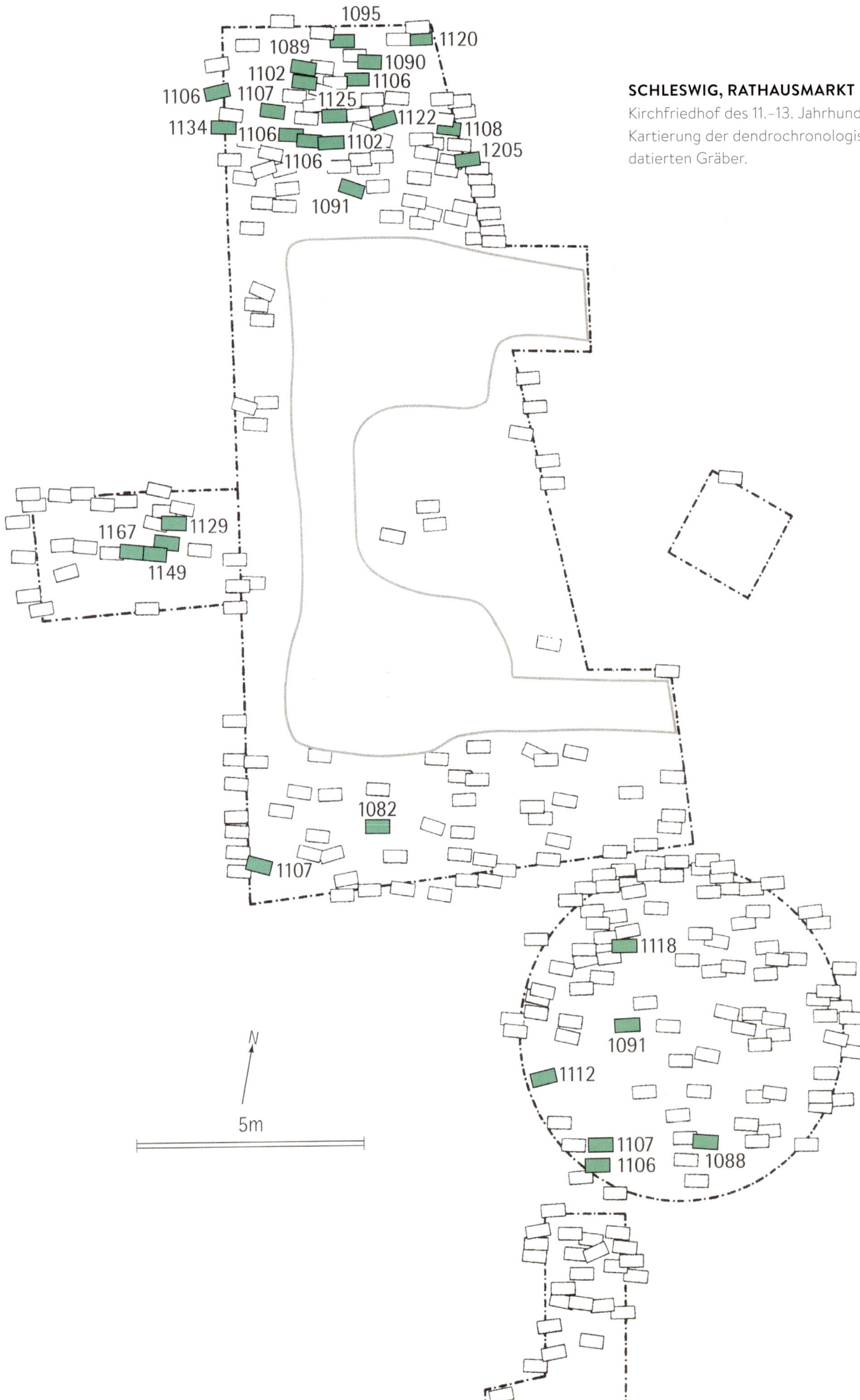

SCHLESWIG, RATHAUSMARKT
Kirchfriedhof des 11.–13. Jahrhunderts. Kartierung der dendrochronologisch datierten Gräber.

Nach Grabbau und Beigabenausstattung nimmt das südlich des westlichen Südgräberfeldareales gelegene sogenannte Bootkammergrab eine Sonderstellung ein. Ungewöhnlich ist das Arrangement eines 17-20 Meter langen Plankenschiffes über einer Grabkammer mit drei (oder möglicherweise nur zwei) männlichen Bestattungen. Nach wie vor wird diskutiert, ob es sich bei einem der Toten um Harald Klak handeln könne, der mit den Söhnen Göttriks in Thronstreitigkeiten um das dänische Königreich verwickelt war, nach seiner Taufe in Mainz von Ludwig dem Frommen mit Rüstringen belehnt wurde und 826 mit Ansgar vermutlich die Handelssiedlung Haithabu aufsuchte. Letztmals wird er 841 als Verbündeter Kaiser Lothars gegen dänische Wikinger genannt. Über seinen weiteren Lebensweg ist nichts bekannt. Wenn es sich um den Kronprätendenten und Teilkönig Harald Klak handelt, dann hat er dem prunkvollen Begräbnis zufolge den heidnischen Glauben seiner Väter wieder angenommen.

Die Schiffsbestattung von Haithabu wird in die Zeit um 840/50 datiert, also zu jener Zeit, in der Ansgar seine langjährigen Missionsbemühungen nördlich der Elbe mit dem Bau einer Kirche in Haithabu krönen konnte. Vergleichbare monumentale Grabanlagen - Schiff und Kammer des Bootkammergrabes waren vermutlich von einem großen später gänzlich eingeebneten Hügel bedeckt - sind aus den nördlich anschließenden Gebieten wohlbekannt: die Schiffsgräber beiderseits des Oslofjordes, darunter das Grab von Oseberg aus dem Jahre 834, das Schiffsgrab von Ladby auf Fünen und das vermutlich eine riesige Schiffssetzung einbeziehende Gräberensemble von Jelling aus dem 10. Jahrhundert.

Mit der Aufgabe der Beigabensitte um die Mitte des 10. Jahrhunderts sind die Möglichkeiten der chronologischen Einordnung von jüngeren Gräbern erheblich eingeschränkt. In der Tat lassen sich weder in Haithabu noch im näheren und weiteren Umland Gräber des späten 10. und 11. Jahrhunderts in nennenswerter Anzahl nachweisen. Erst der auf dem Rathausmarkt von Schleswig ausgegrabene Friedhof weist als älteste dendrochronologisch datierte Grablegen Körperbestattungen der Zeit um 1080 bis 1090 auf. Sie gehören zu einem Kirchfriedhof, der vom späten 11. bis zum zweiten Drittel des 12. Jahrhunderts belegt worden ist. Kennzeichnend für diesen wie auch viele andere Friedhöfe städtischer und ländlicher Kirchen sind die eng beieinanderliegenden, west-östlich ausgerichteten Bestattungen ohne jegliche Beigaben, abgesehen von Gegenständen christlicher Symbolik (Schleiergewebe, Pilgerwesen, Laurentiuskult). Die Frage, wann die ersten Kirchen in der Zeit nach der Ansgarmission errichtet und mit ihnen Friedhöfe angelegt worden sind - dies dürfte im dritten Drittel des 10. Jahrhunderts nach der Taufe König Harald Blauzahns geschehen sein - , ist für das Gebiet des historischen Herzogtums Schleswig noch nicht gelöst und nur mithilfe der Archäologie zu beantworten.

LITERATUR

U. Arents/S. Eisenschmidt, **DIE GRÄBERFELDER VON HAITHABU.** Die Ausgrabungen in Haithabu 15, 1-2 (Neumünster 2010).

S. Eisenschmidt, **GRABFUNDE DES 8. BIS 11. JAHRHUNDERTS ZWISCHEN KONGEÅ UND EIDER. ZUR BESTATTUNGSSITTE DER WIKINGERZEIT IM SÜDLICHEN ALTDÄNEMARK**. Studien zur Siedlungsgeschichte und Archäologie der Ostseegebiete 5, 1-2 (Neumünster 2004).

S. Eisenschmidt, Kristendommens indtrængen i Syddanmark belyst ud fra gravfund i området mellem Kongeåen og Ejderen. In: N. Lund (Hrsg.), **KRISTENDOMMEN I DANMARK FØR 1050. ET SYMPOSIUM I ROSKILDE DEN 5-7-FEBRUAR 2003** (Roskilde 2004) 123-141.

C. Feveile, Ribe på nordsiden af åen, 8.-12. århundrede - oversigt og tolkning. In: C. Feveile (Hrsg.), **DET ÆLDSTE RIBE. UDGRAVNINGER PÅ NORDSIDEN AF RIBE Å 1984-2000.** Ribe Studier 1,1-2 (Århus 2006) 13-63.

I. Hägg, Glaubenswechsel im Norden: Laurentius begegnet Michael. In: S. Burmeister/H. Derks/J. von Richthofen (Hrsg.), **ZWEIUNDVIERZIG. FESTSCHRIFT FÜR MICHAEL GEBÜHR ZUM 65. GEBURTSTAG** (Rahden/Westf. 2007) 307-316.

H. Lüdtke, Die archäologischen Untersuchungen unter dem Schleswiger Rathausmarkt. In: V. Vogel (Hrsg.), **KIRCHE UND GRÄBERFELD DES 11.-13. JAHRHUNDERTS UNTER DEM RATHAUSMARKT VON SCHLESWIG.** Ausgrabungen in Schleswig. Berichte und Studien 12 (Neumünster 1997) 9-84.

A. Pedersen, **DEAD WARRIORS IN LIVING MEMORY. A STUDY OF WEAPON AND EQUESTRIAN BURIALS IN VIKING-AGE DENMARK, AD 800-1000.** Publications from the National Museum Studies in Archaeology & History 20,1-2 (Copenhagen 2014).

T. Schade, Das wikingerzeitliche Gräberfeld von Kosel-Ost (Kosel LA 198), Kreis Rendsburg-Eckernförde. **OFFA** 67/68, 2010/2011 (2014) 203-321.

J. Staecker, The Concepts of imitatio and translatio: Perceptions of a Viking-Age Past. **NORWEGIAN ARCHAEOLOGICAL REVIEW** 38, 2005, 3-28.

E. Wamers, König im Grenzland. Neue Analyse des Bootkammergrabes von Haiðaby. **ACTA ARCHAEOLOGICA** 65, 1994, 1-56.

SCHIFFFAHRT

VIBEKE BISCHOFF, TINNA DAMGÅRD-SØRENSEN, SØREN NIELSEN, MORTEN RAVN UND ANNE C. SØRENSEN

SCHIFFSBAU UND SEEFAHRT

Das Segel verlieh den skandinavischen Schiffen der Eisenzeit Flügel, die die Besatzung und die Fracht auf langen Seefahrten zu tragen vermochten - sei es, um Handel zu treiben, sich andernorts niederzulassen, oder um zu plündern. Bislang stammen die frühesten Belege für den Gebrauch von Segeln in Skandinavien aus dem 8. nachchristlichen Jahrhundert. Es ist viel darüber diskutiert worden, warum diese Technologie im Vergleich zum übrigen Europa offensichtlich sehr spät eingeführt wurde. Denn es gibt gute Gründe, anzunehmen, dass die Skandinavier aufgrund ihrer Kontakte mit dem Römischen Reich um Existenz und Funktion von Segeln schon in vorchristlicher Zeit wussten. War die späte Einführung des Segels womöglich eine bewusste Entscheidung, die möglicherweise auf technischen und ökonomischen Herausforderungen und Schwierigkeiten basierte? Das Verhältnis von Schiffskörper und Segel muss erheblich geändert werden und zieht immense Änderungen der Rumpfform nach sich, wenn ein Segel effizient genutzt werden soll. Und die Herstellung von Segel und Tauwerk hat die Menge der benötigten Ressourcen im Vergleich zu dem Bau eines nur durch Ruderkraft angetriebenen Schiffs möglicherweise verdoppelt.

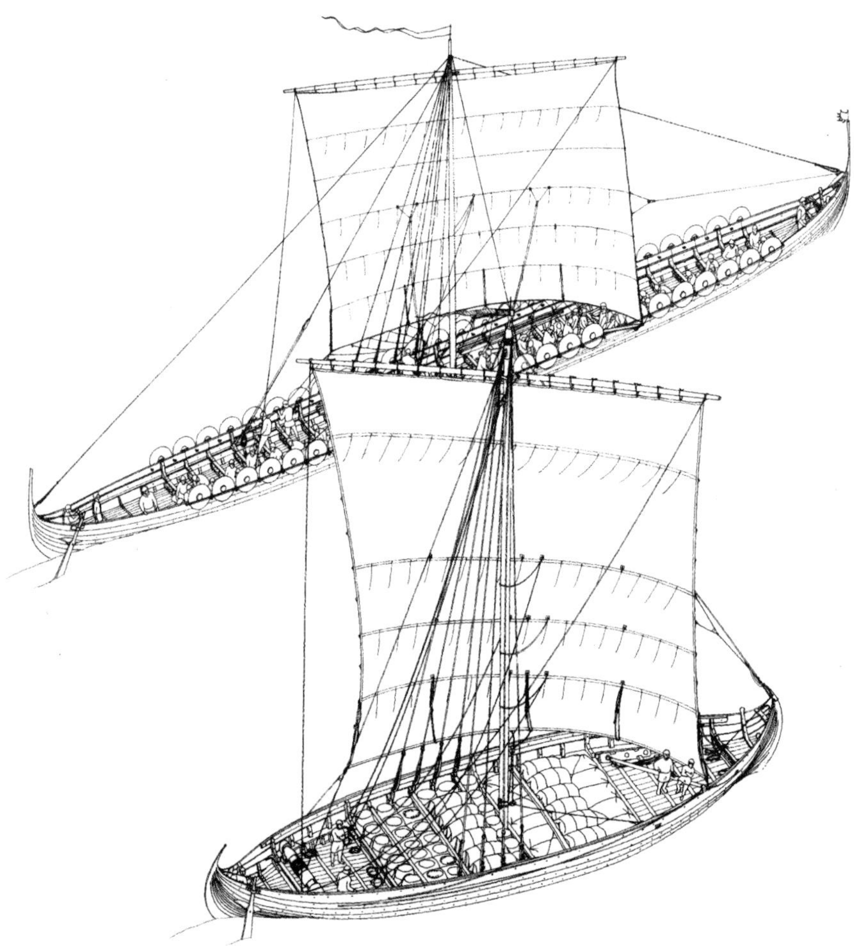

Die Benutzung des Segels erlaubte den Skandinaviern der späten Eisenzeit, ihre maritimen Aktivitäten auszuweiten. Diese Expansion hatte unter anderem zur Folge, dass die auf komplexen Handelsnetzwerken, Piraterie und Eroberungen basierende Wirtschaft wuchs. Diese höchst interessante historische Epoche von ca. 750-1050 n. Chr. wurde später, im 19. Jahrhundert, als Wikingerzeit bezeichnet.

WIKINGERZEITLICHE BOOTE UND SCHIFFE

Schiffsdarstellungen, schriftliche Quellen sowie Schiffsfunde gewährleisten ein recht solides Fundament, um die Veränderungen zu studieren, welche die aus Planken gebauten Boote und Schiffe während der Wikingerzeit durchliefen. Diese Veränderungen beinhalten eine Modifikation der Rumpflinien der Ruderschiffe, um den Anforderungen eines echten Segelschiffes gerecht zu werden, und führten schließlich zu den spätwikingerzeitlichen spezialisierten Schiffstypen, die entweder zum schnellen Transport einer großen Mannschaft oder der sicheren Beförderung wertvoller Fracht dienten.

LANGSCHIFF UND FRACHTSCHIFF Oben ein Langschiff (künstlerische Darstellung von Haithabu 1), unten ein Frachtschiff (künstlerische Darstellung von Hedeby 3). Langschiffe waren für den schnellen Transport einer großen Besatzung konstruiert, wohingegen Frachtschiffe speziell zum Befördern von Fracht gebaut wurden.

FUND UND REKONSTRUKTION 1 Der Schiffsfund Skuldelev 1 und *Ottar*, die Rekonstruktion des Wikingerschiffsmuseums der Skuldelev 1.

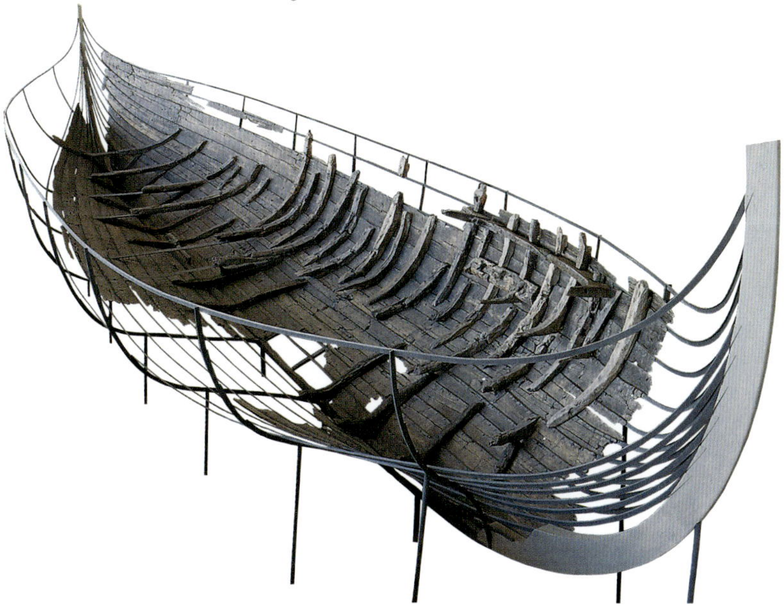

Die norwegischen Schiffsgräber aus Oseberg, Gokstad und Tune sind Beispiele für eine hoch entwickelte Schiffstechnologie während des 9. Jahrhunderts, doch handelt es sich bei diesen Schiffen, in diesem Kontext, um keine spezialisierten Schiffstypen. Sie wurden sowohl zum Transport einer Besatzung als auch für Frachten hergestellt und dienten deshalb als Allzweckschiffe. Aus dem wikingerzeitlichen Dänemark deuten die Schiffsgräber von Haithabu und Ladby an, dass bereits im frühen 10. Jahrhundert lange schmale Schiffe gebaut wurden, deren Hauptfunktion der Transport einer großen Mannschaft war.

Zahlreiche Schiffsfunde aus dem 11. Jahrhundert wurden innerhalb der hochmittelalterlichen Grenzen Dänemarks archäologisch ausgegraben und analysiert - eine einzigartige Gelegenheit, Entwicklungstrends spezialisierter Schiffe für den Transport von Mannschaft und Fracht zu studieren. Das Frachtschiff Skuldelev 1 und das Langschiff Skuldelev 2 sind Beispiele dieser Spezialisierung. Sie wurden, neben drei weiteren abgenutzten Schiffen, im Roskildefjord zum Schutz der Stadt Roskilde vor Angriffen von der See her versenkt.

FUND UND REKONSTRUKTION 2 Der Schiffsfund Skuldelev 2 und die »*Sea Stallion from Glendalough*«, die Rekonstruktion des Wikingerschiffsmuseums der Skuldelev 2.

DIE WIKINGERSCHIFFSHALLE in Roskilde, Dänemark.

DIE SKULDELEV-SCHIFFE

Die fünf Skuldelev-Schiffe wurden 1962 geborgen. Daraufhin wurden alle Schiffsbestandteile in Originalgröße gezeichnet, wieder zusammengesetzt und schlussendlich in der Wikingerschiffshalle von Roskilde, die 1969 eröffnete, ausgestellt.

Bei Skuldelev 1 handelt es sich um ein mittelgroßes hochseetaugliches Frachtschiff. Dendrochronologische Untersuchungen haben ergeben, dass das Schiff um 1025 gebaut wurde und hauptsächlich gespaltene Kiefernstämme aus dem Sognefjord-Distrikt im westlichen Norwegen verwendet wurden. Das 16 m lange Schiff hat eine robuste, abgerundete Rumpfstruktur, die eine hohe Ladekapazität von ungefähr 20 Tonnen Fracht ermöglicht. Das Schiff zeugt von großer Seetauglichkeit und könnte sowohl die Nordsee als auch die Ostsee oder den Nordatlantik befahren haben. Schiff und Fracht könnten einem Magnaten oder einem Zusammenschluss von Händlern gehört haben. Neben Schiffsfunden wie dem Klåstad-Schiff aus Norwegen, Äskekärr 1 aus Schweden und Haithabu 3 aus Deutschland markiert Skuldelev 1 den Beginn eines spezialisierten mittelalterlichen Seehandels mit Schiffen, die primär dem Transport großer Mengen von Fracht dienten.

Bei Skuldelev 2 handelt es sich um ein großes Langschiff. Die Baumringanalysen datieren es auf ca. 1042. Das hier vorwiegend zum Bau verwendete Holz stammt von Eichen aus der näheren Umgebung von Dublin in Irland. Das 30 m lange Schiff ist nur 3,8 m breit, was dem Schiff eine lange schlanke Erscheinung verleiht; eine solche Konstruktion war hauptsächlich für einen schnellen Transport einer großen Mannschaft über See geeignet. Skuldelev 2 hat die Kapazität für eine 65 Mann starke Besatzung. Schiffe wie Skuldelev 2 (und auch andere große Langschiffe wie Haithabu 1 und Roskilde 6) bildeten das Rückgrat zahlreicher maritimer militärischer Operationen.

WIKINGERZEITLICHER SCHIFFSBAU

Seit mehr als 30 Jahren führt das Wikingerschiffsmuseum Roskilde experimentalarchäologische Forschungsprojekte durch, die eine immense Menge empirischer Daten und viele neue Erkenntnisse zu Fragen der Seefahrt vergangener Gesellschaften im Norden geliefert haben. Nachbauten von Funden in Originalgröße ermöglichen es, Fragen zum Wissen antiker Bootsbauer nachzugehen, den Zusammenhang der natürlichen Ressourcen mit dem Schiffsbau zu studieren und die benötigten Arbeitsstunden und Werkzeuge während der Bauphase zu dokumentieren. Nachdem die physische Rekonstruktion abgeschlossen ist, kann die Seetauglichkeit und Leistung des Schiffs studiert werden.

Die maritime Experimentalarchäologie ist von Natur aus interdisziplinär. Das vereinte Wissen der Wissenschaftler, Handwerker und Seeleute schafft ideale Bedingungen für den Rekonstruktionsprozess. Die Mitglieder eines Rekonstruktionsteams verpflichten sich, ihr persönliches Wissen und Fertigkeiten einzubringen und ihr breit gefächertes Wissen zu teilen, um relevante Forschungsergebnisse zu erzielen. Die Rekonstruktion kann als historische Hypothese beschrieben werden: Sie repräsentiert keine historische Wahrheit, sie erhebt nicht den Anspruch, zu zeigen, wie das Original tatsächlich aussah oder funktionierte. Der Nachbau funktioniert eher als eine Art »Katalysator«, indem er hilft, Fehlannahmen auszusortieren, und als ein Werkzeug, mit dem das Quellenmaterial neu interpretiert werden kann.

Die Ausgrabung und die darauf folgende Dokumentation von Schiffsfunden sind die ersten Schritte zum Bau einer authentischen Schiffsrekonstruktion. Die detaillierte Dokumentation der Überreste des Rumpfes wird bei der darauf folgenden Anfertigung eines maßstabsgetreuen Modells verwendet. Dieses Modell bildet die Basis für die inneren Kantenlinien und Torsozeichnungen (Linienzeichnungen, in denen die erhaltenen Teile eingezeichnet werden) und die anschließende Rekonstruktion fehlender Teile des Schiffskörpers. Dann können Werkstattzeichnungen angefertigt werden, das Grundgerüst zum Bau einer vollmaßstäblichen Rekonstruktion, die unter realen Bedingungen auf See getestet werden kann.

DIE AXT IN DER HAND Der Bootsbauer Ture M. Møller arbeitet an einem Spantenteil der Skuldelev 1- Rekonstruktion Ottar. Er benutzt dabei die Rekonstruktion einer wikingerzeitlichen Axt aus Sæbø Ulvik, Norwegen.

Um sicherzustellen, dass die Rekonstruktion so authentisch wie nur möglich ist, ist es essenziell, diese aus den Informationen, die während der Dokumentation des Schiffsfundes gewonnen wurden, aufzubauen. Von zentraler Bedeutung ist zudem die genaue Untersuchung der originalen Holzartefakte und Zeichnungen dieser, um so die Lage des Kerns zu klären, die Richtung der Holzfaser und das Muster des Markstrahls. Um vergleichbare Funde und Nutzungsmöglichkeiten zu identifizieren, sollte zudem relevantes archäologisches, ikonografisches und ethnografisches Material sowie schriftliche Quellen zurate gezogen werden. Eine verlässliche Rekonstruktion ist in hohem Maße davon abhängig, wie viel Erfahrung der Bootsbauer bei der Verwendung der Werkzeuge und Techniken hat, die zum Bau des Originalschiffs angewandt wurden. Je mehr moderne Bootsbauer mit antiken Techniken und Werkzeug vertraut sind, umso besser sind die Chancen, auf die gleichen Lösungen wie historische und prähistorische Bootsbauer zu kommen.

Der wikingerzeitliche Schiffsbau in Skandinavien ist durch einen hohen Grad an Uniformität im Hinblick auf Methoden und Techniken charakterisiert. Ausgehend von Richtlinien, die von einer Schiffsbauergeneration zur nächsten weitergegeben wurden, war es möglich, die grundlegenden Abmessungen festzulegen, bevor der tatsächliche Schiffsbau begonnen wurde. Dies erleichterte unter anderem die vorherige Beschaffung der benötigten Ressourcen. Alle Schiffsbestandteile wurden ausgewählt und vorbearbeitet, sodass sie zueinander passen. Im Wesentlichen ist es diese Symbiose zwischen den verschiedenen Teilen des Schiffs, die den Schiffsbau zu einem kontinuierlichen, dynamischen Prozess machte, in dem die Richtlinien je nach dem gerade zu bauenden Schiff oder Boot angepasst wurden.

In Skandinavien wurden die wikingerzeitlichen Schiffe und Boote in Schalenbauweise (die Außenhaut wird vor dem inneren Skelett gebaut) errichtet und in Klinkerbauweise beplankt. Zum Verbinden wurden hauptsächlich Nieten und zum Kalfatern Tierhaare verwendet. Die Schiffe verfügten über eine flexible Rumpfstruktur, eine sanft geschwungene Linie mit erhöhten Steven.

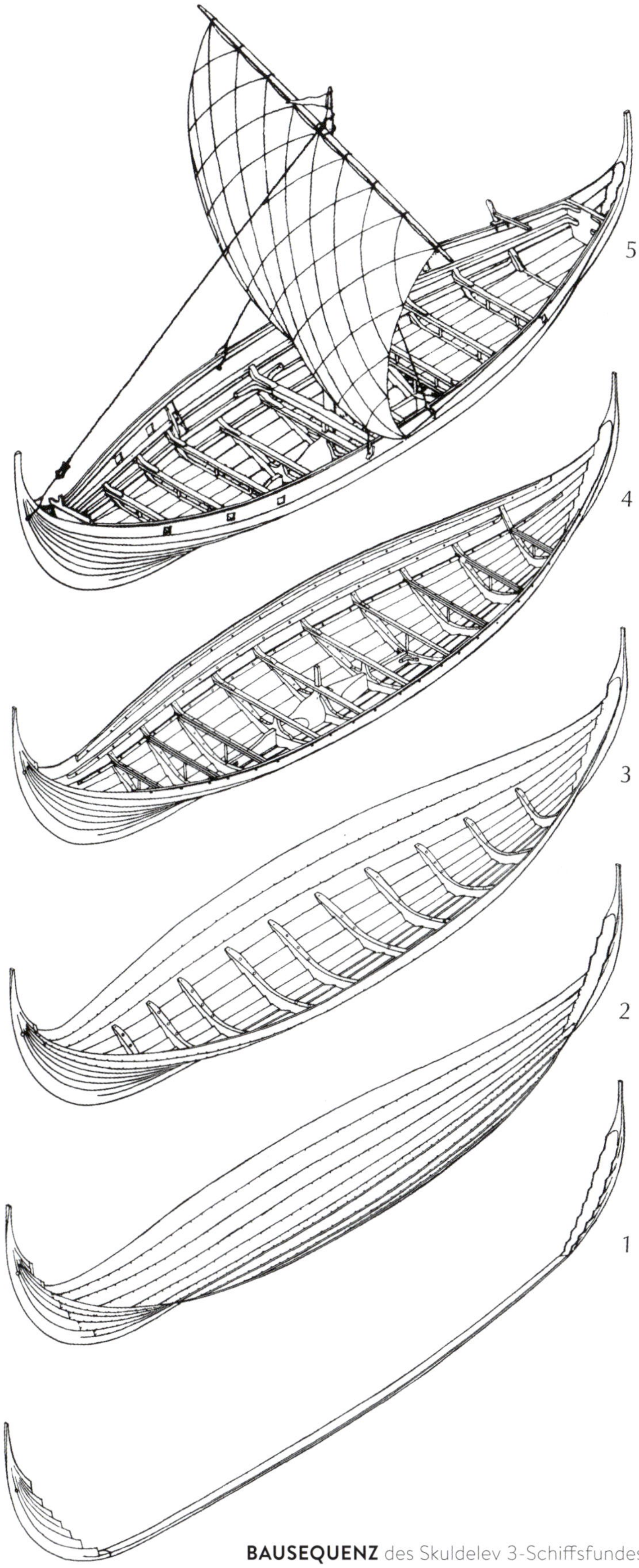

BAUSEQUENZ des Skuldelev 3-Schiffsfundes.

KRUMME HÖLZER, GERADE STÄMME
Krumm gewachsene Bäume wurden zur Herstellung von Spantenteilen und für andere gebogene Bauteile verwendet. Bäume mit einem langen geraden Stamm wurden zur Herstellung von Kiel, Planken und Längsverstärkungen verwendet.

Während im südlichen Skandinavien überwiegend Eiche beim Schiffsbau Verwendung fand, dominierte im nördlichen Skandinavien der Gebrauch von Kiefernholz. Andere verwendete Holzarten waren Rot-Erle, Esche, Linde, Ahorn und in seltenen Fällen sogar Buche und Birke. Holznägel für Befestigungen aller Art wurden aus vielen unterschiedlichen Holzarten hergestellt, wobei Weide vorherrscht. Krumm gewachsene Hölzer wurden für die Spantenkomponenten und andere gebogene Bauteile verwendet. Bäume mit langen geraden Stämmen wurden mithilfe von Keilen gespalten und anschließend mit der Axt zurechtgehauen, um Kiele, Planken, Stringer und andere gerade Baubestandteile herzustellen.

Spuren von Werkzeugen, die auf originalen Schiffsteilen gefunden wurden, zeugen vom Gebrauch unterschiedlicher Äxte, Hobel, Schaber, Meißel und Löffelbohrer. Offensichtlich wurden jedoch keine Sägen verwendet; Wie oben beschrieben, wurden die Planken aus den Stämmen gespalten und nicht gesägt. Der Gebrauch von Werkzeugen steht in Wechselwirkung mit den angewandten Techniken. Gerade die Spalttechnik ist einer der Gründe, warum die wikingerzeitlichen Schiffsbauer lange, leichte und gleichzeitig leistungsfähige Schiffe bauen konnten.

Ein weiteres Merkmal ist die Qualität der verwendeten Rohmaterialien. Im wikingerzeitlichen Schiffsbau waren gerade gewachsene und astreine Hölzer für die Herstellung fester und leichter Planken am besten geeignet. Planken aus Holz mit vielen Astlöchern und von verdrehtem Wuchs sind von niedrigerer Qualität: Die fertige Planke ist weniger belastbar, verzieht sich leichter und bricht leicht. Um die beste Qualität bei einem gebogenen Baubestandteil zu erzielen, wählt man ein Stück, welches schon ungefähr in der gewünschten Form gewachsen war. So muss der Bootsbauer nicht quer zur Wuchsrichtung des Holzes schneiden und erhält starke und brauchbare Rohlinge. Im Allgemeinen wurde für den wikingerzeitlichen Schiffsbau Holz von durchschnittlicher oder guter Qualität verwendet.

Die große Einheitlichkeit der Auswahl der Holzarten für den Schiffsbau und die gleichbleibende Qualität zeigen eindrucksvoll, dass die Ressourcen für den Schiffsbau sorgfältig ausgewählt wurden und ihre Beschaffung eines erheblichen Maßes an Erfahrung bedurfte.

Im Folgenden werden einige Erkenntnisse dargelegt, die für das Verständnis des wikingerzeitlichen Schiffsbaus und der Seefahrt bedeutend sind. Diese Erkenntnisse wurden während des Baus und der Erprobung der Rekonstruktion der Skuldelev 2, der *Sea Stallion from Glendalough*, gewonnen.

DER BAU DER SEA STALLION FROM GLENDALOUGH

Der Bau der *Sea Stallion from Glendalough* ermöglichte die Berechnung des Bedarfs an Bauhölzern und Arbeitsstunden bei der Herstellung eines großen wikingerzeitlichen Langschiffes.

Während des Baus wurden folgende Materialien eingesetzt: vier kleinere Eichen wurden für den Kiel und die Steven verwendet, 14 große Eichen für die Planken, zwei mittlere Eichen für das Kielschwein und die Mastfischung, ca. 285 Stücke gekrümmtes Bauholz von Eichen für Bodenwrängen und Knie, vier Eschen für die Planken mit Riemenlöchern, drei lange, mittelgroße Eichen für die längsverlaufende Verstärkung, zwei Kiefern für Mast und Rahe, 35 Kiefern für die Riemen und zehn Weiden für Holznägel.

Die Dokumentation der Arbeitsstunden während der verschiedenen Schritte, die im Verlauf des Bauprozesses unter Nutzung authentischer Werkzeuge und Techniken anfallen, ermöglicht eine Einschätzung des Aufwands des Bauprozesses in historischer oder prähistorischer Zeit. Gleichzeitig können diese Informationen wertvolle Erkenntnisse über die organisatorische Struktur vergangener Gesellschaften liefern. Die beim Bau der *Sea Stallion* gewonnenen Einblicke legen nahe, dass der Bau eines solchen Langschiffes in ungefähr sieben Monaten zu bewältigen war, wenn ein Steven-Hersteller, zehn Bootsbauer und weitere 50 Personen mit spezialisierten Fähigkeiten eingesetzt wurden. Dies demonstriert eindrucksvoll den immensen Bedarf an Ressourcen, die nötig waren, um die großen Flotten von Wikingerschiffen zu bauen und instand zu halten, über die in französischen und englischen Annalen berichtet wird.

DIE WIKINGERZEITLICHE SEEFAHRT – TESTS UND VERSUCHE MIT DER SEA STALLION FROM GLENDALOUGH

Ein Schiffsfund ist eine reichhaltige und komplexe Quelle, die Wissen über die Kulturgeschichte liefern kann. Die Rekonstruktion von Schiffsfunden in Originalgröße erlaubt Untersuchungen zu den Segeleigenschaften und gibt Aufschluss zu Fragen zur Interaktion zwischen Männern, Schiff und See in der Vergangenheit. Die Rekonstruktion und das Testen im Vollmaßstab ist deshalb idealerweise eingebunden als Element einer allumfassenden Analyse archäologischer, historischer, ethnografischer und ikonografischer Quellen, die für den spezifischen Schiffsfund relevant sind.

Segel- und Ruderexperimente führten zu einem profunden Verständnis antiker Seefahrtskunst und anderen grundlegenden Abläufen und der Logistik. In der Praxis beinhalten Segelexperimente zwei zusätzliche Methoden: standardisierte Tests (wie z. B. kurze tägliche Tests von derselben Küstenbasis aus) und längere Versuchsfahrten über größere Gewässerstrecken. Die kombinierten Ergebnisse aus standardisierten Segel- und Ruderversuchen und deren systematische Dokumentation liefern wesentliche empirische Daten zum besseren Verständnis darüber, wie Schiffe in der Vergangenheit genutzt wurden.

Standardisierte Segel- und Rudertests und der Gebrauch moderner Messgeräte während dieser Tests zeigen die Segel- und Rudereigenschaften eines speziellen Schiffs innerhalb gewählter Parameter an. Nach dem Stapellauf einer neuen Rekonstruktion können standardisierte Tests dabei helfen, die Leistung von Schiffskörper, Steuerruder, Rigg und Crew zu beurteilen und zu verbessern. Sobald die Segelleistung des Schiffs und der Crew für vergleichbar mit der der Vergangenheit befunden wird, ermöglicht diese Methode den Vergleich der Eigenschaften dieses Schiffs mit anderen getesteten Schiffen auf der Basis absoluter Daten.

Ein typisches Beispiel für die Ergebnisse aus standardisierten Segeltests kann als Polardiagramm veranschaulicht werden. Die Segeltests haben ergeben, dass den Booten mit einem einfachen, rechteckigen Segel mit geringem Tiefgang eine bescheidene luvwärtige Segelleistung gemein ist. Gleichwohl gelingt es einer modernen Bermudarigg in voller Fahrt nicht, ein Schiff mit einer 900 Jahre alten Form zu überholen, ohne den Spinnaker einzusetzen. Zweifellos sind diese Art von Experimenten ein wertvolles Instrument zur Erforschung der Geschichte des Schiffbaus und der verschiedenen Schiffstypen. Dennoch sollte

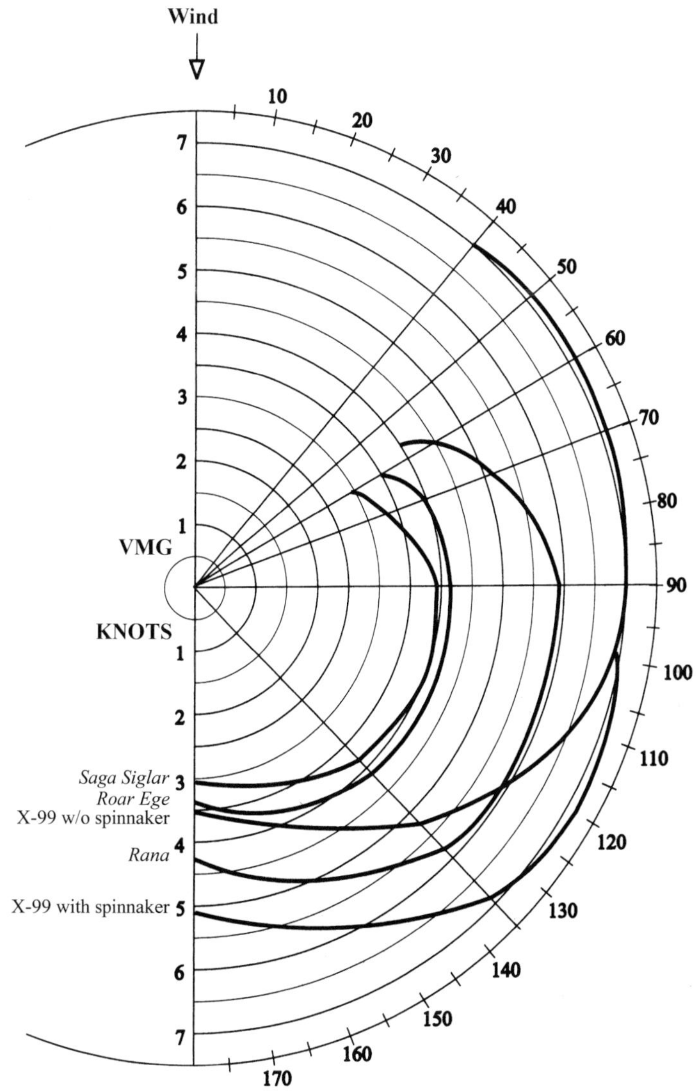

HISTORISCHE, TRADITIONELLE UND MODERNE SEGELSCHIFFE IM VERGLEICH Das Polardiagramm zeigt die erreichten Geschwindigkeiten (in Knoten) unter verschiedenen Winkeln zum Wind.

eine zweite ergänzende Methode angewandt werden, wenn es darum geht, einen bestimmten Schiffstyp in Bezug zu seinem früheren Gebrauch und seiner Funktion in der Gesellschaft zu setzen: die Versuchsfahrt.

Versuchsfahrten sind echte Fahrten auf See, die unter möglichst realistischen Bedingungen stattfinden. Sie ermöglichen eine Vielzahl wertvoller und oft unvorhersehbarer Beobachtungen. Versuchsfahrten liefern authentische Ergebnisse zu Dauer und Vorsichtsmaßnahmen, die nötig sind, um eine bestimmte Reise mit einem bestimmten Schiffstyp bei einer bestimmten Wetterlage durchzuführen. Die Leistung von Schiff und Mannschaft liefert Daten aus erster Hand sowie physische Erfahrungen, die mit historischen Quellen verglichen werden können. All dies kann bei der Interpretation des archäologischen Beweises für nautische Aktivitäten wie Frachttransport, maritimer Kriegsführung und der Fischerei unterstützend herangezogen werden.

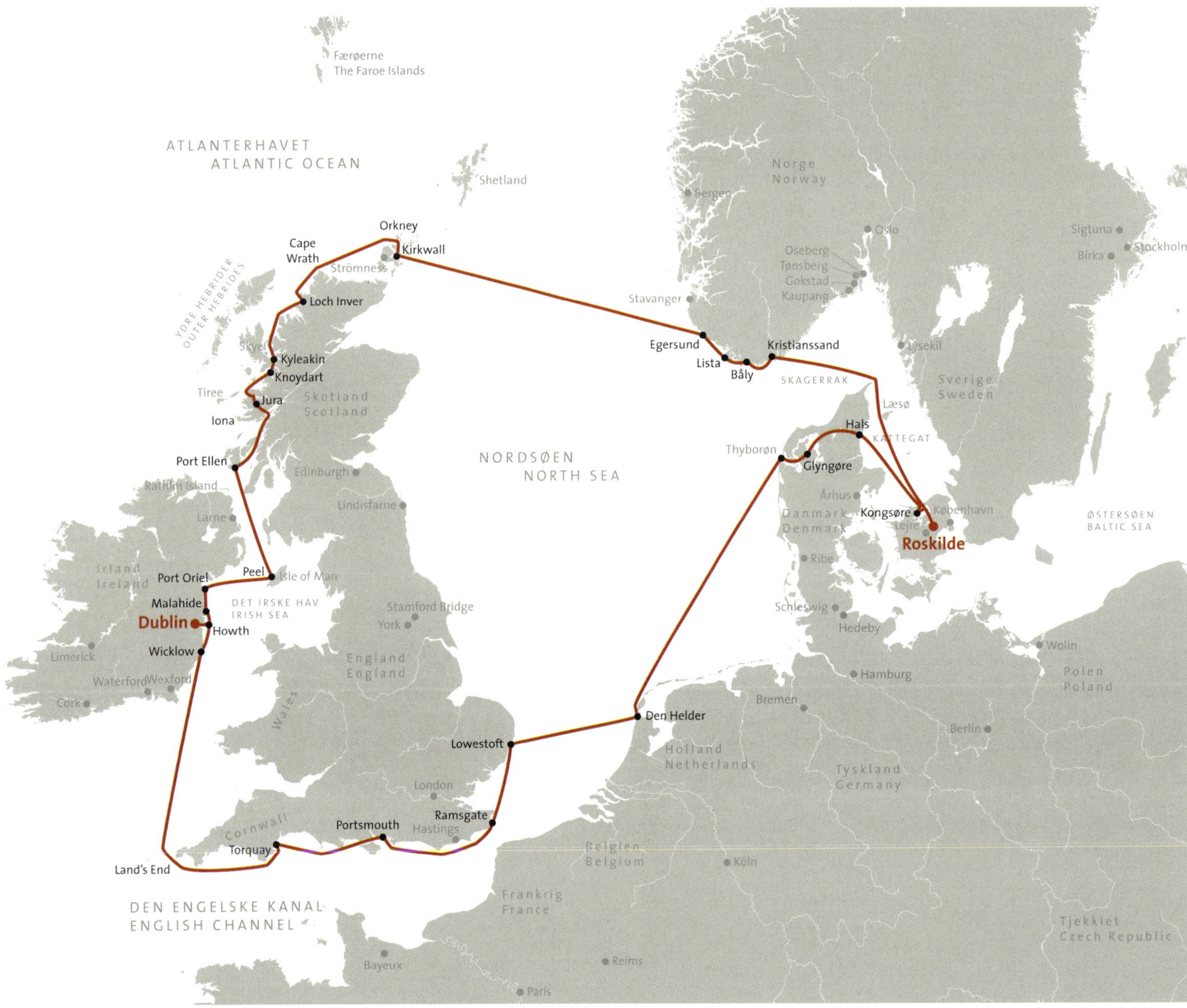

WEIT GEREISTES LANGSCHIFF Die Versuchsfahrten der »Sea Stallion from Glendalough« 2007–2008.

Im Jahr 2007 segelte die *Sea Stallion* von Roskilde durch die Nordsee zu den Orkneys und weiter entlang der Küste nach Dublin. Im darauffolgenden Jahr segelte das Langschiff nach Süden durch die Irische See, um Land's End herum in den Ärmelkanal und zurück in die Nordsee, um schließlich wieder in Roskilde zu landen. Insgesamt legte die *Sea Stallion* 2.482 Seemeilen zurück und verbrachte 495 Stunden auf See. Seitdem hat die *Sea Stallion* noch weitere Reisen gemacht. Die gewonnen Erfahrungen zeigten, dass es sich um ein hoch manövrierfähiges und seetaugliches Schiff handelt, auf dem man sich auch unter rauen Wetterbedingungen auf hoher See sicher fühlt. Schiffskörper und Takelage sind gut ausbalanciert und die grundlegende Ausstattung der *Sea Stallion* ist etabliert. Die 60 Mann starke Crew konnte das Schiff noch bei Windgeschwindigkeiten von 20–25 m/s (Windstärke 9) und einem Wellengang von 4–5 m steuern. Die gemessene Höchstgeschwindigkeit war 13 Knoten, aber das Schiff hat das Potenzial, dies unter den richtigen Bedingungen noch zu übertreffen.

Die mit der *Sea Stallion* ausgeführten Segeltests und Versuchsfahrten werden als repräsentativ für eine wikingerzeitliche Reise mit einem Langschiff angesehen. Allerdings wäre eine wikingerzeitliche Mannschaft vermutlich dazu bereit gewesen sich und das Schiff noch mehr zu fordern und mehr zu riskieren, wenn sie von einer blutrünstigen Flotte oder einem Sturm bedroht gewesen wäre.

ABSCHLIESSENDE BEMERKUNGEN

Wenn wikingerzeitliches maritimes Handwerk studiert und die Kenntnisse weiterverbreitet werden, ist es wichtig zu betonen, dass Handwerk von Individuen ausgeführt wird, die sich fortlaufend austauschen, über Interpretationen verhandeln und dadurch Gemeinschaften mit einer gemeinsamen Praxis und Identität entstehen lassen. Die Geschichte des Handwerks ist die Geschichte eines fortlaufenden dynamischen Prozesses, währenddessen Konzepte, Methoden und Techniken erfunden, verändert, vergessen und wiedererfunden werden.

Hervorgehoben werden muss auch der Wissenstransfer von Generation zu Generation innerhalb der Handwerksgemeinschaften. Die allgemeinen Merkmale der nordischen Schiffsbautechnologie, wie die Gesamterscheinung und die Baustruktur, blieben seit den ersten Jahren der Klinkerbauweise in der späten Eisenzeit bis zum Schiffsbau des Mittelalters praktisch unverändert. Tatsächlich sind die konzeptionellen Ähnlichkeiten zwischen wikingerzeitlichen Bootsfunden, frühmittelalterlichen Bootsfunden und einigen norwegischen Fischer- und Arbeitsbooten des 20. Jahrhunderts so augenscheinlich, dass es gerechtfertigt scheint, von einer mehr als 1000-jährigen nordischen Schiffsbautradition zu sprechen.

LITERATUR

E. Andersen/O. Crumlin-Pedersen/S. Vadstrup/M. Vinner, **ROAR EGE. SKULDELEV 3 SKIBET SOM ARKÆOLOGISK EKSPERIMENT** (Roskilde 1997).

J. Bill, Langskibet Roskilde 6. In: G. Williams/P. Pentz/ M. Wemhoff (Hrsg.), **VIKING** (Kopenhagen 2013) 228–233.

V. Bischoff/ A. Englert/S. Nielsen/M. Ravn, From Ship-Find to Sea-Going Reconstruction. Experimental Maritime Archaeology at the Viking Ship Museum in Roskilde. In: J. R. Flores/R. P. Paardekooper (Hrsg.) **EXPERIMENTS PAST. HISTORIES OF EXPERIMENTAL ARCHAEOLOGY** (Leiden 2014) 233–247.

A. W. Brøgger/Hj. Falk/H. Schetelig, **OSEBERGFUNDET.** Bind I. (Kristiania 1917).

O. Crumlin-Pedersen, **VIKING-AGE SHIPS AND SHIPBUILDING IN HEDEBY/HAITHABU AND SCHLESWIG.** Ships & Boats of the North 2 (Schleswig/Roskilde 1997).

O. Crumlin-Pedersen, Nordic Clinker Construction. In: F. M. Hocker/C. A. Ward (Hrsg.) **THE PHILOSOPHY OF SHIPBUILDING. CONCEPTUAL APPROACHES TO THE STUDY OF WOODEN SHIPS** (Texas 2004) 37–63.

O. Crumlin-Pedersen/O. Olsen, **THE SKULDELEV SHIPS I. TOPOGRAPHY, HISTORY, CONSERVATION AND DISPLAY.** Ships and Boats of the North 4.1. (Roskilde 2002).

T. Damgård-Sørensen/M. Ravn, **MARITIME CRAFT HERITAGE. REFLECTIONS FROM THE VIKING SHIP MUSEUM IN ROSKILDE.** Argos 2014 (2), 62–66.

A. Englert, **LARGE CARGO SHIPS IN DANISH WATERS 1000–1250. EVIDENCE OF SPECIALISED MERCHANT SEAFARING PRIOR TO THE HANSEATIC PERIOD.** Ships and Boats of the North 7 (Roskilde 2015).

L. Imer, Gotlandske billedsten – dateringen af Lindqvists gruppe C og D. **AARBØGER FOR NORDISK OLDKYNDIGHED OG HISTORIE** 2001 (2004), 47–111.

M. Müller-Wille, **DAS BOOTKAMMERGRAB VON HAITHABU.** Berichte über die Ausgrabungen in Haithabu 8. (Neumünster 1976).

N. Nicolaysen, **LANGSKIBET FRA GOKSTAD VED SANDEFJORD. THE VIKING-SHIP DISCOVERED AT GOKSTAD IN NORWAY** (Christiania 1882).

S. Nielsen, Experimental Archaeology at the Viking Ship Museum in Roskilde. In L. Blue/ F. Hocker/A. Englert (Hrsg.) **CONNECTED BY THE SEA: PROCEEDINGS OF THE TENTH INTERNATIONAL SYMPOSIUM ON BOAT AND SHIP ARCHAEOLOGY, ROSKILDE 2003** (Oxford 2006) 16–20.

S. Nielsen, The Sea Stallion from Glendalough: Reconstructing a Viking-Age Longship. In: K. Staubermann (Hrsg.) **RECONSTRUCTIONS: RECREATING SCIENCE AND TECHNOLOGY OF THE PAST** (Edinburgh 2011) 59–82.

A. C. Sørensen, **LADBY. A DANISH SHIP-GRAVE FROM THE VIKING AGE.** Ships and Boats of the North 3 (Roskilde 2001).

RUDOLF SIMEK

NAVIGATION UND NAUTIK

Zweifellos zählen zu den hervorstechendsten Elementen der Wikingerzeit die enormen Errungenschaften der Skandinavier im Bereich von Schiffbau, Navigation und Nautik. Allerdings sind darüber eine Reihe von Mythen im Umlauf, die es vorab zu korrigieren gilt:

1. Wikingerschiffe wurden als sogen. Doppelender gebaut, d. h., sowohl Bug als auch Heck des Schiffes laufen spitz zu und sind ähnlich, wenn auch nicht gleich ausgeführt. Es zählt aber zu den modernen Legenden, dass die Langschiffe deswegen gleichermaßen nach vorne und achtern (= hinten) fahren konnten. Zwar mag diese Bauweise beim Ablegen von flachen Stränden hilfreich sein, aber da die Einrichtung des Steuerruders ausschließlich am Achterende an Steuerbord befestigt war, war ein gezieltes Rückwärtsfahren so gut wie unmöglich.

2. Wikingerschiffe waren nachweislich sehr versatil und manövrierfähig. Dies lag aber nicht daran, dass man (gleichzeitig) rudern *und* segeln konnte, sondern dass man wahlweise rudern *oder* segeln konnte. Die Riemen kamen bei Hafenmanövern zum Einsatz, beim Einsatz in Schlachtformation, in Ausnahmefällen auch zu Verfolgungsjagden bei Flaute: Da konnten Kriegsschiffe mit einer großen Zahl an Ruderern (mit bis zu 80 Riemen bei den größten gefundenen Langschifftypen) vermutlich kurzzeitig beträchtliche Geschwindigkeiten erzielen, um angreifen oder fliehen zu könne. Dass die Wikingerschiffe aber bei Windstille über längere Strecken, oder gar zu Überfällen, flussaufwärts gerudert worden wären, ist auf Grund der (verglichen mit Segeln) viel zu geringen Geschwindigkeit beim Rudern auszuschließen: Beim Rudern wird auf Dauer höchstens eine Geschwindigkeit von 3-4 Knoten (5-7 km/h) erreicht, beim Segeln auch bei leichteren Winden leicht das Doppelte; Rudern ist dann also weder möglich noch sinnvoll.

3. Jüngste archäologische Funde haben zudem gezeigt, wie die Schilde an der Bordwand als Schutz, etwa gegen Spritzwasser, oder gegen feindliche Pfeile, angebracht waren. Die Art der Befestigung beweist aber, dass ein Rudern der Schiffe mit aufgesetzten Schilden wohl unmöglich war, da die Schilde bei den meisten Schiffstypen die Ruderpforten (also die Löcher in den obersten Plankengängen, durch welche die Riemen gesteckt werden konnten) verdeckten, sodass also die Riemen gar nicht zum Einsatz kommen konnten.

4. Nur Kriegsschiffe sind für eine große Zahl an Ruderern mit bis zu 80 Riemen bei den größten gefundenen Langschifftypen eingerichtet, weil dies im Kriegsfall wichtig war, um angreifen oder fliehen zu können. Handels- und Hochseeschiffe kamen mit wenigen Riemenpaaren vorne und achtern aus, im Wesentlichen nur für Hafenmanöver. Bei Flaute ein schweres Hochseeschiff durch Rudern fortzubewegen, wäre ohnehin zu mühsam gewesen.

SCHIFFSSCHMUCK Vergoldete Standarten schmückten die Steven prachtvoller Schiffe. Hölzchen mit Schiffszeichnungen, Bergen, NO, 11./12. Jh. University Museum of Bergen.

STEUERRUDER Das seitliche Steuerruder ermöglicht exaktes Steuern: Das ins Wasser eintauchende Blatt des Steuerruders befindet sich außerhalb des verwirbelten Kielwassers des Schiffs.

5. Das Seitenruder der Wikingerschiffe ist keine (primitivere) Vorform des heute üblichen Heckruders, sondern eine hocheffiziente Methode des Steuerns, weil sich dabei das ins Wasser eintauchende Ruderblatt des Steuerruders außerhalb des verwirbelten Kielwassers des Schiffs befindet und somit ein exakteres Steuern möglich ist. Allerdings sind dieser Art der Ruderanlage mit den wachsenden Schiffsgrößen des Spätmittelalters schnell Grenzen der technischen Machbarkeit gesetzt, sodass sich in der Neuzeit das Heckruder durchsetzte. Indes gehen bis heute in allen germanischen Sprachen die Bezeichnungen Steuerbord (für rechts) und Backbord (für links) auf die wikingerzeitlichen Seitenruder zurück, da sich das Steuerruder immer an der rechten Schiffsseite befand, und somit der Rücken des Steuermanns (engl. *back*, skand. *bak*) nach links, also Backbord, gerichtet war.

Aber was war dann das Spezifische, Innovative der Wikingerschiffe, das sie allen anderen Schiffstypen des frühmittelalterlichen Nordwesteuropa überlegen machte?

Zum einen ist es die Form des schlanken Langkielers, die schon von der Schiffskonstruktion her durch die schiere Länge des Schiffes höhere Geschwindigkeiten erlaubte. Da die absolute Höchstgeschwindigkeit physikalisch direkt von der absoluten Länge abhängig ist, waren die bis zu 40 m langen Langschiffe (oder heute auch der 30 m lange Nachbau des Langschiffs Skuldelev 2 unter dem Namen *Havhingsten fra Glendalough*) beträchtlicher Geschwindigkeiten fähig, die alles bis dahin in Westeuropa Bekannte übertrafen.

Zum Zweiten war es, neben der schon behandelten enormen Versatilität und Wendigkeit der Schiffe, die sie allen anderen Schiffstypen ihrer Zeit überlegen machte, eine für das nordwesteuropäische Mittelalter einzigartige Fertigkeit, nämlich die Fähigkeit, mit den Schiffen auch gegen den Wind zu kreuzen. Zwar trugen die Wikingerschiffe wie alle anderen Schiffstypen in Nord- und Ostsee Rahsegel, also an einem mittig am Mast

GEGENWIND WAR KEIN HINDERNIS
Schematische Darstellung des Kreuzens gegen den Wind.

abgehängten Rundholz – der Rahe – befestigte rechteckige oder fast quadratische Segel. Diese konnten durch Absenken der Rahe bei höheren Windstärken gerefft werden konnten, wodurch sich einerseits die Segelfläche verkleinerte und zum anderen der Druckschwerpunkt im Segel nach unten wanderte, sodass die Schiffe weniger Lage machten. Aber dieses Rahsegel hatten allein die Skandinavier so zu trimmen gelernt, dass man damit in einem begrenzten Ausmaß gegen den Wind kreuzen konnte, also »am Wind« in einem Winkel bis etwa 60 Grad gegen den Wind segeln. Dies wurde durch das (erst im 20. Jhdt. entdeckte) Tragflächenprinzip beim Segeln ermöglicht, indem man das Vorliek (d. i. die Vorderkante) des Segels so weit wie möglich in die Mitte des Schiffs brachte und durch Spannen mittels der Rahe eine scharfe Anschnittkante erzeugte, die mit dem leicht gebauchten Segel ein Tragflächenprofil erzeugte. Voraussetzung dafür müssen Segel gewesen sein, die aus dicht gewebtem Tuch hergestellt waren, das möglichst wenig zum Verziehen neigte. Die einzigen anderen Segelschiffe an Europas Küsten, die kreuzen konnten, waren die mit dreieckigen Lateinersegeln ausgestatteten Schiffe der maurischen und korsischen Piraten auf dem Mittelmeer.

DES BOOTSBAUERS BESTER FREUND
Für die Schiffsplanken wurde ein Baumstamm mit der Axt in Hälften gespalten, dann in Viertel, dann in Achtel usw. Bootsbauer-Axt, Fundort unbekannt, Eisen mit Silber- und Kupfereinlagen, 10./11. Jh. Lunds Universitets Historiska Museum.

Allerdings war das Setzen der Segel oder ihr Trimmen beim Wenden oder für den genannten Am-Wind-Kurs ein recht anstrengendes Geschäft, denn Wikingerschiffe besaßen weder Taljen (d. h. Flaschenzüge) noch Winschen, um das Setzen und Dichtholen der Segel oder das Aufholen der Anker zu erleichtern, es musste alles von Hand erledigt werden.

Aber auch der Aufenthalt an Bord war alles andere als angenehm: Wikingische Langschiffe hatten in der Regel weder Kajüten noch andere Aufbauten, sogar beim Rudern scheinen auf einigen Schiffstypen nicht einmal richtige Ruderbänke, sondern nur die auf das Deck gestellten Seekisten der Mannschaft als Sitzgelegenheiten gedient zu haben. Nur die dickbauchigeren Hochseeschiffe vom Typ des Knörr hatten vorne und achtern niedrige enge Verschläge, die aber nur wenigen Personen Unterschlupf bieten konnten; die meisten Passagiere mussten aber auch auf den Handels- und Transportschiffen bei Schlechtwetter unter der Ladung oder den umgedreht an Deck mitgeführten Beibooten Schutz suchen. Auf den Kriegsschiffen fehlte auch diese Möglichkeit, nur bei Nacht wurde vor Anker oder am Ufer ein Zelt über dem Schiff aufgeschlagen, um der Mannschaft Schutz zu bieten.

Auch im Kampf boten die Langschiffe nur begrenzt Schutz, über die genannten seitlich aufgesetzten Schilde hinaus, die aber nur während des anfänglichen kurzen Weitkampfs (mit Pfeilen und Speeren) eine Funktion hatten. Während der eigentlichen Seeschlacht wurden die Schiffe einer Flotte nämlich miteinander verbunden und diese schwimmenden Plattformen gegen die Schiffe der gegnerischen Seite gedrückt, sodass die Schlachten denen an Land glichen, außer dass die Bordwände und Schiffssteven als niedere Palisaden genutzt werden konnten. Ziel war es, eines der gegnerischen Schiffe völlig zu erobern, um von ihm aus die Feinde dann auch seitlich angreifen zu können. Die Waffen im Nahkampf waren dann dieselben wie an Land: Schwert, Axt und Speer.

Nicht zuletzt, weil im Kampf die letzte Möglichkeit der Flucht wohl der Sprung über Bord war, schätzte man in der Wikingerzeit im Gegensatz zu den europäischen Marinen des 18. und 19. Jahrhunderts gute Schwimmkenntnisse hoch ein. Schwimmen und Tauchen waren ebenso wie Bogenschießen oder Laufen ein Teil der Fertigkeiten eines gestandenen Wikingers, selbst der norwegischen Könige.

Was die für uns heute besonders faszinierend wirkenden Langfahrten der Wikinger nicht nur entlang der europäischen Küsten, sondern besonders über den Nordatlantik nach Irland, Island, Grönland und selbst Amerika anlangt, so sind diese das Ergebnis einer hochstehenden, aber vor allem auf Erfahrung gegründeten Navigationstechnik. Im Gegensatz zu all den Mythen darüber besaßen die Wikinger keine »geheimen« Navigationsinstrumente: Ein kleines in Grönland gefundenes Holzfragment mit bogenförmigen Ritzungen ist keine Peilscheibe, wie immer wieder behauptet wird, und ist außerdem mittelalterlich. Ein

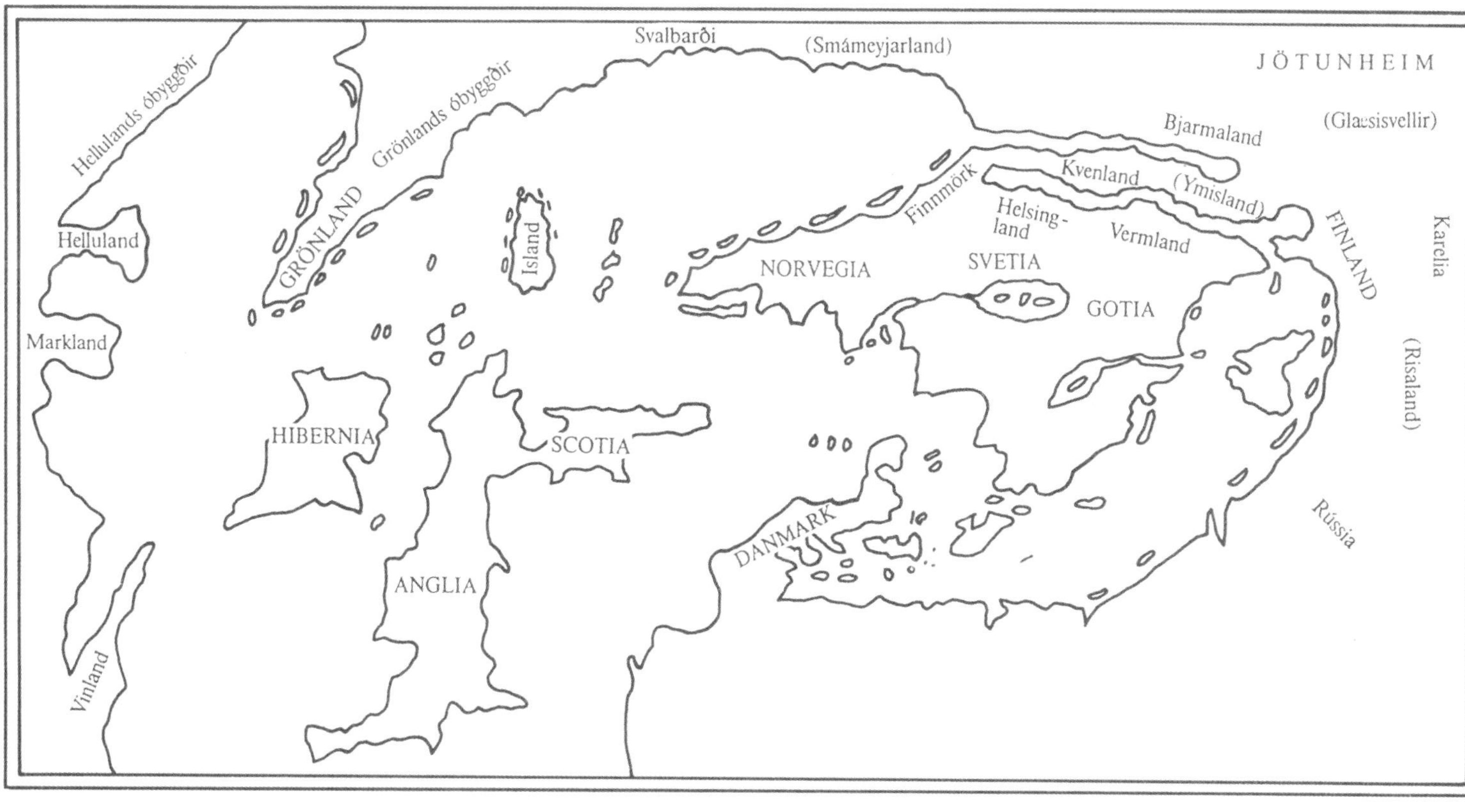

TRADIERTES WISSEN Noch im späten Mittelalter beruhten die geografischen Kenntnisse, die in Karten festgehalten wurden, auf den Erfahrungen der Wikingerzeit.

sogen. Sonnenstein (altnord. *sólarsteinn*) ist zwar in den schriftlichen Quellen belegt, aber durch keine archäologischen Funde bekannt und noch dazu in seiner Funktion nicht gesichert; denn zwar hat man darin einen Cordierit-Kristall zur Lichtbrechung zur Bestimmung des Sonnenstands bei bedecktem Himmel sehen wollen, aber gerade bei bedecktem Himmel funktioniert dies sehr schlecht. Auch eine Frühform des Kompasses hat man den wikingerzeitlichen Seefahrern angedichtet, aber darauf gibt es keinerlei sachliche Hinweise. Vielmehr erfolgte die Navigation nach Zeichen an Land, also in erster Linie nach den Prinzipien der terrestrischen Navigation, sowie der Beobachtung von Walen und Vögeln auf See, dem Sonnenstand und dem Polarstern zur Breitenbestimmung und sehr viel seemännischer Erfahrung, welche sowohl die Schätzung der eigenen Schiffsgeschwindigkeit als auch die Kenntnis des Nordatlantiks und der ihn umgebenden Küsten einschloss. Diese Kenntnisse gingen auf eine über Jahrtausende erworbene nautische Praxis zurück, und zusammen mit den in den letzten beiden Jahrhunderten vor der Wikingerzeit perfektionierten Schiffen und Segeltechniken wurden nunmehr die uns so beeindruckenden navigatorischen Errungenschaften, nämlich lange Seereisen über Tausende von Meilen, Wiederauffindung der transatlantischen Siedlungen, Seereisen bis ins östliche Mittelmeer von der Dauer mehrerer Jahre und vor allem die überraschenden Angriffe auf alle erreichbaren Ziele in Westeuropa, möglich.

Nur lang andauernde Phasen von Nebel führten offenbar zu schweren navigatorischen Fehlern, oder wenn die Steuerleute nach tagelangen schweren Stürmen weit vom normalen Kurs abgetrieben waren. Dies führte häufig genug zum Verlust von Schiffen oder auch ganzer Flotten, und so wird bei der ersten Kolonisationsexpedition nach Grönland im Jahre 986 durch Eirik den Roten davon berichtet, dass nach einem Sturm zwischen Island und Grönland nur 14 von ursprünglich 25 Schiffen das neue Land erreichten. Andererseits jedoch verdanken sowohl Grönland als auch Vinland, das wir heute mit Neufundland vor der Ostküste Kanadas identifizieren, ihre Entdeckung den vom Kurs abgekommenen Seefahrern der Wikingerzeit.

LITERATUR

R. Simek, **DIE SCHIFFE DER WIKINGER** (Stuttgart 2014).

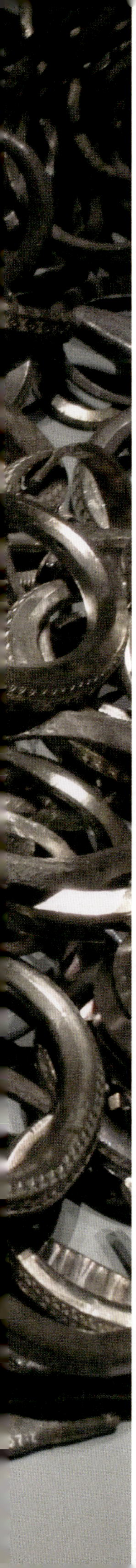

HANDEL

HAUKE JÖNS

HANDEL UND HANDELSZENTREN

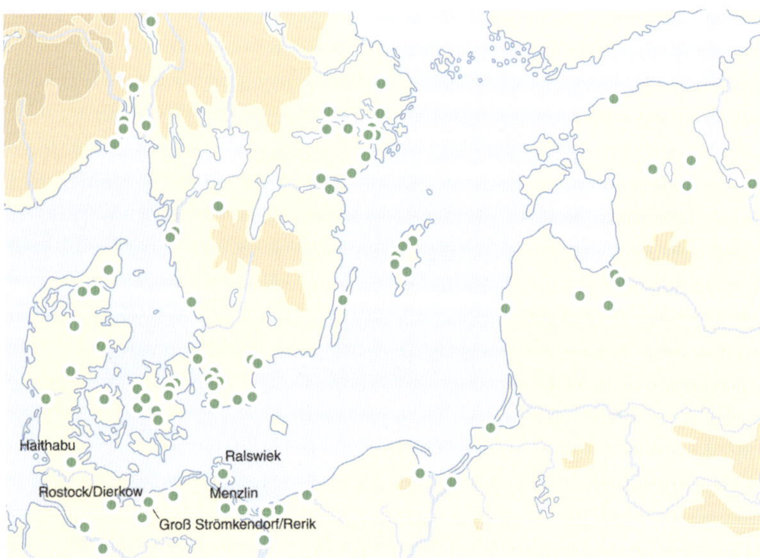

DICHTES HANDELSNETZ
Handelsplätze der Wikingerzeit im Ostseeraum.

Seit dem Beginn des 8. Jh. n. Chr. kam es entlang der Küsten von Nord- und Ostsee zur Gründung zahlreicher auf den überregionalen Handel und handwerkliche Tätigkeiten spezialisierter Siedlungen. Sie besaßen für ihr Umland die Funktion eines wirtschaftlichen, politischen und gesellschaftlichen Zentrums und werden allgemein als Früh- oder Vorformen mittelalterlicher Städte angesehen und meist als Handelsplätze bezeichnet. Sie bildeten das Rückgrat eines viel genutzten Kommunikations- und Austauschnetzwerks, das sich von der südlichen Ostseeküste bis nach Mittelschweden und von Irland bis Zentralrussland erstreckte.

Bei der Wahl des Standortes für die Gründung eines Handelsplatzes spielten vor allem topografische und verkehrsgeografische Gesichtspunkte eine wichtige Rolle. Die Mehrzahl der Handelsplätze wurde im Bereich des Unterlaufs von Flüssen oder von Meeresbuchten angelegt, sodass sie ihren Bewohnern gleichzeitig einen gewissen Schutz vor Unwettern, aber auch vor kriegerischen Attacken gewährten, ohne dass man auf einen unmittelbarem Zugang zum Meer verzichten musste. Schon allein diese Lage zeigt, dass die hier verhandelten Güter vor allem auf dem Seeweg transportiert wurden. Die Schiffe und Boote des 8. und 9. Jahrhunderts besaßen nur einen sehr geringen Tiefgang, sodass sie selbst bei voller Ladung in flachen Küstengewässern eingesetzt werden und auch ohne ausgebaute Hafenanlagen problemlos anlanden konnten.

Die Bewohner der Handelsplätze haben selbst keine schriftlichen Aufzeichnungen hinterlassen. Über das Leben in diesen Orten existieren deshalb nur wenige, meist von Mönchen oder Reisenden verfasste zeitgenössische Berichte; in denen jedoch wenig über Form und Struktur des Handels berichtet wird. Stattdessen werden politische oder militärische Ereignisse beschrieben. Als Beispiel sei hier das *emporium reric* genannt, das in den fränkischen Reichsannalen der Jahre 808 und 809 Erwähnung findet, weil es im Gebiet der mit den Franken verbündeten slawischen Obodriten lag und vom dänischen König Göttrik – dem wohl mächtigstem Kontrahenten des fränkischen Kaisers – zerstört wurde.

SCHIFFSTYPEN DER WIKINGERZEIT Rekonstruktionen der Skuldelev 1, 2 und 3 im Hafen von Roskilde. Die Skuldelev 1 (links) war ein Hochsee-Handelsschiff mit etwa 24 Tonnen Ladekapazität. Rechts die Skuldelev 3, ein Küstenschiff, das Fracht von vier bis fünf Tonnen transportieren konnte. Das Landschiff Skuldelev 2 (Hintergrund) war ein Kriegsschiff.

Aus dem Blickwinkel von Händlern selbst verfasste Beschreibungen über das Leben in den Handelsplätzen und den Bedingungen der frühmittelalterlichen Handelsschifffahrt sind äußerst selten. Große Bedeutung kommt daher der am Ende des 9. Jh. verfassten »Weltchronik« des angelsächsischen Königs Alfred des Großen zu, in der u. a. von den Reisen der Kaufleute Ottar vom Norden Norwegens nach Haithabu bzw. Wulfstan von Haithabu nach *Truso* an der Weichselmündung erzählt wird.

Die archäologische Erforschung wikingerzeitlicher Handelsplätze begann bereits im 19. Jahrhundert und bildet bis heute einen wichtigen Schwerpunkt innerhalb der Archäologie des frühen Mittelalters. Lange Zeit konzentrierte man sich dabei auf jene Handelsplätze, die in den schriftlichen Quellen erwähnt werden; die Mehrzahl von ihnen ist jedoch bis heute nur in sehr geringem Umfang untersucht, sodass noch zahlreiche Fragen einer Beantwortung harren.

TRANSPORTBEHÄLTER Fränkische Keramik gelangte als Transportbehälter für begehrte Lebensmittel in den Norden. Reliefbandamphore, Badorfer Ware und Tatinger Kanne, 8.–9. Jahrhundert.

Seit den 1980er-Jahren wurden die Forschungen an vielen der seit Langem bekannten, aber auch an mehreren neu entdeckten frühmittelalterlichen Handelsplätzen intensiviert. Vor allem an der südlichen Ostseeküste sind dabei großflächig durchgeführte geophysikalische Prospektionsmaßnahmen zum festen Bestandteil der Forschungskonzeption geworden, bieten Methoden wie die Geomagnetik, das Bodenradar oder in den heute überschwemmten Arealen die Seismik doch die Möglichkeit, auch ohne Erdeingriffe detaillierte Erkenntnisse über die im Boden verborgenen Strukturen zu gewinnen. Mithilfe dieser Methoden ist es beispielsweise gelungen, Hinweise über die Ausdehnung und innere Struktur von Handelsplätzen wie Haithabu, Groß Strömkendorf/*Reric*, Janow Pomorski/*Truso* oder Menzlin zu gewinnen.

Fragt man nach der Entstehung bzw. Gründung der Handelsplätze, werden regional große Unterschiede erkennbar. Entlang der skandinavischen Küsten entstanden die meisten Handelsplätze während der 2. Hälfte des 8. Jahrhunderts bzw. während des 9. Jahrhunderts. Sie wurden häufig in der Nähe von Orten angelegt, an denen bereits in der römischen Kaiserzeit und Völkerwanderungszeit Siedlungen mit zentraler gesellschaftlicher Funktion bestanden haben. Dies legt die Vermutung nahe, dass die seit Jahrhunderten etablierten gesellschaftlichen Eliten auch maßgeblich am aufblühenden Handel der Wikingerzeit teilhatten.

Auch im Bereich der südwestlichen, seit dem 7. Jh. von slawischen Stämmen besiedelten Ostseeküste kam es bereits im 8. Jh. zur Gründung von Handelsplätzen. Die Bauweise der Häuser, die Form der Gräber und die im Boden verborgenen Siedlungsreste sprechen dafür, dass dabei aus Skandinavien stammende Gruppen eine herausragende Rolle spielten. Es ist bemerkenswert, dass keiner der Handelsplätze dieser Zeit eine Befestigung aufwies; dies legt den Schluss nahe, dass es zu Vereinbarungen zwischen den slawischen Fürsten und den Vertretern der skandinavischen Immigranten gekommen ist, die es beiden ermöglichte, gemeinsam vom Handel zu profitieren. Die Gründung der Handelsplätze erfolgte stets an Orten, die hervorragende naturräumliche Voraussetzungen boten; bis in die römische Kaiserzeit oder die Völkerwanderungszeit zurückreichende Wurzeln lassen sich jedoch in keinem Fall feststellen. Schriftliche und archäologische Quellen zeigen, dass auch bei der Gründung der im Baltikum und an den russischen Flüssen an verkehrsgünstig gelegenen Orten gegründeten Handelsplätze Personen aus dem skandinavischen Raum maßgeblich beteiligt waren. Im westlichen Europa ist hingegen eine andere Entwicklung zu erkennen: Auf den britischen Inseln kam es erst während des 9. Jahrhunderts zur Etablierung skandinavisch geprägter Handelsplätze. Ausgrabungen im bereits in römischer Zeit gegründeten York und der wikingerzeitlichen Neugründung Dublin haben zeigen können, dass es wenige Jahre nach der skandinavischen Eroberung und Landnahme zu einem enormen wirtschaftlichen Aufschwung kam.

Auch an der kontinentalen Nordseeküste entstanden in der Zeit des 8. bis 10 Jahrhunderts entlang des Seeweges von Dorestad im Rheinmündungsgebiet nach Ribe an der Westküste Jütlands vielerorts Handelsplätze unterschiedlicher Größe und Struktur. In den ausgedehnten Marschgebieten, die noch vollkommen unbedeicht täglich dem Wechsel von Ebbe und Flut ausgesetzt waren, entstanden nun Handelsplätze im Bereich von primär landwirtschaftlich genutzten Wohnhügeln, die allgemein als Gewerbewurten bezeichnet werden. Wie Ausgrabungen in Emden und Groothusen gezeigt haben, bestand die dortige Bebauung aus kleinen, als Werkstätten genutzen Gebäuden, die man entlang von Wegen angelegt hatte. An küstennahen, sandigen und trockenen Standorten kam es gleichzeitig zur Errichtung von Ringwallanlagen mit benachbart gelegenen Siedlungen, deren Bebauung durch eingetiefte Gebäude - sogenannte Grubenhäuser - geprägt war. Aktuelle Forschungen in Cuxhaven-Galgenberg an der Elbe, Tinnum auf Sylt bzw. Goting auf Föhr, haben zeigen können, dass die Grubenhäuser in erster Linie als Werkstätten für die handwerkliche Tätigkeiten genutzt wurden, die offensichtlich unter dem Schutz bzw. der Kontrolle der in den Wallanlagen ansässigen Eliten erfolgte.

Ein Charakteristikum der frühmittelalterlichen Handelsplätze ist es auch, dass ihre Bevölkerung aus Menschen verschiedener Herkunft und mit unterschiedlichem kulturellen Hintergrund bestand. Besonders deutlich zeigt sich dies in den im Nahbereich der Handelsplätze angelegten Gräberfeldern, die in der Regel dadurch gekennzeichnet sind, dass auf ihnen Grablegen unterschiedlicher Form und Ausstattung nebeneinander gegründet wurden. Dies lässt erkennen, dass die Verstorbenen häufig von den Hinterbliebenen gemäß den in ihrer Heimat üblichen Bestattungstraditionen beigesetzt wurden. Nahezu auf jedem zu einem Handelsplatz gehörenden Gräberfeld wurden Gräber von Männern, Frauen und Kindern entdeckt, deren Bau und Ausstattung deutliche Parallelen in Skandinavien besitzen. Dies zeigt deutlich, dass die Händler und Kaufleute der Wikinger auch in der Fremde keine Gäste waren, sondern bereit waren, sich mit ihren Familien dauerhaft an den Handelsplätzen anzusiedeln.

BODENBELAG An dem Handelsplatz von Rostock-Dierkow haben sich im feuchten Untergrund geflochtene Matten erhalten.

Forschungen der jüngsten Zeit haben belegen können, dass die Bewohner der Handelsplätze bereit waren, in erheblichem Umfang Maßnahmen zu investieren, um die Nutzbarkeit und Infrastruktur vor Ort zu verbessern. Beispielweise baute man in Menzlin eine mit Steinen gepflasterte Straße und eine über die Peene führende Brücke, um die Erreichbarkeit des Handelsplatzes zu verbessern. Im Bereich des Handelsplatzes von Rostock-Dierkow erschloss man sogar eine in Hafennähe gelegene vertorfte Niederung für eine Bebauung bzw. Nutzung, indem man den morastigen Untergrund großflächig mit aus Weiden- und Haselruten bestehendem Flechtwerk abdeckte und anschließend zumindest partiell mit Sand bedeckte. Damit war eine Oberfläche geschaffen, auf der Häuser, Webstühle und Ofenanlagen errichtet werden konnten und auf der Handel und Austausch stattfand.

Das an den Handelsplätzen geborgene Fundmaterial zeigt fast überall eine vergleichbare Zusammensetzung und ist in erster Linie durch Konzentrationen von Abfällen verschiedener handwerklicher Tätigkeiten geprägt. Dazu gehören große Mengen von Schmiedeschlacken und Bruchstücke von Gusstiegeln und Gussformen, die als Nachweise der Eisen- und Buntmetallverarbeitung zu werten sind. Häufig werden auch große Mengen von

BRONZEGUSS Gusstiegel und Gussformen aus Ribe in Dänemark. Ribe war ein wichtiges Produktionszentrum für Bronzeschmuck.

FARBENFROHE PREZIOSEN Die Skandinavier liebten Perlen. Zehntausende Halskettenperlen wurden im Norden gefunden. Diese hier stammen aus Ribe in Dänemark.

Geweih- und Hornresten mit Schnitt- und Sägespuren gefunden, die vor allem bei der Herstellung von Kämmen und Spielsteinen entstanden sind. Auch Glasschmelz- und Bernsteinschnitzreste gehören zum typischen Fundinventar von Handelsplätzen; sie zeigen, dass auch Perlen und Anhänger aus unterschiedlichen Materialien vor Ort hergestellt wurden. Darüber hinaus gehören auch nicht vor Ort hergestellte Gegenstände zu den charakteristischen Funden von Handelsplätzen. Als Beispiele seien Glas- und Gesteinsperlen aus dem westlichen Europa, aus Asien und dem Mittelmeerraum genannt, die genauso wie Keramik- oder Glasgefäße aus westeuropäischen Werkstätten aufgrund ihres »exotischen« Aussehens sicherlich einen guten Preis erzielen konnten.

Häufige Handelsgüter waren auch Mühlsteine aus Mayener Basalt oder norwegischem Glimmerschiefer sowie Wetz- und Schleifsteine, die ebenfalls mehrheitlich aus skandinavischen Steinbrüchen stammten. Den größten Teil des Warenaustauschs machte jedoch mit Sicherheit der Handel mit Waren und Produkten aus, die keinerlei oder nur wenige archäologisch nachweisbare Spuren hinterlassen haben. Dazu zählen vor allem die Erzeugnisse der Land- und Forstwirtschaft sowie der Fischerei, wie

DER SCHATZ EINES HANDLUNGSREISENDEN? Insgesamt 1,3 Kilogramm Silber in Form von ganzen und zerteilten Münzen und Schmuck waren in einem Tongefäß in der Erde verborgen. Dorow, DE, um 1000. Schwerin, Archäologisches Landesmuseum.

Zum typischen Fundinventar von Handelsplätzen gehören auch Klappwaagen und Gewichte sowie Gegenstände aus Edelmetall - in erster Linie aus Silber. Vor allem Schmuckgegenstände wie Arm- oder Halsringe, aber auch Barren und Münzen arabischer und westeuropäischer Herkunft sind in diesem Material stark vertreten. Ihnen allen ist gemein, dass sie meist in stark fragmentiertem Zustand gefunden werden; um die vereinbarte Menge zahlen zu können, schreckte man auch nicht davor zurück, diese Gegenstände zu zerschneiden oder zu zerhacken. Waagen, Gewichte und Hacksilber zeigen, dass Silber als überregional anerkannte Währung eingesetzt wurde; dabei war es das Gewicht und nicht die Prägung oder die kunsthandwerkliche Qualität, das die Basis für den Warenaustausch darstellte. Nicht selten werden sowohl innerhalb der Handelsplätze als auch in ihrer unmittelbaren Nähe Horte gefunden, in denen z. T. große Mengen silberner Objekte - vermutlich in Gefahrensituationen - niedergelegt worden sind. Diese Schätze vermitteln einen Eindruck von dem enormen Reichtum, der durch den Handel gewonnen werden konnte.

z. B. Felle, Häute, Milchprodukte, Honig sowie Trockenfisch und -fleisch, aber auch Sklaven, wie gelegentlich geborgene Hand- und Fussfesseln belegen.

Die bislang durchgeführten botanischen und zoologischen Analysen an Bodenproben und Tierknochenfunden aus dem Bereich von Handelsplätzen zeigen deutlich, dass die vor Ort verzehrten Nahrungsmittel zum überwiegenden Teil aus dem unmittelbaren Umfeld der Handelsplätze stammten.

HÄUFIGES HANDELSGUT Wetz- und Schleifsteine aus Norwegen wurden im ganzen Norden verhandelt.

LITERATUR

AID-Thema: **HANDELSZENTREN AN DER OSTSEE VOR 1000 JAHREN.** In: Archäologie in Deutschland Heft 5/2007.

B. Ambrosiani, Osten und Westen im Ostseehandel zur Wikingerzeit. In: K. Brandt/M. Müller-Wille/C. Radtke (Hrsg.), **HAITHABU UND DIE FRÜHE STADTENTWICKLUNG IM NÖRDLICHEN EUROPA.** Schriften des Archäologischen Landesmuseums 8 (Neumünster 2002) 339–348.

H. Jöns/M. Müller-Wille, Der Ostseehandel. In: W. Menghin/D. Planck (Hrsg.), **MENSCHEN, ZEITEN, RÄUME – ARCHÄOLOGIE IN DEUTSCHLAND** [Ausstellungskatalog Berlin und Bonn 2002] (Stuttgart 2002), 346–351.

S. Kleingärtner, **DIE FRÜHE PHASE DER URBANISIERUNG AN DER SÜDLICHEN OSTSEEKÜSTE IM ERSTEN NACHCHRISTLICHEN JAHRTAUSEND.** Studien zur Siedlungsgeschichte und Archäologie der Ostseegebiete 13 (Neumünster 2014).

U. Schmölcke/H. Jöns, Livestock in early medieval ports of trade on the Baltic Sea: The examples of emporium Reric (Northern Germany) and other northern German sites. In: S. Kleingärtner/T.P. Newfield/S. Rossignol/D. Wehner (Hrsg.), **LANDSCAPES AND SOCIETIES IN MEDIEVAL EUROPE EAST OF THE ELBE: INTERACTIONS BETWEEN ENVIRONMENTAL SETTINGS AND CULTURAL TRANSFORMATIONS.** Papers in Medieval Studies 23 (Toronto 2013) 54–72.

A. Siegmüller/H. Jöns, Ufermärkte, Wurten, Geestrandburgen. Herausbildung differenter Siedlungstypen im Küstengebiet in Abhängigkeit von der Paläotopographie im 1. Jahrtausend. **ARCHÄOLOGISCHES KORRESPONDENZBLATT** 42/4, 2012, 573–590.

HAUKE JÖNS

GROSS STRÖMKENDORF

DAS *RERIC* DER FRÄNKISCHEN SCHRIFTQUELLEN

Unmittelbar an der Wismarbucht bei Groß Strömkendorf – und damit im Herzen des historisch überlieferten Siedlungsgebietes der Obodriten – wurden seit den 1960er-Jahren immer wieder Fragmente fränkischer Keramik- und Glasgefäße, Glasschmelzreste, Schlacken und bearbeitetes Geweih gefunden, die anzeigten, dass hier während des frühen Mittelalters ein Handelsplatz bestand. Erste archäologische Sondagen bestätigten diese Vermutung und führten zu der Hypothese, dass an dieser Stelle der historisch überlieferte Handelsplatz *reric* lag. Nach den fränkischen Reichsannalen der Jahre 808 und 809 war das *emporium reric* während eines dänisch-obodritischen Konflikts vom dänischen König Godofred zerstört worden. Nur ein Jahr später wird *reric* ein letztes Mal in den Schriftquellen erwähnt, als es dort zur Ermordung des Obodritenfürsten Thrasko durch Schergen Godofreds kam.

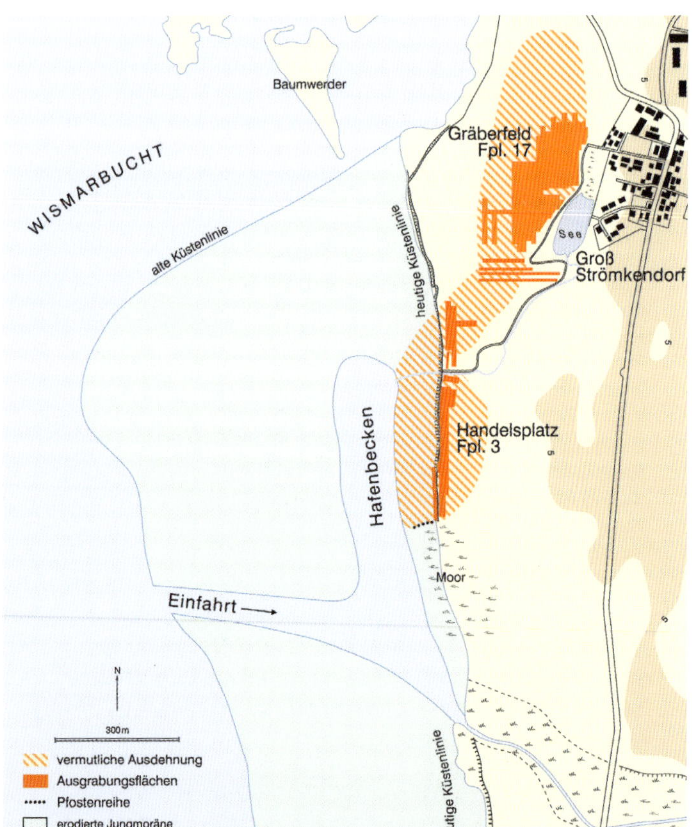

LAGEPLAN von Groß Strömkendorf an der Wismarbucht mit Ausgrabungsflächen.

Die Lokalisierung *rerics* ist seit Langem ein Desiderat der historischen und archäologischen Forschung. Ein brachialer erster Versuch, *reric* »zu finden«, wurde bereits 1938 während der nationalsozialistischen Gewaltherrschaft gemacht: Nachdem man am slawischen Burgwall von Alt Gaarz archäologische Sondagen durchgeführt hatte, beschloss man nicht nur, *reric* »entdeckt zu haben« sondern auch den Ort in Rerik umzubenennen. In den 1980er-Jahren meinte man nach Ausgrabungen in Oldenburg/Holstein, Alt Lübeck, Dorf Mecklenburg und Groß Strömkendorf sogar vier verschiedene Siedlungsplätze mit *reric* gleichsetzen zu können, ohne dass dies in der Forschung akzeptiert wurde. Vor diesem Hintergrund verwundert es nicht, dass von 1995 bis 1999 durchgeführte Forschungen in Groß Strömkendorf von der Wissenschaft, aber auch von der allgemeinen Öffentlichkeit mit großem Interesse verfolgt wurden.

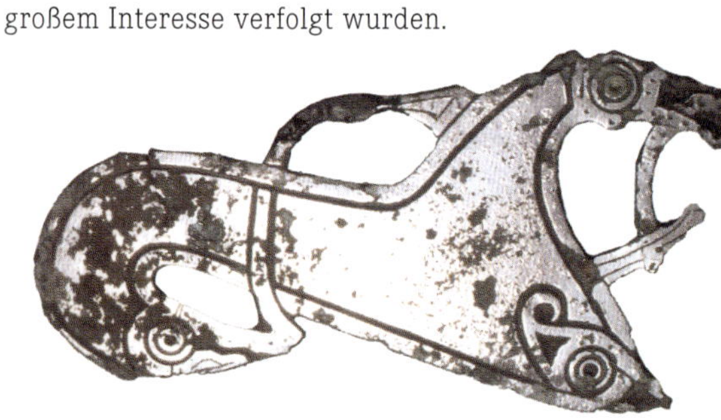

PFERD AUS DEM NORDEN Unter den Funden aus Groß Strömkendorf war auch eine Pferdefibel von skandinavischem Typ aus versilberter Bronze.

Bei diesen Untersuchungen konnte festgestellt werden, dass der Handelsplatz ursprünglich eine Fläche von mindestens 18 Hektar einnahm. Ein beträchtlicher Teil des ursprünglich besiedelten Areals ist jedoch bereits Opfer des Meeresspiegelanstiegs geworden; auch der Hafen, der ursprünglich in einer zur offenen Wismar-Bucht hin abgeriegelten, langschmalen Bucht lag, ist heute Teil der Wismarbucht. Dennoch gelang es, zahlreiche Bebauungsreste – in erster Linie Grubenhäuser, Gruben und Brunnen –

AUSWEIS DES HANDELS Die in Groß Strömkendorf ansässige Bevölkerung unterhielt enge Kontakte mit dem Nordseeraum – darauf weisen die zahlreichen Sceattas hin.

RUNEN Ein Kamm und ein Knochenstück mit Runenzeichen aus Groß Strömkendorf.

BESTATTUNGEN IN BOOTEN Im Gräberfeld von Groß Strömkendorf sind mehrere Bootsgräber gefunden worden. Sie weisen auf die skandinavische Herkunft der Bestatteten hin.

nachzuweisen, die teilweise mithilfe der Dendrochronologie exakt datiert werden konnten. Diese Daten belegen, dass die aus einzelnen Gebäuden bestehende Siedlung spätestens in den 730er-Jahren gegründet wurde. Zu Beginn der 760er-Jahre veränderte sie ihre Struktur radikal: Nun wurden Grubenhäuser mit dazugehörigen Brunnen im küstennahen Bereich beiderseits eines zuvor eingerichteten Wegesystems - praktisch einem »Bebauungsplan« folgend - angelegt. Eine erhebliche Ausweitung des besiedelten Areals ist für die 770er-Jahre erkennbar. Letzte Bauaktivitäten sind schließlich für das Jahr 811 belegt. Demnach dürfte der Handelsplatz seine Blütezeit zwischen 770 und 800 n. Chr. erlebt haben. Zahlreiche in Groß Strömkendorf gefundene Sceatta-Münzen und ein mit Runenzeichen versehener Kamm lassen genauso wie eine Gruppe von nicht vor Ort hergestellter Keramikgefäße auf enge Kontakte der in Groß Strömkendorf ansässigen Bevölkerung mit dem Nordseeraum schließen.

Auf einem nördlich anschließenden flachen Hügel wurde in der zweiten Hälfte des 8. Jh. n. Chr. ein Grabhügelfeld angelegt, auf dem Männer, Frauen und Kinder beigesetzt wurden. Dort kamen Brand- und Körpergräber, aber auch Bestattungen in Booten bzw. von Tieren unmittelbar nebeneinander vor. Diese Vielfalt der praktizierten Bestattungssitten zeigt, dass in Groß Strömkendorf Gemeinschaften unterschiedlicher Herkunft lebten, die ihre Verstorbenen gemäß den ihnen vertrauten Bestattungstraditionen beisetzten.

Handelsplatz und Gräberfeld wurden zu Beginn des 9. Jh. nach einer Nutzungszeit von nur wenigen Jahrzehnten aufgegeben und verlassen. Dies geschah offensichtlich nur wenige Jahre nach den historischen Ereignissen um das *emporium reric*.

LITERATUR

T. Brorsson, **THE POTTERY FROM THE EARLY MEDIEVAL TRADING SITE AND CEMETERY AT GROSS STRÖMKENDORF, LKR. NORDWESTMECKLENBURG.** Forschungen zu Groß Strömkendorf 3. Frühmittelalterliche Archäologie zwischen Ostsee und Mittelmeer 1 (Wiesbaden 2010).

M. Müller-Wille, **FRÜHSTÄDTISCHE ZENTREN DER WIKINGERZEIT UND IHR HINTERLAND. DIE BEISPIELE RIBE, HAITHABU UND RERIC.** Akademie der Wissenschaften und Literatur Mainz. Abhandlungen Geistes- und Sozialwissenschaftliche Klasse. Jahrgang 2002, Nr. 3 (Stuttgart 2002).

U. Schmölcke/H. Jöns, Livestock in early medieval ports of trade on the Baltic Sea: The examples of emporium Reric (Northern Germany) and other northern German sites. In: S. Kleingärtner/T.P. Newfield/S. Rossignol/D. Wehner (Hrsg.), **LANDSCAPES AND SOCIETIES IN MEDIEVAL EUROPE EAST OF THE ELBE: INTERACTIONS BETWEEN ENVIRONMENTAL SETTINGS AND CULTURAL TRANSFORMATIONS.** Papers in Medieval Studies 23 (Toronto 2013) 54–72.

A. Tummuscheit, **DIE BAUBEFUNDE DES FRÜHMITTELALTERLICHEN SEEHANDELSPLATZES VON GROSS STRÖMKENDORF, LKR. NORDWESTMECKLENBURG.** Forschungen zu Groß Strömkendorf 4. Frühmittelalterliche Archäologie zwischen Ostsee und Mittelmeer 2 (Wiesbaden 2011).

RALF WIECHMANN

SILBERSCHÄTZE

AUSWEIS DES WIKINGERZEITLICHEN HANDELS

Zu den spektakulärsten Funden der Wikingerzeit gehören die Silberschatzfunde. Sie symbolisieren die zwei Gesichter dieser Periode: Raub, Plünderungen und Gewalt auf der einen, weitreichende friedliche Handelsverbindungen auf der anderen Seite.

FRIESISCHE SCEATTAS UND KAROLINGISCHE DENARE

Der sich ausweitende Handel des 7. und 8. Jahrhunderts führte zu einem schrittweisen Vordringen von Münzen in den Norden. Die als Fernhändler belegten Friesen richteten seit dem Ende des 8. Jahrhunderts ihre Handelszüge in dieses Gebiet. Sie brachten sogenannte Sceattas mit, kleine, dicke Silbermünzen, die zwischen 675 und 810 in England und Friesland geprägt wurden. Sie zirkulierten beiderseits der Nordsee und sind in geringer Zahl auch an der deutschen Ostseeküste, auf den dänischen Inseln und im südschwedischen Schonen gefunden worden. Die Verbreitung von Sceattas deutet darauf hin, dass sie als Währung anzusehen sind und ein wichtiges Zahlungsmittel - zumindest an bestimmten Orten - darstellten.

Noch weiter in den Norden stoßen dann seit der zweiten Hälfte des 8. Jahrhunderts karolingische Pfennige, sogenannte Denare, vor. Auffällig ist die Verbreitung der Funde, denn sie streuen küstengebunden schütter in den Norden und sind zum Beispiel im Inneren der Halbinsel Jütland kaum vertreten. Sehr deutlich hebt sich die Landenge bei Haithabu ab, an der die Fernhandelskaufleute, von der Nordsee kommend, zur Ostsee gelangen konnten, ohne die lange und gefährliche Reise durch die Gewässer des Skagerraks wagen zu müssen. Trotzdem erreichen die Münzen auch die Südspitze Norwegens sowie das nördliche Jütland mit dem Limfjordgebiet, während sie nach Westen hin stark abnehmen. Selbst auf der fundträchtigen Insel Gotland handelt es sich vor allem um Einzelstücke beziehungsweise um einzelne Exemplare in späteren Funden.

FRIESISCHER SCEATTA Typ Wodan-Monster, aus dem Merowingerreich.

KAROLINGISCHER DENAR Karl der Große ließ unter anderem in Dorestad Denare prägen. Dieser hier wurde zwischen 770 und 793/4 ausgegeben.

SILBER UND LUXUSWAREN AUS DEM OSTEN – ISLAMISCHE DIRHAM AUS DEM KALIFAT

Seit der zweiten Hälfte des 8. Jahrhunderts tauchen in nordeuropäischen Funden islamische Münzen auf. Diese gelangten, wie die schriftlichen Quellen belegen, zu einem geringeren Teil über den Landweg von der Kiever Rus‘ nach Polen und von dort aus in den Ostseebereich. Der deutlich größere Teil wurde vor allem über die russischen Flüsse Wolga, Dnjepr und Düna in den Norden transportiert.

Die Funde häufen sich vor allem im heutigen Polen, in Schweden und in Dänemark. Das Herrschaftsgebiet des Islam hatte sich im 9. und 10. Jahrhundert im Westen bis nach Spanien und im Osten bis nach Nordindien ausgedehnt. In der Folge kam es zur Erschließung vieler Silberminen in Zentralasien. Diese reichen Silbervorkommen und das damit verbundene Handelsnetz, das sich über Land von Zentralasien bis nach Indien und China sowie von Byzanz ins Mittelmeer und weiter nach Afrika erstreckte, lockte die Wikinger die großen Flüsse Osteuropas hinab zum Kaspischen und Schwarzen Meer. Eine außerordentliche Bedeutung hatte neben zahlreichen anderen Waren der Handel mit Sklaven, die in den Reichen des Islam, aber auch in Byzanz, in großer Zahl beschäftigt wurden.

Die Mehrzahl der in Nordeuropa entdeckten islamischen Prägungen sind arabische Münzen des reformierten Typs, der vom Kalifen Abd al-Malik ca. 77 n. H. (= 696/697 n. Chr.) eingeführt wurde. Zwischen 890 und 940 kommt es zu einem massenhaften Einstrom von islamischem Silber in den Norden. Vorherrschend sind Gepräge der Samaniden-Dynastie (873-999), die eine weitgehend selbstständige Herrschaft über die Provinzen Chorosan und Transoxanien durchgesetzt hatte. In diesem an Silbergruben reichen Gebiet lagen die großen Münzstätten von al-Shash (Taschkent) und Samarkand, in denen die meisten der in Nordeuropa entdeckten Dirham dieser Zeit produziert wurden. Schätzungen gehen von 50.000.000 bis 100.000.000 ehemals in den Norden exportierten Dirham aus. Bei einem ungefähren Gewicht von 2,9 Gramm pro Dirham bedeutet dies, dass ungefähr 145 bis 290 Tonnen Silber in einer Zeitspanne von ca. 170 Jahren in die Länder um die Ostsee gelangt sind! Nach 940 ist ein kontinuierliches Absinken des Dirhamexports in den Norden festzustellen, kurz nach der Jahrtausendwende kommt er völlig zum Erliegen. Der Rückgang ist einerseits damit zu erklären, dass viele asiatische Silbererzbergwerke völlig ausgebeutet waren, andererseits die Fernhandelsrouten durch das Vordringen innerasiatischer Völker unterbrochen wurden.

Die bemerkenswerte Dichte der Beziehungen zur islamischen Welt führt zu dem Schluss, dass stärker als die Expansion der Wikinger nach Süden der Einfluss des Islam nach Norden gewirkt hat. Dies wird auch durch die Organisation des Münzsystems deutlich, in dem zwar ältere Prägungen in Umlauf blieben, alte Münzgewichte jedoch mitunter außer Kraft gesetzt wurden. Wie die Funde aus dem Nahen Osten belegen, konnten im Zahlungsverkehr bei kleineren Geldbeträgen auch zerteilte Münzen verwendet werden. Waagen und Gewichte waren also im islamischen Bereich beim Zahlungsverkehr Voraussetzung.

MÜNZE AUS DEM OSTEN Dirham, Samaniden, Kalif al-Muktafi 902/903, geprägt in Taschkent.

WIRTSCHAFTSFAKTOR SKLAVEN Sklaven wurden sowohl im Deutschen Reich, in Skandinavien als auch im Kalifat auf speziellen Märkten gehandelt. Die Miniatur des Sklavenmarktes in Zabid, von 819 bis 1018 Hauptstadt der Ziyadid-Dynastie im heutigen Jemen, zeigt zugleich, dass die Waage im Zahlungsverkehr unentbehrlich war.

ZWEI KILO SILBER Der Fund von Rantrum, Schleswig-Holstein, besteht aus Münzen, Barren, zerhackten Ringen und einem vollständigen Halsring. Die jüngste der islamischen Münzen wurde in den Jahren 873–876 geschlagen.

DIE GEWICHTSGELDWIRTSCHAFT DES NORDENS

Im skandinavischen Norden sind schon aus der späten Völkerwanderungszeit (um 500 n. Chr.) Funde bekannt, die neben Gegenständen aus Gold und Silber auch Barren und fragmentiertes Silber enthalten. Offensichtlich ist das Hacksilber mit Absicht zerschnitten worden und wurde vorzugsweise als Zahlungsmittel verwendet, das bei jedem Handelsaustausch gewogen wurde. Diese Tradition lebte seit dem Ende des 8. Jahrhunderts mit dem Beginn der Wikingerzeit wieder auf. In der Folgezeit, also zwischen 800 und ca. 1100, bilden sogenannte Hacksilberfunde ein charakteristisches Element der überlieferten Sachkultur. Sie bestehen aus Schmuck und Münzen, wobei die Objekte meist, wie die Zerteilungsspuren belegen, absichtlich fragmentiert wurden. Sie stellen Geld dar, das, dem Realwertprinzip folgend, mithilfe kleiner, zusammenlegbarer, tragbarer Waagen abgewogen wurde. Es machte also keinen Unterschied, ob man mit einem Ring, einer Münze oder einem Bruchstück davon bezahlte. Ausschlaggebend war das Gewicht in Silber. Hacksilberfunde gibt es auf Island, in Irland, in Schottland und England im Westen, in den Niederlanden und Norddeutschland, in ganz Skandinavien, in Polen, im Baltikum sowie in Russland im Osten. Es handelt sich hierbei um alles andere als ein primitives System, war Hacksilber doch ein allgemein akzeptiertes, kompatibles Zahlungsmittel, das in einem riesigen Gebiet genutzt wurde und perfekt zur ungeheuer dynamischen Wirtschaftsentwicklung passte. Das Zahlungswesen in den Ostseeländern wurde seit dem späten 9. Jahrhundert stark von Anregungen aus dem islamischen Bereich beeinflusst. Das zeigt sich nicht nur an dem System der nordischen Gewichtsgeldwirtschaft, das – wie im Kalifat – auf der Verrechnung von Silber nach Gewicht basiert, sondern auch an der Übernahme arabischer Gewichtssysteme, Waagen und Gewichte. Somit hat es den Anschein, dass der Norden zeitweilig fast zum Währungsgebiet des Orients gehört hat.

Generell lässt sich Europa in der Wikingerzeit in zwei kontrastierende Zonen einteilen: auf der einen Seite die Gebiete, in denen Münzen geprägt wurden, also West-, Süd- und Teile Zentraleuropas; auf der anderen Seite jene Gebiete, die Münzen importierten, nämlich Skandinavien, die Länder an der südlichen Ostseeküste, also Ostdeutschland, Polen, die baltischen Länder sowie Russland. In der ersten Zone wurden Münzen ohne Materialprüfungen für den Handel akzeptiert (Münzgeldwirtschaft), in der zweiten wurden die importierten Münzen oft durch Einstiche, Einschnitte oder durch Verbiegungen auf ihren Materialwert getestet (Gewichtsgeldwirtschaft). Münzen wurden auch in der zweiten Zone deshalb gerne genommen, weil sie ein hoheitlich durch Stempelung auf Gewicht und Gehalt garantiertes Stück Metall darstellten. Da sehr stark zerschnittene und stark verbogene Objekte meist zu den ältesten innerhalb eines Fundes gehören, sind diese Prüfmarken ein Gradmesser für die Intensität, mit der das Geld zirkulierte. Aus der Struktur der Schatzfunde, sowohl durch die importierten Münzen als auch durch die Herkunft des Schmucksilbers, lassen sich vielerlei interessante Informationen zu Handelskontakten und Konjunkturschwankungen ablesen. Depotfunde sind also Seismografen für Handel und Konjunktur. Sie reflektieren einerseits die Reichweite der Handelsbeziehungen und zeigen gleichzeitig, wie verstärkt in bestimmten Regionen, vor allem um die

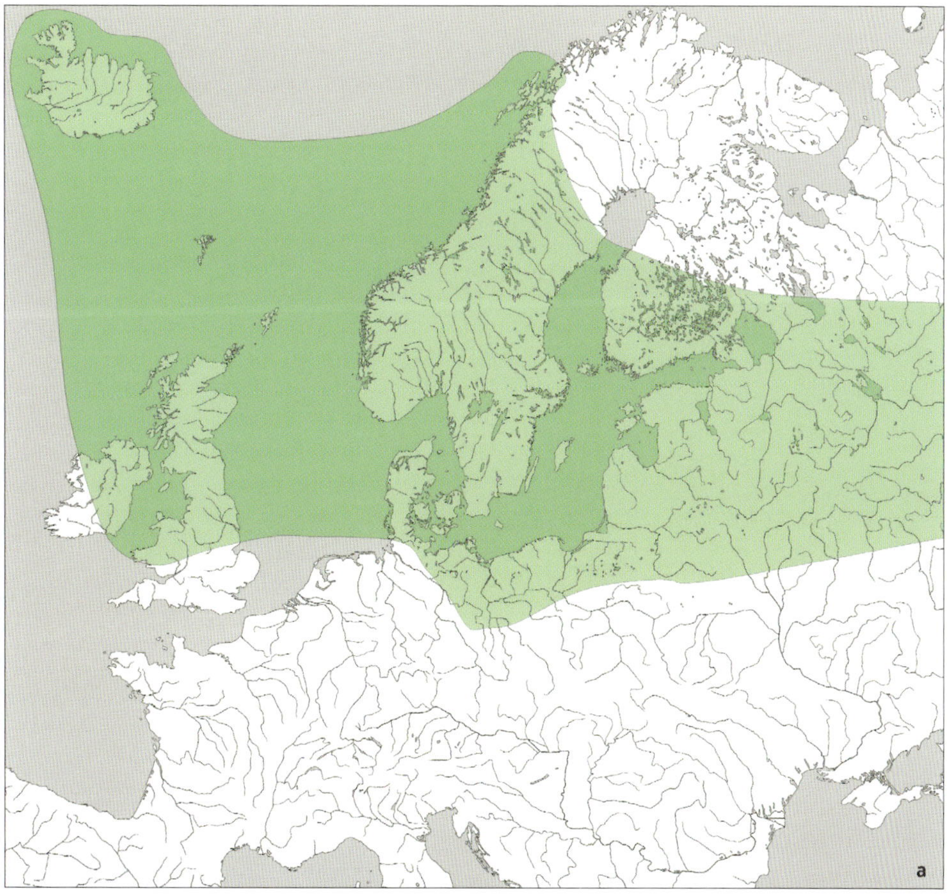

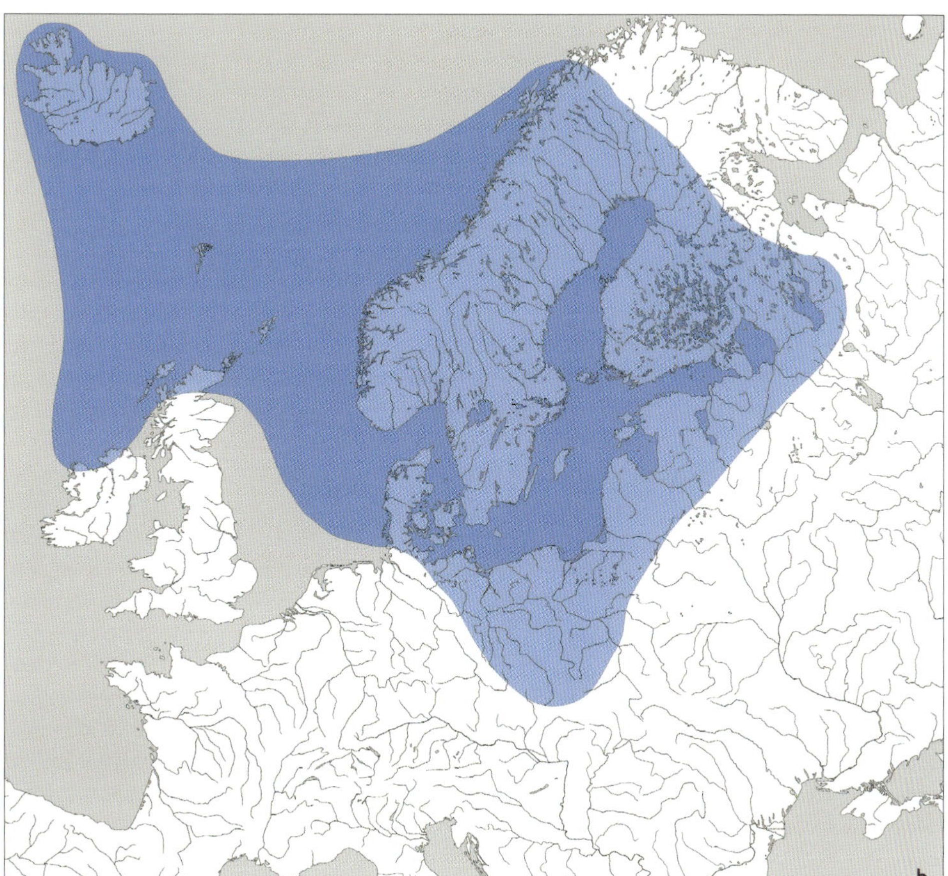

GEWICHTSGELDWIRTSCHAFT UND MÜNZGELDWIRTSCHAFT
Das Gebiet der Gewichtsgeldwirtschaft umfasste ein riesiges Gebiet, das weite Teile Nordeuropas als Handelsräume miteinander verband. Die Münzgeldwirtschaft setzte sich schrittweise im Laufe des 10. bzw. in ganz Skandinavien erst am Ende des 11. Jahrhundert durch.
a Handels- und Verkehrsraum der Gewichtsgeldwirtschaft ca. 870/880–970/1000.
b Handels- und Verkehrsraum der Gewichtsgeldwirtschaft ca. 970/1000–1070.

UNENTBEHRLICHES HÄNDLER-INSTRUMENT Diese Waage wurde zusammengeklappt in einem Bronzefutteral gefunden. Sie lag zusammen mit einem Beutel mit Bleigewichten und einer Ringnadel unter einem Stein. Die Waage stammt vermutlich aus Irland. Zusammenlegbar und damit leicht zu tragen wurden sie im russischen Ladogagebiet ebenso eingesetzt wie in Irland oder auf Island. Bronzene Klappwaage mit verzinnten Schalen, Jåtten, Rogaland, NO. Bergen, Historisk Museum.

großen Handelsemporien, Silber als Zahlungsmittel Eingang in den täglichen Geldverkehr fand. Wie genau der Zahlungsvorgang stattgefunden hat, ist nicht bekannt. Bestimmte Gewichtsnormierungen, die sich vor allem bei den schwereren Objekten wie Ringen und Barren feststellen lassen, finden sich allerdings auch in der altnordischen Literatur wieder. Sie lauten »Mark«, »Öre« und »Ertog«. Einer Mark (ca. 200 Gramm) entsprachen acht Öre (ca. 24 Gramm) oder 24 Ertog (ca. 8 Gramm). Obwohl es bei den Münzen ein festgelegtes Zerteilungsschema gab, sind präzise Gewichtsnormierungen sowohl innerhalb des leichteren Hacksilbermaterials unter 5,0 g, als auch bei schwereren Stücken nicht zu erwarten, dafür waren vermutlich die regionalen Unterschiede zu groß. Zudem ist offenbar eine Reihe verschiedener Gewichtssysteme zur gleichen Zeit benutzt worden, sodass nur komplette Gewichtssätze Auskunft über kleinregionale Gewichtseinheiten geben können. In der Bandamanna Saga, die ca. 1270 bis 1290 entstand, wird das Silber, mit dem gezahlt werden sollte, als baugabrot ok harkagripir »Ringbruchstücke und Schildtrümmer« bezeichnet. Der Ausdruck »Schildtrümmer« weist in Anlehnung an die runde Form der Münze (»Schild«) auf zerschnittene Münzen hin. Ob diese späteren Belege als Zeugnisse einer Terminologie der frühen Zeit gewertet werden können, ist fraglich. Trotzdem vermitteln sie einen Eindruck von der Verwendung von Hacksilber im wikingerzeitlichen Zahlungsverkehr. Die beim Bezahlungsvorgang nötigen Klappwaagen und entsprechende Gewichtssätze, wie sie in jeder größeren wikingerzeitlichen Siedlung vorkommen, sind besonders auf diesen Zahlungsverkehr ausgelegt, denn diese Waagen sind extrem empfindlich und wiegen noch kleinste Einheiten bis herunter zu 4/100stel Gramm. Bei einer Handelstransaktion waren die Gewichtssätze des Käufers und des Verkäufers zwar ähnlich, aber meist nicht gleich. So waren jeweils Wägungen von beiden Seiten notwendig, um eine Abstimmung der Gewichte zu erreichen. Erst dann konnte das Silber, das zunächst auf seinen Feingehalt geprüft wurde, abgewogen werden.

Nur ganz vereinzelt sind Nachrichten über damalige Preise überliefert, weshalb keine Aussagen über die Preisentwicklung oder eventuelle Konjunkturschwankungen möglich sind. Bekannt sind jedoch aus dem 10. Jahrhundert Preise für Sklaven, wobei die angegebenen Werte, je nach Alter und Geschlecht, schwankend, zwischen einer und drei Mark Silber angesetzt wurden. Ein gewisser Durchschnittswert lag für einen männlichen Sklaven bei zwölf Öre Silber, also ungefähr 1 ½ Mark (ca. 300 Gramm), für eine weibliche Sklavin dagegen bei zehn Öre, was etwas mehr als einer Mark (ca. 200 Gramm) entspricht. In besonderen Situationen konnte der Preis jedoch beträchtlich abweichen. Für eine in Sklaverei geratene Tochter des Hebriden-Jarls wurde der – sicherlich extrem hohe – Freikaufpreis auf ein halbes Hundert Silber (ca. 50 Öre = ca. 1,2 Kilogramm) angesetzt. Heute wie damals wurde der Markt also durch die Nachfrage bestimmt. Die genannten Silberpreise vermitteln zumindest eine ungefähre Vorstellung vom Kaufwert des Silbers. Der Wert des Depotfundes von Rantrum, Kr. Nordfriesland, Schleswig-Holstein, mit 1973 Gramm, also etwa neun Mark Silber, entspräche demnach ungefähr dem von neun Sklavinnen oder sechs Sklaven. Der Gegenwert der größten bekannten Hacksilberfunde, der Funde von Spillings, Ksp. Othems, Gotland, mit einem Gewicht von ca. 65 Kilogramm muss immens gewesen sein. Dies unterstreicht nur zu deutlich, dass die Schatzfunde zu einem gewissen Teil beträchtliche Barschaften darstellten. Oft an topografisch wieder erkennbaren Orten sorgsam verpackt, sind sie in der Mehrzahl als Ansammlung von Zahlungsmitteln zu interpretieren, die nur vorübergehend verborgen werden sollten.

UNERMESSLICHER REICHTUM In Spillings auf Gotland wurden die größten Silberschätze der Wikingerzeit gefunden. Das erste Depot enthielt 3.000–4.000 arabische Silbermünzen, zahlreiche Silbergegenstände und fragmentarische Armringe. Der zweite Fund enthielt 342 Armringe, 20 Fingerringe, 20 Silberbarren und über 14.000 Silbermünzen aus dem 7.–9. Jahrhundert, mehrheitlich arabische Prägungen mit einer Schlussmünze von 866/867. Insgesamt wogen die beiden Schätze über 60 kg.

VON DER GEWICHTS- ZUR MÜNZGELDWIRTSCHAFT

Der Abbruch des islamischen Münzeinstroms um 980 ist im ganzen Ostseegebiet bemerkbar und hat vermutlich für wenige Jahre weitreichende Konsequenzen gehabt. Abgelöst wurde das islamische Silber von westeuropäischen Münzen, vor allem von deutschen Denaren und englischen Pennies, die in der zweiten Hälfte des 10. und in der ersten Hälfte des 11. Jahrhunderts in verstärktem Maß in die skandinavischen Länder strömten.

Einhergehend mit der fortschreitenden Intensivierung und Differenzierung des Handels wurde der Bedarf an geprägten Münzen, vor allem in den aufstrebenden Frühstädten, immer größer. Eine eigene Münzproduktion hat es am Beginn der Wikingerzeit in Skandinavien nicht gegeben. Dies lag vermutlich vor allem an fehlenden fest gefügten Machtstrukturen in bestimmten Gebieten. Der wesentliche Unterschied zwischen der Münzgeldwirtschaft und der Gewichtsgeldwirtschaft liegt, neben dem abweichenden System der Wertmessung, in der Art, wie sich der Marktherr selbst in den Wirtschaftsgewinn einschaltet. In der Gewichtsgeldwirtschaft gab es durchaus verpflichtende »Geschenke« der Kaufleute und auch Marktabgaben in Sachleistungen, aber politische Gesichtspunkte, vor allem fiskalischer Art, fehlten. Diese traten jedoch in der Münzgeldwirtschaft deutlich in den Vordergrund.

Es ist sicherlich kein Zufall, dass die frühesten Münzen des Nordens an einem Ort geprägt wurden, der an der nördlichen Grenze des Karolingerreiches bzw. an der südlichen Peripherie des dänischen Machtbereiches und damit im Kontaktgebiet von Münzgeldwirtschaft und Gewichtsgeldwirtschaft lag. In Haithabu, dem großen wikingerzeitlichen Handelsplatz, begann man schon um 820, Münzen zu prägen. Generell lässt sich feststellen, dass sich die Herausbildung einer selbstständigen Münzprägung in ihrer Anfangsphase oft auf die Nachahmung von populären, wohlbekannten Typen stützt. Danach folgen dann eigene Münztypen. Dieses Muster gilt auch für die nordeuropäische Münzprägung. Zunächst imitierte man in Haithabu karolingische Denare, vor allem die Münzen aus dem großen Handelsplatz von Dorestad in den heutigen Niederlanden. Zur gleichen Zeit, gegen 825, begann man vermutlich auch im dänischen Ribe, Münzen zu prägen, die sich an den älteren friesischen Sceattas vom Typ Wodan-Monster orientierten. Schon nach wenigen Jahrzehnten, vermutlich gegen 860, brachen diese frühen Münzprojekte wieder ab. In Haithabu nahm man dann erst gegen 900 die Münzprägung wieder auf. Einhergehend mit der Steigerung der Münzproduktion im Laufe des 10. Jahrhunderts, scheint es in und um Haithabu zur Etablierung eines einheitlichen Münzwesens gekommen zu sein. Das hatte zur Folge, dass das Hacksilber und auch mehrheitlich fremdländische Münzen aus den Funden in und um Haithabu verdrängt wurden. Die Ausmünzung findet erst in den 980er-Jahren ihren Abschluss. Vermutlich hängt der Prägestopp mit der Silberknappheit dieser Jahre auf der einen Seite zusammen und geht mit dem wirtschaftlichen Niedergang der Stadt auf der anderen Seite einher.

DIE ERSTEN EIGENEN MÜNZEN In Haithabu wurden mutmaßlich die frühesten nordischen Münzen geprägt. Die sogenannten Halbbrakteaten des 10. Jahrhunderts imitieren die Münzen Karls des Großen aus Dorestad. Das auf dem Vorbild der Vorderseite stehende CARO/LVS wird nahezu völlig aufgelöst, von dem auf der Rückseite angegebenen Stadtnamen DOR/STAT lässt sich auch nur noch das TAT erkennen.

Auch in anderen Gebieten waren die Wikinger schon mit einem wohl organisierten Münzsystem in Kontakt gekommen. So in England, wo die Wikinger in York seit den späten 870er-Jahren eine eigene Münzprägung begannen. Die Prägung in dem an die Wikinger abgetretenen Gebiet im nordöstlichen England, dem sogenannten Danelag, beschränkt sich auf den Zeitraum von ca. 880/890 bis 943 und orientierte sich an dem Stil der südenglischen breiten Pfennige. Danach endet die Wikingerherrschaft in dieser Region, die darauf dem angelsächsischen Königreich einverleibt wurde.

Erst mit der Etablierung der drei nordischen Königreiche kam die mit Inschriften versehene Münzprägung nach angelsächsischem Vorbild gegen 995 gleichzeitig in Dänemark, Norwegen und Schweden in Gang. Das ist sicherlich mit den intensiven und erfolgreichen dänisch-norwegischen Angriffen auf das angelsächsische Reich der frühen 990er-Jahre zu verknüpfen. Dessen König Aethelred II. erkaufte sich befristeten Frieden durch wiederholte Zahlung hoher Tribute in Silber. Die ersten, sehr seltenen nordischen Münzen imitieren alle den englischen Münztyp »CRUX« Aethelred II. Auch im von Wikingern beherrschten Dublin lässt sich solch eine imitative Münzprägung feststellen.

Die Entwicklung der nationalen Münzprägung in den jeweiligen Ländern führte dazu, dass seit der ersten Hälfte des 11. Jahrhunderts der Hacksilberanteil (zerschnittene Münzen und Schmuck) innerhalb der Depots kontinuierlich abnahm und auch die fremden Münzen weitestgehend aus den Funden verdrängt wurden. Zugleich zeichnet sich eine immer stärker werdende Regionalisierung ab. In dieser Zeit vollzieht sich in ganz Skandinavien der Wandel von der Gewichtsgeldwirtschaft zu einer Münzgeldwirtschaft wie im übrigen Europa.

ENGLISCHES VORBILD Der massenhafte Einstrom von englischen Pennies bekannt sind ungefähr 70.000 Exemplare in Skandinavien, Norddeutschland und dem Baltikum – führte dazu, dass der englische Münztyp »CRVX« als Vorbild für die frühe nationale skandinavische Münzprägung diente.

LITERATUR

S. Engeler, **ALTNORDISCHE GELDWÖRTER. EINE PHILOLOGISCHE UNTERSUCHUNG ALTNORDISCHER GELD UND MÜNZBEZEICHNUNGEN UND DEREN VERWENDUNG IN DER DICHTUNG.** Germanistische Arbeiten zur Sprache und Kulturgeschichte Bd. 16 (Frankfurt a.M./Bern/New York/Paris 1991).

B. Hårdh, **SILVER IN THE VIKING AGE. A REGIONAL ECONOMIC STUDY.** Acta Arch. Lundensia Ser. in 8°, No. 25 (Lund 1996).

C. von Heijne, Särpräglat. **VIKINGATIDA OCH TIDIGMEDELTIDA MYNTFYND FRÅN DANMARK, SKÅNE, BLEKINGE OCH HALLAND (CA 800–1130).** Stockholm Studies in Archaeology 31 (Stockholm 2004).

B. Malmer, **NORDISKA MYNT FÖRE ÅR 1000.** Acta Arch. Lundensia 4 (Lund 1966).

H. Steuer, Gewichtsgeldwirtschaften im frühgeschichtlichen Europa. Feinwaagen und Gewichte als Quellen zur Währungsgeschichte. In: K. Düwel u. a. (Hrsg.), **UNTERSUCHUNGEN ZU HANDEL UND VERKEHR DER VOR- UND FRÜHGESCHICHTLICHEN ZEIT IN MITTEL- UND NORDEUROPA 4. DER HANDEL DER KAROLINGER- UND WIKINGERZEIT** (Göttingen 1987), 405–527.

H. Steuer, Der Wechsel von der Münzgeld- zur Gewichtsgeldwirtschaft in Haithabu um 900 und die Herkunft des Münzsilbers im 9. und 10. Jahrhundert. In: K. Brandt u. a. (Hrsg.), **HAITHABU UND DIE FRÜHE STADTENTWICKLUNG IM NÖRDLICHEN EUROPA.** Schriften des Archäologischen Landesmuseums 8 (Neumünster 2002), 133–167.

R. Wiechmann, **EDELMETALLDEPOTS DER WIKINGERZEIT IN SCHLESWIG-HOLSTEIN. VOM »RINGBRECHER« ZUR MÜNZWIRTSCHAFT.** Offa-Bücher Bd. 77 (Neumünster 1996).

R. Wiechmann, Haithabu und sein Hinterland – ein lokaler numismatischer Raum? Münzen und Münzfunde aus Haithabu (bis zum Jahr 2002). **BERICHTE ÜBER DIE AUSGRABUNGEN IN HAITHABU 36: DAS ARCHÄOLOGISCHE FUNDMATERIAL VIII** (Neumünster 2007), 182–278.

GEWICHT Das Gewichtssystem der Wikinger orientierte sich am arabischen; manche Gewichte tragen pseudoarabische Inschriften. Kugelzonengewicht, Haithabu, DE, Messingmantel über Eisenkern, Wikingerzeit. Stiftung Schleswig-Holsteinische Landesmuseen, Archäologisches Landesmuseum, Schloss Gottorf, Schleswig.

TAUSENDUNDEINE NACHT In Südschweden wurden zahlreiche arabische Dirhem-Münzen gefunden, deren Großteil im 8. und 9. Jahrhundert in Orten wie Bagdad, Taschkent, Samarkand und in Bolgar an der Wolga geprägt wurde. Auf mehreren Münzen ist der Name von Harun al-Rashid, dem Kalifen aus Tausendundeiner Nacht, zu erkennen. Münzanhänger, Uppåkra, SE. Lunds Universitets Historiska Museum.

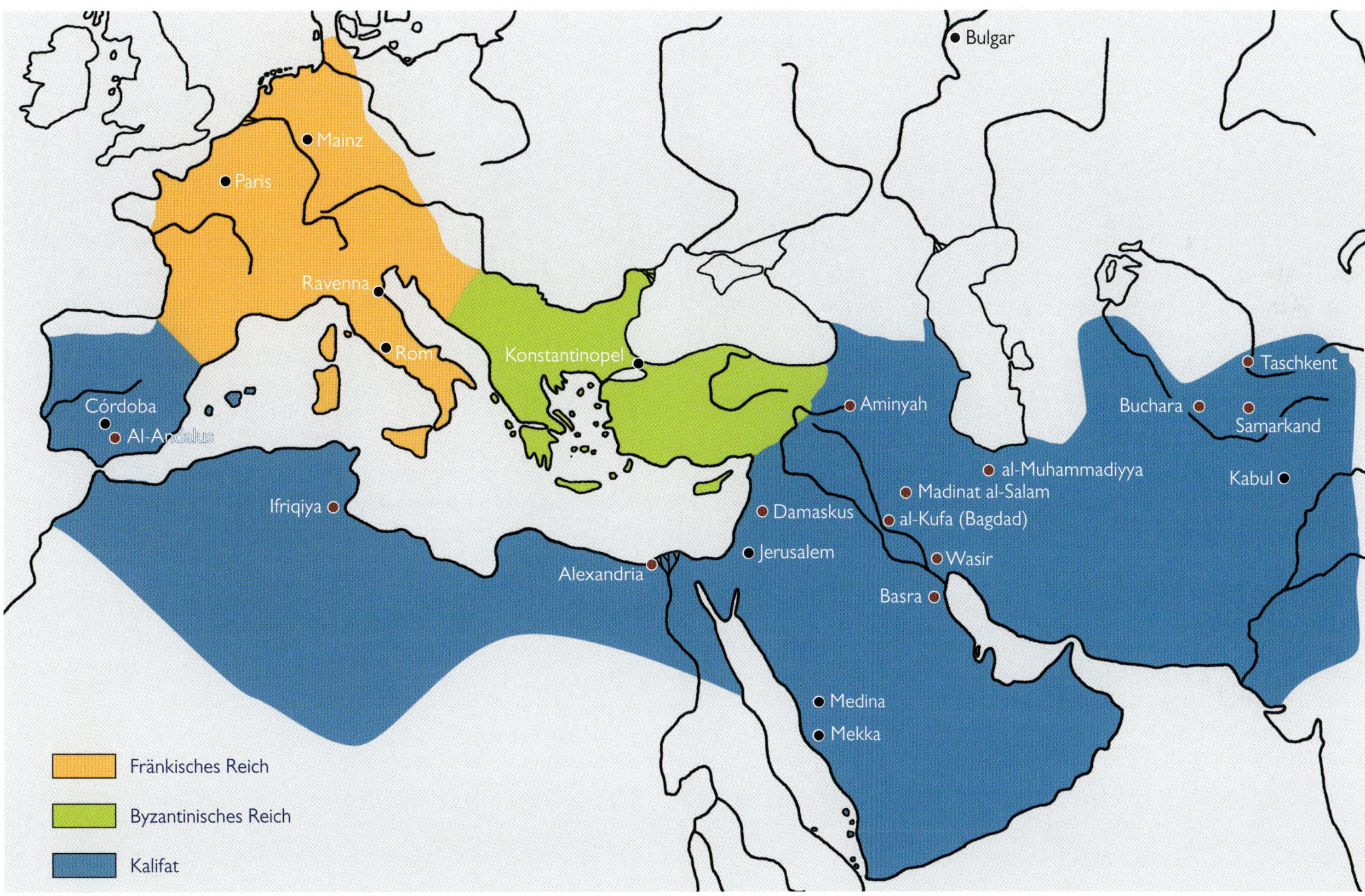

- Prägeorte
- wichtige Orte

MÜNZEN AUS DEM SÜDOSTEN Mehr als 80.000 arabische Silbermünzen sind in Skandinavien gefunden worden. Unter den Prägeorten sind Samarkand und Taschkent.

VOLKER HILBERG

HAITHABU

DÄNISCHES HANDELS- UND PRODUKTIONSZENTRUM ZWISCHEN NORD- UND OSTSEE

Im Jahr 1897 identifizierte der Kopenhagener Archäologe Sophus Müller einen mächtigen Halkreiswall südlich der Stadt Schleswig mit einem auf Runensteinen genannten Ort namens *Haiðaby* und gab damit den Anstoß für umfangreiche Ausgrabungen. Mithilfe moderner Prospektionsmethoden – Feldbegehungen, geophysikalischen Messungen und systematischen Metalldetektorprospektionen – ist es in den vergangenen Jahren gelungen, völlig neue Einsichten in diesen Siedlungskomplex zu gewinnen.

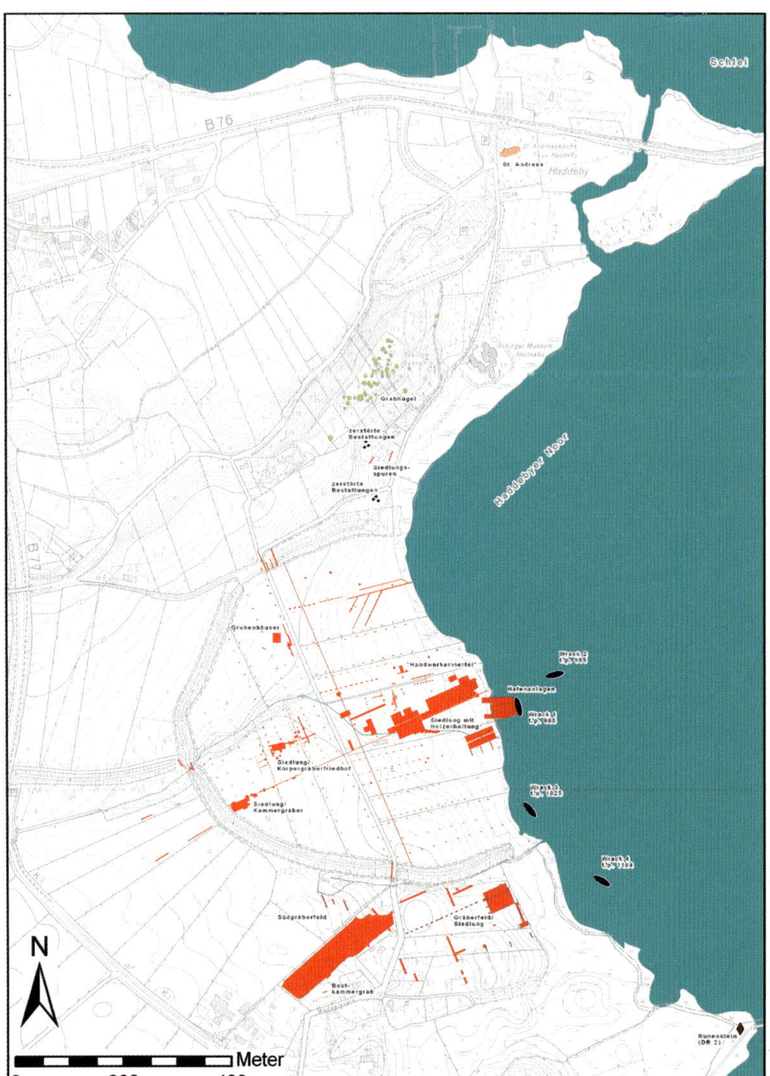

Haithabu liegt an der engsten Stelle der Jütischen Halbinsel am inneren Ende der Schlei. Während im Westen über die Flüsse Eider und Treene die Nordsee erreichbar ist, stellt die Schlei als Fjord die Verbindung zur Ostsee dar. Der hierdurch gebildete schmale Korridor, die sogenannte Schleswiger Landenge, wird durch das Danewerk gesichert. Diese Konstellation findet im Norden kaum Vergleichbares und war prädestiniert, den Handel des Nordseebereiches mit der Ostsee und ihrem Hinterland zu verbinden.

Aus einer vielleicht nur aus einer oder einigen wenigen Hofanlagen bestehenden Siedlung, der bereits in der Vorwikingerzeit existierenden »Südsiedlung«, entwickelt sich im frühen 9. Jh. ein Handelsplatz durch die planmäßige Anlage eines neuen Siedlungsbereiches im Niederungsgebiet am Ufer. Durch die günstigen Erhaltungsbedingungen konnten großflächig die hölzernen Reste einer dichten strukturierten Bebauung nachgewiesen werden. Bezeichnend für den frühstädtischen Charakter sind eine Parzellierung des Areals und ein umfangreiches Wegesystem. Der Großteil der dendrodatierten Baubefunde weist erhaltungsbedingt in das 9. Jh. Die planvolle Aufsiedlung scheint hier erst in den späten 820er-Jahren zu beginnen. Um 825 nimmt eine Münzstätte vorübergehend die Prägung eigenen Silbergelds nach karolingischem Vorbild auf. Die führende Persönlichkeit dieser Zeit manifestiert sich vielleicht in dem sogenannten Bootkammergrab aus der Mitte des 9. Jh. Eventuell handelt es sich dabei um den dänischen König Harald Klak, der 826 mit seiner Gefolgschaft von Ludwig dem Frommen in Mainz und Ingelheim getauft und mit reichen Geschenken bedacht worden war.

Von besonderer Bedeutung ist die Entwicklung des Hafens gewesen. Durch die Grabungen der Jahre 1979/80 konnten nicht nur ein königliches Langschiff des ausgehenden 10. Jh., sondern auch Teile der Hafenanlagen ausgegraben werden. In den 880er-Jahren kam es zu einem starken Ausbau mit mächtigen Landebrücken von bis zu 400 m² Grundfläche, an denen große Frachtschiffe anlegen konnten und auf denen der Handel stattfand.

DIE STADT AM NOOR Der Siedlungskomplex von Haithabu mit sämtlichen Grabungsflächen und bislang bekannten Denkmälern.

FLÄCHENGRABUNGEN Ausgrabungen in Haithabu im Jahre 1936. Bei den großen Flächengrabungen der 1930er- und 1960er-Jahre wurden mächtige Fundschichten mit Holzerhaltung v. a. des 9. Jahrhunderts freigelegt.

REKONSTRUIERTE HÄUSER In Haithabu wurden Stadthäuser der Wikingerzeit rekonstruiert. Sie geben einen Eindruck von der einstmals dichten Bebauung in der Stadt.

Zu dieser Zeit existierte wohl noch keine Befestigungsanlage. Haithabu wurde erst seit der zweiten Hälfte des 10. Jh. von einem mächtigen Halbkreiswall umschlossen, der ein Gelände von 25,5 h Größe umfasst. Aufgrund der neuen Feldforschungen ist das gesamte Areal innerhalb des Walles dicht bebaut und genutzt gewesen. Handwerksbereiche und Produktionsstätten reihten sich dicht an dicht aneinander. Neben dem Handel mit Rohstoffen und Waren aus fast allen Gebieten Europas kommt der massenhaften Produktion der unterschiedlichsten Gegenstände eine besondere Bedeutung zu und ist durch die Ausgrabungen reichhaltig belegt.

Aufgrund seiner Lage an der Südgrenze Dänemarks lässt sich ein starker Einfluss aus dem karolingischen und späteren deutschen Reich festmachen. Nach 934 scheint Haithabu für Jahrzehnte unter der Kontrolle der Ottonen gestanden zu haben. Nach ersten Missionsversuchen im 9. Jh., die mit dem Heiligen Ansgar verbunden sind, kam es 948 schließlich zur Bildung von ersten Bistümern in Ribe, Århus und Schleswig. Wo der Bischof und der König oder seine Amtsträger zu dieser Zeit residierten, bleibt noch unbekannt.

Haithabu behielt seine internationale Bedeutung als Handels- und Produktionszentrum bis in die Mitte des 11. Jahrhunderts. Nach Zerstörungen in den Jahren 1050 und 1066 wurde der Ort aufgegeben und in den späten 1060er- bis frühen 1070er-Jahren an das Nordufer der Schlei in den Bereich der entstehenden mittelalterlichen Stadt Schleswig verlegt.

KAROLINGISCHES JENSEITS DER GRENZE Zahlreiche kleine Pseudo-Münzfibeln aus der zweiten Hälfte des 9. Jahrhunderts belegen die Beliebtheit dieses jüngerkarolingischen Kleidungsbestandteiles auch im grenznah gelegenen Haithabu.

LITERATUR

C. von Carnap/V. Hilberg/J. Schultze, Research in Hedeby. Obligations and Responsibilities. In: C. von Carnap (Hrsg.), **QUO VADIS? STATUS QUO AND FUTURE PERSPECTIVES OF LONG-TERM EXCAVATIONS IN EUROPE.** Schriften des Archäologischen Landesmuseums Ergänzungsreihe 10 (Neumünster/Hamburg 2014) 225–248.

V. Hilberg, Zwischen Innovation und Tradition. Der karolingische Einfluss auf das Münzwesen in Skandinavien. In: K. P. Hofmann/H. Kamp/M. Wemhoff (Hrsg.): **DIE WIKINGER UND DAS FRÄNKISCHE REICH. IDENTITÄTEN ZWISCHEN KONFRONTATION UND ANNÄHERUNG.** MittelalterStudien 29 (München 2014) 133–215.

V. Hilberg/S. Kalmring, Viking Age Hedeby and Its Relations with Iceland and the North Atlantic: Communication, Long-distance Trade and Production. In: D. Zori/J. Byock (Hrsg.) **VIKING AGE ARCHAEOLOGY IN ICELAND: MOSFELL ARCHAEOLOGICAL PROJECT.** Cursor Mundi 20 (Turnhout 2014) 221–245.

S. Kalmring, **DER HAFEN VON HAITHABU.** Ausgrabungen in Haithabu 14 (Neumünster 2010).

K. Schietzel, **SPURENSUCHE HAITHABU. DOKUMENTATION UND CHRONIK 1963–2013** (Neumünster/Hamburg 2014).

FEDIR ANDROSHCHUK

BYZANZ UND DER OSTEN

Die geografische Lage der skandinavischen Länder war maßgeblich entscheidend dafür, in welche Richtungen sich die Skandinavier für Handel und Raubzüge in der Wikingerzeit orientierten. Während die Britischen Inseln, Irland und Westeuropa für die wikingerzeitliche Bevölkerung des heutigen Dänemarks und Norwegens attraktiv waren, zog es die im heutigen Schweden und Teilen Dänemarks siedelnde Bevölkerung in die baltischen Länder sowie die Gebiete des modernen Russlands und der heutigen Ukraine.

Bevor die Rus' die Bildfläche betraten, bestand das riesige Gebiet Osteuropas aus einem Konglomerat verschiedener Stammesverbände (s. Karte S. 21). Das größtenteils bewaldete und unwegsame Gebiet konnte nur über Flüsse wie Wolchow, Dwina, Dnjepr, Prypjat, Bug, Desna und Wolga durchquert werden. Die lokale Bevölkerung lebte hauptsächlich von der Jagd, Viehzucht und Landwirtschaft. Einfache Dörfer, bestehend aus Wohngebäuden, Stallungen und Vorratsgruben zur Speicherung von Getreide prägten die damalige Kulturlandschaft. Kleine befestigte Anlagen dienten zu Schutz und Sicherung. Einige dieser Anlagen entstammten bereits der frühen Eisenzeit und dienten lediglich als vorübergehender Schutzort, andere waren lokale Machtzentren, in denen Tributzahlungen eingezogen und gesammelt wurden.

Über die sozialen Strukturen der lokalen Bevölkerung Osteuropas ist bis heute wenig bekannt. Auf der Grundlage arabischer Quellen nimmt man für die Slawen freie Bauern ebenso an wie lokale Clanführer. Für Letztere werden mit Speer, Lanze und Schild ausgerüstete Gefolgsleute vermutet. Verschiedene Funde wie Glasperlen, Schmuck und sogar Amphoren belegen Handels- oder andere Kontakte der Slawen zu den Chasaren und Byzanz, lange vor der Ankunft der Skandinavier.

WIKINGER ENTLANG DER WOLGA IM 9. JAHRHUNDERT

Die Wolgaroute, die im Süden und Osten in das chasarische Khaganat und tiefer in die Kalifate führte, war besonders attraktiv für die Skandinavier des 9. Jahrhunderts. Aus dem ursprünglich episodischen Vordringen bewaffneter Gruppen wurde allmählich eine planmäßige Besiedlung im Südosten des Ladogasees sowie an der oberen Wolga. Die Festungsanlage von Sarskoje einerseits und das unbefestigte Timerjovo andererseits sind charakteristische Siedlungstypen dieser Zeit.

Topografie und Aufbau von Timerjovo, Michajlovskoje und Petrovskoje legen nahe, dass jene großen ländlichen Siedlungen typisch für diese Region sind. Sie liegen abseits der bedeutenden Wasserwege und zeigen keine Besonderheiten eines lokalen administrativen Zentrums. Natürliche Ressourcen wie Wasser, Acker- und Weideland waren die wichtigsten Standortfaktoren für die Siedler. Am wahrscheinlichsten ist, dass diese unbefestigten Siedlungen auf eine agrarische Besiedlung der Wolga-Region jener Zeit hindeuten. Vermutlich wurde der soziale Kern der Siedler durch einflussreiche Bauern repräsentiert, die offenbar beides beherrschten, einen Hof als auch ein Schwert zu führen.

DIE RAUBZÜGE DER WIKINGER NACH BYZANZ IM 9. JAHRHUNDERT

Wann genau Skandinavier erstmals nach Byzanz gelangten, ist unklar. Einige Hinweise sprechen aber dafür, dass dies in die Regierungszeit des Kaisers Theophilos fiel. Die Annalen von St. Bertin berichten darüber, dass Gesandte des Kaisers Theophilos den Hof Ludwig des Frommen in Ingelheim am 18. Mai 839 besuchten. Man erfährt hier:

»Ebenso schickte er mit seinen Gesandten einige Männer, die sagten, sie werden Rhos genannt und wären zu ihm von ihrem König geschickt worden, der Khagan genannt wird, um Freundschaft zu knüpfen, so behaupteten sie .... Als der Kaiser (Ludwig der Fromme) die Gründe für ihr Erscheinen genauer untersuchen ließ, entdeckte er, dass sie zu den Sueonen gehörten«.

BYZANTINISCHES SIEGEL, gefunden in Haithabu. Es trägt den Namen Patrikios Theodosios.

Es stellt sich also eine wichtige Frage: Wie kommt es, dass Svear als Rhos bezeichnet werden und sie selbst ihren König Khagan nennen?

Für die arabischen Schriftsteller war die Identität der Rus' unverkennbar; sie unterschieden klar zwischen den Rus' und ihren Nachbarn, den Slawen, in fast jeder Hinsicht, angefangen bei der Kleidung bis hin zu ihrem Lebensstil und Aktivitäten. Nach ihren Beschreibungen trugen die Slawen Leinengewänder und Lederstiefel sowie Speere und Schilde im Kampf, wohingegen die Rus' kurze, kaftanähnliche Mäntel mit Knöpfen und weite Hosen und ihre Frauen Armringe, Perlen und Ringe, mit »Kreisen« auf der Brust trugen. Im Gegensatz zu den ansässigen Slawen besaßen die Rus' keine festen Besitztümer, sondern lebten von dem, was sie mit dem Schwert erbeuteten. Quellen aus dem östlichen Teil der muslimischen Welt sprechen davon, dass den Rus' ein Anführer vorstand, der in einigen Quellen als »Malik« und anderen »Haqan« bezeichnet wird. Nach Ibn Rustah und Ibn Hauqal (10. Jahrhundert) verhandelten die Rus' Zobel, Hermelin, Eichhörnchen, Honig sowie Wachs und unterhielten Handelsbeziehungen mit den Chasaren und Byzanz. Al-Mas'ūdī (10. Jahrhundert) berichtet, dass einige Rus' als Krieger des chasarischen Königs im Land der Chasaren lebten; andere lebten an den Küsten des Kaspischen Meeres, unter ihnen Händler, die mit der Hauptstadt der Bulgaren Geschäfte machten, Andere mit Rom, Byzanz und den Chasaren.

Es gibt einige bemerkenswerte Funde, die auf die Kontakte zwischen Skandinavien und der byzantinischen Elite dieser Zeit hinweisen. Drei byzantinische Siegel wurden auf dänischem Gebiet entdeckt. Eines stammt von dem Handelsplatz Haithabu und trägt den Namen Patrikios Theodosios, der die Titel *chartoularios* und *protospatharios* innehatte. Zwei weitere in Dänemark gefundene Siegel, aus Ribe und Tissø, tragen ebenfalls den Namen des Theodosios. Ein anderer nennenswerter Fund byzantinischen Ursprungs stammt aus Haithabu. Es handelt sich um eine Goldmünze des Theophilos mit der Darstellung von Michael und Konstantin VIII., geprägt zwischen 825 und 840, die zu einer Frauenfibel umgearbeitet wurde. Die Siegel können als indirekter Beweis früher militärischer Kontakte zwischen Byzanz und Wikinger-Eliten im 9. Jahrhundert interpretiert werden und sollten in Bezug zu militärischen Auseinandersetzungen zwischen Byzanz und der arabischen Welt gesehen werden. Wir wissen, dass Kaiser Theophilos wegen dieser Auseinandersetzungen Hilfe in Venedig, Ingelheim und Spanien suchte. Die Wikinger könnten als gute Kandidaten gesehen worden sein, um diese Probleme zu lösen. Wie oben gesehen, können die Titel der Siegel mit den militärischen Aktivitäten ihrer Träger verknüpft werden, womit der Bedarf an Söldner der Hauptgrund der byzantinischen Kontakte zu den Nordmannen gewesen sein dürfte.

KAISERLICHE GOLDMÜNZE Münze des Theophilos mit der Darstellung von Michael und Konstantin VIII., geprägt zwischen 825 und 840. Sie wurde im Norden zu einer Frauenfibel umgearbeitet.

MÄCHTIGE BEFESTIGUNG Konstantinopel, die Mauer entlang des Marmarameers. Der Turm trägt eine Inschrift des Kaisers Theophilos.

Vermutlich aufgrund der Raubzüge und Plünderungen der Skandinavier, baten die Chasaren Byzanz um militärische Hilfe. 837 entsandte Theophilos seinen offiziellen *spatharokandidatos* Petronas Kamateros zur Beaufsichtigung der Arbeiten an der Befestigungsanlage Sarkel am linken Ufer des unteren Don. Zur gleichen Zeit verstärkte er die Befestigung Konstantinopels, besonders die Mauern entlang des Bosporus. Diese Maßnahmen machten sich 860 bezahlt, als Wikinger Konstantinopel angriffen. In diesem Jahr drangen 200 Schiffe der Rhos (so wurden die Rus' in den griechischen Quellen genannt) über den Bosporus ein, belagerten die Stadt monatelang, töteten zahlreiche Menschen und plünderten im Umland.

Aus byzantinischen Quellen lernen wir, dass die Rhos nach einem kurzzeitigen Rückzug nach Russland zurückkehrten und darum baten, christianisiert zu werden. Ebenso bezeichnet der Patriarch Photius in seinen regelmäßigen Berichten an die orientalischen Patriarchen um 867 die Rhos als Christen unter dem Schutz des Reiches, wobei für diese frühen Zeiten die Bezeichnung der Rhos als Christen kaum ernst zu nehmen ist; zumal wir wissen, dass im Zuge dieser Bekehrungen großzügig Geschenke unter den Barbaren verteilt wurden. Es erscheint nur zu offensichtlich, dass es die Konvertiten hauptsächlich auf diese Geschenke abgesehen hatten.

Den materiellen Beweis solcher erster Kontakte mit dem byzantinischem Christentum liefern einige Objekte des berühmten Hoen-Hortes im Südosten Norwegens, niedergelegt in der 2. Hälfte des 9. Jahrhunderts. Es handelt sich um zwei byzantinische Solidi von Constanin V. (751-775) und Michaels III. sowie Theodora (843-856). Der Hort umfasst darüber hinaus ein fein gearbeitetes goldenes Kettenglied mit einer griechischen Inschrift, welches vermutlich als Reliquiar diente.

DER GRÖSSTE GOLDSCHATZ DER WIKINGERZEIT ▸ Die Schmuckstücke und Münzen im Schatzfund von Hoen (niedergelegt in der zweiten Hälfte des 9. Jahrhunderts) stammen aus England, dem Fränkischen Reich, Russland, Byzanz und dem arabischen Raum.

RHOSÍA – DAS LAND DER RUS‘

Die florierenden Siedlungen von Gnezdowo, Shestovitsa, Tschernigow und Kiew im 10. Jahrhundert passen perfekt zu der Idee einer Orientierung der Handelsrouten Richtung Byzanz. Natürlich wurden diese Zentren nicht alle gleichzeitig gegründet. Gnezdowo scheint die früheste von Skandinaviern errichtete Niederlassung in der Dnjepr-Region zu sein.

Die Gründung Shestovitsas an der Desna verfolgte vermutlich zwei Ziele, sowohl den Zugang zum Dnjepr als auch Richtung der chasarischen Routen zu ermöglichen. Die Fundstelle liegt günstig und wurde für Reparaturarbeiten und Ausrüstung der Schiffe ebenso genutzt wie als Winterlager. Die Überreste von ganzen und fragmentierten Schiffsnägeln sowie Hinweise auf eine entwickelte Pechproduktion und Schmiedehandwerk unterstützen diese Interpretation ebenso wie eine große Nekropole, die an einem tiefer gelegenen Areal näher am Fluss angelegt wurde.

Für Kiew ist die Ankunft der Skandinavier in der Nestorchronik im Jahr 862 erwähnt. Sie berichtet, wie sie unter der Führung von Olegs Bojaren (Anführern) Askold und Dir den Dnjepr herunterkamen und die slawische Stadt einnahmen. Archäologische Beweise hierfür fehlen jedoch. Sowohl im oberen als unteren Teil Kiews kann das skandinavische Fundmaterial lediglich in das zweite Viertel des 10. Jahrhunderts datiert werden, d. h. in die Zeit, als der untere Bereich der Stadt bereits bestand. Das bedeutet, dass jeglicher skandinavische Einfluss auf die urbane Entwicklung Kiews fraglich ist. Auf die zentrale Rolle Kiews in dieser Zeit wird jedoch in der Abhandlung »*De administrando imperio*« hingewiesen und ermöglicht es, Kiew als eine Art Herz der Rhosía zu interpretieren.

Entsprechend den Darstellungen von Konstantin Porphyrogenitus lag Rhosía am oberen Dnjepr, nahe dem Gebiet der Petschenegen, die eine permanente Gefahr und ein ernst zu nehmendes Hindernis auf der Route der Rus‘ nach Byzanz darstellten. Das Land der Petschenegen war eine Tagesreise von Rhosía entfernt, weshalb die Rus‘ in ständiger Bedrohung lebten. Die Rus‘ betrieben weder Ackerbau noch Viehzucht, was sie deutlich von den Skandinaviern unterschied, die im Südosten am Ladoga-See und der oberen Wolga siedelten. Vieh, Pferde und Schafe kauften sie von den Petschenegen. Ihre Haupteinnahme stellen die Tributzahlungen der Slawen und der Verkauf von Waren dar, vor allem Sklaven nach Byzanz.

Der Hauptgrund für die Niederlassung der Rus‘ in der mittleren Dnjepr-Region war ihr Bestreben, den sie umgebenden Stämmen Tribute abzuzwingen und am Handel mit Byzanz teilzuhaben. Dies ging einher mit der Nachfrage Byzanz‘ nach Wachs, Honig, Korn und seltenen Fellen. Zur gleichen Zeit bedurften einige Handelsaspekte einer gewissen Regelung, speziell von Seiten Byzanz‘.

ÜBERFÄLLE AUF DIE KASPISCHE KÜSTE IM 10. JAHRHUNDERT

Im Jahr 911/12 griffen die Rus‘ die Kaspische Küste an. Den Aufzeichnungen Al-Mas‘ūdīs zufolge hatten ihre Schiffe die ausdrückliche Erlaubnis der Chasaren, den Don ungehindert zu befahren; sie passierten die Wolga und die chasarische Hauptstadt Itil und weiteten ihre Angriffe über die gesamte Südküste des Kaspischen Meeres hin aus. Ihre Stützpunkte errichteten sie auf den Inseln wenige Meilen von Naphtha in der Gegend von Baku, von wo aus sie Handelsschiffe angriffen. Nach einigen Monaten segelten sie mit ihren Gefangenen und ihrer Beute zurück zur Mündung der Wolga. Hier wurden sie überraschend von muslimischen Chasaren überfallen und nach dreitägigen Kämpfen bezwungen.

Im Jahr 943/44 unternahmen die Rus‘ einen Angriff auf die Stadt *Berdha‘a* (Barda), die der persische Geograf Al-Istakhri (Estakhri, verstorben 951) als große, blühende Stadt mit reichen Feldern und Obstgärten beschreibt. Der Ort war bekannt für seine Seidenproduktion, die nach Persien und Chusistan verhandelt wurde. Diese große, quadratisch angelegte Stadt (vier bis fünf Meilen in Länge und Breite) war gut befestigt und im Flachland gelegen. Während der umayyadischen und abbasidischen Epoche war sie die Residenz der arabischen Statthalter Armeniens.

Der persische Gelehrte Ibn Miskawayh (932–1030) hinterlässt uns eine schillernde Beschreibung des Überfalls der Rus‘ auf diese Stadt. Er schreibt:

»Nachdem sie das Meer, das an ihre Länder spült, besegelt hatten, kreuzten sie einen gewaltigen Strom, den Kur, der in den Bergen Aserbaidschans und Armeniens entspringt.«

Offensichtlich handelt es sich bei diesen Rus‘ um jene, die im Gebiet hinter dem Land der Chasaren lebten, sehr wahrscheinlich am oberen Lauf der Wolga, wo die bereits erwähnten skandinavischen Siedlungen Timerjovo, Michajlovskoje und Petrovskoje gegründet wurden. Bereits in der ersten Schlacht wurde die Armee von Barda vernichtet. Dabei zeigte sich ein neuer Aspekt ihrer Raubzüge, indem sich die Rus‘ nicht mehr alleine auf die Plünderung konzentrierten, sondern vielmehr auf die Errichtung einer dauerhaften Souveränität abzielten, ohne sich dabei in Fragen lokaler Religion einzumischen. Da die Bewohner der Stadt die Forderungen der Rus‘ zurückwiesen, gaben Letztere ihnen drei Tage, um die Stadt zu verlassen. Alle nach diesem Ultimatum in der Stadt befindlichen Menschen wurden getötet oder gefangen genommen. Die Rus‘ richteten sich im Festungsquartier der Stadt ein, in das sie die Reichtümer, Essensvorräte und die gefangen genommenen Frauen und Kinder unterbrachten. Allen gefangenen Männern wurde die Möglichkeit gegeben, sich selbst freizukaufen. Das Kopfgeld betrug 20 Dirham für jeden Mann. Marsuban, der muslimische Statthalter der Stadt, sammelte Männer für einen Gegenangriff auf die Rus', der jedoch erfolglos blieb. Es entbehrt nicht einer gewissen Ironie, dass die Rus' die Stadt schließlich doch aufgaben, nicht weil es ihnen an Courage mangelte, sondern weil ein Ausbruch der Ruhr sie stark dezimierte und somit zum Rückzug zwang. Sie verließen die Stadt mit ihrer Beute Richtung Kur, wo ihre Schiffe lagen. Die Stadt Barda indes hat sich von diesem Angriff nie wieder erholt.

DIE RUS' UND BYZANZ IM 10. JAHRHUNDERT

Bis 941 waren die Beziehungen zwischen Byzanz und den Rhos verhältnismäßig gut. Im Jahr 911 schloss Prinz Oleg ein Friedensabkommen mit den Kaisern Leo und Alexander, das die Beziehungen zwischen den Rhos und den Griechen in juristischen Fragen wie Kriminalität, Besitz und Kriegsgefangenen regelte. Handelsfragen werden in dem Abkommen kaum behandelt, der Fokus des Textes liegt vielmehr auf der militärischen Zusammenarbeit der Rhos mit Byzanz. Von den Rhos wissen wir, dass sie bereits in den Jahren 910/11 mit 700 Mann an einem byzantinischen Seezug gegen Kreta teilnahmen. Im Jahr 935 beteiligten sich 415 Rhos auf sieben Schiffen an den Feldzügen Kaiser Romanus I. nach Italien. Die Rhos wurden im byzantinischen Ränkespiel gegen die Chasaren aktiv von Byzanz eingesetzt. Kaiser Romanus Lecapenus stachelte den »Russen-König« »H-L-G-W« dazu auf, die chasarische Stadt »S-m-k-r-ts« (Tamatarcha) anzugreifen. Der chasarische Feldherr Pesach konnte ihn jedoch aufhalten und zwang »H-L-G-W«, stattdessen Byzanz anzugreifen. »H-L-G-W« ist offensichtlich der Name des russischen Prinzen Oleg. Es scheint, dass Oleg und Igor gemeinsam einen Raubzug nach Konstantinopel unternahmen. Dieser Angriff ist sowohl in byzantinischen als auch in slawischen Quellen dokumentiert. Ihnen zufolge setzten die Rhos im Juni des Jahres 941 mit zehntausend Schiffen über das Schwarze Meer und verwüsteten die Küstenregionen Paphlagonien und Bithynien. Um sie aufzuhalten, rückte die byzantinische Armee sowohl über Land als auch zur See gegen sie vor. Da die Rhos sich einem ernst zu nehmenden Versorgungsproblem gegenübersahen und ihnen zudem die Griechen auf den Fersen waren, versuchten sie, über Thrakien zu fliehen. An der südlichen Mündung in den Bosporus erwartete sie Patrician Theophanes und hielt sie mithilfe des Griechischen Feuers auf. Viele Schiffe fielen den Flammen zum Opfer, doch einige kleinere Schiffe und ihre Besatzung konnten entkommen und sich an die kilikische Küste und wahrscheinlich nach Persien retten, wo hebräischen Schriftquellen des 10. Jahrhunderts zufolge Oleg starb. Igor zog sich mit den Resten ihrer Armee zu den Rus' zurück.

Im Jahr 944 schloss Igor zusammen mit anderen Abgesandten der Rhos ein neues Friedensabkommen mit den Griechen. Wie das vorangegangene, so regelte auch dieses Abkommen die Fragen bezüglich Straftaten und Besitzverhältnissen, ein neuer Artikel beschäftigte sich jedoch mit dem Handel, im Besonderen mit speziellen Einschränkungen beim Kauf seidener Textilien. Dem Abkommen gemäß sollten im Jahre 945 Rus'sche Händler in Konstantinopel

»

»Vorräte für sechs Monate erhalten und bei ihrer Rückkehr nach Hause Lebensmittel, Anker, Taue und Segel.«

«

Während ihres Aufenthaltes in der Stadt wurde ihnen zudem eine Unterkunft in einem bestimmten Ort im St.-Mamas-Viertel bereitgestellt.

Nicht zufällig setzen ab der Mitte des 10. Jahrhunderts Funde byzantinischen Ursprungs, darunter Münzen und Seide, in der Elitenkultur in der Rhosía und auch in Skandinaviens ein.

Überreste von Seide wurden in reich ausgestatteten wikingerzeitlichen Gräbern sowohl in Skandinavien als auch in Osteuropa gefunden. Eine Sammlung dünner Seidenstreifen wurde in den königlichen dänischen Gräbern von Jelling, Mammen und Ladby dokumentiert.

Im Laufe des 10. Jahrhunderts beteiligten sich die Rhos an mehreren militärischen Aktionen von Byzanz. An dem erneuten Seezug gegen Kreta im Jahr 949 nahmen 629 Krieger der Rhos teil, 954-55 kämpften Truppen der Rhos unter Bardas Phocas in Syrien und in den Jahren 964-65 unter Nikephoros' Armee auf Sizilien. Schließlich ist überliefert, dass Nikephoros Truppen der Rhos für seinen Angriff auf Bulgarien rekrutierte.

Die militärischen Kontakte mit Byzanz werden im archäologischen Fundstoff in Form von drei byzantinischen Siegeln bestätigt, die in Kiew und Shestovitsa gefunden wurden und in die erste Hälfte des 10. Jahrhunderts datieren. Die Eigentümer dieser Siegel waren *Protospatharios* - ein Würdentitel, der unter anderem an verdiente Generäle verliehen wurde. Dagegen weisen aus Blei gefertigte Siegel auf Söldner hin. Ein in Süd-Rhosía gefundenes Exemplar trägt die Namen der Kaiser Basileios II. und Konstantin VIII. (975-1025). Zwei Siegel des Theophylaktos, *Protospatharios* und *Strategos* (Ende 10./Anfang 11. Jahrhundert) wurden in Rjurikovo Gorodishche und Nowgorod gefunden.

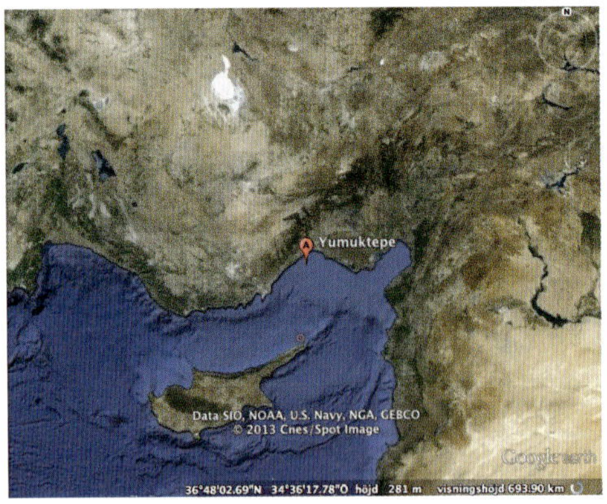

Die Lage von Yumuktepe an der türkischen Küste auf Google Maps.

Bis vor Kurzem gründete sich das Wissen über skandinavische Söldner im byzantinischen Reich überwiegend auf schriftlichen Quellen, materielle Hinterlassenschaften sind immer noch selten. Als ein Beispiel hierfür kann ein kürzlich entdeckter Fund aus Yumuktepe (Mersin) in der Südtürkei herangezogen werden. Hier entstand am Ende des 10. Jahrhunderts auf einer Hügelkuppe eine kleine byzantinische Festungsanlage, die von dort aus die unter ihr liegende Ebene kontrollierte. Zu Beginn des 11. Jahrhunderts war sie zu einer kleinen, mit einer umlaufenden Mauer befestigten Siedlung mit einer Kirche und Grabkapelle im Zentrum gewachsen. Aus einem Annex der Befestigungsanlage stammt ein Eisenschwert skandinavischen Typs. Der Eigentümer war offenbar ein Angehöriger der Militäraristrokatie, der mit seinem Haushalt im 11. Jahrhundert in Yumuktepe residierte, während er im Dienst des Kaiserreichs stand. Offensichtlich stammt das Schwert aus der byzantinischen Gründungsphase, sehr wahrscheinlich aus der Zeit der Konsolidierung der ländlichen Festung am Ende des 10. Jahrhunderts im Grenzland. Dass skandinavische Söldner in der byzantinischen Armee dienten, ist in schriftlichen Quellen belegt; sie werden Waräger genannt. Hier wurde nun erstmals ein materieller Beweis für ihre Anwesenheit in Kleinasien dokumentiert.

Der letzte Feldzug der Wikinger nach Byzanz fällt in die Zwanziger Jahre des 11. Jahrhunderts. In der Kaisergeschichte des Johannes Skylitzes wird berichtet, dass in dieser Zeit 800 Krieger, angeführt von einem gewissen Chrysocheir, einem Verwandten von Vladimir aus Kiew, zuerst nach Konstantinopel kamen und durch das Marmarameer weiter nach Abydos segelten, wo sie den byzantinischen Kommandanten besiegten und dann weiter nach Lemnos übersetzten, dort aber von der byzantinischen Marine vernichtend geschlagen wurden. Möglicherweise ist ein materieller Beweis für den Feldzug des Chrysocheir eine Gruppe schwedischer Runensteine, die in die Zeit zwischen 1020 und 1040 datieren und Männern gedenken die nach Byzanz reisten und/oder dort starben. Diese Steine stehen im südöstlichen Teil Upplands – sehr wahrscheinlich der Heimat von Teilnehmern am Raubzug des Chrysocheir.

Der Niedergang der schwedischen Handelsstadt Birka in der zweiten Hälfte des 10. Jahrhunderts steht im direkten Zusammenhang mit dem zunehmenden Aufschwung der südlichen Rus'. Das Hauptaugenmerk lag nunmehr auf dem Handel mit Seide und dem Austausch mit Byzanz. Diese Geschäfte wurden von Konstantinopel und Kiew aus kontrolliert. Die gesellschaftliche Zusammensetzung der Einwohner Birkas bestand zum großen Teil aus Nichtsesshaften, die, da sie vermutlich kein nennenswertes Erbe von ihren Eltern erwarten konnte, zu einem Leben zwischen Handel und Raubzügen gezwungen waren. Der Osten, mit seinen Reichtümern und sozialen Aufstiegsmöglichkeiten, bot ihnen noch weit bessere Aussichten. Nicht zufällig datiert das Ende Birkas um das Jahr 970. Wir wissen, dass in den Sommern der Jahre 968 und 969 Svjatoslav, der Prinz Kiews, in Bulgarien einfiel und seine Hauptstadt nach Preslaw an der Donau verlegen wollte. Byzanti-

TOD IN DER FERNE Die Inschrift auf dem Runenstein von Angarn, Schweden (U 201) lautet: »Tägn und Gödärv und Sunatr und Torulf ließen diesen Stein errichten im Gedenken an Toke, ihren Vater. Er starb in Griechenland. Gott helfe seinem Geist und seiner Seele.«

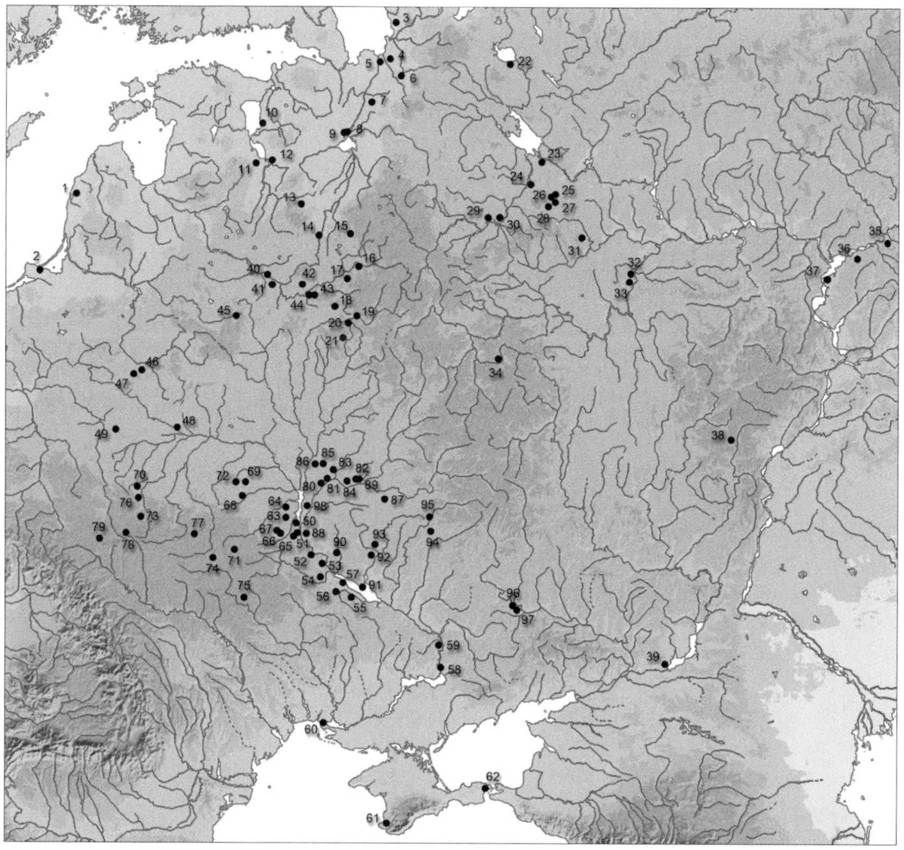

ZEUGNISSE DES AUSTAUSCHS
Fundorte von Gegenständen skandinavischer Herkunft in Osteuropa.

nische Quellen halten fest, dass unter den Kriegern Svjatoslavs auch Skandinavier und Magyaren (Ungarn) dienten. Nachdem er seine Position in Bulgarien verloren hatte, zog er sich zurück und wurde auf seinem Weg nach Kiew 971 von Petschenegen getötet. Die Überreste seiner Armee kann möglicherweise in den Gräbern Kiews, Tschernigows, Shestovitsas, Gnezdowos und sogar in einzelnen der spätesten Gräber Birkas lokalisiert werden, die Gürtelbestandteile und Waffen ungarischen Ursprungs enthalten.

Die zunehmende Ausdehnung der Kontrolle und des Herrschaftsanspruchs Kiews west-, süd- und ostwärts spiegelt sich in der Ausbreitung militärischer Präsenz auf zahlreichen ländlichen Fundplätzen in der südlichen Rus' wider. Skandinavische Objekte wie Schwerter, Speerspitzen, Ortbänder, Fibeln und Gürtelgarnituren des 10. und 11. Jahrhunderts sind dort ebenso anzutreffen. An dieser Stelle muss betont werden, dass auch weibliche Ausstattungsgegenstände wie Schmuck der gleichen Zeitstellung in diesen Anlagen entdeckt wurden. Das Verbreitungsmuster der skandinavischen Objekte zeigt deutlich, dass diese nicht über die Handelsrouten zu den Fundplätzen verhandelt wurden, sondern mit ihren Eigentümern dorthin gelangten, die aktiv an der Aufsiedlung und dem Aufbau administrativer Strukturen in den »russischen« Ländern beteiligt waren.

LITERATUR

F. Androshchuk, **VIKINGS IN THE EAST. ESSAYS ON CONTACTS ALONG THE ROAD TO BYZANTIUM (800–1100).** Studia Byzantina Upsaliensia 14 (Uppsala 2013)

F. Androshchuk/J. Shepard, M. White (Hrsg.), **BYZANTIUM AND THE VIKING WORLD.** Studia Byzantina Upsaliensia 16 (Uppsala 2016).

W. Duczko, 2004. **VIKING RUS: STUDIES ON THE PRESENCE OF SCANDINAVIANS IN EASTERN EUROPE** (Leiden, Boston 2004).

S. Franklin, J. Shepard, **THE EMERGENCE OF RUS' 750–1200** (London, New York 1996).

C. Hedenstierna-Jonson, Magyar – Rus' – Scandinavia: Cultural Exchange in the Early Medieval Period. **SITUNE DEI** 2009, 47–56.

E. A. Melnikova, **THE EASTERN WORLD OF THE VIKINGS: EIGHT ESSAYS ABOUT SCANDINAVIA AND EASTERN EUROPE IN THE EARLY MIDDLE AGES** (Göteborg 1996).

M. Müller-Wille (Hrsg.), **OLDENBURG – WOLIN – STARAJA LADOGA – NOVGOROD – KIEV. HANDEL UND HANDELSVERBINDUNGEN IM SÜDLICHEN UND ÖSTLICHEN OSTSEERAUM WÄHREND DES FRÜHEN MITTELALTERS** (Mainz 1988).

E. Piltz (Hrsg.), **BYZANTIUM AND ISLAM IN SCANDINAVIA** (Jonsered 1998).

J. Shepard, The Viking Rus and Byzantium. In: S. Brink/N. Price (Hrsg.), **THE VIKING WORLD** (London, New York 2008) 496–516.

VARANGIAN PROBLEMS. Scando-Slavica Supplem. 1 (Kopenhagen 1970).

PRUNKFIBEL Diese außergewöhnlich prunkvolle, nahezu barock anmutende Fibel wurde wohl von einem skandinavischen Handwerker in der Rus gefertigt. Fragment einer gleicharmigen Fibel, Elec, Russland, 10. Jh. St. Petersburg, Staatliche Eremitage.

WIKINGER-MODE Die Wikinger im Osten trugen Gürtel mit zahlreichen Metallbesätzen und Pluderhosen, eine Mode, die auch nach Skandinavien überschwappte. Anhängerfigur: Mann in Pluderhosen, Uppåkra, SE, Silber, 9.–10. Jh. Lunds Universitets Historiska Museum.

RADZIWILL-CHRONIK Entstanden im späten 15. Jahrhundert in Litauen, schildert sie die Geschichte der russischen Staatswerdung. Die Buchmalereien zeigen Episoden aus der Geschichte Kiews. Igor, Fürst von Kiew, fiel 945 in der Schlacht gegen die Drewljanen. Aus Rache ließ seine Witwe Olga die Gesandten der Drewljanen im Bad verbrennen (oben). Im unteren Bild lässt sie das Grab für ihren Gatten errichten.

ри и повелѣ зажечь а ѿ двери. и тоу изгорѣша вси:

И посла к деревланом рекоуще сице. се оуже иду оу к васъ. да при
строите меды многы въ градѣ идеже оубисте моужа моего.
да плачю на гробѣ его. и створю трызну моужю своемоу
ѡни же то слышавше совезоша меды многы зѣло. и възва
риша. ѡлга же поимши мало дроужины. и легко идоуще
прииде ко гробоу его. и плакася по моужи своемъ. и повелѣ
людем ссоути могилоу великоу. и яко ссыпаша. и повелѣ
трызноу творити:

По семъ седоша пити деревлане. и повелѣ ѡлга ѿрокомъ
своимъ слоужити пред ними. и рѣша деревлане ко ѡлзѣ

WARÄGERGARDE Manche Wikinger dienten den byzantinischen Kaisern als Soldaten oder Leibwächter; hier Kaiser Theophilos (829–842). Die beiden bärtigen Männer ohne Kopfbedeckung an seiner Seite waren vermutlich Skandinavier.
Buchmalerei aus der Chronik des Geschichtsschreibers Johannes Skylitzes, 12./13. Jahrhundert.

ER BLIEB IM LAND DER SARAZENEN Zahlreiche Runensteine in Schweden berichten vom Scheitern eines letzten großen Wikingerzugs nach Osten. Der Runenstein von Stora Lundby (Sö 131) wurde von zwei Brüdern im Gedenken an ihren Bruder Skarde gesetzt, der an Ingvars Expedition teilgenommen hatte. Die Inschrift ist teilweise in Strophenform: »Fuhr ostwärts von hier / mit Ingvar. / In Serkland liegt / der Sohn Öivinds«.

TOD IM OSTEN Die Inschrift auf dem Runenstein von Turinge (Sö 338) gedenkt des *huskarls* Torsten. Er war »gefallen im Kampf im Osten in *Garðar*, der Führer der Kriegerschar und der beste der Männer im Land.« 11. Jahrhundert.

EXPANSION

CLARE DOWNHAM

DIE WIKINGER IN ENGLAND

Die Wikinger beeinflussten die Geschichte der englischsprachigen Bevölkerung Europas nachhaltig. In der Zeitspanne von den ersten dokumentierten Überfällen im späten 8. Jahrhundert bis zur Eroberung Englands durch Knut den Großen im Jahr 1016 unterlag die politische Geografie, Kultur und Identitäten der Angelsachsen einem tief greifenden Wandel. Ein Ergebnis dieses nachhaltigen Einflusses ist die große Rolle, die die Wikinger in der historischen Literatur vom Mittelalter bis in die Gegenwart spielen. In dieser Literatur reflektieren sich die allgemeinen Entwicklungen in der Geistes- und Ideengeschichte, vor allem im Hinblick darauf, wie Fragen nach regionaler Identität, Eroberungen, Migration und kultureller Assimilation behandelt werden.

Die moderne Forschungsdiskussion tendiert dazu, sich auf das Ausmaß und die Auswirkungen der Wikingersiedlung in England zu konzentrieren. Daneben wurde dazu aufgerufen, die Eliten der Wikinger und ihre Kontakte im Ausland zu erforschen. Nichtsdestoweniger erweist sich die politische Geschichte der Wikinger als kontrovers, da keine Einigkeit darüber besteht, was eine verlässliche Quelle ausmacht. Die Eckpfeiler der Geschichte der Wikinger sind stark geprägt von Texten, die erst nach der Wikingerzeit selbst entstanden sind, etwa die Schriften der Kirche von Durham ab dem 11. Jahrhundert und die isländische Sagaliteratur ab dem 13. Jahrhundert. Der Aussagewert dieser Quellen wird zunehmend infrage gestellt. Ebenso wurde die Heranziehung der skaldischen Versdichtung problematisiert, da weder das Entstehungsdatum noch der Originalkontext der Gedichte jeweils gesichert sind.

Der fragmentarische Charakter der zeitgenössischen Quellen wird durch eine eingehende Analyse bedeutender Texte weiter hervorgehoben. So sind beispielsweise »Die Angelsächsische Chronik«, die Biografie König Alfreds des Mönchs Asserius Menevensis, königliche Diplome und die Chronik Æthelreds alle verbunden mit englischen Königshöfen. Es handelt sich zum größten Teil um Berichte aus Wessex, mit deutlich weniger Informationen über die anderen Teile Englands. Zuweilen sind sie an den Interessen der königlichen Regierung ausgerichtet. Eine kürzlich erfolgte Neubewertung der schriftlichen Quellen wirft interessante Fragen auf, die die erhaltenen Berichte der angelsächsischen Geschichte infrage stellen und enthüllen, wie die von Historikern benutzte Terminologie von der Selektivität und Voreingenommenheit in den mittelalterlichen Schriftquellen beeinflusst wurde.

TIERFIGUR AUS UPPÅKRA Der Löwe, der gegen zwei Schlangen kämpft, gehörte zu liturgischem Gerät und könnte in einem Kloster erbeutet worden sein. Vielleicht gelangte die Tierfigur auch mit den ersten Missionaren nach Uppåkra.
Tierfigur, Bronze, Silber, Gold, rotes Glas, Uppåkra, SE. 8.–9. Jh. Lunds Universitets Historiska Museum.

Zwischen 790 und 830 überfielen Wikinger zahlreiche Klöster an den Küsten der Britischen Inseln.

Der erste aufgezeichnete Wikingerüberfall auf die Angelsachsen fiel unter die Herrschaft Beorhtrics, König der Westsachsen (786-802). Die Angelsächsische Chronik berichtet, dass drei Schiffe der Nordmänner in Portland (Dorset) landeten, wo sie den dortigen Vogt und sein Gefolge töteten. Ein anderer Angriff richtete sich gegen das Kloster Lindisfarne im Jahre 793, und eine weitere Attacke in Northumbria wird für das Jahr 794 berichtet. Die Angelsächsische Chronik erwähnt bis zum Jahr 835 keine weiteren Überfälle. Unbestritten ist jedoch, dass die Chronik nicht die ganze Geschichte erzählt. Eine Reihe von Urkunden, die durch die Könige Mercias von 792 bis 822 ausgestellt wurden, betreffen intensive Wikingeraktivitäten in Kent, sogar Wikingerlager existierten.

RANVAIKS SCHATZ
Dieses hausförmige Reliquiar aus dem 8. Jahrhundert wurde in Norwegen gefunden. Auf der Unterseite ist eine Runeninschrift: »Ranvaik gehört dieses Kästchen«. Vielleicht gelangte es als Beutegut aus einem irischen Kloster nach Norwegen.

In den Jahren zwischen 830 bis 850 scheinen sich die Überfälle zu häufen. Ein Bündnis zwischen Wikingern und den Bewohnern Cornwalls gegen Wessex wird für das Jahr 843 berichtet; es wurde jedoch besiegt. In den fränkischen Annalen St. Bertins wird für das Jahr 844 von einer bedeutenden englischen Niederlage berichtet, nach der die Wikinger »*terra pro libitu potiuntur*« (die Macht über das Land nach Belieben ergriffen). Darauf folgte rasch eine bedeutende Niederlage der wikingischen Streitverbände bei Aclea in Wessex im Jahr 851, festgehalten in der Angelsächsischen Chronik, den Annalen St. Bertins und den sogenannten »Fragmentierten Annalen Irlands«. Diese Berichte von Schlachten zwischen Wikingern und Angelsachsen in nicht-englischen Chroniken bezeugen die allgemeine Besorgnis über das Vorrücken der Wikinger in der westlichen Christenheit. Auf Kontakte der Wikinger untereinander deuten die Zusammensetzungen von Silberhortfunden hin, die während dieser Zeit niedergelegt wurden; auch kann durch den Vergleich schriftlicher Quellen aus anderen Regionen zuweilen darauf geschlossen werden.

Im Jahr 865/66 landete eine »Große Armee« in East Anglia. Im Verlauf der nächsten dreizehn Jahre feierten Abteilungen dieser Streitverbände eine Reihe bedeutender Siege. York fiel im Jahr 867, und das Königreich Northumbria wurde unterworfen. Dann, 869, wurde das Königreich East Anglia nach der Niederlage und dem Martyrium seines Königs Edmund erobert. Weitere Wikinger (eine »Sommer-Armee«) erreichten Fulham 871 und schlossen sich den bereits dort aktiven Wikingern an. 873 wurde Mercia unterworfen. 878 fiel Wessex unter wikingische Kontrolle, doch ein Sieg König Alfreds im gleichen Jahr stoppte die Eroberungsserie der Wikinger. Über die Herkunft jener Wikinger wurde in der Forschung kontrovers diskutiert. Die ursprünglichen Streitverbände scheinen aus einem Zusammenschluss verschiedener Flotten bestanden zu haben. Darunter könnten auch Wikinger gewesen sein, die bereits in den frühen 860er-Jahren in England waren, und Kontingente aus dem Westfrankenreich, das zunehmend unattraktiv wurde, sowie Kontingente aus Irland. Ívarr, einer der Anführer der Wikinger in England, kann mit Ívarr, König der Wikinger Irlands, identifiziert werden. Sein Gefolge kämpfte erfolgreich in den frühen 860er-Jahren in Nordbritannien und sie strebten bald nach der Macht über Northumbria. Der Angelsächsischen Chronik zufolge verteilte Hálfdan, Ívarrs Bruder und Nachfolger, Land in Northumbria unter skandinavischen Siedlern. Seine Unternehmungen in Nordbritannien wurden auch in irischen Chroniken festgehalten.

Drei Anführer der Wikinger, »Guthrum«, »Anwend« und »Oscetyl«, erreichten England vermutlich 871 und übernahmen 874 die Kontrolle über East Anglia. Im Verlauf der nächsten vier Jahre ergriffen ihre Anhänger Kontrolle über Teile Mercias und zogen gegen Wessex ins Feld. König Alfred, der zeitweise gezwungen war, sich im Marschland bei Somerset zu verstecken, errang einen großen Sieg in Edington und sicherte damit die Unabhängigkeit Wessex'. Als ein Ergebnis dieses Rückschlags verließ 878 eine Wikingerflotte England, um gegen das Frankenreich ins Feld zu ziehen. Unter dem Gefolge Guthrums wurde das Land in East Anglia aufgeteilt. In einem Vertrag, den Alfred und Guthrum kurz vor 890 schlossen, wurde die Grenze zwischen den von Engländern und Wikingern kontrollierten Gebieten (sie erstreckte sich von der Themse über Bedford bis zu Watling Street) festgelegt.

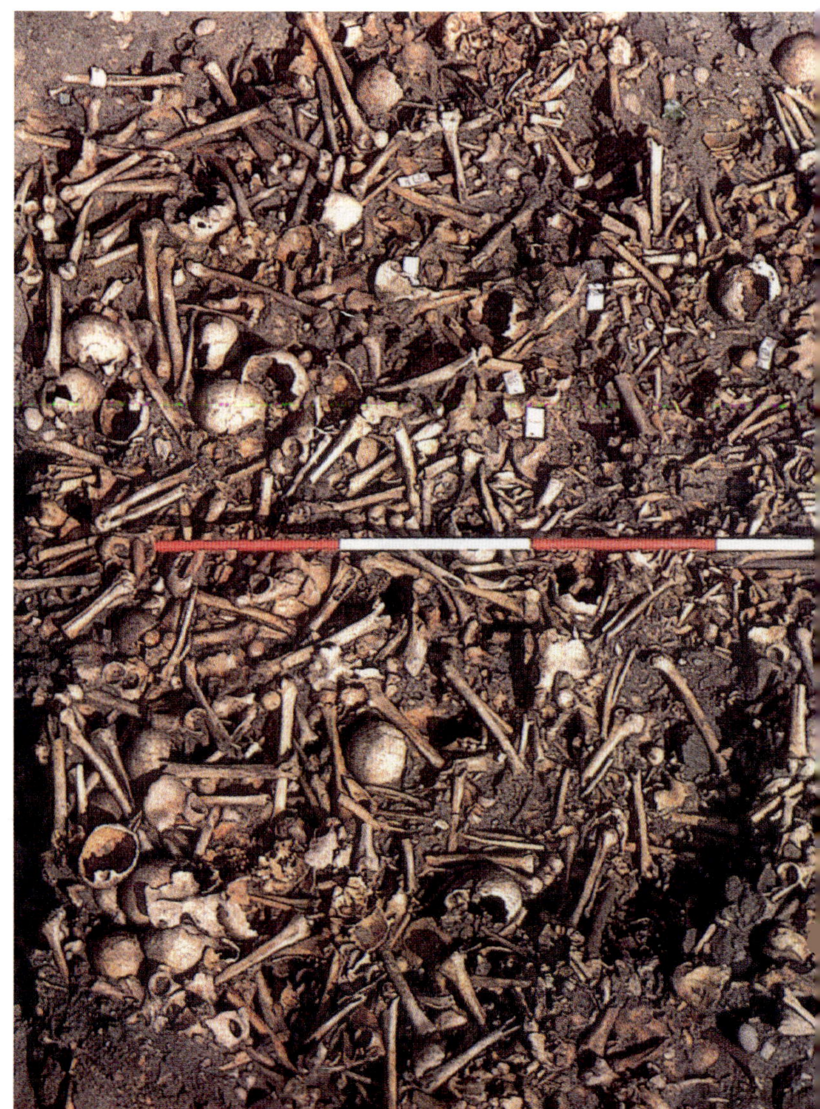

MASSENGRAB In Repton in Derbyshire wurden 1980–86 die Knochen von mindestens 250 Menschen ausgegraben. Die meisten waren Männer; es waren aber auch Frauen darunter. Teile der »Großen Armee« überwinterten 873/74 in Repton und starben hier wahrscheinlich an einer Epidemie.

DÄNISCHE HERRSCHAFT England im 9. Jahrhundert mit den angelsächsischen Königreichen und der 880 festgelegten Grenze zwischen dem »Danelag«, dem skandinavischen Einflussbereich, und dem restlichen England.

Eine weitere ernst zu nehmende Bedrohung für Alfreds Herrschaft durch die Wikinger entstand 892, als zwei große Flotten Kent erreichten. Sie hatten jedoch wenig Erfolg, obwohl sie Unterstützung von den Wikingern in Northumbria und East Anglia erhielten. 896 löste sich das Heer der Wikinger, die die größte Bedrohung für Alfred darstellte, auf. Einige ihrer Verbände ließen sich in Gebieten Englands nieder, die unter der Kontrolle der Wikinger standen, während andere in Richtung europäisches Festland aufbrachen. Die nachfolgende Politik König Alfreds mag auf diesen gescheiterten Eroberungszug der Wikinger zurückzuführen sein. Alfred ließ ein groß angelegtes Netzwerk von Befestigungsanlagen bauen und organisierte seine Armee neu. Seine Propaganda hatte das Ziel, seine Untertanen zu vereinen; und er schloss Verträge und Bündnisse, die darauf abzielten, seine Feinde zu spalten.

Alfreds Nachfolger führten seine Politik weiter und arbeiteten daran, Gebiete skandinavischer Siedler unter ihre Kontrolle zu bringen. Der Charakter der wikingischen Besiedlung ab dem 9. Jahrhundert wird immer noch kontrovers diskutiert. Wahrscheinlich ist die Zahl der skandinavischen Siedler in England geringer, als man früher annahm. Es wurden hitzige Diskussionen über die Größe von Streitverbänden geführt, ebenso über Ortsnamenanalysen und den Ablauf des kulturellen und linguistischen Wandels. Es kann allerdings festgehalten werden, dass die Zahl der Einwanderer nicht einfach von ihrer Wirkung auf die aufnehmende Gesellschaft abgeleitet werden kann. Vielmehr sind die Auswirkungen der skandinavischen Besiedlung in England eher der Dauer ihrer Herrschaft und ihrem intensiven Kontakt zu den Engländern geschuldet.

Die Eroberungen der Wikinger in den 860er- und 870er-Jahren brachten große Gebiete des Territoriums Ost- und Nordenglands in skandinavische Hände. Mehrere Könige von Wessex zogen ins Feld, um diese Gebiete zu erobern. London war einer der ersten Gewinne; es wurde von Alfred eingenommen. York, die letzte Bastion der Wikingermacht in England, fiel schließlich 954 an die westsächsische königliche Dynastie. Einige Gegenden in England hingegen verblieben noch für den größten Teil des Jahrhunderts unter skandinavischer Kontrolle. Leider zeichnen zeitgenössische Berichte nur ein unvollständiges Bild der politischen Organisation von Gebieten unter skandinavischer Kontrolle.

Zunächst wurden die skandinavischen Siedler mit lokalen Bevölkerungsgruppen identifiziert: In den 890er-Jahren wurden verschiedene Wikingerheere als »Northumbrier« oder »East-Anglier« bezeichnet, die unter der Kontrolle eines einzelnen Königs oder

SKANDINAVISCHE ORTSNAMEN Mancherorts lassen die Ortsnamen noch heute auf die Ansiedlung von Skandinaviern schließen. Auf dieser Karte sind die altnordischen Namensformen der Orte in Lancashire eingetragen.

oder zahlreicher Jarle standen. Zu dieser Zeit war Mercia geteilt; ein Teil befand sich unter englischer, ein Teil unter skandinavischer Kontrolle. Der in skandinavischen Händen befindliche Teil scheint zudem wiederum in einen Nord- und einen Südteil aufgeteilt gewesen zu sein. Aus dem Vertrag von Alfred und Guthrum geht hervor, dass im Jahr 894 die »East-Anglier«-Wikinger im Norden bis Stoney Stratford (Buckinghamshire) herrschten, und die »Northumbrier«-Wikinger im Süden bis Stamford (Lincolnshire). Nord-Northumbria blieb unabhängig unter der Kontrolle einheimischer Könige in Bamburgh. Unklar ist, ob die »Northumbrier«-Wikinger in den 890er-Jahren das Gebiet bis zur Westküste beherrschten, obwohl Manchester 919 unter ihrer Kontrolle war, unmittelbar, bevor es von den Engländern eingenommen wurde. Der Gebrauch bereits existierender Bezeichnungen durch englische Chronisten ist bei dem Versuch, die Grenzen der verschiedenen skandinavischen Herrschaftsgebiete zu bestimmen, nicht immer hilfreich. Für das frühe 10. Jahrhundert sind häufige Grenzverschiebungen in der Angelsächsischen Chronik belegt, da die Herrscher von Wessex ihre Macht kontinuierlich nach Norden ausdehnten. Edward, der Sohn Alfreds, verbündete sich mit seiner Schwester Æthelflæd und seinem Schwager Æthelred, der über das englische Mercia herrschte, um East Anglia und das wikingische Mercia wieder unter englische Kontrolle zu bringen. Ursprünglich kämpfte Edward gegen seinen Cousin Æthelwold, der Anspruch auf den Thron von Wessex hatte. Æthelwold warb um Unterstützung bei den Ost-Angeln und Northumbrier, aber er wurde in einer Schlacht an der Seite eines Wikingerkönigs namens Eiríkr tödlich verletzt. Dieser Schlacht folgte ein kurzer Frieden. Im Jahr 910 besiegte Edward eine wikingische Armee bei Tettenhall (Staffordshire), in der drei Könige »Eowils, Hálfdan und Ívarr« fielen. Jene Erfolgsserie schwächte die Macht der Wikinger empfindlich. Dieser Niedergang mag durch das gleichzeitige Zuströmen von Wikingern aus gälischen Gebieten nach Nordwestengland verschlimmert worden sein. Auf eine politische Zersplitterung deutet der Fakt hin, dass in der Zeit von 910 bis 918 kein wikingischer König in England klar identifiziert werden kann, wohl aber eine Reihe von Jarlen, die über einzelne, befestigte Zentren verfügten. In jener Zeit gelangen König Edward und seinen Verbündeten signifikante Landgewinne.

Das wikingische Northumbria wäre vermutlich 918 in englische Hände gefallen, hätte nicht eine Invasion aus Irland unter der Führung Rögnvaldrs, ein Enkel Ívarrs, dies verhindert. Sein Feldzug mit dem Höhepunkt in der Schlacht von Corbridge hat Einzug in irische, schottische und englische Berichte gehalten. Nach dieser Schlacht wurde Rögnvaldr König von York.

Lange Zeit nahm man an, dass die northumbrische Politik als Wettstreit zwischen einem anglo-dänischen und einem irisch-nordländischen Lager interpretiert werden kann. Nach dem »Mercian Register« gelobten die Einwohner von York Gehorsam gegenüber Æthelflæd von Mercia kurz vor ihrem Tod im Jahr 918, was als ein Zeichen der Entfremdung von Rögnvaldrs Herrschaft mit den Anglo-Dänen angesehen wird. Jedoch könnte dieses Gelöbnis vor der Schlacht von Corbridge stattgefunden haben und muss deshalb nicht zwangsläufig bedeuten, dass die Bewohner Yorks eine englische Herrschaft der Herrschaft Rögnvaldrs, dem Enkel Ívarrs, vorzogen. Tatsächlich hielt Rögnvaldr selbst es für notwendig, die Überlegenheit Edwards bei einem Treffen 920 anzuerkennen. Die Theorie eines ethnischen Wettstreits zwischen Dänen und Norwegern in England scheint in einer zu strengen Übersetzung des Begriffs *Norðmann* als »Norweger« in den englischen Quellen begründet zu sein. Ein Vergleich der insularen Chroniken weist auf kontinuierliche familiäre Verbindungen zwischen den Wikingeranführern in Dublin und in York zwischen 860 und 950 hin, ohne einen Machtwechsel zwischen dem dänischen und dem norwegischen Lager.

Möglicherweise verlor Edward zum Ende seiner Regentschaft hin Land südlich des Humbers an die Wikinger Northumbrias. Dennoch verdrängte sein Sohn Æthelstan 927 den Wikingerkönig von York und herrschte bis zu seinem Tode im Jahr 939 über Northumbria. Deshalb ist Æthelstan der erste König, dem es gelang, England zu vereinigen. Das bedeutendste Ereignis seiner Regentschaft ist die Schlacht bei Brunanburh im Jahr 937, wo die Engländer eine Allianz des Königs von Alba (Nordbritannien) und der Dynastie Ívarrs besiegten. Wo genau diese Schlacht stattfand, wird nach wie vor diskutiert. Die Beteiligung der Schotten ist darauf zurückzuführen, dass Æthelstan danach strebte, seine Autorität über Britannien auszubreiten, und damit Konstantin, den König von Alba provoziert hatte.

Nach Æthelstans Tod gelangten das Königreich von York und die sogenannten »five boroughs«, die südlich des Humber lagen, erneut in die Hände der Wikinger.

Die politische Situation im Norden blieb instabil, und die wikingischen Territorien wurden einmal mehr wiedergewonnen und verloren, bevor sie schlussendlich 954 von Eadred von Wessex annektiert wurden.

Eine auffällige Besonderheit während der Geschehnisse des letzten Jahrzehnts der wikingischen Herrschaft in Northumbria stellt die Unterstützung der Könige Óláfr und Eiríkr durch Wulfstan I., Erzbischof von York, dar - obwohl Wulfstan durch den englischen König Æthelstan an die Macht gekommen war! Die Frage nach der Beziehung der Wikinger zur Kirche ist eng verbunden mit der Debatte um Einfluss und Integration der Wikinger in England. Diese Beziehung hat sich zwischen der Ankunft der ersten Wikingerflotte im späten 8. Jahrhundert bis zur Mitte des 10. Jahrhunderts deutlich gewandelt. Die frühen Kontakte bestanden in Angriff und Zerstörung von kirchlichen Anlagen. Darauf folgte in den meisten, wenn nicht allen, Gebieten der skandinavischen Siedler die Aneignung der kirchlichen Ländereien. Das Entfallen dieser Ressourcen war offensichtlich der Todesstoß für das klösterliche Leben in Gebieten unter Kontrolle der Wikinger. Um die Seelsorge kümmerten sich vielleicht Priester in den verbliebenen christlichen Gemeinden. Einige Kirchen wurden jedoch nach (manche wohl noch während) dem Glaubenswechsel und der Integration der Wikinger genutzt. Es scheint, als habe die Bekehrung der Skandinavier relativ rasch begonnen, daher wurden zerstörte Kirchen bald wieder aufgebaut.

ANGLO-SKANDINAVISCHE ORNAMENTIK Im 10. Jahrhundert entstanden in den Gebieten mit skandinavischer Besiedlung in Nordengland Steinmonumente mit anglo-skandinavischen Stilformen, darunter die sog. *hogback stones* (»Schweinerücken«). Die Form dieser Grabsteine ist von christlichen Schreingräbern und von hausförmigen Reliquienbehältern inspiriert. Hier drei *hogbacks* aus Brompton.

GLAUBENSWECHSEL UND AKKULTURATION Das Kreuz von Gosforth in Cumbria, 10. Jahrhundert. Das Ringkreuz ist keltischen Ursprungs; dekorative Elemente wie das Ringkettenmuster gehen auf skandinavische Vorbilder zurück. Bildlich dargestellt ist die Kreuzigung Christi, aber auch Ragnarök, das Ende der Welt nach der skandinavischen Glaubenstradition.

Nur von einem Bischofssitz ist bekannt, dass er ohne zwischenzeitliche Verlagerung fortbestand, nämlich York. Er stand von den 890er-Jahren an unter dem Patronat der skandinavischen Könige Yorks. Im ersten Jahrzehnt des 10. Jahrhunderts wurden in York Münzen geprägt, die den Namen St. Peter trugen. Obwohl die Taufe des Wikingerkönigs von York, Óláfr, erst spät, nämlich für das Jahr 943 berichtet wird, bedeutet dies nicht notwendigerweise den Moment der Hinwendung zum Christentum, wie oft angenommen. Die Erwachsenentaufe war in den christlichen Gemeinden des Mittelalters nicht unüblich. Die vielen Steinkreuze, die im 10. Jahrhundert in Nordengland errichtet wurden, lassen auf eine gewisse Begeisterung für das Christentum unter der anglo-skandinavischen Elite schließen (wenngleich zuweilen skandinavische Gottheiten darauf abgebildet sind). Die Verbreitung dieser Kreuze und die Kirchen in den Städten sprechen für das Überwiegen dezentraler kirchlicher Strukturen. Dies kann zum einen auf den weit verstreuten Grundbesitz und zum anderen auf die wachsende Anzahl von Händlern als Kirchenpatronen zurückzuführen sein – eine logische Folge der Urbanisierung. Unbekannt ist, welche Strukturen es für den heidnischen Kult gegeben haben könnte.

Ab 954 strebten die englischen Könige danach, die Machtverhältnisse in den ehemaligen Wikingerterritorien zu sichern. König Edgar (959–75) gewährte Gebieten mit skandinavischer Besiedlung eine gewisse legale Autonomie als Lohn für ihre Loyalität, gleichzeitig führte er nationale Gesetzgebung für Diebstahldelikte ein. Die schriftlichen Quellen aus Edgars Herrschaft zeigen, dass die Einwohner des »Danelag« sich selbst als verschieden von der restlichen Bevölkerung Englands wahrnahmen. Die Vermischung von Skandinaviern und Engländern ließ eine ausgeprägte regionale Identität entstehen. Edgar traf 973 sogar weitere insulare Könige, um friedliche Verbindungen zu sichern – vielleicht ein Versuch, unzufriedene Elemente im Danelag daran zu hindern, sich dort Unterstützung zu suchen.

Was Edgar erreicht hatte, wurde während der Regierungszeit seines Sohnes Æthelred (978/9-1016) teilweise rückgängig gemacht. Æthelred kam im Alter von zwölf Jahren an die Macht, als er seinem Bruder nach dessen Ermordung auf den Thron folgte. Die folgende politische Instabilität ermutigte Wikinger aus gälischsprachigen Gebieten und aus Skandinavien zu Überfällen auf England. Die ersten Angriffe konzentrierten sich auf den Westen Britanniens und können mit Guðrøðr, dem König der Isle of Man verbunden werden. In den frühen 990er-Jahren rollte eine neue Welle von Attacken unter der Führung von Óláfr Tryggvason, dem zukünftigen König Norwegens, und Sveinn Haraldsson, dem zukünftigen König Dänemarks, über das östliche England. Æthelred gelang es nicht, seine Untertanen effektiv gegen diese erneute Bedrohung zu vereinen. Weder eine Reihe von Friedensabkommen noch Tributzahlungen an die Wikingerheere konnten die Angriffe zügeln. Im Jahr 1002 befahl Æthelred seinen Untertanen, alle Dänen in England umzubringen. Möglicherweise war dies der verzweifelte Versuch, den wachsenden öffentlichen Unmut über die Wikingerinvasionen vom König abzulenken. Æthelreds Untertanen wurden zudem dazu angehalten, göttliche Unterstützung durch Gebete zu erbitten.

Dennoch wurde England 1013 von Sveinn Haraldsson erobert. Er landete mit einer Invasionsflotte in Gainsborough (Lincolnshire) und gewann schnell lokale Unterstützung. London konnte dieser Invasion am längsten begegnen, doch an Weihnachten 1013 ging Æthelred ins Exil. Die Haupteinträge der Angelsächsischen Chronik zu Æthelreds Regentschaft wurden vermutlich von nur einem Autor kurz nach dem Ende seiner Herrschaft verfasst. Diese rückblickenden Berichte konzentrieren sich auf die Fehler Æthelreds und präsentieren die dänische Eroberung in dem traurigen Ton der Unvermeidbarkeit - eine lehrreiche Erinnerung daran, dass sogar sehr zeitnah verfasste Quellen stark befangen und vom Ergebnis beeinflusst sein können.

Sveinn regierte nur für kurze Zeit, bevor er 1014 starb. Seinem Sohn Knútr gelang es, nach dem Tode von Æthelreds Sohn Edmund über England zu herrschen; er regierte bis 1035.

Vom Ende des 8. Jahrhunderts bis zum frühen 11. Jahrhundert änderte sich die Art der Wikingeraktivitäten in England radikal. Was mit Blitzangriffen kleiner Kriegerverbände begann, führte zu einem tief greifenden Wandel der regionalen Identitäten in England und gipfelte in der Eroberung durch die Armeen eines mächtigen, christlichen skandinavischen Königs.

Die 50 Jahre nach Knútrs Thronbesteigung bis zur Eroberung durch die Normannen waren charakterisiert durch Rivalitäten um den englischen Thron. Nach dem Tod Knútrs und seiner beiden Söhne Haraldr und Harðaknútr wurde Edward, Sohn von Æthelred, 1042 König. Edward wurde unterstützt von Godwine, dem Earl of Wessex. Edward förderte Godwines Söhne; dies und Edwards kinderlose Ehe mit Edith, Tochter von Godwine, führte dazu, dass Harold Godwinesson nach Edwards Tod im Jahr 1066

WESTFAHRER IN SCHWEDEN
Die Inschrift auf dem Stein von Väsby (U 194) lautet: »Alli ließ diesen Stein errichten zur Erinnerung an sich selbst. Er erhob Knuts Tribut in England. Gott helfe seiner Seele.« Zahlreiche Runensteine in Schweden erwähnen Fahrten nach England. Es waren also nicht nur Dänen daran beteiligt.

SCHICKSALSJAHR 1066
Auf dem Teppich von Bayeux, entstanden um 1070, entfaltet sich auf über 70 m Länge ein großartiges Panorama der Ereignisse, die zur normannischen Herrschaft in England führten. Das Bild zeigt einen Ausschnitt aus der Osloer Rekonstruktion.

Anspruch auf den englischen Thron erhob. Er konkurrierte damit mit dem Anspruch von Knútrs Nachfolgern in Skandinavien. Dies könnte der Grund für piratenartige Überfälle durch 25 Schiffe auf Südostengland im Jahr 1048 gewesen sein. Haraldr inn Harðráði, König Norwegens, verfolgte den Anspruch auf den englischen Thron, indem er 1066 eine Invasion anführte; er wurde jedoch besiegt und bei Stamford Bridge getötet. Ferner behauptete Wilhelm, Herzog der Normandie, dass Edward ihn zu seinem Erben ernannt hätte. (Edward hatte enge Kontakte mit der Normandie gepflegt, die aus seiner Zeit im Exil während Knútrs Herrschaft dort resultierten.) Wilhelm drang in England ein und wurde nach seinem Sieg der Schlacht von Hastings gekrönt.

Erst nach einigen Jahren hatte Wilhelm England richtig im Griff. In den Jahren 1068 und 1069 versuchten die Söhne Harold Godwinessons mit irischer Unterstützung zweimal, in Südwestengland einzufallen. Ein dänisches Heer landete 1069 in Nordengland. Diesem schloss sich Edgar Ætheling (ein Urenkel Æthelreds) und eine größere Zahl englischer Truppen an. Nachdem erste Gewinne verbucht werden konnten, schlug dieser Feldzug jedoch fehl, und König Wilhelm befahl, den Norden zu plündern, um die verbliebene Opposition zu zerschlagen. Als ein Resultat der normannischen Invasion war die politische Geschichte Englands während des späteren Mittelalters stärker mit Nordfrankreich als mit Skandinavien verknüpft.

LITERATUR

M. A. S. Blackburn/H. Pagan, A Revised Checklist of Coin Hoards from the British Isles, C. 500–1100. In: M. A. S. Blackburn (Hrsg.), **ANGLO-SAXON MONETARY HISTORY. ESSAYS IN MEMORY OF MICHAEL DOLLEY** (Leicester 1986).

A. Campbell (Übs. u. Hrsg.), **THE CHRONICLE OF ÆTHELWEARD** (Edinburgh 1962).

C. Downham, England and the Irish Sea zone in the eleventh century. **ANGLO-NORMAN STUDIES** 26, 2003, 55–73.

D. N. Dumville, **WESSEX AND ENGLAND FROM ALFRED TO EDGAR. SIX ESSAYS ON POLITICAL, CULTURAL, AND ECCLESIASTICAL REVIVAL** (Woodbridge 1992).

J. Graham-Campbell u. a. (Hrsg.), **VIKINGS AND THE DANELAW. SELECT PAPERS FROM THE PROCEEDINGS FO THE THIRTEENTH VIKING CONGRESS** (Oxford 2001).

D. M. Hadley, **THE NORTHERN DANELAW, ITS SOCIAL STRUCTURE, C. 800–1100** (London 2000).

D. M. Hadley/J. D. Richards (Hrsg.), **CULTURES IN CONTACT. SCANDINAVIAN SETTLEMENT IN ENGLAND IN THE NINTH AND TENTH CENTURIES** (Turnhout 2000).

K. Halloran, The Brunanburh campaign: **A REAPPRAISAL. SCOTTISH HISTORICAL REVIEW** 84, 2005, 133–148.

D. Hill (Hrsg.), **ETHELRED THE UNREADY. PAPERS FROM THE MILLENARY CONFERENCE** (Oxford 1978).

N. Lund, King Edgar and the Danelaw. **MEDIAEVAL SCANDINAVIA** 9, 1976, 181–195.

D. W. Rollason u. a., **SOURCES FOR YORK HISTORY TO AD 1100** (York 1998).

F. T. Wainwright, **SCANDINAVIAN ENGLAND. COLLECTED PAPERS** (Chichester 1975).

D. Whitelock (Übs.), **ENGLISH HISTORICAL DOCUMENTS, VOL. 1: C. 500-1042.** 2. Aufl. (London 1979).

DIE ZEIT DER KÜHNEN HELDEN Die Schachfiguren von Lewis sind ein Zeugnis herausragender romanischer Elfenbeinschnitzerkunst. Die Figuren geben Einblick in das Bild der Gesellschaft am Ende des 12. Jahrhunderts. Schachfiguren, Isle of Lewis, Schottland, Walrosszahn, ca. 1150–1175.

RUDOLF SIMEK

DIE WIKINGER IM OSTFRÄNKISCHEN REICH

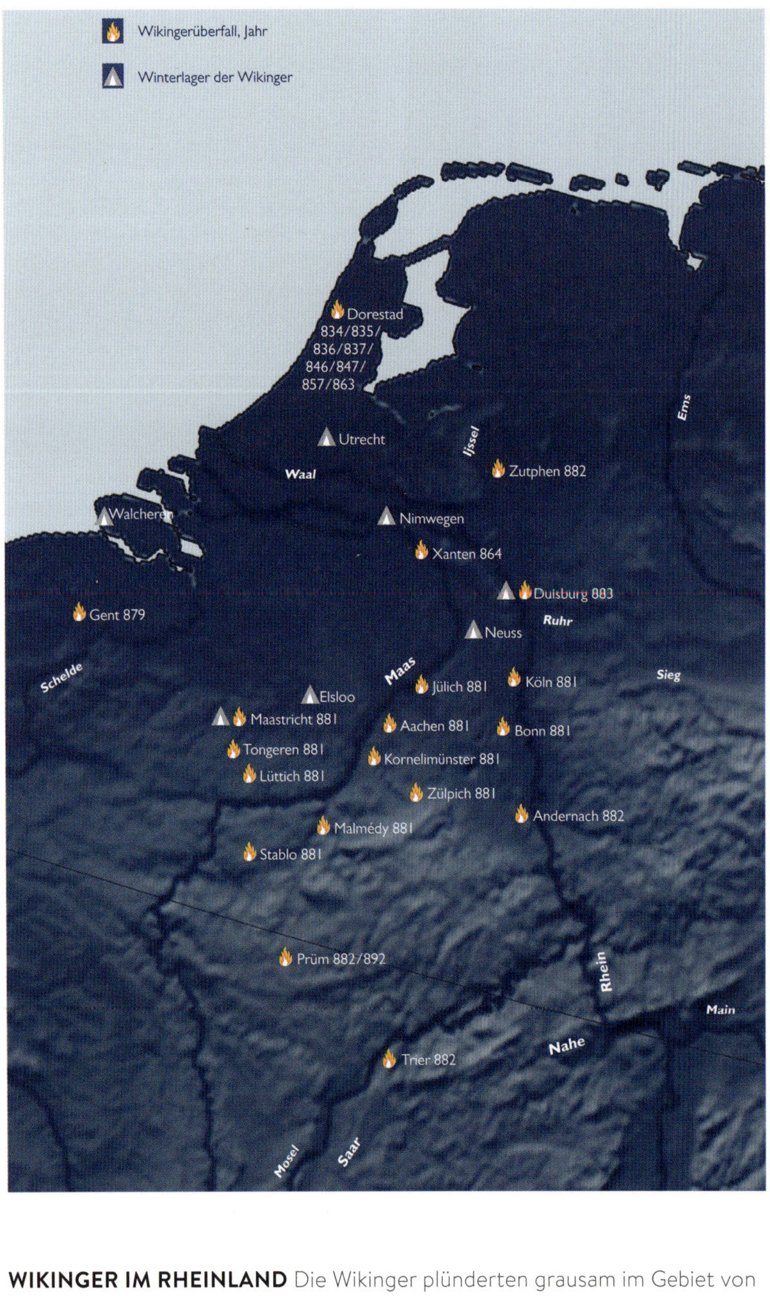

WIKINGER IM RHEINLAND Die Wikinger plünderten grausam im Gebiet von Rhein, Maas und Schelde. Auch Winterlager wurden angelegt.

Wenn man hierzulande die frühmittelalterlichen skandinavischen Piraten, die wir üblicherweise als »Wikinger« bezeichnen, meist nicht sofort mit den Überfällen auf das Karolingerreich unter Karl dem Großen und seinen Söhnen in Verbindung bringt, so ist das nicht überraschend. In der deutschen Öffentlichkeit werden die Wikinger heutzutage viel eher mit Entdeckungen im Nordatlantik bis nach Amerika, den Überfällen auf England, Irland und die französische Atlantikküste und sogar Spanien in Verbindung gebracht, ja selbst mit den Anfängen des russischen Reiches, als ausgerechnet mit den Plünderfahrten, die sie ins Zentrum des ostfränkischen Königreichs führten, wo sie als gefürchtete Räuber galten.

Der simpelste Grund dafür liegt in der Terminologie versteckt: Die Quellen sprechen niemals von Wikingern, sondern immer nur von Dänen, Nordmännern oder einfach Piraten oder Heiden, und zwar deswegen, weil es das Wort Wikinger im 8. und 9. Jahrhundert noch gar nicht gab. Diese Selbstbezeichnung der skandinavischen Piraten ist erstmals überhaupt bald nach 1070 beim Hamburger Kirchenhistoriker Adam von Bremen belegt, der aber auch bestätigt, dass die skandinavische Bezeichnung für die Seeräuber im Deutschen und Lateinischen nicht gebräuchlich war und er sie selbst als *ascomannos* »Eschenmänner« kennt. Diese terminologische Tatsache hat dazu geführt, dass in der deutschen Geschichtsschreibung seit dem Mittelalter die Wikingerattacken meist als Normannenüberfälle oder gar als »Normannenstürme« bezeichnet werden, obwohl dies zu der heutigen Bedeutung von Normannen überhaupt nicht passt: Als Normannen sind korrekterweise nur die Wikinger zu bezeichnen, welche sich in der (nach ihnen benannten) Normandie niedergelassen hatten bzw. deren Nachfahren in England und Süditalien. In der angelsächsischen Historiografie sind es dann deren Nachkommen, die 1066 unter Wilhelm dem Eroberer England erobert und dauernd unterworfen hatten, die man (und zwar fast ausschließlich) als *Normans* bezeichnet. Alle anderen in den Chroniken und Annalen als *Nort(h)manni*, *Nordmanni* bezeichneten Wikinger kann man daher allenfalls als »Nordmänner«, vielleicht konkreter als »Norweger«, aber nicht als »Normannen« übersetzen, und nach heutiger wissenschaftlicher Terminologie ist eigentlich nur der Begriff »Wikinger« für diese Skandinavier zulässig.

OPFER DES ÜBERFALLS Die Skelette einer Frau und ihres Kindes, gefunden in einem niedergebrannten Haus in Zutphen. Sie waren Opfer des Wikingerüberfalls auf Zutphen im Jahr 882.

Noch ein weiterer Grund mag eine Rolle dabei spielen, dass wir die Wikinger heute kaum mit Deutschland in Verbindung bringen: Die skandinavischen Piraten haben an den Flussläufen von Rhein, Schelde, Maas und Mosel kaum Hinterlassenschaften zurückgelassen. Es gibt praktisch keine archäologischen Funde, die hierzulande nach Skandinavien weisen, und keine Ausgrabungen, auch nicht die Brandreste am Kölner Neumarkt, haben sich bislang direkt und unzweifelhaft mit den Wikingerüberfällen verbinden lassen. Jenseits der niederländischen Grenze sieht dies schon ganz anders aus: Etliche Schatzfunde der Wikingerzeit, wikingische Schwerter aus dem Niederrhein und zuletzt auch die auf 882 datierbaren schaurigen Überreste eines Wikingerüberfalls in Zutphen an der Ijssel weisen dort in spektakulärer Weise auf die einstmalige Präsenz der Piraten aus dem Norden hin. Zum Teil ist es wohl nur Zufall, dass vergleichbare Funde auf heutigem deutschen Boden bislang fehlen. Es zeigt aber auch, wie sehr Friesland, erst unter Karl dem Großen dem Karolingerreich einverleibt, damals als Puffer für den Ansturm der wikingischen Flotten herhalten musste, sodass das an der damaligen Rheinmündung gelegene Dorestad ungleich mehr zu erleiden hatte als die weiter flussaufwärts gelegenen Städte Xanten, Köln oder Bonn. Darüber berichten auch die fränkischen Annalen, in welchen die oft fast jährlich wiederkehrenden Plünderungen von Dorestad ebenso verzeichnet sind wie die Verwüstungen, welche die Wikinger in Xanten, Köln und Bonn und selbst Trier und Aachen anrichteten:

[**881**] Auf ihrem ersten Einfall verwüsten sie die umliegenden Orte und verbrennen Lüttich, Maastricht und Tongeren, bei ihrem zweiten Einbruch ergießen sie sich über das Gebiet der Ribuarier und verheeren alles mit Mord, Raub und Brand, die Städte Köln und Bonn mit den nahe liegenden Burgen Zülpich, Jülich und Neuß lassen sie in Flammen aufgehen; hiernach legen sie die Pfalz Aachen und die Klöster Kornelimünster, Malmedy und Stablo in Asche. (Regino von Prüm: *Chronicon*, s. a. 881)

[**882**] Die Dänen aber zerstörten durch Feuer die sehr berühmte Pfalz zu Aachen und verbrannten Klöster und Städte, das hochberühmte Trier und Köln, sowie königliche Pfalzen und Dörfer, wobei sie die Einwohner des Landes töteten (Annales *Vedastini*, s. a. 882).

[**883**] Die Normannen fuhren den Rhein hinauf und steckten sehr viele eben erst wieder hergestellte Ortschaften in Brand, wobei sie nicht geringe Beute von da raubten. [...] Köln wurde ohne Kirchen und Klöster wiederaufgebaut und seine Mauern mit Toren, Riegeln und Schlössern hergestellt. (*Annales Fuldenses,* s. a. 883)

Die Aktivitäten der Wikinger in Deutschland, Belgien und den Niederlanden beschränkten sich aber keinesfalls auf die gar nicht so seltenen Überfälle entlang des Rheins und seiner Nebenflüsse, welche nach eher vereinzelten Angriffen im 8. Jahrhundert sich um die Mitte des 9. Jahrhunderts verdichteten:

834	Dorestad geplündert
835	Dorestad geplündert
836	Dorestad geplündert
837	Dorestad geplündert
845	Hamburg zerstört
846	Dorestad geplündert
847	Dorestad geplündert
857	Dorestad geplündert
859	in der Seine und Schelde
863	Dorestad geplündert, rheinaufwärts gegen Köln bis zu einer Insel bei Neuss
863	Dorestad geplündert
864	Flandern und Rhein geplündert
864	bei Rheinhochwasser bis Xanten, Xanten verheert
879	in der Schelde, Gent geplündert
881	Lager bei Elsloo an der Maas; Lüttich, Maastricht und Tongeren verbrannt, dann Köln und Bonn sowie die Burgen Zülpich, Jülich und Neuß; dann die Pfalz Aachen und die Klöster Kornelimünster, Malmedy und Stablo niedergebrannt
882	5. April: Trier erobert

MAL HANDEL, MAL ÜBERFÄLLE Funde vom Handelsplatz Dorestad. Der Ort wurde einerseits regelmäßig von skandinavischen Händlern besucht; andererseits hatte er im 9. Jahrhundert sehr unter Wikingerüberfällen zu leiden.

Diese Auswahl aus einer möglichen Chronik der Ereignisse zeigt, wie intensiv die Angriffe der Wikinger auf die Rheinlande zu dieser Zeit waren. Dennoch darf nicht vergessen werden, dass die Aktivitäten der Skandinavier im Frankenreich sich gleichzeitig auch fast immer noch auf zwei anderen Schienen bewegten, nämlich dem Handel und der Diplomatie. Die Karolinger zeigten durchaus Interesse, die skandinavischen Herrscher an sich zu binden, nicht zuletzt mithilfe der Taufe und Christianisierung. Aber ihr Eifer oder ihre Kapazitäten in dieser Richtung waren doch nicht groß genug, um erfolglosen Thronprätendenten etwa in Dänemark auch militärische Unterstützung zukommen zu lassen, wenn diese um solche baten, sodass sich diese meist trotz der (nur moralischen) Unterstützung aus dem Frankenreich zu Hause nicht durchsetzen konnten.

Was aber die Handelsbeziehungen anlangt, so waren hier die Kontakte zwischen Mittel- und Westeuropa einerseits und Skandinavien andererseits am Beginn der Wikingerzeit schon lange wohletabliert. Wenigstens seit der Merowingerzeit, also etwa vom 5.–7. Jahrhundert, sind archäologisch intensive Handelskontakte nachzuweisen, die sich in großen Mengen von teurem Importglas in allen skandinavischen Handels- und Machtzentren manifestierten, daneben in erstaunlichen Mengen fränkischer Fibeln und anderer Schmuckstücke. Die Händler aus Skandinavien kannten also, ob direkt oder über Mittelsmänner, denen sie

WILD AUF WEIN Die Nordleute waren begierig auf Wein. In Fässern wie diesem wurde das begehrte Gut aus dem Frankenreich nach Haithabu verhandelt. Fass, Tannenholz, Haithabu, DE, Stiftung Schleswig-Holsteinische Landesmuseen, Archäologisches Landesmuseum Schloss Gottorf, Schleswig.

an der Nordseeküste die Waren abkauften und eintauschten, die interessanten Produkte aus den Rheinlanden, welche allesamt in Skandinavien hohen Waren- oder Prestigewert hatten: Gläser, teure Keramikwaren wie die zinnverzierten glänzenden Tatinger Kannen, Stoffe, hochwertige Metallwaren wie Schwertklingen und Schmuckgegenstände und nicht zuletzt den Wein, der in Skandinavien nicht wuchs. All diese Waren wurden im Frankenreich über das alte, zum Teil noch intakte Netz der Römerstraßen, vor allem aber auf den Flüssen von Produktions- zu Handelsstätten transportiert, und diese Wege waren natürlich den Händlern bekannt. Es ist also nicht weiter verwunderlich, wenn man in Skandinavien nicht nur all die Güter kannte, die Profit versprachen, sondern auch ihre Herkunft und Vertriebsplätze. Neben den einträglichen Handelsplätzen waren es aber die reichen Städte, viele von ihnen alte römische Gründungen, und die Klöster, welche die Aufmerksamkeit und wohl auch Bewunderung der skandinavischen Reisenden auf sich gezogen haben müssen. Aber was auf die skandinavischen Delegationen zweifellos Eindruck machen sollte und die Kauflust der Händler steigerte, weckte sicher in manchen der Reisenden auch Begehrlichkeiten. Die zu Hause dann vielleicht sogar übertrieben geschilderten Schätze des Frankenreiches dürften wohl als Motivation gewirkt haben, die an den Nordseeküsten und im Baltikum schon lange betriebene Piraterie ein wenig auf die viel lukrativeren Gegenden im Herzen des Reichs auszudehnen - noch dazu, wo günstige Wasserstraßen wie der Rhein den Einsatz der gewohnten und bewährten Transportmittel erlaubten. Die Wasserstraßen begünstigten sogar die Verwendung der von den Küsten her gebräuchlichen Strategien der plötzlichen Überfälle und des raschen Abzugs beim Angriff auf nahe dem Wasser gelegenen Ziele.

Es ist auch zu berücksichtigen, dass man nicht von einer zeitlichen Abfolge von Handel und Diplomatie zu Überfällen und Raub ausgehen kann, sondern dass die Handelsbeziehungen der Merowingerzeit in der Wikingerzeit durchaus fortbestanden. Allerdings wissen wir noch nicht, wie sehr der Handel durch die Höhepunkte der wikingischen Überfälle in der Praxis behindert oder unterbrochen wurde. Jedenfalls ist sicher, dass die kriegerischen Auseinandersetzungen der Wikingerzeit nur eine temporäre und auch da nicht vollständige Unterbrechung intensiver fränkisch-skandinavischer Kultur- und Handelsbeziehungen dargestellt hat. Die intensiven Handelsbeziehungen der Merowingerzeit, so scheint es nach Auskunft der archäologischen Funde in Skandinavien, dürften schon im früheren 9. Jahrhundert, also vor dem Höhepunkt der Wikingerzüge am Ende dieses Jahrhunderts, etwas zurückgegangen sein. Aber noch im Laufe des 10. Jahrhunderts begannen sie wieder langsam zuzunehmen, sodass schon ein halbes Jahrhundert vor Ende der Wikingerzeit, am Anfang des 11. Jahrhunderts, wieder weitgehend normale Beziehungen zwischen Skandinavien und dem Niederrhein herrschten.

MARKEN-SCHWERT Klingen aus dem Rheinland waren im Norden begehrt. Die »Marke« Ulfberht wurde oft nachgeahmt, wobei mitunter der Name falsch geschrieben wurde. Die karolingischen Könige ließen zeitweise den Waffenexport verbieten – die Franken wollten schließlich nicht mit ihren eigenen Waffen geschlagen werden. Schwert, Schwedt, DE, Eisen mit Silbereinlagen, 10. Jh. Museum für Vor- und Frühgeschichte, Staatliche Museen zu Berlin – Stiftung Preußischer Kulturbesitz.

IMPOSANTES VORBILD Solche Kleeblattbeschläge von karolingischen Schwertgurtgarnituren waren die Vorbilder für die kleeblattförmigen Fibeln der Frauentracht im Norden. Kleeblattbeschlag, Häljarp, SE, Silber, 9. Jh. Lunds Universitets Historiska Museum.

MODEERSCHEINUNG Wie die Kleeblattfibeln gehen auch die zungenförmige Fibeln auf Beschläge der fränkischen Waffengarnituren zurück. Zungenfibel, Uppåkra, Bronze, 9. Jh. Lunds Universitets Historiska Museum.

KAISERLICHE PRÄGUNG Zu den karolingischen Gegenständen im Schatzfund von Häljarp gehörten auch gut zwei Dutzend Münzen. Prägungen Ludwigs des Frommen, Häljarp, SE, Silber, 9. Jh. Lunds Universitets Historiska Museum.

Die Schätze der damaligen Zeit, auf die es die Wikinger abgesehen hatten, haben sich in anderen Kirchenschätzen des Kontinents erhalten oder werden als wikingisches Beutegut fragmentarisch in Skandinavien gefunden. Sie zeigen einerseits den damaligen Reichtum des karolingischen Imperiums, der vor allem für die armen Westskandinavier besonders fühlbar gewesen sein muss; andererseits auch die Blüte, die das Kunsthandwerk im Fränkischen Reich zu jener Zeit entfaltet hatte. Sowohl die künstlerische Qualität der Stücke als auch der schiere Materialwert solcher Objekte mussten das Interesse der Nachbarn des Karolingerreichs erwecken, egal, ob diese sie auf diplomatischen oder Handelsreisen kennengelernt hatten oder ob die Missionare – unabsichtlich – durch politisch motivierte Repräsentationsgeschenke oder die von ihnen verwendeten liturgischen Gegenstände die Skandinavier darauf aufmerksam gemacht hatten.

Dass die Franken die Skandinavier nicht als Wikinger, sondern allenfalls als *Nort(h)manni* oder *Dani* bezeichneten, wurde schon erwähnt, häufiger nannte man sie aber einfach *pyratae* »(See)räuber« oder *pagani* »Heiden«, wenn die Ausdrücke nicht noch deutlich negativer ausfielen und man sie als Räuberbanden, Schlangenbrut oder Satanskinder beschimpfte. Die Wikinger selbst werden diese abfälligen Bezeichnungen der klerikalen Annalenschreiber wohl kaum sehr gestört haben. Was die Skandinavier viel mehr beeindruckte, waren die fränkischen Moden, vor allem natürlich die am Hofe, die man zu Hause bald imitierte (soweit nicht ohnehin auch Kleidungsstücke und Stoffe auch als Plündergut in den Norden gelangten). Farbenprächtigere, exotischere Stoffe und eine viel größere Vielfalt an Schnittmustern als zu Hause führten dazu, dass die Tracht in Skandinavien sich an der karolingischen zu orientieren begann, wie man den (allerdings relativ seltenen) Textilfunden und Rekonstruktionen entnehmen kann. Dass sich die Wikinger gerne auffällig, bunt und exotisch – also ziemlich angeberisch – kleideten, wissen noch die Sagas des Hochmittelalters in Island über die wikingerzeitlichen Vorfahren zu berichten.

Noch ein Ausrüstungsgegenstand hatte es den Skandinaviern in den Rheinlanden angetan, nämlich das Schwert. Im Karolingerreich wurden damaszierte Schwertklingen produziert, von deren Qualität man im Norden nur träumen konnte, wo noch viel später sogar berichtet wird, dass man bei besonders schweren Hieben im Zweikampf zuerst einmal wieder mit dem Fuß die Schwerter gerade biegen musste. Am Rhein jedoch wurden für teures Geld hochwertige Klingen hergestellt, die man sowohl kaufte als auch zu rauben versuchte, um zu Hause (und billiger) dafür dann Griffe anfertigen zu lassen, in welchen man seinen eigenen Geschmack und manchmal auch den eigenen Namen einarbeiten lassen konnte.

In anderer Hinsicht als bei der Waffenherstellung waren die Skandinavier aber den Franken haushoch überlegen, und zwar im Schiffbau. Die darin in jahrhunderte- und jahrtausendelangem Überleben an den norwegischen Küsten erworbenen Fertigkeiten befähigten die Nordleute nunmehr, mit ausgesprochen schnellen, wendigen und noch dazu flachgehenden Segelschiffen in wenigen Tagesreisen aus Skandinavien alle Küsten Europas und viele Orte an den schiffbaren Flüssen vor allem in Nord-, West- und Osteuropa zu erreichen. Aber schon die recht uneleganten Flussprähme waren für die Einheimischen das schnellste Verkehrsmittel, weil sie den meist recht ruhigen Lauf der unbegradigten Flüsse ausnutzen konnten, während die meisten Landwege den Landschaftskonturen folgen mussten. Umso mehr waren jedoch die schnellen Boote der Wikinger allen Operationen auf dem Landwege weit überlegen. Der Kontrast zwischen den Wikingerschiffen und zeitgenössischen Schiffen im Frankenreich macht das nur allzu deutlich: Flachbodige Kähne, wie man sie in Krefeld-Gellep am Niederrhein gefunden hat, oder selbst das noch wesentlich seetüchtigere Schiff von Utrecht, mit großer Ladekapazität, aber sehr behäbig und zum Segeln kaum geeignet, waren den Schiffen der Skandinavier in keinster Weise gewachsen. Die schnittigen Schiffe gab es schon im 10. Jahrhundert in einer ganzen Reihe distinkter Bautypen, alle aber hatten einen langen Kiel und waren damit sowohl zum Segeln als notfalls auch zum Rudern geeignet. Der recht flache Boden eignete sich vorzüglich zum Anlegen auch an flachen Stränden, ihr hoher Steven kam selbst mit dem Wellengang auf dem Atlantik gut zurecht, und die Skandinavier hatten schon im Frühmittelalter einen Weg gefunden, mit den Schiffen zu einem gewissen Grad auch gegen den Wind aufzukreuzen. Wir wissen zwar nicht, welche die üblichsten Bootstypen waren, mit denen die Wikinger auf dem Rhein operierten, aber es werden wohl die kleineren (und somit finanzierbareren) Typen von Kriegsschiffen gewesen sein, wobei hier die Unterschiede zu den flotteren unter den Küstenfrachtern eher fließend waren. Dies hatte zur Folge, dass man solche 12–15 m lange *ferjur* mit etwa 30 Mann Besatzung sicher sowohl als Teil von Plünderflotten einsetzen konnte als sie auch notfalls mit deutlich geringerer Besatzung für gelegentliche Handelsfahrten benutzen konnte.

Derartige Polyvalenz bei der Wahl der Verkehrsmittel ist durchwegs für die Wikingerzeit typisch, und daher hat man versucht, die Kontinuitäten in den Handelsbeziehungen und die viel spektakuläreren, aber untypischeren Ausbrüche von Gewalt im 9. und 10. Jahrhundert als zwei Seiten einer Medaille darzustellen. Die Überfälle auf der einen Seite und die friedlichen Marktplätze auf der anderen waren nebeneinander existierende Kommunikationsformen zwischen Skandinaviern und Franken. Im Austausch gegen Glas, Keramik, Mühlsteine, Wein, Schmuck und Waffen, die aus den Rheinlanden nach Norden verhandelt wurden, konnten die Skandinavier Häute, Pelze, Walrosselfenbein, Wetzsteine, Honig und Bernstein, daneben wohl auch Sklaven, zum Kauf anbieten, sodass die Handelswege trotz des Kulturgefälles von Süd nach Nord keineswegs Einbahnstraßen waren. Auch die Ebenbürtigkeit der Waffen zwischen den beiden Seiten hat etwas mit dem kulturellen Austausch zu tun, wie sich anhand wikingischer und fränkischer Waffensätze zeigen lässt: die Schwerter, Lanzen, Dolche und Pfeile gab es in recht ähnlicher Ausführung auf beiden Seiten, weil aufgrund der jahrhundertelangen Beziehungen eine gute Kenntnis der jeweils anderen Seite normal war. Wenn die fränkische Wurfaxt, die Franziska, sich in ihrer Form auch deutlich von den wikingischen Breitäxten unterschied, so waren doch insgesamt kaum nennenswerte Unterschiede in Art und Qualität der Waffen festzustellen, vor allem wenn sich die Skandinavier der höherwertigen fränkischen Schwertklingen bedienten.

In einem unterschieden sich die Skandinavier aber von den Franken vor allem in den ersten Perioden der Wikingerzeit, nämlich durch ihre Religion. Ihr mangelnder Respekt vor Klöstern und Gotteshäusern ebenso wie vor Reliquien und heiligen Büchern wurde schon bald zum Kennzeichen der Räuber aus dem Norden. Dies hängt natürlich vor allem damit zusammen, dass die Chronisten der Zeit dem geistlichen Stand angehörten und sie nicht ohne guten Grund und Erfolg versuchten, die Exzesse der Wikinger deren Heidentum zuzuschreiben, welches ihre unbestreitbaren Erfolge damit erklären konnte, dass sie offenbar mit dem Teufel im Bunde standen: Und wie hätte man sonst erklären können, dass diese Barbaren nicht einmal vor den Reliquien der Heiligen Respekt hatten? Verständlicherweise werden die Tiraden der Chronisten dort besonders plastisch, wo sie die Erzähler selbst direkt betrafen: Regino von Prüm musste 882 und 892 zweimal erleben, wie die Wikinger sein Kloster in der Eifel in Brand steckten und seine Mitbrüder erschlugen, und über 100 Jahre später wurde Thietmar von Merseburg an der Elbe Zeuge, wie dänische Wikinger in Stade seine Onkel und Cousins verstümmelten und ermordeten. Es ist also kein Wunder, dass diese Mönche in Annalen und Chroniken ein düsteres Bild von den Seeräubern malten und somit zu einem im Großen und Ganzen negativen, aber keineswegs unverdienten Bild der Wikinger führten. Der Faszination, welche die Wikinger auch heute noch ausüben, konnten sich aber nicht einmal die direkt Betroffenen entziehen, wenn etwa Thietmar (nach einer gewonnenen Schlacht) schreibt: »Noch nie hat man Männer von derartiger Größe und Stärke auf einem Schlachtfeld liegen gesehen.« Mut und Stärke gehörten also wohl genauso zum Erfolgsrezept der Wikinger wie Flexibilität und Mobilität – Talente, die auch heute nicht ihre Effizienz verloren haben und die mit einen Teil der Faszination der Wikinger für uns heute ausmachen.

LITERATUR

R. Simek/U. Engel (Hrsg.), **VIKINGS ON THE RHINE. RECENT RESEARCH ON EARLY MEDIEVAL RELATIONS BETWEEN THE RHINELANDS AND SCANDINAVIA** (Wien 2004).

A. Willemsen/R. Simek/R. de Bruin, **WIKINGER AM RHEIN 800–1000** (Bonn 2004).

H. Mäkeler, Die Wikinger im Frankenreich. In: **DIE WIKINGER.** Begleitbuch zur Ausstellung im Historischen Museum der Pfalz Speyer (München 2008) 227–233.

JEAN-MARIE LEVESQUE UND JEAN-YVES MARIN

VON DEN WIKINGERN ZU DEN NORMANNEN

Gelegen am nordwestlichen Rand eines Reiches, das große Teile Europas umfasste, an den Endpunkten alter Handels- und Migrationsstraßen, war das Gebiet der künftigen Normandie um das Jahr 800 herum eine friedliche und blühende Region, abseits der karolingischen Kriegsschauplätze, und wird deshalb kaum in den Quellen erwähnt. Mit der erzbischöflichen Stadt Rouen und den durch königliche Gunst reich ausgestatteten Klöstern an der Seine als Zentren war die ehemalige römische Provinz *Lugdunensis secunda* ein Schmuckstück des Königreichs Neustrien geworden, das an die karolingischen Herrscher übergegangen war. Durch die Wikinger - welche die Quellen nur unter dem Namen Normannen nennen - tritt sie plötzlich mit einem Namen und einem Schicksal in die Geschichte ein.

DÜSTERE VORAHNUNGEN Karl der Große betrachtet die ersten Wikingerschiffe. Illustration von Alphonse de Neuville für eine um 1880 im Verlag Hachette veröffentlichte Geschichte Frankreichs.

Die ersten Warnzeichen kamen schon vor dem Ende der Herrschaft Karls des Großen (814). Im letzten Jahrzehnt des 8. Jahrhunderts beginnen die Skandinavier, an den Küsten der Britischen Inseln einzufallen. 799 wird die in der Loire-Mündung gelegene Klosterinsel Noirmoutier verwüstet. Die ungeschützten Küstenbereiche und die Mündungen der großen Flüsse sind von Anfang an Ziele für die wendigen Kriegsschiffe der Skandinavier. Im Jahr 800 begibt sich Karl der Große persönlich auf eine Inspektionsreise von der Schelde an die Seine, mit mindestens einem Zwischenhalt in Rouen. Er stellt Garnisonen zur Verteidigung der Küste auf. Diese wehren 820 einen Angriff von dreizehn zunächst in Flandern und dann in der Seine-Mündung gemeldeten Schiffen ab, die schließlich Richtung Vendée abdrehen.

ZEUGNIS VON KÄMPFEN Fragment eines karolingerzeitlichen Schwerts, gefunden in der Seine. Ob es einem karolingischen Krieger oder einem Wikinger gehört hatte, lässt sich nicht mehr feststellen.

WIKINGER-WAFFE? Eisenaxt, gefunden bei Baggerarbeiten in der Seine.

Was bereits mehr als eine Warnung war, entwickelt sich in der zweiten Hälfte des 9. Jahrhunderts zu einer dramatischen Situation, angesichts derer Karl der Kahle (840-877), Enkel des großen Kaisers, erneut versucht, energische Maßnahmen zu ergreifen. Doch das Westfrankenreich ist nicht allein betroffen. Das Reich ist zu diesem Zeitpunkt von allen Seiten bedroht: Sarazenen verwüsten die Mittelmeerküste, während die Ungarn bis nach Burgund und in die Provence vorstoßen. Das Ausmaß der Bedrohungen, die Krisen um die Erbfolge und der Rückzug der Aristokratie in die territorialen Fürstentümer verhindern die Mobilisierung der großen Vasallenheere, die die Stärke der karolingischen Armeen ausgemacht hatten und die nun auf die Allgegenwart und Mobilität der neuen Angreifer nicht reagieren können. Von der Mitte des 9. bis zum Beginn des 10. Jahrhunderts sind die Wikinger ständig präsent, besonders an der Loire und Seine, und erschüttern das Zentrum des aus der Teilung des karolingischen Reiches 843 hervorgegangenen Westfrankenreiches.

Diese Wikinger sind zunächst Norweger, die in erster Linie den nordwestlichen Seeweg nutzen: über die im 8. Jh. besiedelten nordschottischen Archipele, die irische See und anschließend von dort Richtung Ärmelkanal und, um die bretonischen Küsten herum, zu den Mündungen der Loire und der Gironde und weiter in Richtung Spanien und Mittelmeer. Diese Plünderungs- und Siedlungsvorstöße werden von Verbänden aus freien Männern geführt, den *bœndr*, dieser für die skandinavische Gesellschaft so charakteristischen Klasse von Grundbesitzern, die gleichzeitig Bauern, Seefahrer, Händler und Krieger sind.

Die Dänen, die ihnen bald und in größerer Anzahl auf den Westrouten folgen, organisieren ihrerseits Expeditionen. Diese waren viel strukturierter und wurden angeführt durch hochrangige Männer oder vom König selbst, und führten entlang der Küsten der Nordsee, nach Pas-de-Calais und, zum Ärmelkanal abbiegend, in Richtung Nord- und Westfrankreich oder zu den englischen Küsten. Dort, von East Anglia bis nach Yorkshire, gründen sie eine große Zahl von Siedlungen, in regelrechten binationalen, angelsächsischen und dänischen (die Gebiete des dänischen Rechts, des Danelag, um 870-950) Staaten. Zur gleichen Zeit errichten sie ständige Niederlassungen an der Somme, der Seine und der Loire. Die normannischen Küsten sind ebenfalls besonders von den direkten Angriffen, aber auch von der Entwicklung der Situation auf den britischen Inseln betroffen.

EINE NORMANNIN Eines der seltenen archäologischen Zeugnisse von Skandinaviern in den Winterlagern an der Seine: Schalenfibelpaar, Bronze, Pîtres, F, 9. Jh. Rouen, Musée départemental des Antiquités.

Im Kontext der Umbrüche in den skandinavischen Regionen und der Schwäche der karolingischen Abwehr ist die Motivation der Angreifer zunächst ganz trivial: der Reiz eines sofortigen und leichten Gewinns. Hauptziel der Angriffe ist Gold, insbesondere die Klosterschätze, gefolgt von der Gefangennahme von Sklaven, mit denen man bis in den Mittelmeerraum hinein Handel trieb. Aber die Beute bestand nicht nur in den Schätzen, deren Reichtum noch heute die Archäologen und das Museumspublikum fasziniert. Ehrgeizige Krieger konnten auf den Expeditionen das Charisma siegreicher Kriegsherren und genügend Wohlstand erlangen, um bei der Rückkehr im Spiel der rivalisierenden Dynastien mitzumischen oder um sich ein Königreich in Übersee aufzubauen. Verlierern und Verbannten eröffnete sich so eine Laufbahn als Abenteurer und Söldner, was sehr wahrscheinlich das Schicksal von Rollo und seinen Gefährten war, bevor sie sich in der Normandie niederließen.

Ab der Mitte des 9. Jahrhunderts haben die Angreifer die Schwächen der fränkischen Abwehr erkannt und wählen Ziele aus, die wohl im Rahmen friedlicherer Fahrten wahrscheinlich seit Langem bekannt waren. Diese historische Entwicklung lässt eine in der Normandie besonders deutliche Abfolge von Phasen erkennen: Auf eine Phase brutaler Überfälle und sofortigem Rückzug mit der Beute folgte eine zweiten Phase, in der man dauerhafte Stützpunkte errichtete und Lösegelder eintrieb, gleichzeitig wurden Verträge ausgehandelt. Die dritte Phase war die dauerhafte Ansiedlung von Skandinaviern, wobei sich rasch lokale Dynastien bildeten.

Angesichts der skandinavischen Bedrohung mobilisiert sich die fränkische Verteidigung nur langsam. Die Küsten sind weiterhin unzureichend geschützt, und die Befestigungen der Städte, welche noch aus spätrömischer Zeit stammen, erweisen sich als unwirksam. Selbst wenn die Invasionen der Normannen fast alle entlang der großen Flüsse erreichbaren Regionen betreffen, sind die Küsten entlang des Ärmelkanals am meisten betroffen. Die Städte und die reichen Klöster des Seine-Tals ziehen unwiderstehlich Plünderer an. Ab Mai 841 werden Rouen, Saint-Ouen und Jumièges gebrandschatzt. Die Abtei Saint-Wandrille in Fontenelle kann sich sowie ihre von den Skandinaviern gefangenen Abhängigen freikaufen - aber 852 brennt sie dennoch. Die zweite große Expedition auf der Seine, im Jahre 845, erreicht bereits ungehindert Paris, und die Angreifer pressen den Bewohnern eine immense Tributzahlung ab. Dieses Szenario wiederholt sich nun regelmäßig: Paris wird in den Jahren 856, 861 und 865 von der Seine aus angegriffen, 885-886 belagert und 889 erneut bedroht.

Seit 851 haben die Wikinger auch ihre Taktik geändert und beschlossen, erstmals auf den Inseln und im Schutz der Windungen der Seine, in Oissel, kurz nach Rouen, und in Jeufosse, vor den Toren von Paris, zu überwintern. Um 865/870 herum versucht Karl der Kahle, diesem Druck durch eine Befestigungslinie - das Wehr von Pont-de-l'Arche, in der Nähe seines Palastes in Pîtres - etwas entgegenzusetzen. Aber 885 geben die Verteidiger auf, angesichts der 700 Schiffe, die ein Jahr lang Paris belagern und ihre Verwüstungen bis nach Burgund fortsetzen.

Allmählich sind die Wikinger von punktuellen Plünderungen zu systematischen Lösegeldforderungen übergegangen. Die fränkischen und englischen Könige akzeptieren die Zahlung hoher Lösegelder, die über eine spezielle Steuer, das »Danegeld«, erhoben werden, um einen trügerischen Frieden zu erkaufen. Jedoch motiviert dies die Aggressoren nur noch weiter. Sie pendeln zwischen den Britischen Inseln und dem Kontinent hin und her, je nach den Kräfteverhältnissen. Der Angriff des großen Wikingerheers in England (865/866) entlastet das fränkische Königreich etwas, aber die Siege des Königs von Wessex, Alfred des Großen, schlagen die Räuber massenhaft auf die Seine zurück (879). Die fränkischen Könige zahlen, an verschiedenen Fronten, bis 926.

Die Bilanz der Gewalttaten verdanken wir den Zeugnissen des Klerus, dessen Schätze ohne Rücksicht auf die verehrten Heiligen in den Klöstern und Kathedralen geplündert werden. So wissen wir besser über die Panik angesichts des Raubs der Reliquien Bescheid als über die tatsächlichen Ausmaße der Massaker und Zerstörungen. Das Gebiet der Normandie war also kein Schauplatz von Verheerungen biblischen Ausmaßes, aber man darf nicht vergessen, dass alle Städte im Gebiet der künftigen Normandie im Verlauf dieses fatalen 9. Jahrhunderts mindestens ein Mal angegriffen werden: Rouen von 841 bis 876 fünf Mal, Fécamp 842, der Mont-Saint-Michel 847, Évreux und Bayeux 858, Coutances und Avranches 866. Die Mönche und die Bischöfe werden massakriert, unter anderem die von Bayeux (858) und von Coutances (890), und der Bischof von Sées, der 885 verschont wurde, wird als Sklave verkauft. Bei der Einnahme von Saint-Lô, nach der langen Belagerung von 889/890, sollen alle Verteidiger massakriert worden sein.

Diese Einfälle bilden aber keine von einer einheitlichen Führung koordinierte, großräumige Bewegung. Sie sind zeitlich gestaffelt, folgen widersprüchlichen Interessen, lassen mitunter Gnade walten, und es gibt auch Beispiele für Geschicklichkeit, geheime Verhandlungen und sogar Rückschläge. Als gute Seefahrer, kühne Piraten und auch bewandert in psychologischer Kriegsführung wissen die Wikinger im Übrigen die regionalen dynastischen Auseinandersetzungen zu nutzen (Nantes 843; Bordeaux 848), und man bezahlt sie auch durchaus dafür. Im Jahr 861 setzt Karl der Kahle die Wikinger der Somme direkt gegen die Wikinger der Seine ein, aber 866 sind die Wikinger der Loire als Verbündete der Bretonen an der Schlacht von Brissarthe (in der Nähe von Angers) beteiligt, bei der Robert der Tapfere, Urahn der Dynastie der Kapetinger, einen ruhmreichen Tod findet.

Oft wird auch vergessen, dass die »Wut der Normannen« in offenen Feldschlachten oder anhaltenden Belagerungen gegen die gut organisierten fränkischen Kräfte an seine Grenzen stößt. Von November 885 bis Oktober 886 schafft es Odo von Paris, sie in Zaum zu halten, auch wenn die Aufhebung des Belagerungszustands nur gegen Zahlung des von Kaiser Karl dem Dicken gewährten Tributs erwirkt wird. Odo, Sohn von Robert dem Tapferen, erwirbt sich damit ein Thronanrecht, welches 888 höher als die karolingische Legitimation angesehen wird. Später erleiden die von Rollo angeführten Wikinger sogar eine schwere Niederlage in Chartres, bevor sie den Bedingungen des Vertrags von Saint-Clair-sur-Epte (911) zustimmen.

Verhandlungen, punktuelle Schutzgarantien, sogar das Zusammenleben und gegenseitige Gebietsabtretungen gehörten ebenso selbstverständlich zum Umgang der fränkischen Gesellschaft mit den Wikingern. Im Jahr 867 schuf Karl der Kahle einen Präzedenzfall, indem er den Bretonen das Cotentin und das Avranchin abtrat und so einen alten Gegner zum Verbündeten gegen den neuen Feind wählte: die im Loiretal um Nantes herum ansässigen Wikinger.

Die ersten Jahre des 10. Jahrhunderts sind geprägt von einer erneuten territorialen Abtretung, welche dieses Mal allerdings zur Bildung eines dauerhaften Staates führen wird. Die Seine erweist sich als beständigste und für die fränkischen Könige gefährlichste Einfallsachse der Wikinger. Solange die Flussmündung nicht effizient geschützt wird, kann keine Normalität in das Leben des westfränkischen Königreiches einziehen. Könnte nicht andererseits für die an den Ufern des Unterlaufs der Seine ansässigen Skandinavier ein friedlicheres Zusammenleben verlockend sein?

Gegen 910 führen im Königreich mehrere nordische Banden mit mehr oder weniger Erfolg Krieg. Einer ihrer Anführer, Rollo (Hrolfr), scheint mächtiger zu sein als die anderen, oder zumindest verfügt er über ein gewisses politisches Gespür. Er ist ein Exilant: Verwandt mit den Jarlen von Orkney, war er aufgrund von Konflikten mit dem König aus Norwegen verbannt worden. Vermutlich hat er als Anführer in den Auseinandersetzungen der angelsächsischen Könige gegen die Dänen mitgekämpft und auf beiden Seiten des Ärmelkanals sein Glück versucht. Man weiß nicht genau, seit wann er sich an der Seine aufhält. Jedenfalls tritt er zu einem umstrittenen Datum - nach 876 - in Verbindung mit den kirchlichen Behörden durch den Abschluss von Verträgen in Jumièges, um Rouen den Status einer Zufluchtsstätte zu gewähren. Wahrscheinlich kämpfte er bei der Belagerung von Paris mit, und gegen 885 oder 889 nahm er sich in Bayeux eine aus der fränkischen Aristokratie stammende Frau, Poppa, Tochter des Grafen Berengar. Der aquitanische Chronist Adémar de Chabannes nennt ihn um 890 unter den Verwandten des Grafen von Poitiers, was ein späteres, mit der Tochter des inzwischen zum Christentum übergetretenen Wikingers geschlossenes Ehebündnis zu bestätigen scheint.

SCHRIFTLICH BESIEGELT Die Urkunde, unterzeichnet 918 von Karl dem Einfältigen, bestätigt die Schenkung von Gütern der Abtei Croix-Saint-Leufroy (Seine-Maritime) zugunsten der Abtei von Saint-Germain-des-Prés (Paris), »ausgenommen ein Gebiet jener Abtei, das wir an die Normannen an der Seine, das heißt, an Rollo und seine Männer zum Schutz des Königreichs abgetreten haben« (Zeile 7).

Es handelt sich somit weder um einen Unbekannten noch um einen Neuankömmling, den der karolingische König Karl der Einfältige (893–924) der Überlieferung nach im Jahr 911 in Saint-Clair-sur-Epte trifft. Und es handelt sich auch nicht um einen unbesiegbaren Krieger. Rollos Wikinger haben gerade in Chartres eine schwere Niederlage erlitten. Daher ist es für ihn nun klug zu verhandeln. Der Wikinger-Anführer, der sich schon bereit erklärt hatte, Rouen zu verschonen, verpflichtet sich nun, die Seine von der Epte bis zum Meer zu verteidigen, mit einem Status, der dem der karolingischen Grafen gleichkommt. Vor allem vollzieht Rollo einen entscheidenden Schritt, durch welchen die Dauerhaftigkeit des Abkommens erst gewährleistet werden kann: Er akzeptiert die Taufe, und sein Pate ist Robert, Herzog der Franken und ein anderer Sprössling des Geschlechts, welches seit Robert dem Tapferen und Odo von Paris den Kampf gegen die Normannen führt und sich anschickt, die karolingischen Könige zu verdrängen. So wird Rollo in die Gefolgschaft der beiden vorherrschenden Familien des fränkischen Königreiches aufgenommen.

Rollo hält sich an seine Zusagen. Er widersetzt sich erneuten Wikinger-Angriffen und bemüht sich um Einfluss bei den anderen Anführern im Gebiet der Normandie. Das hindert ihn nicht daran, günstige Gelegenheiten zu nutzen und, in reinster Wikinger-Tradition, nach dem Tod Karls des Einfältigen einen Überfall

KÖNIGLICHE BEGEGNUNG Rollos Begegnung mit Karl dem Einfältigen, angeregt durch den Normannen gewogene Erzählungen: Der karolingische König wird von den Wikingern lächerlich gemacht (Schulbuch).

ROLLOS TAUFE Illustration von H. Langlois für die Titelseite der Ausgabe von 1835 (E. Frère, Rouen) des »Roman de Rou«, einer Chronik in Versform des Dichters Robert Wace (um 1130).

ROLLO IN DER KUNST DES 19. JAHRHUNDERTS
Der Wikinger Rollo, erster Herzog der Normandie, in der Vorstellung der Künstler am Beginn des 19. Jahrhunderts. Lithografie für ein Geschichtswerk, Entwurf De Friqueti, Ausführung De Lecomte, 1830.

auf Beauvais zu versuchen. Aber 924 wendet sich der skandinavische Anführer entschieden nach Westen und unterwirft sich das Bessin und den Hiésmois. Diese Strategie wird von König Raoul bestätigt, der Rollos Nachfolger Wilhelm Langschwert »das am Meeresufer gelegene Land der Bretonen« übereignet: den Cotentin und das Avranchin (933). Das ist die Geburtsstunde der Normandie: Ihr Gebiet entspricht der Kirchenprovinz Rouen, in welcher die gallorömische Provinz *Lugdunensis secunda* überlebt. Ihre Grenzen sind mehr der Geschichte als der Geografie geschuldet und werden durch die aus der Linie von Rollo hervorgegangenen Fürsten bestätigt.

Die heidnischen Wikinger der Zeit der Invasionen haben den christlichen Normannen der Zeit des durch den Vertrag von 911 gegründeten Herzogtums den Namen »Northmanni«, die Männer aus dem Norden, hinterlassen, mit welchem die Franken sie ohne Rücksicht auf ihre Herkunft bezeichneten. Haben sie noch ein anderes Erbe hinterlassen? Bereitwillig mag man den normannischen Rittern der Kreuzzüge Eigenschaften ihrer Wikinger-Vorfahren zusprechen, aber sie gehören bereits einer anderen Welt an, während die der zeitgenössischen Vorstellung, der Romantik,

WIKINGER AUF LEINWAND H. G. Charrier, »Raubzug normannischer Seeräuber«, 1881. Das Ölgemälde ist typisch für das Bild der Wikinger in den Augen der Historienmaler des 19. Jahrhunderts.

dem Nationalismus oder dem Regionalismus entsprungenen Wikinger Helden sind, die mit ihrer Kultur- und auch ihrer Geistesgeschichte zu begeistern vermögen, die aber auch sehr stark mythische und imaginäre Schöpfungen sind. Auf dem Gebiet, welches von nun an ihren Namen trägt, bildeten die Skandinavier um 911 nur eine kleine Minderheit der Bevölkerung, auch wenn sie im Verlauf des 10. Jahrhunderts noch etwas Verstärkung bekommen haben.

Ihre geringe Anzahl und die schnelle Assimilierung sind wahrscheinlich eine Erklärung, warum, zur großen Frustration der normannischen Archäologen, so wenig materielle Spuren der Wikinger in der Normandie vorhanden sind. Einige beim Ausbaggern der Seine zutage geförderte Waffen und ein Frauenfibel-Paar, das in Pîtres in der Nähe der skandinavischen Überwinterungslager zwischen Rouen und Paris gefunden wurde – das ist alles. Alle weiteren Zeugnisse sind zweifelhaft: nordische Schmuckstücke des 6. und 7. Jahrhunderts an Fundorten in der Nähe des *litus saxonicum*, eines gegen andere nordische Piraten und die Sachsen gegen Ende des römischen Reiches errichtete Grenze; Gräber in Schiffsform auf dem Friedhof von Réville (Departement Manche), welche nur in der Vorstellung eines Archäologen existiert zu haben scheinen, der zu sehr von der Welt des Norden fasziniert war. Weniger als 30 kleinere Objekte, über das Gebiet von ganz Frankreich verstreut, aber im Wesentlichen entlang der großen Flüsse – Seine, Loire, Garonne – sind der ganze Beleg für die Präsenz der Wikinger. Zwar wurde 1905 ein Schiffsgrab gefunden – nicht in der Normandie, sondern in der Bretagne, auf der Île de Groix –, aber der berühmte Hague-Dike, ein Wall vor der Halbinsel Cotentin, ist keine Festung zum Schutz einer skandinavischen Siedlung, sondern ein typischer vorgeschichtlicher Verteidigungswall, der mehr als 1000 Jahre vor den Wikingereinfällen gebaut wurde.

Zwar deuten die Ortsnamen insbesondere der Küstenregionen des Cotentin, des Bessin, des Seine-Tals und des Pays de Caux auf eine ländliche Besiedlung von einer gewissen Dichte sowie auf demografische Zugewinne in den vorherrschenden Gruppen, den adligen Anführern, hin, deren Namen die Lage verrät. Sie sind jedoch mit Vorsicht zu untersuchen, weil sich die gleichen nordischen Wurzeln in den germanischen Toponymen des 5. bis 10. Jahrhunderts finden und die Franken oder die Sachsen genauso wie die Wikinger betreffen.

Trotzdem darf man angesichts dieser Schwierigkeiten mit den archäologischen Zeugnissen und den Ortsnamen nicht so weit gehen, die schriftlichen Quellen zu leugnen. Tatsächlich waren, auch wenn keine normannische Stadt im engeren Sinn von der Karte getilgt wurde, die Gewalt und die Wirren einschneidend genug, dass der Bischof von Coutances erst zu Beginn des 11. Jahrhunderts seinen Sitz wiedererlangen konnte. Ebenso blieb nach dem Terror die Wahrnehmung der Wikinger als Fremdkörper so stark bestehen, dass der Herzog der Normandie noch bis in die Zeiten der Enkel von Rollo den abwertenden Titel »Fürst der Piraten« erhielt.

Parallel stellt man jedoch eine reale Einbindung der skandinavischen Anführer seit Rollo selbst in die fränkische Aristokratie fest, vor allem durch Eheschließungen. Die skandinavischen Anführer agierten politisch klug, indem sie zum Christentum übertraten, die Wiedererrichtung der Klöster unterstützten und den erfolgreichen Teil der karolingischen Institutionen fortbestehen lassen. Im Bündnis mit dem fränkischen Herrscher zeigte Wilhelm Langschwert, Sohn von Rollo, keinerlei Solidarität mit den Wikingern, die 939 endgültig aus Nantes vertrieben wurden. Und während sich das normannische Herzogtum dauerhaft etablierte, ging 954 das andere große Wikinger-Fürstentum des Westens, das Königreich von York, wieder zurück an die englischen Könige.

Sehr bald sorgten die normannischen Fürsten dafür, dass die Geschichte dieser Gründung neu geschrieben wurde. Zwar priesen sie die kriegerischen Tugenden der Ahnen und schufen so die Grundlage für einen dauerhaften normannischen Mythos, aber sie betonten auch ihre Frömmigkeit, indem sie beispielsweise aus der Ermordung von Wilhelm Langschwert im Jahr 942 – letzter Ausdruck einer Ablehnung der Normannen durch die fränkische Aristokratie – quasi ein Martyrium machten.

Nach der Gründungszeit unter der Herrschaft der beiden heidnischen, außerhalb der Normandie geborenen Wikinger-Anführer Rollo († 937) und Wilhelm Langschwert († 942) konsolidierte sich das Fürstentum der Normannen unter der langen Herrschaft der Herzöge Richard I. (942/996) und Richard II. (996/1026), die sich vollumfänglich am politischen Spiel des fränkischen Königreichs beteiligten. Gelegentlich konnten im Verlauf des 10. Jahrhunderts skandinavische Siedler ihre Vorbehalte gegenüber der Integration zum Ausdruck bringen (Aufstand von Riouf, 933–934), und in unruhigen Zeiten wurden auch noch Truppen von Wikinger-Söldnern eingesetzt. Begünstigt durch die Minderjährigkeit von Richard I., versuchten der karolingische König und der Herzog der Franken auch, das überlassene Gebiet wiederzuerlangen. Aber die normannische Dynastie hat überdauert, im Übrigen ohne mit den nordischen Welten zu brechen.

Den ersten Herzögen wurde oft vorgeworfen, die Rückzugsorte der dänischen Banden, die gegen die englischen Könige vorgingen, toleriert zu haben; und dass ein Teil der Beute den Handelsplatz Rouen belieferte, ist sicher ein begründeter Verdacht. Die auf den britischen Inseln gefangen genommenen Sklaven wurden bis zum Beginn des 11. Jahrhunderts in Rouen verkauft. Aber ebenfalls in Rouen erhielt zur gleichen Zeit Olav Haraldsson, ein Abenteurer, der später König von Norwegen und heiliger Märtyrer wurde, die Taufe bei seinen normannischen Verwandten. Und schließlich verwendeten Richard I. und Richard II. die lange Zeit ihrer Herrschaft, von 942 bis 1026, für die Konsolidierung des Fürstentums im fränkischen Königreich. Jedoch greifen sie nach 942, gegen 960 und 1013/1014 immer noch auf skandinavische Söldner zurück.

VILLE DE ROUEN
Le Souvenir Normand
Gdes Fêtes Normandes
du 7 au 13 juin 1904
MARDI 7 JUIN
HOMMAGE A JEANNE-D'ARC
Réception officielle et Soirée à l'Hôtel-de-Ville
MERCREDI 8 JUIN
Excursion à Jumièges. — Visite de l'Abbaye
GRAND BAL NORMAND COSTUMÉ au Théâtre-des-Arts
JEUDI 9 JUIN
HOMMAGE A GUILLAUME-LE-CONQUÉRANT
BAL D'ENFANTS Costumé et Travesti
Spectacle Populaire : Projections de Vues et Scènes Normandes
VENDREDI 10 JUIN
Exposition des Roses au Palais des Consuls
Théâtre-des-Arts : REPRÉSENTATION DE GALA donnée par la Comédie-Française
RODOGUNE, Tragédie de Corneille, et LA NUIT D'OCTOBRE, d'Alfred de Musset
SAMEDI 11 JUIN
COURSES DE CANOTS AUTOMOBILES
GRANDE RETRAITE AUX FLAMBEAUX
Par les Musiques de la Garnison et la Musique Municipale
GRANDE FÊTE de NUIT sur la SEINE
Ballets, Divertissements Dirigés par Mlle CERNUSCO, Maîtresse de Ballet, de Paris — Tableaux vivants
Concours de Bateaux décorés et Illuminations à GIORNO
DIMANCHE 12 JUIN
FÊTE DES FLEURS
Concours et Défilé de Véhicules fleuris et décorés
CORSO — BATAILLE DE FLEURS
Concours de Balcons fleuris et de Façades décorées et illuminées – Ascension d'un Ballon lumineux
ILLUMINATIONS FÉERIQUES. — Embrasement général des quais, des ponts et des collines de Bonsecours
LUNDI 13 JUIN
CONCERT et DISTRIBUTION DES RÉCOMPENSES à l'Hôtel-de-Ville
Banquet Officiel offert par le Comité aux Autorités
Imp. L. WOLF. ROUEN

Bei der englischen Rückeroberung der Gebiete des Danelag (zwischen 917 und 954), den großen dänischen Überfällen der Jahre 980/990 und bei der folgenden, von Ethelred »dem Unberatenen« verfügten Vertreibung der Dänen aus England stellten sich die »Jarle« von Rouen beim großen Gegenangriff der dänischen Könige, die sich 1014/1016 des Throns von England bemächtigten, nicht auf die Seite von Sven Gabelbart oder von Knut dem Großen. Im Gegenteil, der Herzog der Normandie entschied sich, dem angelsächsischen König eine normannische Prinzessin zur Frau zu geben (Heirat von Ethelred und Emma, 1002), und nahm die von Sven und Knut dem Großen aus England vertriebenen Erben bei sich auf. Der Herzog der Normandie setzte, weit vor Wilhelm dem Eroberer, auf die englische Erbfolge.

Lucien Musset hat vorgeschlagen, das Schicksal Wilhelms des Eroberers als letzte Episode des Wikinger-Abenteuers zu sehen, bei dem sich die anglo-dänischen und franko-dänischen Fürsten eine finale Abrechnung lieferten, wobei sich Verwandte der skandinavischen Königsfamilien gegenüberstanden. Die Herzöge von Rouen haben ja zunächst die angelsächsische Dynastie unterstützt und 1042 Eduard den Bekenner wiedereingesetzt. Anschließend hat Wilhelm die Waffen gegen Harold Godwinson ergriffen, der in seinen Augen ein Usurpator war, aber auch eine anglo-dänische Aristokratie repräsentierte, die zu den Normannen in Rivalität stand und sich seit der Epoche Knuts des Großen durch Ehebündnisse im Königreich England gebildet hatte.

Für einige Autoren sind tatsächlich noch im Jahre 1066 alle Akteure des Geschehens authentische Wikinger, wie der König von Norwegen, Harald der Harte, oder die Nachkommen der Wikingergeschlechter in ihren eroberten Gebieten: Das ist indirekt der Fall bei Eduard dem Bekenner, durch seine Mutter, die Normannin Emma, aber vor allem bei Wilhelm dem Eroberer selbst, siebter Herzog der Normandie seit dem Wikinger Rollo. Die Errichtung des anglo-normannischen Königreichs zieht jedoch endgültig einen Schlussstrich unter das Wikinger-Abenteuer. Die normannischen, dänischen oder norwegischen Fürsten waren zu jener Zeit seit mehreren Generationen in die christliche Gemeinschaft eingebunden und spielten seitdem ihre Rollen in dynastischen Konflikten oder Bündnissen, die nichts mehr mit den Überfällen der heidnischen Krieger des 9. Jahrhunderts zu tun hatten. Wilhelm konnte zwar noch bis in die Jahre 1078/1079 die Ambitionen des Königs von Dänemark fürchten, aber die letzten zu Beginn des 12. Jahrhunderts an den Küsten Schottlands oder der irischen See gemeldeten Schiffe waren keine wirklichen »Wikinger« mehr. Die Konsolidierung der Reiche im Westen und die Integration des nordischen Raums in den kulturellen Raum Europas bildet den Abschluss der letzten Episode der »Invasion der Barbaren«.

DIE WIKINGER UND DIE MARINE
Die Wikinger im Dienste des Gedenkens an Marinesoldaten: Drachenkopf aus glasiertem Steinzeug, 1904. Detail des Denkmals auf dem Friedhof von Fécamp (Seine-Maritime).

◂ **NORMANNISCHE IDENTITÄT** Plakat der »Fêtes normandes« in Rouen 1904: Wikingerschiff und normannischer Ritter repräsentieren die Tradition der Region.

DIE LANDNAHMEN IM NORDATLANTIK

Ausgangspunkt der langen Seereisen der Wikinger über den Nordatlantik war Norwegen mit seinen durch Gebirge begrenzten, dicht besiedelten landwirtschaftlichen Nutzflächen, die sich entlang der wenigen flachen Partien entlang der Fjorde und in den Tälern erstreckten. Zur Ergänzung des Nahrungsbedarfs wurden die Hochweiden im Rahmen einer der Almwirtschaft vergleichbaren *Sætr*-Wirtschaft genutzt. Die Kargheit dieser Landschaft dürfte die Ursache für die nordatlantischen Landnahmen gewesen sein. Organisiert wurden die Seefahrten von den Familienverbänden der großen Höfe, die seetüchtige Schiffe ausrüsteten, welche Menschen und Lasten transportieren konnten. Ein weiterer Grund lag in der Ausdehnung der norwegischen Königsmacht seit Harald I. Schönhaar (ca. *852; †933), der die Großen des Landes unterwarf.

Die Sagas betonen ausdrücklich den Wagemut der ersten Überfahrten. Die Entfernungen waren beträchtlich: Von Westnorwegen bis zu den Färöern sind es etwa 675 km, von den Färöern bis nach Island 450 km, von Westisland bis Ostgrönland 700 km, bis zur südwestlichen Westküste weitere 800 km. Nicht nur die Stürme auf dem Nordatlantik waren zu meistern, sondern auch die Navigationsprobleme. In Küstengewässern boten Landmarken Orientierung, in der Nacht Sterne. Daneben bedienten sich die erfahrenen Seeleute eines Sonnenkompasses, mit dem man entlang einer geografischen Breite segeln und den scheinbaren Weg der Sonne über den Himmel von Osten nach Westen verfolgen konnte. Ferner beobachteten sie Strömungen sowie die Tierwelt, wie das Auftauchen von Walen oder das Vorkommen von Vögeln. Die Segelanweisungen wurden zunächst mündlich

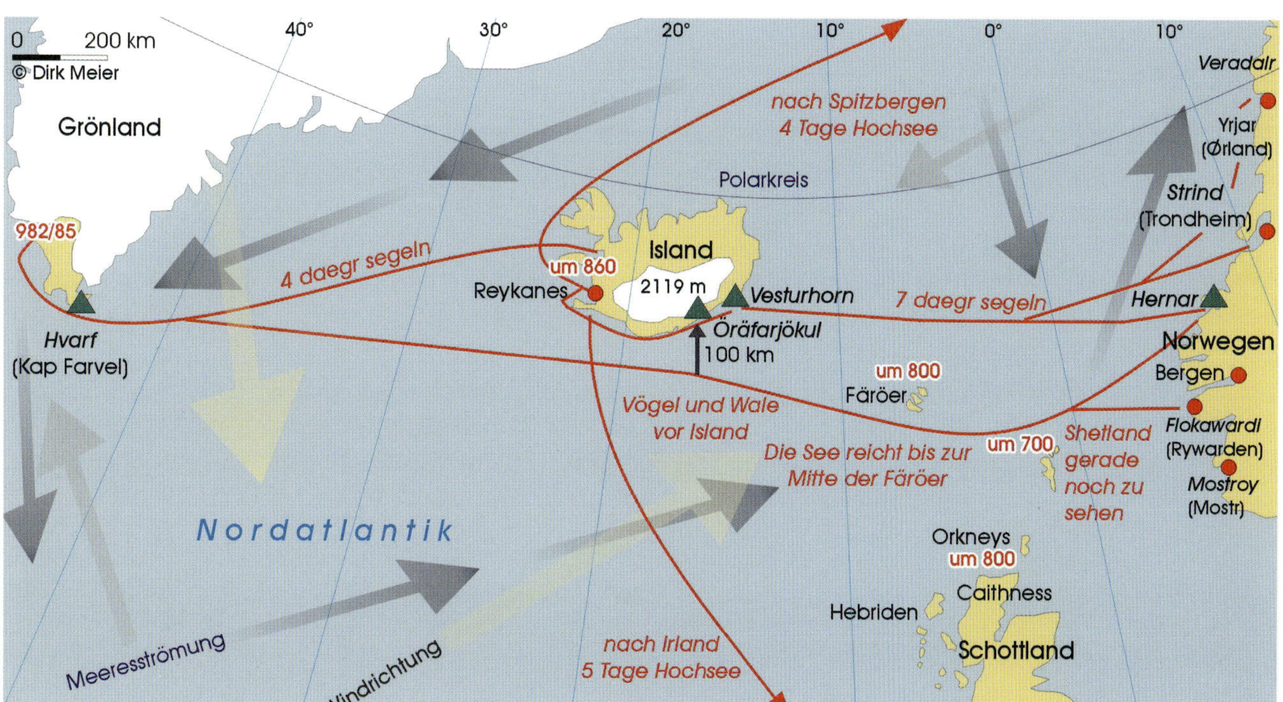

SEGELROUTEN DER WIKINGER Rekonstruktion der Segelrouten nach der mündlichen Überlieferung. Von Norwegen und Island aus führten diese über den Nordatlantik, wo um 700 Shetland, um 985 Grönland und um 1000 Neufundland erreicht wurden.

weitergegeben und später schriftlich fixiert. So heißt es in der isländischen Landnámabók des 13. Jahrhunderts:

»So sagen kluge Männer, dass es von Kap Stad in Norwegen nach Kap Horn [Vesturhorn] in Ostisland sieben dægr sigling *[Tage segeln] westwärts sei und von Snæfellsnes nach Grönland, dort, wo die Entfernung am kürzesten ist, vier* dægr *Hochsee nach Westen. Und so wird berichtet, dass man, will man von Bergen recht-west nach Hvarf auf Grönland segeln, eine* tylft *südlich an Island vorbei segeln muss. Von Reykjanes in Südisland nach Jölduhlaup in Irland sind es fünf* dægr *Hochsee nach Süden; aber von Langanes in Nordisland nach Svalbard in der großen Meeresbucht ist es vier* dægr *Hochsee nach Norden.«*

Erste vage Beschreibungen der Inseln im Nordmeer finden sich zusammen mit dem sagenhaften Thule bereits bei dem Griechen Pytheas von Massalia (*380, †310), doch ist dessen *Oceanos* nur in Textfragmenten bei anderen antiken Autoren überliefert. Ebenso legendenhaft bleibt die *Navigatio Sancti Brendani* über die angeblich zwischen 565 und 573 unternommene Seereise des Heiligen Brendan mit zwölf Gefährten im Nordmeer mit der Erwähnung des verheißungsvollen *Terra Repromissionis*. Der irische Mönch Dicuil, der um 825 im Frankenreich schrieb, berichtet uns im *Liber de mensura orbis terrae*, dem Buch über die Vermessung des Erdkreises, dass etwa seit 700 unerschrockene Mönche die Gewässer mit ihren zerbrechlichen Schiffen, wohl Lederboote, durchquerten, um sich auf den Inseln als Einsiedler niederzulassen. Die Wikinger, die diese auf den Färöern und Island trafen, nannten sie *papar* – Väter. Bei der Ankunft der Nordleute flohen sie und ließen – wie der isländische Gelehrte Ari Þorgilsson inn fróði (Ari der Gelehrte, *1067/68, †1148) um 1125 in der Íslendingabók berichtet – Bücher, Glocken und Krummstäbe zurück.

Ein erstes Sprungbrett für die Überfahrten über den Nordatlantik bildeten die Orkneys vor der nordöstlichen Küste Schottlands, die bei seiner Umfahrt der britischen Insel bereits der Römer Julius Agricola als *orcades* sichtete, wie Publius Cornelius Tacitus berichtet. Zur vermuteten Ankunftszeit der ersten Wikinger im 8. Jahrhundert siedelten Pikten auf den Orkneys, die dann vielleicht mit den Einheimischen verschmolzen. Die strategische Lage der Orkneys machte die Inselgruppe über Jahrhunderte zur Basis für Überfälle auf die nahen schottischen und englischen Küsten sowie das weiter entfernt liegende Wales und Irland. Auch die norwegischen Küsten wurden von hier aus geplündert. Nach Snorris Heimskringla, eines um 1230 verfassten Werkes zu den norwegischen Königen, überließ der norwegische König Harald I. Schönhaar die Inseln 876 Røgnvald I. Eysteinsson als Jarl. Die Einsetzung von Jarlen (Grafen) markiert somit den Beginn des Versuchs direkter politischer Kontrolle über die Orkneys von Norwegen aus. So heißt es in Snorris Heimskringla:

»In einem Sommer segelte Harald Schönhaar nach Westen, um die Wikinger zu strafen, weil er ihrer Verwüstungen müde geworden war, denn sie plünderten während des Sommers in Norwegen, verbrachten aber den Winter auf den Shetlands und Orkneys ... er focht dort viele Schlachten und annektierte Land weiter im Westen als seither irgendein anderer König. In einer Schlacht fiel Ivar, der Sohn des Jarls Rögnvald. Doch als König Harald aus dem Westen nach Hause segelte, übergab er dem Jarl Rögnvald die Shetlands und Orkneys als Entschädigung für seinen Sohn. Jarl Rögnvald gab beide Länder jedoch seinem Bruder Sigurd.«

Nordöstlich der Orkneys liegen die Shetlands, die bereits Agricola bei seiner Befahrung des Nordmeeres sichtete, wie Tacitus schreibt: »Nur in Sicht kam Thule, weil der Auftrag nur so weit reichte und überdies der Winter nahte.« Die Römer verstanden unter Thule somit eine Inselgruppe, die man von den Orkneys aus sehen kann, somit die Shetland-Inseln. Die bruchstückhafte antike Überlieferung verlieh Thule einen mythischen Charakter. Über den Besiedlungsbeginn der Shetland-Inseln ist bis heute wenig bekannt. Die erste Siedlungsphase auf dem »Jarlshof« an der Südspitze Shetlands wird bisweilen um 800 angesetzt, obwohl dies zu früh erscheint. Der seit dem 19. Jahrhundert sogenannte Gebäudekomplex besteht aus Wohnhäusern, Ställen und

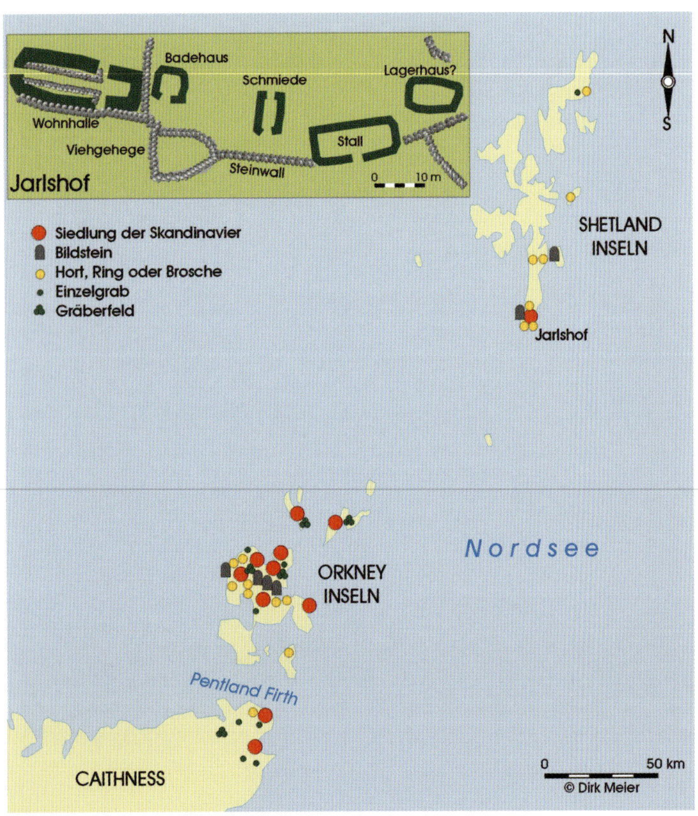

SPRUNGBRETTER IN DER NORDSEE Von den Orkney- und Shetlandinseln aus plünderten die Wikinger norwegische Küsten, bevor die Orkneys 874 unter die Kontrolle des norwegischen Königs gerieten. Zu den Wikingersiedlungen auf den Shetlands gehört der bekannte Jarlshof.

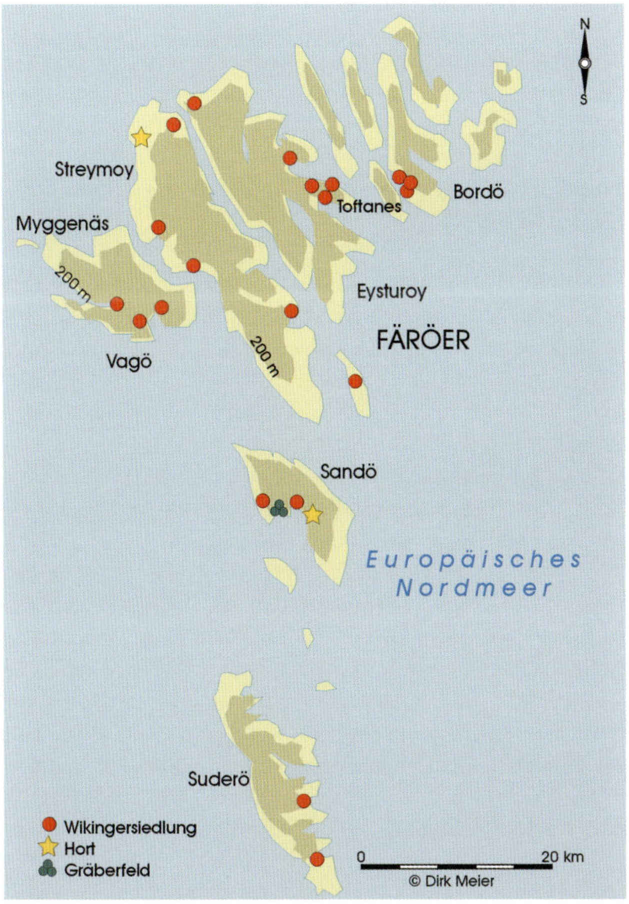

FÄRÖER Hier erstreckte sich die wikingerzeitliche Besiedlung entlang der Fjorde. Das Wirtschaftsland bildete hier das sogenannte Innenfeld, während die höheren Weiden (Außenfeld) im Rahmen einer Sætr-Wirtschaft genutzt wurden.

ABWEISEND UND RAUH Von der Seeseite machen die steilen Felsenküsten der Färöer einen unfreundlichen Eindruck. Nur dort, wo Fjorde in das Landesinnere führen, kann man die Inseln betreten.

Scheunen mit Grassodenwänden unterschiedlicher Zeitperioden. Rinder- und Schafhaltung mit etwas Anbau von Gerste sowie Fischfang bildeten dabei die Lebensgrundlage der Bewohner.

Nach der *Navigatio Sancti Brendani* entdeckte der irische Heilige angeblich um 560 auch die nordwestlich von Shetland liegenden Färöer, hinter denen sich vielleicht sein Vogelparadies verbirgt. Von der Inselgruppe noch weiter im Nordwesten berichtet uns Dicuil:

»Es gibt viele andere Inseln im Ozean nördlich von Britannien, die von der nördlichen britischen Insel in einer direkten Reise von zwei Tagen und Nächten erreicht werden können, wenn die Segel gefüllt sind und ein ständiger günstiger Wind weht. Ein strenggläubiger Priester erzählte mir, wie er an zwei Sommertagen und der dazwischen liegenden Nacht in einem zweisitzigen Boot dorthin gesegelt ist und eine der Inseln betreten hat. ... Es gibt eine andere Gruppe von kleinen Inseln, fast alle durch enge Wasserstraßen voneinander getrennt. Dort haben fast hundert Jahre lange Eremiten gelebt, die aus unserem Land, Irland, gekommen waren. Aber wenn die Inseln immer vom Anfang der Welt verlassen waren, so heute wegen der normannischen Piraten, die die Einsiedler vertrieben haben. Jetzt sind sie von unzähligen Schafen und diversen Seevögelarten bevölkert. Ich habe diese amtlich erwähnten Inseln nie gefunden.«

Somit gab es Schafe vor der Ankunft der Norweger auf der Insel, welche diese *Færeyiar* nannten. Zu den Geschehnissen der Landnahme im 9. Jahrhundert lässt sich die zwischen 1210 oder 1215 niedergeschriebene Færinga saga heranziehen, in der es heißt:

»Ein Mann namens Grim Kamban ließ sich als erster auf den Färöern nieder. Doch in den Tagen Harald Schönhaars floh wegen seiner Gewaltherrschaft eine große Zahl von Menschen [aus Norwegen]. Einige ließen sich auf den Färöern nieder.«

Trotz der Behauptung, dass Grim ein Norweger war, deutet der keltische Beiname *kamban* eher auf einen skandinavischen Siedler von den Hebriden oder aus Irland hin.

Die ältesten Spuren menschlicher Besiedlungen sind 2013 entdeckte verkohlte Gerstenkörner aus Á Sondum auf Sandoy aus der Zeit von der Mitte des 4. bis zum späten 8. Jahrhundert. Dort fand sich auch ein Wikingerhaus aus dem 9. Jahrhundert. Die für Siedlung und Landwirtschaft günstigen Flächen, das »Innenfeld«, umfassen knapp fünf Prozent des bergigen Landes mit seinen Steilküsten und erstrecken sich an den flacheren Abschnitten der weit in das Landesinnere reichenden Fjorde. Hier konzentrierte sich während der Wikingerzeit die Besiedlung, während das weitflächige »Außenfeld« als extensiv genutztes Weideland der *Sætr*-Wirtschaft diente.

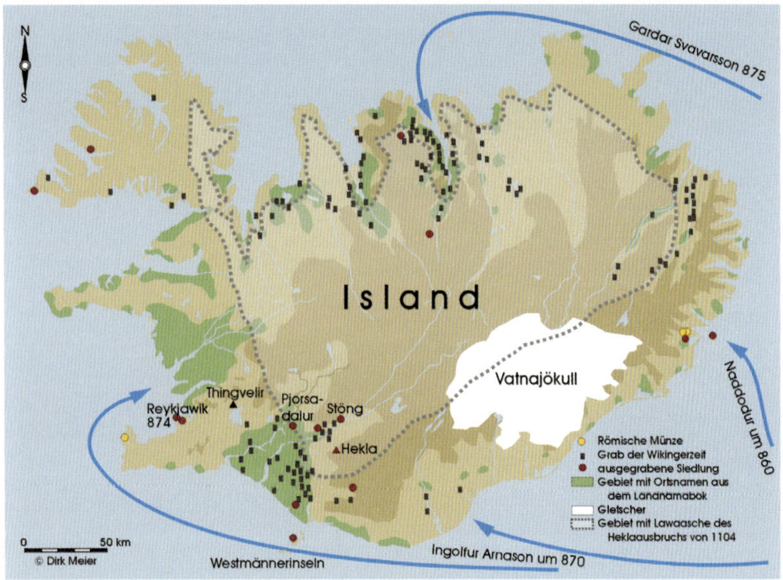

LANDNAHME AUF ISLAND Drei Viertel der Landesfläche Islands bedecken Gletscher und Vulkanablagerungen. Die nordische Besiedlung konzentrierte sich vor allem auf den Südwesten und entlang der Fjorde im Norden der Insel.

Von den Färöern aus sind es etwa 450 km bis Island im mittleren Nordatlantik, der in Strabons (*63 v. Chr., †23 n. Chr.) *Geographika* als Thule klassifizierten Insel, wobei er sich auf Pytheas berief. Eine erste genauere Beschreibung Islands hat uns erst Dicuil um 825 hinterlassen:

»Es ist jetzt dreißig Jahre her, seit Geistliche [clerici], die vom 1. Februar bis zum 1. August auf der Insel gelebt hatten, mir erzählten, dass nicht nur an dem Tag der Sommersonnenwende, sondern auch an den Tagen davor und danach die untergehende Sonne sich zur Abendstunde wie hinter einen kleinen Hügel versteckt, so dass es während dieser Zeit niemals dunkel wird, vielmehr ein Mann, was immer er tun möchte, und sei es, die Läuse aus seinem Hemd zu suchen, dies genauso vollbringen kann, wie im hellen Tageslicht. Die geschrieben haben, dass die See um Island herum gefroren ist, befinden sich im Irrtum..., doch nach einem Tag des Segelns von dort aus nach Norden finden sie das gefrorene Meer.«

Dieser und weitere Berichte keltischer Heiliger lassen darauf schließen, dass mindestens 60 bis 70 Jahre vor der Ankunft der Wikinger eine Besiedlung Islands erfolgt sein könnte, die bislang jedoch nicht anhand von Funden gesichert ist, wenn auch Ari Þorgilsson in seiner Íslendingabók von 1125 die Anwesenheit irischer Mönche bestätigt. Eine archäologische Ausgrabung auf den Westmännerinseln nahe der isländischen Südküste legte die Grundmauern eines typisch norwegischen Langhauses unterhalb einer Lavaschicht frei, die in das 7. Jahrhundert gehört.

Weitere archäologische Belege für die frühe Anwesenheit von Menschen auf Island sind zwei römische Kupfermünzen aus der Zeit um 270–305 n. Chr. Diese befanden sich in den Schichten eines ausgegrabenen Hofs aus der Landnahmezeit der Wikinger in der Nähe von Bragðavellir in Hamarsfjörður; die dritte wurde am Strand von Hvalnes in Lón gefunden. Diese gelangten wohl mit den Wikingern nach Island.

Pollenprofile im südöstlichen Island belegen, dass die Viehherden der ersten Nordleute zwischen 870 und 930 die Vegetation veränderten. Gleich alte Siedlungsfunde stammen aus dem Tal von Þjórsádalur im südwestlichen Island, die von Asche des Vulkans Vatnaöldur bedeckt waren, der am Ende des 9. Jahrhunderts ausbrach. Ferner lieferten Ausgrabungen in Reykjavík 14C-Datierungen des 7./8. Jahrhunderts; die frühesten Daten um 690 gehen jedoch vermutlich auf die Nutzung alten Holzes zurück. Gleichwohl sind diese naturwissenschaftlichen Datierungen deutlich älter als die schriftliche Überlieferung der Landnámabók, nach der sich um 860 ein Wikingerschiff mit dem Norweger oder Färinger Nadodd auf der Seereise zu den Färöern im Unwetter an die ostisländische Küste bei Reydarfjördur verirrte. Nadodd nannte die Insel *Snæland* (Schneeland). Das Besiedlungsbuch schildert jedoch weniger reale Vorgänge, sondern diente der Absicherung von Landansprüchen des 12./13. Jahrhunderts. Die Rede ist von etwa 430 Landnehmern (*landsnámsmenn*), Männer und Frauen von Landnahmefamilien, die als erste Siedler Land in Besitz nahmen und bewirtschafteten, vorwiegend in der Ebene des Südlandes und in den Fjordtälern der anderen Landesteile. Ferner berichtet es von Flóki Vilgerðarson, der von Norwegen erstmals nach Island segelte, jedoch nach einem harten Winter und einem weiteren Jahr in seine Heimat zurückkehrte, bevor er sich später ganz auf der Insel niederließ und ihr den heutigen Namen gab. Im Jahr 870 fuhr Ingólfr Arnarson mit seinem Bruder nach Island. Er blieb an der Südküste bei Ingólfshöfði, während sein Bruder Hjörleifr weiter segelte und nahe des heutigen Ortes Vík an Land ging. Er wurde später von seinen Sklaven erschlagen, die dann Ingólfr zur Rechenschaft zog. Danach gründete Ingólfr an dem Ort 874 Reykjavík, wo bei einer Seereise die verzierten Holzpfeiler seines Hochsitzes angeblich ans Land getrieben waren. Ebenfalls erwähnt die Landnámabók die Seereise des Schweden Garðarr Svavarsson, der Island 875 suchte und umsegelte. Er überwinterte im Norden in Húsavík, wo er eine Siedlung gründete. Der Insel gab er den Namen *Garðarsholmr* (Gardars Insel).

Große Bereiche des Nutzlandes auf Island unterhalb von 200 m Höhe waren wohl innerhalb von zwei Generationen zwischen 870 und 930 eingenommen. Da etwa drei Viertel der Fläche der Insel Eis und Lava bedecken, konzentrierte sich die Besiedlung auf die Küstenregionen und die breiten Täler im Südwesten sowie entlang der von Norden in das Landesinnere reichenden Fjorde. Vermutlich praktizierte man in der Landnahmezeit in den Tälern und auf den Hochebenen eine *Sætr*-Wirtschaft. Einer Vulkaneruption der Hekla von 1104 wird auch die Zerstörung des Gehöftes von Stöng am Nordende des Þjórsá-Tales zugeschrieben. Dieses bestand, wie die Ausgrabungen 1939 zeig-

OPFER DES VULKANS Der wkingerzeitliche Hof von Stöng mit Grassodenwänden und Steinfundament sowie die zugehörige Kapelle wurden vermutlich 1104 unter der Lava des Vulkans Hekla begraben.

ten, aus den Überresten eines Langhauses mit Grassodenwänden auf Felssteinfundamenten sowie einer Schmiede und einem Kuhstall. In weiteren Untersuchungen zwischen 1992 und 1993 wurde eine kleine Kirche aus der gleichen Zeit freigelegt. Die gesamte Anlage ist 5 km südwestlich des Ausgrabungsortes als Freilichtmuseum rekonstruiert worden. Bald nach der Landnahme entwickelten sich lokale Versammlungen, aus denen 930 das Althing entstand. Dieses fand am Felsen von Þingvellir statt, wo sich die mächtigen Männer jeden Sommer trafen. Hier wurde auch um 1000 die Einführung des Christentums beschlossen.

Von Island führten weitere Expeditionen nach Grönland, wie sie der Íslendingabók, der Landnámabók, der Grænlendinga saga, der Eriks saga rauða und dem Konungs skuggsjá, dem norwegischen Königsspiegel, zu entnehmen sind. So war der Seefahrer Gunnbjörn Úlfsson um 900 auf einer Fahrt von Norwegen nach Island vom Kurs abgekommen und mit seinem Schiff an das südliche Grönland unweit des heutigen Kap Farvel getrieben worden. Davon hatte auch Erik der Rote auf Island gehört, der aufgrund mehrmaligen Totschlags vom Althing 982 für friedlos erklärt worden war und für drei Jahre verbannt wurde. Kurz nach dem Urteil verließ Erik zusammen mit anderen Geächteten Island, um nach den Gunnbjörninseln zu suchen. Mit wenigen Sätzen schildert Ari Þorgilsson in seiner Islendingabók um 1125 den Beginn dieses Unternehmens:

»

»Das Land, welches Grönland genannt wird, wurde von Island aus entdeckt und besiedelt. Erik der Rote hieß der Mann ... er gab dem Land den Namen und nannte es Grönland; das, meinte er, würde den Leuten Lust machen, hinzufahren, wenn das Land einen so schönen Namen hätte.«

«

DIE THING-EBENE In Þingvellir tagte seit 930 einmal jährlich das Althing – eine Versammlung aller freien Männer Islands.

GRÖNLAND Die Besiedlung der Wikinger in Grönland (*Grænlendingar*) konzentrierte sich auf die klimatisch wärmere Ostsiedlung. Hier befand sich mit Brattahlíð der Hof Eriks des Roten. Die Umweltbedingungen in der nördlicher gelegenen Ostsiedlungen waren ungünstiger.

Erik erreichte die grönländische Küste bei Tasiilaq (grönl., dän. Ammassalik), segelte von dort nach Süden, umrundete Kap Farvel und überwinterte auf einer Insel an der Südküste. Im nächsten Frühjahr segelte er weiter nach Norden und erreichte den Eriksfjord (grönl. Tunulliarfikfjord). Die Landschaft der inneren Fjordabschnitte bestand hier aus Seen, Mooren, Heiden, Blaubeeren, Krähenbeeren, Zwergbirken und Zwergweiden. An den Südhängen erstreckten sich Gras- und Kräuterwiesen. Erik wählte den günstigsten Platz für die Gründung seines Hofes Brattahlíð (»steiler Hang«). Von dort unternahm er mehrere Erkundungsfahrten bis nördlich des Polarkreises und kehrte im folgenden Jahr nach Island zurück.

Hier versammelte er 700 Leute um sich und segelte 985 mit 25 Schiffen nach Grönland, was nur 14 erreichten. Die meisten Neusiedler ließen sich im Gebiet der sog. Ostsiedlung nieder, deren Höfe an den von Fjorden umspülten Inseln und Halbinseln lagen. Im Fjordinneren herrscht ein günstigeres Klima mit heutigen sommerlichen Durchschnittstemperaturen von 10 Grad Celsius, wobei nach Eisbohrkernunteruntersuchungen diese zwischen 600 und 1200 n. Chr. etwa um ein Grad höher waren. Die Sommer konnten wärmer sein als in Island, die Winter waren jedoch viel strenger. Brattahlíð, wo Erik der Rote mit seiner Frau Þjódhild siedelte, wurde das politische Zentrum der Ostsiedlung. Wenn auch die heutigen Ruinen wohl nicht aus der Zeit Eriks stammen, dürfte er hier doch auf dem Areal nördlich des Bachs seinen Hof erbaut haben. Die heutige Anlage besteht aus einem Wohnkomplex mit großer Halle, Ställen, Wirtschaftsgebäuden

BRATTAHLÍÐ Um 985 segelte Erik der Rote nach Grönland und gründete den Hof Brattahlíð am Ende des Eriksfjords. Von dieser sog. Ostsiedlung im grünen Südwesten Grönlands sind bislang zahlreiche Siedlungsspuren der Wikingerzeit bekannt geworden.

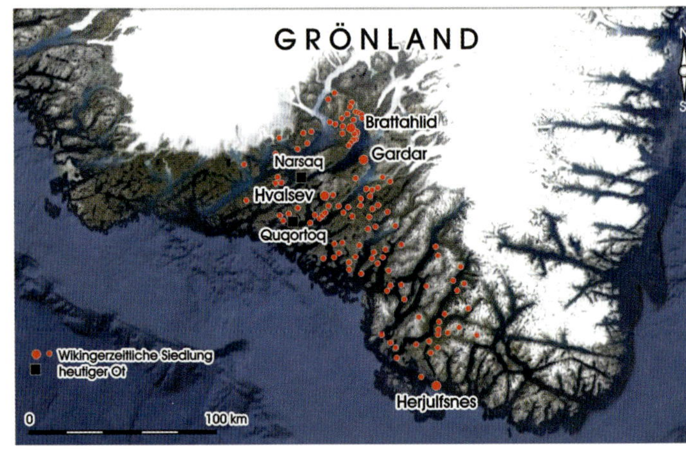

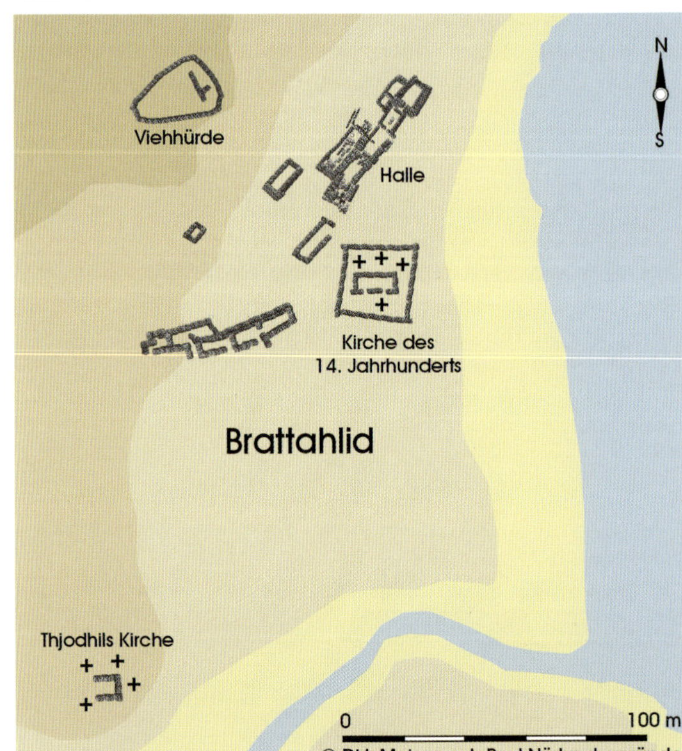

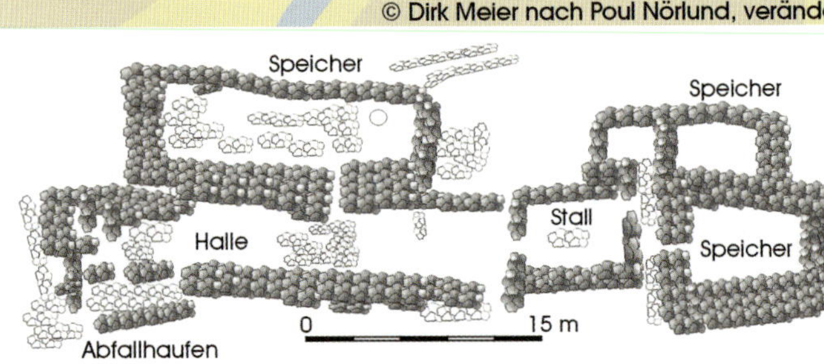

AUSGRABUNG einer wikingerzeitlichen Siedlung 1993 auf Grönland durch das Dänische Nationalmuseum.

und einer kleinen Kirche mit zugehörigem Friedhof. Von Brattahlíð aus dehnte sich die Besiedlung auf das Umland aus. An der Spitze der sozialen Hierachie der Höfe der Ostsiedlung steht der 1125 gegründete Bischofshof Garðar auf einer schmalen Landzunge zwischen dem Eriksfjord und dem Einarsfjord, der mehrere Gebäudekomplexe und einen großen Kuhstall für mehrere Hundert Tiere umfasste.

Einige Mitglieder von Eriks ursprünglicher Siedlergruppe waren weitere 650 km die Küste entlang nach Norden gesegelt, wo sie am heutigen Gothåbsfjord die Westsiedlung gründeten. Mit 10 Grad glichen die Sommertemperaturen zwar denen der Ostsiedlung, die sommerliche Wachstumsphase war jedoch kürzer und die Winter noch strenger. Zwischen beiden Siedlungsgebieten gab es eine kleinere Ansammlung von nur etwa 20 Höfen, die Mittlere Siedlung.

Nach dem Konungs skuggsjá (Königsspiegel), einer norwegischen Schrift aus der ersten Hälfte des 13. Jahrhunderts, befanden sich auf Grönland gute Weiden und große Höfe, wobei deren Bewohner (*Grænlendingar*) Vieh hielten, Butter und Käse herstellten und jagten. Insgesamt sollen in der Ostsiedlung 190 Höfe, zwölf Gemeindekirchen und zwei Klöster sowie in der Westsiedlung 90 Höfe und vier Kirchen bestanden haben. Archäologische Ausgrabungen deuten jedoch auf eine noch dichtere Besiedlung hin; so sind in der Ostsiedlung 450 Höfe nachgewiesen, von denen die meisten aus der spätnordischen Zeit stammen. Man kann vielleicht von einer Bevölkerung von 5.000 Menschen ausgehen.

Die dichte Besiedlung veränderte jedoch auch die Umwelt. In der Ostsiedlung gingen bereits während der Landnahmezeit die Birken und Weiden zurück, wobei an deren Stelle offene Weidelandschaften traten. Die Siedler hielten auch in Grönland trotz der kurzen Sommerwachstumsphase und der harten Winter an ihrer angestammten *Sætr*-Wirtschaftsweise fest, worauf zahlreiche kleine Ruinengruppen hindeuten. Der Anbau von Getreide spielte im Verhältnis zur Weidewirtschaft keine Rolle. Eine Ergänzung des Nahrungsangebots bildete die Jagd auf Robben, Karibus, Eisbären und Walross, wobei die Jagdzüge bis zur 800 km nordwärts liegenden Disko Bay reichten. Hier gerieten die Nordmänner in Konkurrenz zu den Inuit. Die mitgebrachten Fälle wurden gegen Metalle, Holz, Textilien und Getreide aus Europa eingetauscht.

Die bäuerliche Wirtschaftsgrundlage blieb jedoch anfällig für Störungen. So war die Besiedlung Grönlands ebenso wie die Islands in einer Phase des mittelalterlichen Klimaoptimums erfolgt, die um 1000 eine milde Witterung im Nordatlantik aufwies. Seit der Mitte des 13. Jahrhunderts nahmen isländischen Quellen zufolge die Treibeismassen im grönländischen Raum zu. Strenge Winter und nasse Sommer sind insbesondere 1341, 1343, 1348 und 1349 nachgewiesen. Diese Klimaverschlechterung hin zur Kleinen Eiszeit beeinträchtigte die Ökonomie der Siedlungen. Zudem stieß die Inuit-Kultur der Thule entlang der grönländischen Küste nach Süden vor, verdrängte die hier lebenden Inuit der Dorset-Kultur und bedrohte wohl auch die Westsiedlung. Auch der norwegische Priester Ivar Bardarson., der 1350 die Westsiedlung verlassen vorfand, vermutete, dass *Skrællingar* (Inuit) diese zerstört hätten. Ebenfalls die nach Grönland eingeschleppte Pest hatte Auswirkungen. Deshalb schickte der norwegisch-schwedische König Magnus II. 1355 eine Expedition nach Westgrönland aus, um nach Überlebenden zu suchen. Dessen Kapitän Paul Knudson erreichte zwar die Westsiedlung, fand aber weder hier noch an der nordamerikanischen Küste noch Menschen vor.

Die größere Ostsiedlung, welche die Westsiedlung überdauerte, ging hingegen nicht durch Einfälle der Inuit zugrunde. Noch 1406 erreichte diese ein norwegisches Handelsschiff. Dessen Kapitän Thorstein Olafsson heiratete am 16. September 1408 in der noch voll besetzten Kirche von Hvalsey (Quaqortukulooq). Der isländische Bischof Ögmundur will 1534 noch Menschen und Schafpferche an der Westküste gesehen haben, hingegen traf der hansische Kapitän Gerd Mestemaker 1541 keine Nordleute mehr an. Der englische Kapitän John Davis, der 1585 auf der Suche nach der Nordwestpassage Grönland passierte, stieß nur auf Inuit. Sie kamen offensichtlich besser mit ihrer extremen Umwelt zurecht als die Nordleute und waren wohl teilweise in deren Siedlungsgebiete vorgestoßen. Im 16. und 17. Jahrhundert vorbeikommende Walfänger sahen ebenfalls keine Anzeichen für die Anwesenheit von Nachfahren der ehemaligen Isländerkolonien. Auch die vom dänisch-norwegischen König Christian IV. zwischen 1605 und 1607 finanzierten drei Expeditionen zur Auffindung der nordischen Siedler blieben ergebnislos. Als mit dem Norweger Hans Egede 1721 schließlich die protestantische Missionierung und moderne Kolonisation Grönlands begann, fand er keine Skandinavier mehr vor.

Diese waren auch nicht an die Küste des nordamerikanischen Kontinents ausgewandert, denn offensichtlich war die Kenntnis verloren gegangen, das hier Expeditionen um 1000 gutes Land entdeckt hatten. Der erste, der nach Nordamerika vorstieß, war Bjarni Herjólfsson. Von dieser Expedition erfuhr der Sohn Eriks des Roten, Leif Eriksson, genannt der Glückliche. Er rüstete 992 ein Schiff aus, um dieses Land zu suchen. Nach längerer Seefahrt erreichte er eine Insel, die er *Helluland* (»Felsenland«, Baffininsel) nannte. Leif segelte weiter bis zu einem Land, das den Namen *Markland* (»Waldland«, Labrador) erhielt. Schließlich kamen sie in eine bewaldete Region, die man *Vinland* (»Weinland« oder »Weideland«, Neufundland) nannte. Nachdem die Wikinger hier überwinterten, segelten sie mit dem Anbruch des Frühlings nach Grönland zurück. Danach fuhr Leifs Bruder Þórvaldr Eiriksson mit 30 Männern nach Vinland, wo sie über den Winter blieben. Den anschließenden Sommer verbrachten sie mit der Erforschung der Küste, bevor man nach einem zweiten Winter die Reise bis zu einer bewaldeten Landspitze fortsetzte. Hier kam es zu Auseinandersetzungen mit Indianern, bei der Þórvaldr starb. Trotz dieser traurigen Nachricht erfolgte eine dritte Expedition unter Þórfinn Karlsefni, an der 160 Menschen teilnahmen.

UNTERGEGANGENE SIEDLUNG
In der Kirche von Hvalsey auf Grönland fand 1408 noch eine Trauung statt; kurz danach versiegt die schriftliche Überlieferung.

Nach guter Überfahrt verbrachten sie den Winter in Vinland. Die Indianer versuchten, Pelze gegen Waffen zu tauschen, erhielten aber nur ihnen unbekannte Kuhmilch. Es kam zum Streit, sodass die Nordleute nach einer weiteren Überwinterung nach Grönland zurückkehrten. Die letzte in der Saga erwähnte Expedition endete in einem Fiasko. Freydís, eine uneheliche Tochter Eriks des Roten, hatte sich in Begleitung zweier Brüder, Helgi und Finnbogi, mit zwei Schiffen nach Vinland aufgemacht. Nach der Überwinterung kam es zum Drama: Freydís ließ ihre Brüder umbringen und erschlug mit einer Axt alle fünf Frauen in der Gruppe.

Dass die Nordleute wirklich Vinland erreicht hatten, belegen die wikingerzeitlichen Siedlungsreste bei L´Anse aux Meadows an der Nordspitze Neufundlands an dem südlichen Uferstreifen der heutigen Epaves Bay. Umgeben von Tundren- und Waldvegetation, lagen hier acht Gebäude mit Grassodenwänden auf einer flachen Terrasse nahe der Küste. Die wirtschaftliche Grundlage beruhte auf Jagd und Fischfang. Diese Siedlung ist der bislang einzige Beleg für die Anwesenheit von Wikingern auf dem nordamerikanischen Kontinent.

QUELLEN

Dicuilus, **LIBER DE MENSURA ORBIS TERRAE.** Hrsg. von L. Bieler, bearbeitet von J. J. Tierney, Scriptores latini Hiberniae 6 (Dublin 1967).

ERIKS SAGA RAUĐA: Die Sage von Erik dem Roten, übers. v. Tina Flecken. Islendingasagas 4 (Frankfurt a. M. 2011) 526–552.

DIE FÄRINGER SAGA. Aus dem Isländischen von Klaus Kiesewetter übersetzt (Ålborg 1987).

GRÆNLENDINGA SAGA: http://www.heimskringla.no/wiki/Gr%C3%A6nlendinga_saga

ÍSLENDINGABÓK:
http://www.heimskringla.no/wiki/%C3%8Dslendingab%C3%B3k

DER KÖNIGSSPIEGEL. KONUNGS SKUGGSJÁ.
Übs. von Rudolf Meissner (Halle/Saale 1944).

LANDNÁMABÓK: Islands Besiedlung und älteste Geschichte. Übertragen von W. Baetke, Neuausgabe mit einem Nachwort von R. Heller, Thule Bd. 23 (Düsseldorf u. a. 1967).

Snorri Sturluson: **HEIMSKRINGLA** – Sagen der nordischen Könige. Kommentiert von H.-J. Hube (Wiesbaden 2006).

Strabon: **GEOGRAPHIKA.** Übers. von S. Radt, 10 Bde. (Göttingen 2002–2011).

P. Cornelius Tacitus: **AGRICOLA.** Lateinisch/Deutsch. Übersetzt, erläutert und mit einem Nachwort von R. Feger (Stuttgart 1973).

LITERATUR

D. Meier, Die Landnahmen der Wikinger im Nordatlantik. Historisches Museum der Pfalz Speyer (Hrsg.), **DIE WIKINGER** (Speyer 2008), 250–257.

D. Meier, **LAND IN SICHT. DIE ENTWICKLUNG DER SEEFAHRT AN NORD- UND OSTSEE** (Heide 2009).

D. Meier, Entwicklung von Klima, Natur und Umwelt im hohen und späten Mittelalter zwischen Klimaoptimum und kleiner Eiszeit. In: C. Frey/S. Krieb, **ADEL UND BAUERN IN DER GESELLSCHAFT DES MITTELALTERS. INTERNATIONALES KOLLOQUIUM ZUM 65. GEBURTSTAG VON WERNER RÖSENER.** Studien und Texte zur Geistes- und Sozialgeschichte des Mittelalters 6 (Memmingen 2012) 15–44.

P. Nørlund, **WIKINGERSIEDLUNGEN IN GRÖNLAND – IHRE ENTSTEHUNG UND IHR SCHICKSAL** (Leipzig 1937).

J. Semmer, Navigatio Sancti Brendani. In: P. Wunderli (Hrsg.), **REISEN IN REALE UND MYTHISCHE FERNE. REISELITERATUR IN MITTELALTER UND RENAISSANCE.** Studia Humanora 22 (Düsseldorf 1993), 103–123.

PATRICIA D. SUTHERLAND

WIKINGER IN NORDAMERIKA

ALTES UND NEUES WISSEN In die Skálholt-Karte, eine isländische Landkarte aus den 1570er-Jahren, flossen die alten geografischen Kenntnisse der Wikingerzeit und das Wissen der frühen Neuzeit ein.

Die Inseln des Nordatlantiks – Shetland, Färöer, Island und Grönland – bilden sozusagen Trittsteine zwischen der Alten und der Neuen Welt. Ein Seefahrer, dem die Winde und das Wetter wohl gesonnen waren, konnte von Europa nach Nordamerika übersetzen, ohne länger als einen oder zwei Tage das Land aus den Augen zu verlieren. Schon zu Beginn der Wikingerzeit waren die Schiffe der Skandinavier zu solchen Reisen fähig, doch die Erforschung der gesamten Route benötigte etwa zwei Jahrhunderte. Kurz vor 1000 wurden kleine Siedlungen im Südwesten Grönlands gegründet und isländische Sagas erzählen, dass kurze Zeit später ein vom Sturm abgetriebenes Schiff, das nach Grönland übersetzen wollte, die Küste Nordamerikas sichtete.

Die Fahrten von Grönland nach Amerika werden in zwei Sagas beschrieben: in der Saga Eriks des Roten und der Saga von den Grönländern. Beide berichten von den gleichen Ereignissen, allerdings in unterschiedlichen Versionen. Es handelt sich hierbei um literarische Werke, die zunächst mündlich überliefert wurden, bevor sie im Laufe des 13. Jahrhunderts schriftlich festgehalten wurden. Ihre historische Korrektheit wurde vielfach diskutiert. Beide erzählen von einer Reihe von Reisen, die sich innerhalb eines oder zweier Jahrzehnte um das Jahr 1000 ereigneten, und von der Entdeckung dreier neuer Länder westlich von Grönland: von Nord nach Süden waren dies Helluland, ein unfruchtbares bergiges Land; Markland, eine bewaldete Küste; und Vinland, wo es viele Ressourcen gab – sogar wilde Trauben. Die Sagas beschreiben kurze erfolglose Versuche, Siedlungen auf Vinland zu gründen, die aber vermutlich aus Furcht vor der indigenen Bevölkerung aufgegeben wurden.

WIKINGERSIEDLUNG IN NEUFUNDLAND Eine der Rekonstruktionen von Häusern der Wikingerzeit in L'Anse aux Meadows an der Nordspitze Neufundlands.

Der archäologische Beweis, der die Geschichten in den Sagas unterstützt, wurde 1960 durch Helge und Anne-Stine Ingstad erbracht, die die Überreste wikingerzeitlicher Gebäude freilegten. Die Lage des Fundortes war unmittelbar bei dem Dorf L´ Anse aux Meadows an der Nordspitze Neufundlands. Dieser Standort stimmt gut mit den Angaben in den Sagas zur Hauptsiedlung in Vinland überein. Die wenigen Funde, die in den Überresten der Siedlung - drei aus Torfsoden errichtete Wohngebäude, Werkstätten und eine Schmiede - geborgen wurden, bestätigen die Berichte der Sagas von einer nur kurzen Siedlungsdauer. Birgitta Wallace, die die Fundstätte nach Ingstads untersuchte, hat vorgeschlagen, in dem Fundplatz eine Zwischenstation zu sehen, wo Schiffe repariert und Fracht zwischen den Fahrten gelagert wurde, um Holz und andere Vorräte von Vinland zu sammeln, welches sie in der Region am Golf von St. Lawrence im Süden lokalisiert. Die relativ große indigene Bevölkerung der Region hielt wahrscheinlich die nordischen Erforscher von mehr als nur kurzen Besuchen ab, und selbst diese Erkundungsreisen endeten vermutlich im frühen elften Jahrhundert. Eine isländische Aufzeichnung aus dem Jahr 1347 berichtet von einem Schiff, das nach Markland reiste - die Region, die allgemein mit der bewaldeten Küste Labradors identifiziert wird -, jedoch sind für solche späteren Aufenthalte bislang keine archäologischen Funde bekannt. Der einzige weitere Anhaltspunkt für Wikingeraktivitäten in Nordamerika stammt von den arktischen Küsten Kanadas.

HINWEISE AUF WIKINGER Wetzstein, Garn und Kerbholz von Fundorten der Dorset-Kultur in der ostkanadischen Arktis. Canadian Museum of History, catalogue # KdDq-9:678/5183; KdDq-9-3:4797; KdDq-7-3:930.

METALLGUSS Ansichten eines zerbrochenen Tiegels, der Spuren von Bronze enthielt, von einem Fundort der Dorset-Kultur auf Baffin Island in der ostkanadischen Arktis. Canadian Museum of History catalogue # KdDq-9-3:2129.

In den Wäldern Neufundlands, Labradors und den atlantischen Provinzen Kanadas begegneten die Skandinavier den Vorfahren der heute in der Region lebenden Stämmen, der Algonkin-Sprachfamilie. In der Tundralandschaft im Norden lebten die Paläo-Eskimos der Dorset-Kultur; Menschen, die an die Arktis angepasst und deren Vorfahren etwa 5000 Jahre zuvor aus Sibirien dort eingewandert waren. Im Vergleich zu den südlich lebenden Stämmen waren die Gemeinschaften der Dorset-Kultur relativ klein, weit verstreut und vermutlich schlechter bewaffnet sowie weniger feindselig gegenüber Besuchern und Händlern. Die Dorset-Männer waren hervorragende Jäger und im Besitz von Elfenbein und Fellen, die die Skandinavier begehrten. Die Siedlungsfunde der Dorset-Kultur auf der Baffininsel und der angrenzenden Küste Labradors beinhalten viele Artefakte, die starke Ähnlichkeiten mit der Sachkultur der Europäer der Wikingerzeit und des Mittelalters aufweisen. Unter diesen Funden sind Garne, Wetzsteine und Kerbhölzer, Letztere dienten zur Aufzeichnung von Zählungen und wurden für Geldgeschäfte genutzt, sowie eine Reihe weiterer Artefakte. Die Garne sind in der Form identisch mit Garnen von grönländischen Hofstellen; es wurde jedoch aus dem Fell lokaler Wildtiere gesponnen, nicht aus der Wolle von Schafen und Ziegen, was impliziert, dass es in Helluland gefertigt und nicht aus Grönland oder Europa importiert wurde. Die Wetzsteine sind von rechteckiger quaderförmiger Gestalt und aus einem Steinmaterial, das charakteristisch für skandinavische Schleifsteine ist. Auf der Innenseite eines zerbrochenen Steingefäßes fanden sich zahlreiche Spuren einer Kupfer-Zinn-Legierung (Bronze), was einen Gebrauch als Schmelztiegel nahelegt. Er stammt, zusammen mit zahlreichen anderen Fundstücken, aus den Überresten eines großen Gebäudes aus Steinen und Torf auf der Baffininsel. Dies suggeriert, dass die nordischen Besucher zumindest einen Küstenposten gründeten, um an wertvolle Vorräte durch Jagd oder Handel mit der hiesigen Dorset-Gemeinschaft zu kommen. Während des 12. oder 13. Jahrhunderts wanderten Vorfahren der Inuit aus dem östlichen Alaska ein und vertrieben allmählich die Dorset-Kultur. Archäologische Fundstätten früher Inuit enthalten kleine Fragmente geschmolzenen Metalls sowie weiteres Material europäischen Ursprungs. Die meisten dieser Fundplätze liegen im Nordwesten Grönlands und der angrenzenden Ellesmere-Insel. Der Archäologe Peter Schledermann schlägt als Erklärung vor, dass die Inuit das Metall aus einem Camp oder Schiffswrack der Wikinger geborgen haben. Ein Teil einer bronzenen Waage, ein Gegenstand, der von Wikingerhändlern mitgeführt wurde, wurde in den Überresten eines Inuitcamps gefunden und legt eine Intention zum gegenseitigen Handel nahe. Es scheint jedoch so, als hätten die Nordmänner die Inuit als größere Bedrohung als die Menschen der Dorset-Kultur empfunden, denn es gibt keine Hinweise auf bedeutende Handelsbeziehungen.

WAAGE Teil einer bronzenen Waage eines Händlers, gefunden in einem frühen Inuit-Camp in der ostkanadischen Arktis. Canadian Museum of History catalogue # SIHq-3:4.

Zusammenfassend kann festgehalten werden, dass die Unternehmungen der Skandinavier der Wikingerzeit und des Mittelalters auf die Küsten des arktischen und atlantischen Kanadas beschränkt waren. In den weiter südlich gelegenen Regionen verhinderte die potenziell feindselige indigene Bevölkerung eine beständige Besiedlung und den Aufbau eines Handelsnetzwerks. Beweise für eine Anwesenheit von Skandinaviern, die räumlich weiter ausgedehnt war und mehr Kontakte mit der lokalen Bevölkerung einschloss, stammen aus der arktischen Region, die die Skandinavier Helluland nannten.

LITERATUR

A.-S. Ingstad, **THE DISCOVERY OF A NORSE SETTLEMENT IN AMERICA, EXCAVATIONS AT L'ANSE AUX MEADOWS, NEWFOUNDLAND, 1961–1968** (Oslo 1977).

H. Ingstad, **THE DISCOVERY OF A NORSE SETTLEMENT IN AMERICA, THE HISTORICAL BACKGROUND AND THE EVIDENCE OF NORSE SETTLEMENT** (Oslo 1985).

F. Gad, **THE HISTORY OF GREENLAND: FROM EARLIEST TIME TO 1700** (Montreal 1971).

G. Jones, **THE NORSE ATLANTIC SAGA** (Oxford 1986).

P. Schledermann, **VOICES IN STONE, A PERSONAL JOURNEY INTO THE ARCTIC PAST.** Arctic Institute of North America (Calgary 1996).

P. Sutherland, The Question of Contact between Dorset Palaeo-Eskimos and Early Europeans in the Eastern Arctic. In: H. Maschner/O. Mason/R. McGhee (Hrsg.), **THE NORTHERN WORLD AD 900–1400: THE DYNAMICS OF CLIMATE, ECONOMY, AND POLITICS IN HEMISPHERIC PERSPECTIVE** (Salt Lake City 2009) 279–299.

P. Sutherland/P. H. Thompson/P. A. Hunt, Evidence of Early Metalworking in Arctic Canada. **GEOARCHAEOLOGY** 30/1, 2015, 74–78.

B. L. Wallace, L'Anse aux Meadows and Vinland: An Abandoned Experiment. In: J. H. Barrett (Hrsg.), **CONTACT, CONTINUITY AND COLLAPSE: THE NORSE COLONIZATION OF THE NORTH ATLANTIC.** Studies in the Early Middle Ages 5 (Turnhout 2002) 207–238.

ANDREA BLENDL

DIE DNA DER WIKINGER

Seit wenigen Jahren steht zur Erforschung der Wikingerzeit eine neue wissenschaftliche Methode zur Verfügung: Die DNA-Analyse. Das menschliche Erbgut besteht aus einer Abfolge verschiedener Proteinketten, die sich zu 23 Chromosomenpaaren gruppieren. Gelegentlich kommt es bei der Verdopplung dieser Chromosomenpaare zum Zweck der Fortpflanzung zu bestimmten Veränderungen, sogenannten Mutationen. Diese wiederum vererben sich. Verfolgt man einzelne Mutationen, lässt sich auf diese Weise die Abstammung eines bestimmten Menschen klären.

Im Fall der Wikinger kommen zwei verschiedene Methoden zur Anwendung: Weil nur Männer ein Y-Chromosom besitzen, vererbt sich dieses immer von Vater zu Sohn. Über die Verfolgung von Mutationen auf dem Y-Chromosom kann man somit die Abstammung in der väterlichen Linie nachvollziehen. Immer von der Mutter dagegen stammt die DNA in den Mitochondrien, den »Kraftwerken« der Zelle. Über diese sogenannte mt-DNA kann daher die mütterliche Abstammungslinie festgestellt werden.

Im letzten Jahrzehnt wurden mehrere groß angelegte DNA-Studien durchgeführt, um die Migrationen skandinavischer Volksgruppen zur Wikingerzeit zu erforschen. Diese erbrachten zum Teil überraschende Ergebnisse.

DER EINFLUSS IRLANDS: NEUE ERKENNTNISSE

Lange Zeit wurden die Wikinger als rein skandinavisches Volk betrachtet, jegliche Einflüsse aus dem gälischen Irland, zum Beispiel bei der Landnahme auf Island, wurden bestritten. Diese Ansicht änderte sich erst mit Gísli Sigurdssons Studie »Gaelic Influence in Iceland« (2000) grundlegend. Seine These, dass Irland eine bedeutende Rolle bei der Entwicklung einer eigenständigen isländischen Kultur spielte, wurde von DNA-Analysen an mittelalterlichen isländischen Skelettfunden und der modernen Bevölkerung der Insel eindrucksvoll untermauert.

Besonders interessant ist die große Diskrepanz zwischen gälischer DNA bei Männern und Frauen: Während nur etwa ein Viertel der isländischen Männer in direkter väterlicher Linie irisch-gälische oder britische Vorfahren haben, sind es bei den Frauen in direkter mütterlicher Linie mehr als zwei Drittel. Das spricht für die Tatsache, dass zahlreiche Siedler vor der Landnahme irische oder britische Sklavinnen mitnahmen und mit ihnen Kinder zeugten.

Betrachtet man sämtliche von Wikingern besiedelte Gebiete im Nordatlantik, zeigt sich noch eine erstaunliche Tatsache: Je weiter ein Siedlungsgebiet von Skandinavien entfernt ist, umso mehr unterscheiden sich männliche und weibliche DNA. Das deutet darauf hin, dass die Siedler auf relativ nahe gelegene Inseln wie die Shetlands ihre ursprünglichen Familien mitnahmen, während sie sich auf dem Weg zu einer weiter entfernten neuen Heimat, wie eben zum Beispiel Island, unterwegs bei Zwischenstopps eine neue weibliche Begleitung suchten.

DAS ERBE DER WIKINGER IN NORDENGLAND

In Nordengland, wo sich zur Wikingerzeit große Gruppen von Skandinaviern ansiedelten (»Danelag«), ging man lange davon aus, dass Wikinger zwar zahlreiche Machtpositionen einnahmen, sich ansonsten aber wenig mit der britischen und angelsächsischen Bevölkerung mischten. Dem entgegen stehen allerdings zahlreiche Ortsnamen skandinavischen Ursprungs. Bei einer groß angelegten Studie in Nordwestengland wurden daher DNA-Proben von Männern aus alteingesessenen Familien genommen, deren Genealogie sich über mehrere Generationen in der Region nachweisen ließ. Dabei zeigte sich, dass etwa 38 % der Studienteilnehmer in männlicher Linie ursprünglich skandinavischer Abstammung sind. Knapp die Hälfte der DNA war britischen Ursprungs, der Rest angelsächsisch.

Diese Daten wurden mit DNA-Proben aus mittelalterlichen Gräbern verglichen, wobei man auf Werte von etwa 47 % bis 51 % kam. Der angelsächsische Anteil war vernachlässigbar. Die Diskrepanz erklärt sich mit Zuwanderung aus Südengland während der industriellen Revolution.

Generell zeigt diese Studie, dass die Wikinger im Danelag nicht nur wenige Schlüsselpositionen besetzten, sondern großflächig siedelten, wobei sie sich auch mit der ursprünglichen, großteils britischen Bevölkerung mischten. Die in Südengland herrschenden Angelsachsen spielten bei diesem Prozess kaum eine Rolle.

KELTINNEN BEVORZUGT
Y = väterliche Linie,
Mt = mütterliche Linie. – Die unterschiedliche Vermischung skandinavischer und gälischer DNA bei Männern und Frauen legt nahe, dass mit steigender Entfernung zur skandinavischen Heimat immer weniger männliche Siedler ihre gesamte Familie von zu Hause mitnahmen. Stattdessen bevorzugten sie Frauen von den Britischen Inseln.

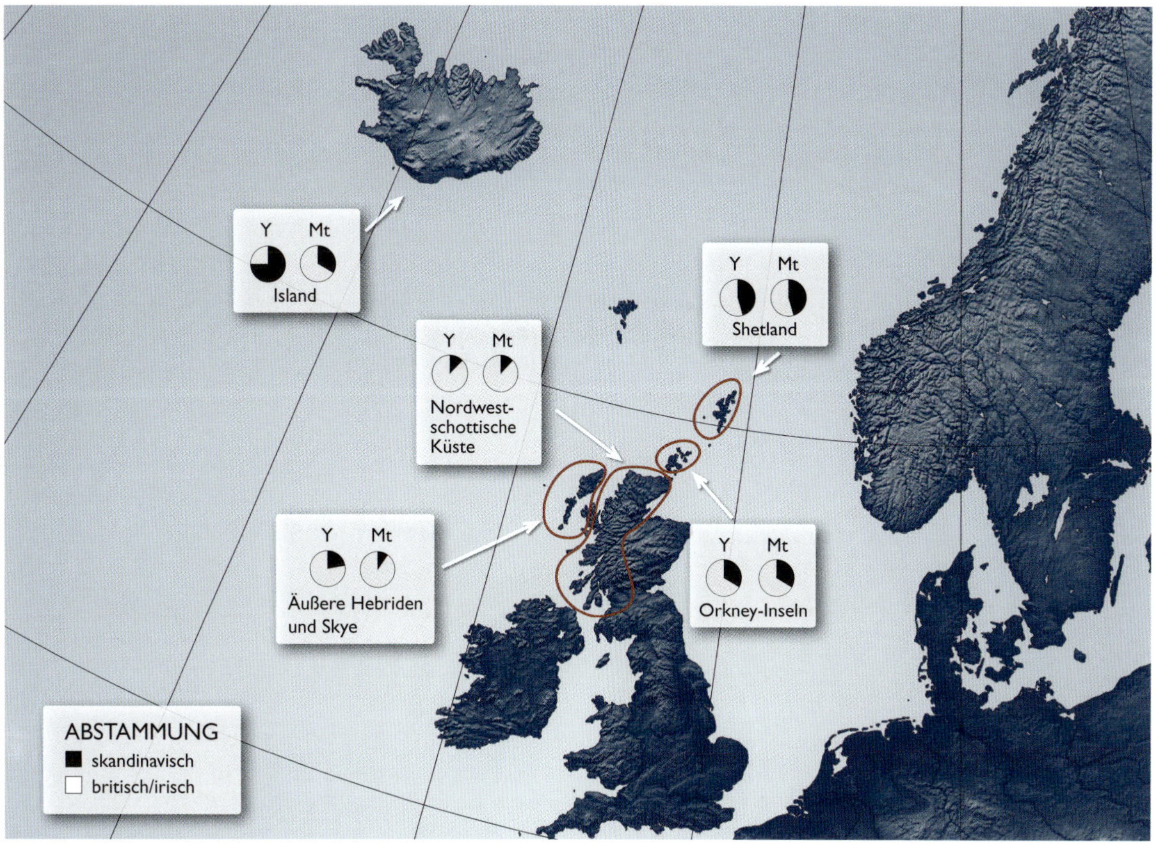

EINE ÜBERRASCHUNG: INDIANISCHE DNA?

Studien zur mt-DNA in Island führten zu einer unerwarteten Entdeckung. Die sogenannte Haplogruppe C1 wurde ursprünglich vor etwa 14.000 Jahren bei der Besiedlung des amerikanischen Kontinents von Sibirien her nachgewiesen. Diese Mutation wurde bei elf derzeit lebenden Isländerinnen festgestellt und konnte, nachdem ursprünglich eine Beimischung amerikanischer oder asiatischer DNA im 20. Jahrhundert angenommen wurde, kürzlich über isländische Genealogien bis etwa ins Jahr 1700 zu einer gemeinsamen weiblichen Vorfahrin zurückverfolgt werden.

Momentan gilt als wahrscheinlichste Annahme, dass die Mutation durch präkolumbianische Kontakte in den isländischen Genpool gelangte. Durch archäologische Funde ist mittlerweile erwiesen, dass die Wikinger mindestens einen Winter lang auf dem amerikanischen Kontinent siedelten. Es ist denkbar, dass zumindest eine nordamerikanische Indianerin analog zu Sklavinnen aus Irland nach Island mitgenommen worden sein könnte. Extrem unwahrscheinlich ist hingegen aus statistischer Sicht, dass DNA zweimal unabhängig voneinander nahezu identisch mutiert. Derzeit laufen genauere Studien, um die Entwicklung der Haplogruppe C1 noch besser nachzuvollziehen und letztlich ihren Ursprung in einer Beimischung zur Wikingerzeit sicher zu beweisen.

GRENZEN DER AUSSAGEKRAFT

Wer sich mit den DNA-Studien beschäftigt, muss sich auch die Grenzen ihrer Aussagekraft vor Augen führen. Die DNA eines Menschen sagt nichts darüber aus, welche Sprache er spricht oder welcher Kultur er sich zugehörig fühlt. Deshalb bleibt es weiter unklar, ob sich Menschen mit keltischer DNA im mittelalterlichen Island ihrer Abstammung überhaupt bewusst waren. Insgesamt ist es durchaus denkbar, dass auch nach der Wikingerzeit noch eine gewisse Migration und Beimischung fremder DNA stattfand, wenn auch in einem geringeren Ausmaß. Um die Effekte statistisch möglichst gering zu halten, müssen Studien daher mit historischen Aufzeichnungen über die Genealogie beteiligter Familien kombiniert werden.

LITERATUR

S.S. Ebenesersdóttir u. a., A New Subclade of mtDNA Haplogroup C1 Found in Icelanders: Evidence of Pre-Columbian Contact? **AMERICAN JOURNAL OF PHYSICAL ANTHROPOLOGY** (2010).

S. Goodacre u. a., Genetic evidence for a Family-Based Scandinavian Settlement of Shetland and Orkney during the Viking Periods. **HEREDITY** 95, 2005, 129-135.

S. Harding, M. Jobling, T. King, Viking DNA: **THE WIRRAL AND WEST LANCASHIRE PROJECT** (Nottingham 2010).

A. Helgason u. a., mtDNA and the Islands of the North Atlantic: Estimating the Proportions of Norse and Gaelic Ancestry. **AMERICAN JOURNAL OF HUMAN GENETICS** 68, 2001, 723–737.

A. Helgason u. a., Sequences From First Settlers Reveal Rapid Evolution in Icelandic mtDNA Pool. **PLOS GENETICS** 5/1, 2009.

G. Sigurdsson, **GAELIC INFLUENCE IN ICELAND: HISTORICAL AND LITERARY CONTACTS – A SURVEY OF RESEARCH** (Reykjavík 2000).

MYTHEN, KUNST UND GÖTTER

RUDOLF SIMEK

ALTE UND NEUE RELIGION

GÖTTER UND MYTHEN DER SKANDINAVIER

Obwohl die Wikinger vor allem dafür rasch Berühmtheit erlangten, dass sie auch Klöster und Kirchen plünderten, Mönche und Priester töteten und sich an Messwein und kostbaren Reliquienkästchen vergriffen, waren die Wikingerüberfälle durch nichts weniger als Glaubensfragen motiviert. Im Gegenteil: Die nordische Vielgötterreligion war ausgesprochen tolerant, und trotz der beträchtlichen konzeptuellen Unterschiede zwischen Christentum und dem nordischen Polytheismus der frühen Wikingerzeit übernahmen die nordischen Reiche das Christentum erstaunlich rasch und gewaltfrei.

Ein Grund dafür mag sein, dass die »heidnische«, also vorchristliche Religion keinerlei Kodifizierung kannte und schon deshalb große regionale und individuelle Unterschiede aufwies. Die Hauptgötter waren nicht überall dieselben, verschiedene Kultzentren wiesen verschiedene Kultformen und Opferzeiten auf. Auch wenn Odin (bei den Südgermanen als Wotan bezeichnet) nach dem Anschein unserer Quellen offenbar meist als Götterkönig, ja sogar Göttervater in einer Vielzahl von Funktionen und Namen verehrt worden sein dürfte, so fehlen gerade für ihn außerhalb Dänemarks fast vollständig Ortsnamen auf seinen Namen, die auf Kultorte hinweisen könnten, obwohl die spätwikingerzeitliche Dichtung ihn als Hauptgott der westnordischen Herrscher- und Kriegerklasse erscheinen lässt. Mit Freyr sieht es in Schweden ähnlich aus: Er war mit Sicherheit der Gott und der mythische Ahnherr der Königsdynastie der Ynglingen in Alt-Uppsala, und als Hauptgott war er auch sonst in ganz Skandinavien bekannt, eine große praktische Bedeutung im Glaubensleben dürfte er außerhalb Schwedens aber kaum gespielt haben. Der dritte und vielleicht im Glaubensleben der wikingerzeitlichen Skandinavier sogar wichtigste Gott war Thor, den man im Süden Donar genannt hatte. Er war das Pendant zum römisch-griechischen Herkules und schützte die Götter und Menschen vor den Mächten des außerhalb menschlicher Erfahrung liegenden Utgard, der Welt der Riesen und Trolle, und vor den Endzeitungeheuern, vor allem der Midgardschlange. Um ihn rankten sich wie um keinen anderen Gott Mythenerzählungen, auch wenn manche der eher schwankhaften Geschichten wohl erst in christlicher

GÖTTLICHE HALTUNG? Götterdarstellungen der Wikingerzeit sind sehr selten. Diese kleine Figur zeigt einen Mann mit spitzer Mütze, der sich mit der rechten Hand an seinen Kinnbart fasst. Der Schneidersitz macht sein erigiertes Glied sichtbar. Vielleicht handelt es sich hier um den Fruchtbarkeitsgott Freyr. Figur, Bronze, Rällinge, SE, 10. Jh. Stockholm, Historiska Museet.

ANHÄNGER FÜR THORS-GLÄUBIGE UND CHRISTEN Mit dieser Gussform konnten sowohl Thorshämmer als auch Kreuze hergestellt werden. Gussform, Speckstein, Trendgården, DK, 10. Jh. Kopenhagen, Nationalmuseet.

Zeit entstanden sein dürften: etwa der im humorvollen Eddalied *Þrymskviða* (»Lied vom Riesen Thrymr«) erzählte Schwank, wie Thor seinen vom Riesen entführten Hammer Mjöllnir nur dadurch zurückerlangen kann, dass er sich als Freyja verkleidet und so vorgibt, den Riesen heiraten zu wollen; oder die launige Märchenerzählung in Snorri Sturlusons *Edda* von Thors Reise zum Riesen Utgarda-Loki, wo er wie ein kleiner Junge behandelt wird und alle Wettkämpfe verliert, wobei sich aber – wie sich am Ende herausstellt – alle Prüfungen nur als Sinnestäuschungen erweisen. Dagegen liegt ein mit Sicherheit schon uralter Thors-Mythos in der Geschichte von Thors Kampf mit der Midgardschlange vor, da er nicht nur in den erst im Hochmittelalter verfassten Eddas, sondern schon in den Gedichten der wikingerzeitlichen Hofdichter, der Skalden, vorkommt. Darüber hinaus finden sich eine ganze Reihe von Bilddokumenten auf wikingerzeitlichen Grabsteinen und selbst Steinkreuzen, die diesen Mythus verkürzt darstellen: Wie Thor mit einem Riesen zum Fischen hinausrudert, dabei einen Stierschädel als Köder verwendet und schließlich damit die Midgardschlange an der Leine hat; gerade, als er sie mit seinem Hammer Mjöllnir erschlagen will, kappt aber der zu Tode erschrockene Riese die Angelleine, und so versinkt die Schlange wieder in den Fluten.

Sowohl die Skalden als auch die Eddas erwähnen nebenbei noch eine größere Zahl weiterer Götter: Unter den weiblichen Gottheiten sind dabei vor allem Frigg, die Frau Odins, und Sif mit dem goldenen Haar, Thors Gemahlin, sowie Freyrs Schwester (und Frau?) Freyja gut bekannt, daneben Idun mit den ewige Jugend spendenden goldenen Äpfeln, viele andere dagegen scheinen eher den Status von Halbgottheiten oder dichterischen Erweiterungen gehabt zu haben.

Bei den männlichen Göttern tritt außer den drei genannten Hauptgottheiten vor allem noch der zwiespältige, als Verwandter und Feind der Götter gleichzeitig dargestellte Loki in mythischen Erzählungen auf, der anscheinend sogar in einem der zentralen nordischen Mythen eine Rolle spielte, nämlich dem von Balders Tod. Der unverwundbare und gute Gott Balder wird nämlich von seinem blinden Bruder Hödr unabsichtlich durch einen Mistelzweig getötet, und, davon gerührt, will sogar die Unterweltgöttin Hel ihn wieder zurückkehren lassen, vorausgesetzt, alle Wesen betrauern seinen Tod. Da weigert sich Loki (in Verkleidung einer alten Riesin), mitzuweinen, sodass Balder nicht wiederauferstehen kann.

Dieser Mythus mag (ebenso wie der von Iduns Äpfeln) durchaus von klassisch-antikem und christlichem Vorstellungsgut beeinflusst sein, denn die Vorstellungen vom Jenseits und dem Totenreich waren ansonsten in der vorchristlichen germanischen Religion nur vage: Das Totenreich Hel ist ein Schattenreich – aber kein Strafort –, das ähnlich dem antiken Hades gezeichnet wurde, und auch das Reich der Ran am Meeresgrund, wo die Ertrunkenen hinkamen, war wenig erfreulich. Ursprünglich war selbst

WALHALL Auf dem oberen Bildfeld des gotländischen Bildsteins von Tjängvide (9.–10. Jh.) ist zu erkennen, wie ein gefallener Krieger – nach anderen Deutungen Odin selbst – auf dem achtbeinigen Pferd Sleipnir in Walhall einreitet. Er wird von einer Frau in bodenlangem Gewand und Haarknoten mit einem Getränk begrüßt.

Odins Wohnort Walhall (altnord. *Valhöll*), später als das Kriegerparadies der Wikinger beschrieben, noch sehr vom Unbehagen über die Begegnung mit Odin, dem Gott der Toten, geprägt, der darüber herrschte, wie wir aus zwei wikingerzeitlichen Skaldengedichten des 10. Jahrhunderts wissen. »Die Halle der Gefallen«, vielleicht älter »der Berg der Gefallenen«, ist die Bedeutung von Walhall, und ganz am Anfang stand das mit Leichen übersäte Schlachtfeld: Denn altnord. *valr* bedeutet die Menge der auf dem Schlachtfeld liegenden Gefallenen.

Besser als über das, was die Menschen von ihrem Nachleben erwarteten, wissen wir über die Begräbnisbräuche Bescheid, die in der Wikingerzeit in Skandinavien eine enorme Formenvielfalt aufwiesen. Zwar hatten die Menschen der Eisenzeit ihre Toten in der Regel verbrannt, aber davon gab es viele Ausnahmen, und unter dem Einfluss des Christentums in Mitteleuropa begann sich die Körperbestattung schon vor der Wikingerzeit auch nach Skandinavien auszubreiten. Während viele einfache Menschen nur wenig eingetiefte Gräber mit spärlichem Grabgut bekamen, ließen sich die freien Bauern und Seefahrer am liebsten mit ihren Waffen und sogar ihren Booten und Schiffen begraben. Mitunter führte die Vermischung des Brauchs, einen Gedenkstein (einen sogen. Bautastein ohne Inschrift) zu setzen, mit dem Brauch der Bootgräber zu den eigentümlich skandinavischen Schiffssetzungen. Bei dieser Grabform wurden Steine so um eine Bestattung angeordnet, dass sie die Umrisse eines Schiffs nachzeichneten. Gelegentlich wurden Schiffssetzungen auch ohne eine zugehörige Bestattung angelegt, vermutlich, wenn der Tote im Ausland gefallen war. Solche Schiffssetzungen hatte es schon in der nordischen Bronzezeit gegeben, und sie wurden nun wieder so populär, dass es ganze Gräberfelder (wie in Lindholm Høje in Nordjütland) gibt, die von solchen Schiffssetzungen gebildet werden. Einzelne riesige Schiffssetzungen aus mächtigen Findlingen waren wohl ebenso Fürsten und Königen vorbehalten wie die großen Schiffsgräber, die wir von Dänemark über Norwegen bis England und die Normandie finden. Hier war es wohl nicht (allein) die Vorstellung von einer Schiffsreise des Toten in die andere Welt oder gar von der Notwendigkeit eines voll ausgerüsteten Schiffes im Jenseits, sondern mehr noch der Drang der Erben, die Macht und den Reichtum des Toten so zu dokumentieren, dass man ihm einen fürstlichen Hausstaat samt Pferden und Schiff mit ins Grab geben konnte. Daneben sollte man aber auch Bedürfnis eines ein Leben lang zur See fahrenden Wikingerhäuptlings nach seinem Schiff auch im Jenseits nicht unterschätzen.

Es ist übrigens nicht von ungefähr, dass das reichste aller bislang gefundenen Schiffsgräber, das von Oseberg westlich des Oslofjords aus der Zeit um 900, das Grab einer Frau war. Frauengräber standen an Reichtum weder in der Wikingerzeit denen der Männer nach, und das schon in der Reichtumsperiode vor der Wikingerzeit, der sogen. Vendelzeit (6.-8.Jahrhundert). Besonders in Schweden wurden Fürstinnen in Booten beigesetzt, im wikingerzeitlichen Dänemark finden sich etliche reich ausgestattete Wagengräber, die ausschließlich Frauen vorbehalten waren - so wie ein Jahrtausend früher den keltischen Prinzen Süddeutschlands. Einfachere Frauen wurden mit ihrer Kleidung und ihrem Schmuck, meist auch mit ihren Schlüsseln beigesetzt. Im heutigen Russland finden sich dazu auffällig viele Frauengräber mit Waagen als Zeichen des Stands der Händler: Entweder waren hier besonders viele Skandinavierinnen als Kaufleute tätig, oder die Waage diente als Symbol der reich gewordenen skandinavischen Oberschicht im Siedlungsgebiet der Rus'.

Diese sehr verschiedenartigen Grabformen weisen aber auch darauf hin, dass die Vorstellungen vom Jenseits weder sehr konkret noch recht einheitlich waren, und dies war der Bereich, wo das Christentum durch sein Sinnangebot eine attraktive Alternative darstellte, weil es den Verbleib im Jenseits nicht von Zufällen, sondern von den Verdiensten oder Verfehlungen im Diesseits abhängig machte.

Die Bekehrung zum Christentum in Skandinavien im 10. und 11. Jahrhundert war jedoch weder ein so rascher und plötzlicher Prozess, wie es die offiziellen Bekehrungsgeschichten des Mittelalters gerne darstellen, noch ein allzu radikaler Bruch. Schon jahrhundertelang waren skandinavische Händler mit dem Christentum in Irland, England und dem Frankenreich in Berührung gekommen, und schon seit dem 9. Jahrhundert waren in Skandinavien selbst Missionare wie Ansgar und Rimbert tätig gewesen, die mit wechselndem Erfolg das Evangelium verkündeten. Der Reichtum und die Macht der christlichen Königreiche im Karolingerreich und in England blieben den Skandinaviern keineswegs verborgen, und seit dem 9. Jahrhundert kamen wiederholt Gesandtschaften an den Hof der Karolinger, durch welche skandinavische Fürsten ihre Taufe im Gegenzug für politische Unterstützung anbieten wollten - so pragmatisch sah man den Glaubenswechsel oft genug auch noch später in Skandinavien. Auf Altnordisch wurde der Glaubenswechsel dann auch lediglich als *síðaskipti* »Wechsel der Gebräuche« bezeichnet, und von echten Glaubenskämpfen hören wir nur im Rahmen der politischen Ablehnung eines aufstrebenden (christlichen) Zentralkönigtums in Westnorwegen um 1000 durch die (heidnischen) Freibauern. Das man das damit untergegangene oder wenigstens aus dem offiziellen Kult zurückgedrängte Heidentum danach einfach als *forn siðr* »alter Brauch« bezeichnete und nicht vollständig verteufelte, passt ebenfalls zu diesem eher sanften Übergang von Polytheismus zu monotheistischem Christentum.

Der relativ langen Phase des Nebeneinanders von Christentum im Süden und dem späten Heidentum in Skandinavien bis zur Mitte der Wikingerzeit im 10. Jahrhundert folgte eine relativ kurze Periode der eigentlichen Mission, an deren Ende die formelle Christianisierung Dänemarks um 966, Norwegens zwischen 995

SCHIFFE AUS STEIN Auf dem Gräberfeld von Lindholm Høje in Jütland sind zahlreiche wikingerzeitliche Gräber mit einer bootsförmigen Steinsetzung versehen.

HARALD BLAUZAHNS TAUFE König Harald Blauzahn ließ sich im Jahr 960 von Bischof Poppo taufen. Sicherlich standen hinter dieser Entscheidung nicht nur Glaubenserwägungen, sondern auch politisches Kalkül. Vergoldete Platte aus der Kirche von Tamdrup, um 1200. Kopenhagen, Nationalmuseet.

und 1030 und Islands im Jahre 1000 stand. Dann aber folgte nochmals eine recht lange Phase, in der sich das junge Christentum organisatorisch und sakramental festigen musste, von der eigentlichen religiösen Überzeugung jedes Einzelnen ganz zu schweigen. Nicht vor Mitte des 11. Jahrhunderts gab es in Skandinavien (außer in Dänemark) einheimische Geistliche. Die ersten Klöstergründungen fallen in die zweite Hälfte dieses Jahrhunderts, und erst mit der noch späteren Einführung der Diözesan- und Pfarrstrukturen sowie des kirchlichen Zehnten werden ein Jahrhundert nach der formellen Bekehrung die einzelnen Gegenden Skandinaviens auch tatsächlich zu christlichen Gebieten. Obwohl die frühen christlichen Könige Harald Blauzahn und, über ein Jahrhundert später, Knut der Heilige in Dänemark und Olaf Tryggvason ebenso wie Olaf der Heilige in Norwegen die Kirche

CHRISTUS TRIUMPHIERT Die Christusfigur aus der Kirche von Åby bei Århus in Dänemark ist das früheste bekannte Kruzifix aus einer skandinavischen Kirche. 11. Jh. Kopenhagen, Nationalmuseet.

CHRISTLICHES TOTENGEDENKEN Im 11. Jahrhundert waren die meisten Menschen in Mittelschweden christlich – zumindest nach Ausweis der zahlreichen Runensteine. Auf dem Stein von Risbyle in Uppland (U 160) steht zu lesen: »Ulvketil und Gye und Unni ließen diesen Stein errichten im Gedenken an Ulf, ihren guten Vater. Er wohnte in Skålhamra. Gott und die Gottesmutter mögen seinem Geist und seiner Seele helfen, und ihm Licht und das Paradies bringen.«

als große Stütze ihres Königtums ansahen und sie nicht zuletzt deswegen förderten, dauerte der Prozess der organisatorischen Christianisierung in den eher dünn besiedelten Gebieten Skandinaviens weit über ein Jahrhundert. Dabei braucht aber nicht verschwiegen zu werden, dass auch in vielen Bereichen des Alltagslebens wie des Volksglaubens die Christianisierung keinen allzu großen Bruch bedeutete: Die vielfach belegte Vermischung von heidnisch-magischen und christlichen Elementen in der Volksmedizin, der Dämonenabwehr oder der (offiziell verbotenen) Zukunftsvorhersage macht deutlich, dass die Glaubensmischung (Synkretismus) im Mittelalter die Akzeptanz des Christentums den Menschen wohl viel leichter machte, als dies heute vorstellbar ist. Eine Periode der Glaubenskriege zwischen Heidentum und Christentum war die Wikingerzeit jedenfalls nicht.

LITERATUR

R. Simek, **RELIGION UND MYTHOLOGIE DER GERMANEN.** 2. Aufl. (Darmstadt 2014).

R. Simek, **LEXIKON DER GERMANISCHEN MYTHOLOGIE.** 3., völlig überarb. Aufl. (Stuttgart 2006).

R. Simek, **GÖTTER UND KULTE DER GERMANEN.** 3., durchgesehene Aufl. (München 2009).

DER EINÄUGIGE Odin musste ein Auge als Pfand geben, um Weisheit zu erlangen. Diese Figur ist einäugig – stellt sie Odin dar? Sie trägt einen sichelartigen Kopfschmuck, der auf bildlichen Darstellungen gelegentlich vorkommt. Ein echter Kopfschmuck dieser Art wurde aber nie gefunden. Figürlicher Aufsatz, Uppåkra, SE, Bronze, 8./9. Jh. Lunds Universitets Historiska Museum.

LEBEN EN MINIATURE Miniaturgegenstände sollten wohl gegen Unglück und Krankheit schützen. Miniaturschwert, Miniaturschere und Miniaturlanzenspitze, Uppåkra, SE, Wikingerzeit. Lunds Universitets Historiska Museum.

PFERDCHEN Das Pferd war eines der wichtigsten Opfertiere im vorchristlichen Kult. Pferdefibel, Uppåkra, SE, versilberte Bronze, 8. Jh. Lunds Universitets Historiska Museum.

THORS HAMMER Mit seinem Hammer Mjöllnir bekämpft Thor die Feinde der Götter, vor allem die Riesen und die Midgardschlange. Thorshämmer als Amulette waren weit verbreitet. Thorshammer-Anhänger, Fjälkinge, SE, Bernstein, Wikingerzeit. Lunds Universitets Historiska Museum.

KLAUS DÜWEL

RUNEN

Man kann sich heute kaum vorstellen, welche umwälzende Neuerung die Erfindung von Schrift, vor allem der Buchstabenschrift, bedeutet hat. Ließ sich doch sprachliche Kommunikation über weite Strecken hin vornehmen, ohne dass Absender und Empfänger von Mitteilungen anwesend sein mussten. Die kaum fassbare Vorstellung, dass man mit gut 20 Alphabetbuchstaben alle menschlichen Gedanken wiedergeben kann, drückt folgende Anekdote aus. Jemand, nach seiner Art zu beten gefragt, antwortet:

» *»Wenn ich morgens aufstehe, so spreche ich ein ganz ABC, darin sind alle Gebett begriffen, unser Herr Gott mag sich danach die Buchstaben selbst zusammenlesen und Gebette daraus machen wie er will.«* «

DIE RUNENREIHE

ᚠ	ᚢ	ᚦ	ᚨ	ᚱ	ᚲ	ᚷ	ᚹ
f	u	þ	a	r	k	g	w
/f/	/u/	/þ/	/a/	/r/	/k/	/g/	/w/
ᚺ	ᚾ	ᛁ	ᛃ	ᛇ	ᛈ	ᛉ	ᛊ
h	n	i	j	ï	p	R	s
/h/	/n/	/i/	/j/	?	/p/	/z/	/s/
ᛏ	ᛒ	ᛖ	ᛗ	ᛚ	ᛜ	ᛞ	ᛟ
t	b	e	m	l	ŋ	d	o
/t/	/b/	/e/	/m/	l	/ŋ/	/d/	/o/

þ = (engl.) stimmloses [θ]
ᛉ wird auch mit z, ᛜ auch mit ng transliteriert

Die mit der Erfindung und auch noch mit der Übernahme von Schrift verbundene intellektuelle Leistung, die menschliches Vermögen zu übersteigen scheint, findet ihren Ausdruck einmal in der Vorstellung von der »Macht der Schrift in Glauben und Aberglauben« (Bertholet) und zum anderen in der in vielen Kulturen verbreiteten Anschauung, ein Gott habe die Schrift erfunden. Dieser Mythos begegnet auch im Germanischen und knüpft sich an den Gott Odin, wie es literarisch im Eddagedicht *Hávamál* (»Reden des Hohen«) Str. 138 f. festgehalten wird: Odin, neun Nächte am windigen Baum hängend, speerverwundet, sich selbst geweiht, ohne Nahrung, nahm schreiend die Runen auf. Bereits die epigrafische Überlieferung – das »Schreiben« von Runen auf verschiedenen Materialien (Stein, Metall, Holz oder Knochen u. a.) – nennt die Runen götterentstammt (Stein von Noleby, 6. Jahrhundert).

Der Ausdruck »Runen« bezeichnet ein den Germanen eigenes Schriftsystem, das aus 24 Zeichen in nichtalphabetischer Ordnung besteht und nach den ersten Runen auch das »Futhark« heißt. Jede einzelne Rune steht für einen bestimmten Sprachlaut und kann darüber hinaus auch einen Begriff vertreten, der im Namen der jeweiligen Rune besteht. Man nimmt an, dass diese Runennamen von Anfang an mit dem Runenschriftsystem verbunden waren. Die erste Rune **f** markiert den Laut /f/ und bildet den Anlaut (akrophonisches Prinzip) des zugehörigen Namens germ. **fehu* »Vieh, Besitz«, also die bewegliche Habe bezeichnend. Die letzte Rune o repräsentiert den Laut /o/ und trägt den Namen germ. **ōþalan* »ererbter Besitz« (vgl. Odal). Bei der Rune ᚦ handelt es sich um /þ/, einen Laut, der dem englischen stimmlosen *th* (thin) entspricht. Ihr Name lautet ursprünglich germ. **þurisaz* »Thurse, Riese« und bedeutet wohl »unheimliche, schadenbringende Macht«. Die Runennamen, vielfach von den entsprechenden Runenzeichen begleitet, werden erst in mittelalterlichen Manuskripten (*runica manuscripta*) aufgezeichnet. Dabei können als heidnisch verstandene Bezeichnungen durch harmlose ersetzt werden, wie z. B. »Thurse« im Englischen durch »Dorn« (*þorn*).

Die Runenschrift kann von rechts nach links oder umgekehrt verlaufen, dazu auch zeilenweise in abwechselnder Richtung »wie der Ochse pflügt« (*boustrophedon*). Einzelne Runen geben mit den von den senkrechten Stäben abgehenden Seitenteilen (Zweige, Haken) die Schriftrichtung an (z. B. ᚠ f, ᚨ a, ᚦ þ (th), ᛒ b). Schon recht früh überwiegt die Rechtsläufigkeit der Runen, also unserer Schreibgewohnheit entsprechend. Besondere Runenformen stellen Sturz- (um 180° gedreht), Wende- (linksläufiges Zeichen in einer rechtsläufigen Inschrift) und Binderunen dar, bei denen wie bei allen Buchstabenligaturen in der Regel ein Stab gemeinsam ist, z. B. ᛖᚱ e͡r (der Bogen markiert Binderunen). Unsichere Lesungen werden durch einen Punkt in der Umschrift angezeigt ᛚ (statt ᛖ) ẹ.

Die Herkunft der Runen ist seit alters umstritten. In der Diskussion um eine Übernahme auf der Grundlage des griechischen, des nordetruskischen (in Oberitalien) oder des lateinischen Alphabets, hat die zuletzt genannte These viel für sich. Danach wären die Runen im ersten nachchristlichen Jahrhundert in einem südskandinavischen Reichtumszentrum zum Zweck der Kommunikation in verschiedener Ausprägung (profan, magisch, sakral) geschaffen worden. Diese Auffassung deckt sich mit der runenepigrafischen Überlieferung, die etwa seit der Zeit um 200 n. Chr. auf später dänischem Gebiet in bemerkenswertem Umfang einsetzt und kontinuierlich weitere Gebiete einschließend bis ins 7. Jahrhundert reicht. In diesem Zeitraum von 200 bis 700 gibt es an die 400 Inschriften im älteren Futhark aus Skandinavien und vom Kontinent, wo keine Runensteine vorkommen. Es handelt sich um zumeist kurze Inschriften, die oft wegen ihres schlechten Erhaltungszustandes schwer zu lesen und noch schwieriger zu deuten sind. Im Einzelnen handelt es sich um Texte zum Totengedenken auf Runensteinen, auf Amuletten zur Abwehr von üblen Mächten bzw. zum Schutz des Trägers gegen diese. Häufig begegnen Namen, die den Besitzer oder Hersteller eines Objekts angeben. Wegen der syntaxarmen und oft verblosen Inschriftensprache könnten sie auch einen Schenker oder eine glückwünschende Person bezeichnen. Eines der bekanntesten Runendenkmäler (um 400) ist das Goldhorn von Gallehus mit der stabreimenden Inschrift: *ek Hlewagastiz horna tawido* »Ich Leugast machte das Horn«, das mit seinen zahlreichen Bilddarstellungen immer noch Rätsel aufgibt. Formelwörter wie *alu* »Abwehr, Schutz« oder *laukaz* »Lauch, Gedeihen« kommen als Heil(s)worte, vor allem auf kleinen gepressten Goldblech-Amuletten, sogenannten Goldbrakteaten, des 5./6. Jahrhunderts in Skandinavien vor.

RUNENNAMEN

f	**fehu*	Vieh, (beweglicher) Besitz
u	**ūruz*	Ur, Auerochse (männliche Kraft?)
þ	**þurisaz*	Thurse, Riese
		(unheimliche, Schaden bringende Macht)
a	**ansuz*	Anse, Ase
r	**raidō*	Fahrt, Ritt, Wagen
k	**kaunan (?)*	Geschwür, Krankheit
g	**gebō*	Gabe
w	**wunjō (?)*	Wonne
h	**haglaz* mask.	
	**haglan* n.	Hagel (jähes Verderben)
n	**naudiz*	Not, schicksalhafter Zwang
i	**īsaz* mask.	
	**īsan* n.	Eis
j	**jēran*	(gutes) Jahr
ï	**īwaz*	Eibe
p	**perþō?*	ein Fruchtbaum (?)
z/R	**algiz*	Elch (Abwehr?)
s	**sōwilō*	Sonne
t	**tī waz*	Tyr (früher der Himmelsgott)
b	**berkanan*	Birkenreis
e	**ehwaz*	Pferd
m	**mannaz*	Mensch
l	**laguz*	Wasser
ŋ	**ingwaz*	Gott des fruchtbaren Jahres
d	**dagaz*	Tag
o	**ōþalan*	
	**ōþilan*	ererbter Besitz

RUNENNAMEN Die Runen vertreten nicht nur einen Lautwert, sondern tragen auch einen Namen. Die Runennamen sind zwar erst in mittelalterlichen Handschriften zusammenhängend überliefert, aber man nimmt an, dass die gleichzeitig mit der Runenschrift entstanden sind.

Während auf dem Kontinent die Runenüberlieferung (gut 90 Inschriften) mit dem Ende der Beigabensitte in den Reihengräbern der Merowingerzeit aufgrund der Christianisierung aufhört, hält sich in England in christlicher Zeit die Runenschrift (ebenfalls rund 90 Denkmäler) – in der anglofriesischen Runenreihe sogar 28 und vereinzelt auf 33 Runen erweitert – bis ins 11. Jahrhundert hinein. Eines der frühen Zeugnisse ist das Kästchen von Auzon (Franks Casket, um 700) mit einer reichen, schwer deutbaren ikonografischen Ausstattung (Wielandsage, Anbetung des Jesuskindes durch die Magier, Romulus und Remus mit der Wölfin, die Eroberung Jerusalems durch Titus) und in Teilen schwierigen altenglischen Inschrift mit lateinischen Partien.

Ganz anders verläuft demgegenüber die Entwicklung in Skandinavien. Hier wird die Runenreihe auf 16 Zeichen reduziert. Das jüngere Futhark erscheint in zwei Ausprägungen, den Langzweigrunen, die auch dänische oder Normalrunen genannt werden, und den Kurzzweigrunen, einer weiteren Formvereinfachung, die man auch als Rök-Runen, oder schwedisch-norwegische Runen bezeichnet. Die Variante Kurzzweigrunen findet man beispielsweise auf dem namengebenden schwedischen Rök-Stein (Östergötland, 9. Jahrhundert), dessen Inschrift eine Rachemahnung enthält, in anderer Deutung eher eine Aufzählung von Stücken eines Vortragsrepertoires. Dabei spielt eine um Theoderich den Großen kreisende Strophe eine zentrale Rolle. Auffällig ist die reiche Verwendung verschiedener Arten von Geheimrunen.

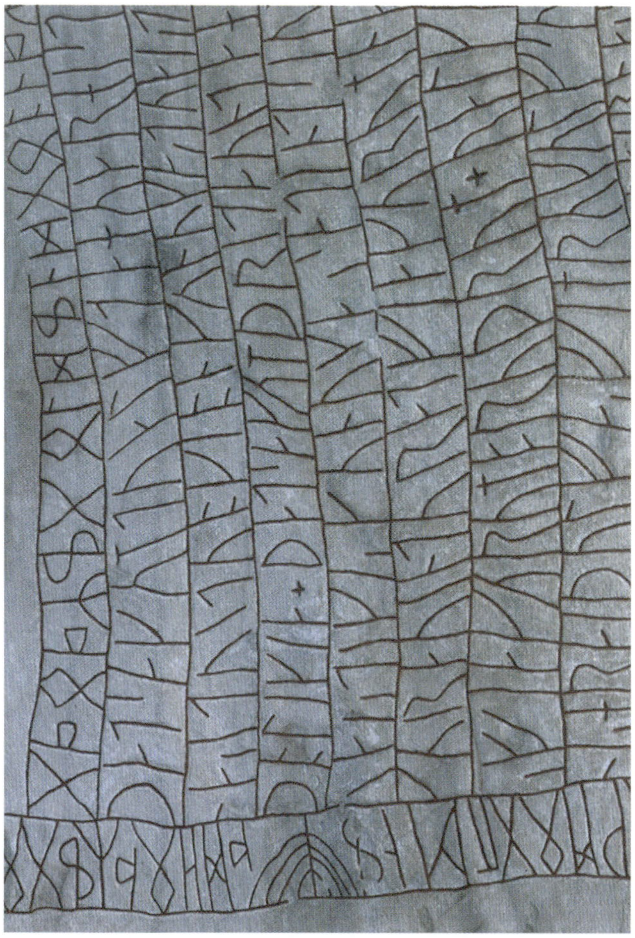

GEHEIMNISVOLLE INSCHRIFT Der Stein von Rök (Ög 136) ist allseitig vorwiegend mit Kurzzweigrunen beschrieben, die nach diesem Denkmal auch Rök-Runen heißen. Daneben kommen auch Geheimrunen vor.

KÖNIGLICHES GEDENKEN Den Skarthi-Stein (DR 3) ließ König Sven zum Gedenken an seinen Gefolgsmann Skarthi errichten, der mit ihm nach Westen (England) gefahren war, aber nun bei Haithabu den Tod fand.

Neben weiteren Formkürzungen in der jüngeren Runenreihe und Vermischungen beider Runenarten ist im Mittelalter auch eine alphabetische Ordnung überliefert. Da wegen der Verkürzung der Zeichenzahl bei zunehmendem Lautinventar ein Zeichen öfter mehrere Lautentsprechungen vertreten muss, wird seit dem 10. Jahrhundert etwa mithilfe einer Punktierung von Runen unterschieden, z. B. ᚴ **k** und ᚵ **g**, ᛁ **i** und ᛂ **e**, wie auf dem Schleswiger Skarthi-Stein, den der dänische König Sven Gabelbart († 1014) seinem Gefolgsmann Skarthi setzte, »der nach Westen (England) gefahren war, aber nun den Tod fand bei Haithabu«.

Vier Zeilen laufen boustrophedon auf der Vorderseite des Steins, links beginnend, die schließende fünfte Zeile steht am Rand der ersten gegenüber. Diese Inschrift bietet das einfache Formular einer Gedenkinschrift: Errichter-Formel, Name des Toten, seine Beziehung zum Steinsetzer, besondere Ereignisse (Auslandsfahrt), Umstände seines Todes, den Skarthi bei einem slawisch-dänischen Angriff auf Haithabu (Haiðaby) 983 gefunden haben dürfte.

STEINERNES BUCH Der große Stein von Jelling (DR 42) wurde um 965 von Harald Blauzahn errichtet. Er ist auf drei Seiten mit Inschriften und Bildern geschmückt. Die Inschriftenseite A ist mit einem Flecht-Rankenwerk verziert, das vier Runenzeilen einfasst.

RUNEN UND BILDER IN SPARLÖSA Der Stein von Sparlösa (Vg 119) ist auf allen Seiten mit Runeninschriften und/oder Bilddarstellungen bedeckt. Die Seite A (links) zeigt eine monumentale Ausführung des jüngeren Futhark vom Typ der Langzweigrunen. Die D-Seite (rechts) füllen Bilddarstellungen, darunter ein Schiff. Auf dem Kopf des Steines finden sich Kurzzweigrunen.

Der wohl bekannteste Runenstein steht in Jelling (Jütland, späteres 10. Jahrhundert). Er trägt eine ebenfalls historische Inschrift:

»König Harald gebot dieses Denkmal (Plural) zu machen nach Gorm seinem Vater und Thyre seiner Mutter, der Harald, der sich gewann ganz Dänemark und Norwegen und die Dänen zu Christen machte«.

Über dieser Aussage findet sich die älteste Christusdarstellung im Norden. Hier nennt sich eine auch aus anderen Quellen bekannte historische Person, der König Harald Blauzahn, der drei Großtaten inschriftlich auf dem gewaltigen Stein und damit unvergänglich festhält. In gleicher Weise werden auch historische Ereignisse wie das Eintreiben des Dänengeldes – unter bestimmten Führern in England (Stein von Yttergärde, Uppland) – oder die Einführung des Christentums in Norwegen (Stein von Kuli, Møre und Romsdal) festgehalten, auch wenn ein Ereignis zeitlich nicht genau festgelegt werden kann.

RUHM FÜR ENGLANDFAHRER Einer der Steine von Yttergärde (U 344), die für Westfahrer gesetzt wurden, die entweder den in England erhobenen Dänentribut mit eintrieben oder in der Leibwache des dänischen Königs Knut des Großen dienten. Die Inschrift lautet:
«... Ulv hat in England drei Tribut eingenommen. Das war der erste, den Toste zahlt; dann (zahlte) Torkel, dann zahlte Knut».

Oft wurden Runensteine in früheren Zeiten zerschlagen und zu Bau- oder anderen Zwecken verwendet. Vier Fragmente sind beim Runenstein von Bösarp erhalten geblieben: Bruchstück a) zeigt eine Maske, die, gelegentlich vorkommend, Übel abwehrende (apotropäische), und zwar sowohl schützende als auch abschreckende Funktion hatte. b) lässt noch den Steven eines Schiffes erkennen, das einem vollständig erhaltenen auf dem zeitgleichen Stein von Tullstorp ähnelt. Ob dabei speziell an ein Totenschiff zu denken ist, wie auf gotländischen Bildsteinen, muss offen bleiben. c) schließlich bietet den Anfang einer Gedenkinschrift »Toki setzte [den Stein...].«

In der Wikingerzeit verbreitete sich das Runenritzen im Zuge der Wikingerzüge bis nach Grönland im Norden und Westen (neben den Britischen Inseln und Irland), Russland im Osten und Piräus, dem alten Hafen von Athen, im Süden. In diese Zeit gehört die Mehrzahl der insgesamt bekannten etwa 6.500 Runeninschriften. Die größte Anzahl mit ca. 3.600 weist Schweden auf, darunter befinden sich gut 2.500 Runensteine, mehr als die Hälfte davon in der runenreichen Landschaft Uppland. Es folgt Norwegen mit ungefähr 1.600 und Dänemark mit etwa 850, jeweils einschließlich der mittelalterlichen Überlieferungen.

Eine charakteristische Erscheinung der Wikingerzeit Skandinaviens stellen die überaus reichlich vorkommenden Runensteine mit ihren Gedenkinschriften dar, in immer üppiger sich ausprägender Ornamentik bis hin zu den mehrfach ineinander verschlungenen Schlangenbändern, die zusätzlich mit Menschen- und Tierfiguren ausgestattet sind. Dies geht bis hin zur Darstellung ganzer Sagenpartien wie der Erzählung von Sigurds Drachentötung und Horterwerb samt der Vorgeschichte auf der Felsplatte von Ramsund am Mälarsee in Södermanland aus dem 11. Jahrhundert.

Im 11. Jahrhundert erscheint das Setzen von Runensteinen wie eine Mode, deren soziokultureller Hintergrund auch Besitz-, Erb- und Machtansprüche umfasst. Bemerkenswert ist die große Anzahl von christlichen Inschriften. Kennzeichnend für sie sind das Kreuz, Fürbittformeln verschiedener Art, Anrufung heiliger Personen und die Erwähnung frommer Werke, wie der Bau von Brücken (einschließlich Wegen und Dämmen) und Herbergen. Die die Masse der Gedenksteine prägende Inschriftenformulierung lautet, wie bereits der Skarthi-Stein zeigt: N.N. errichtete den Stein (das Denkmal oder Ähnliches) nach (das heißt zum Gedenken an) XY. Steinerrichter kann eine Person sein, Mann oder Frau, auch mehrere

DER BÖSARP-STEIN Versuch einer zeichnerischen Rekonstruktion des Bösarp-Steins. Unter einer Maske ist ein Schiff zu sehen. Nur der Anfang der Gedenkinschrift »Toki setzte [den Stein...]« ist erhalten.

kommen vor, die untereinander und zu den Toten in verschiedenen verwandtschaftlichen oder auch anderen Beziehungen stehen. Bemerkenswert sind gut 30 Inschriften, in denen der Steinsetzer seiner selbst als Lebender gedenkt. Was auf den ersten Blick wie Großmannssucht und Überhebung (*superbia*) erscheint, kann auch eine außergewöhnliche Maßnahme bedeuten, wenn der Steinsetzer befürchten muss, dass Angehörige ihm kein Denkmal setzen oder gar versäumen, Vermächtnisse auszuführen.

Die Weite der wikingerzeitlichen Unternehmungen spiegelt sich in den Inschriften der Westfahrer, vor allem nach England (z. B. der Skarthi-Stein), mehr noch in denen der Ostfahrer. Sie bezeugen Skandinavier im Dnjepr-Mündungsgebiet (Schwarzes Meer - Stein von Berezan), in der Hagia Sophia in Istanbul (Graffiti) oder auf dem einst in Piräus stehenden Löwen (heute vor dem Arsenal von Venedig). Spektakulär sind 26 Gedenksteine, die den Teilnehmern eines großen Wikingerzuges unter Ingvar (er ist Held einer Saga) mit tödlichem Ausgang um 1040 gesetzt sind. Beispielhaft stehe dafür der Stein von Gripsholm in Södermanland, den Ingvars Mutter Tola zum Gedenken an ihren Sohn Harald setzen ließ. Darin heißt es in poetischer Gestaltung: »Sie fuhren mannhaft fern nach Gold, gaben im Osten dem Adler (Speise); sie starben südwärts in Serkland.« Versartige Inschriften finden sich häufig auf Runensteinen. Nicht zuletzt mit ihrer Hilfe wird die Einmaligkeit, Dauer, Monumentalität und weithin wahrnehmbare Ausmalung des Denkmals bekräftigt - ursprünglich waren die Runensteine farbig auffallend bemalt, wie erhaltene Farbreste belegen.

JARLABANKES SELBSTRÜHMUNG Einer von vier Runensteinen (U 164) von Jarlabankes »Brücke« in Täby in Uppland, einem etwa 150 m langen Wegdamm. Um ein zentrales Kreuz ist die Inschrift in die Leibe zweier Schlangen eingeritzt. »Jarlabanke ließ diese Steine errichten für sich als lebenden, und machte diese Brücke für seine Seele. Und allein besaß er ganz Täby. Gott helfe seiner Seele«.

TOD IN DER FERNE Den Stein von Gripsholm in Södermanland, Schweden (Sö 179) ließ Tola zum Gedenken an ihren Sohn Harald setzen, der auf einer Reise in den Osten verstorben war.

Die Runensteininschriften der Wikingerzeit geben Einblicke in die Handelswelt, ihre Organisation in Partnerschaften, ihre Fahrtenziele und Fahrwege, ihre Utensilien (Waagen) und Güter. Darüber hinaus bieten sie authentische Hinweise auf Geschlechterfolgen und Erbgänge, Besitz- und Machtansprüche (Thingstätten), Wege der Christianisierung und Mission, Pilgerzüge und Frömmigkeit.

Im Mittelalter setzen sich die Gedenkinschriften der aufrecht stehenden Steine in liegenden Grabsteinen mit der typischen Eingangsformel »Hier liegt/ruht (...)« fort.

Schon in der Wikingerzeit gab es eine kleine Anzahl von losen Gegenständen, vor allem Amulette aus Metallplättchen mit Übel abwehrenden (apotropäischen) Inschriften. Aus dem hohen und späten Mittelalter stammen zahlreiche Amulette, bestehend aus Bleiplättchen und -kreuzen, in die magisch wirksam gedachte hebräische *(agla=atta(h) gibor leolam adonai* »Du bist stark in Ewigkeit, Herr«), griechische (*hagios* »heilig«, *tetragrammaton* »(das Vierbuchstabenwort für) Gott«, Alfa et O(mega) »A und O)« Wörter und lateinische Formeln wie *Pater noster*, das *Credo* und *Ave Maria* eingeritzt sind. Dazu treten Beschwörungen verschiedener Art in lateinischer und in skandinavischen Sprachen, aber alles in Runen geschrieben.

Zu diesen losen Gegenständen gehört auch ein Bronzeblech (von ca. 1000 oder später) aus Uppåkra. Es enthält eine an beiden Enden abgebrochene Runeninschrift ? **ilkar** ^{x} **un** ^{x} **ra**, die möglicherweise eine Folge: X liebt Y besagt. Vielleicht hat das Stück einem magischen Zweck (Liebeszauber?) gedient.

LIEBESZAUBER? Die an beiden Enden abgebrochene Runeninschrift diente möglicherweise einem Liebeszauber. Bronzeblech, Uppåkra, um 1000, Lunds Universitets Historiska Museum.

In die wikingische Alltagswelt führt das Bruchstück eines Kammes oder Kammfutterals aus Knochen von Lilla Köpinge, auf dem die merkwürdige Inschrift steht: urṃiltR kul ạþ þat »Ormhild sagte das« mit nachfolgenden unverständlichen Runen, die vielleicht einmal das Gesagte angaben. Unter den vielen Tausenden von aufgefundenen Kämmen sind nur gut 40 Exemplare über die Zeiten hinweg mit Runen beschriftet worden.

ORMHILDS KAMM Auf dem Kamm von Lilla Köpinge steht die Inschrift »Ormhild sagte das«. Was sie sagte, kann leider nicht mehr entziffert werden. Kamm Knochen oder Geweih, Lilla Köpinge, Lund Universitets Historiska Museum.

Zu den wichtigsten Utensilien eines Kaufmanns der Wikingerzeit gehörte die Waage, mit der z. B. das Zahlungsmittel Hacksilber gewogen wurde. Um sie beim Transport zu schützen, wurde sie in einem Behältnis (*skalahus*) mitgeführt. Von einem solchen stammt der Bronzebeschlag aus Vä mit der Inschrift: koutuiþr | kaf | þita | skala | ḥus | kuþfridi »Gotved gab dieses Behältnis (Waagschalenhaus) Gudfrid«, also eine Schenkerinschrift. Das Objekt selbst stammt aus dem Mittelalter und dürfte den Runen (mit ˈ **s** und ᚼ **o**) und den Sprachformen nach von einem Mann aus Norwegen oder Westschweden graviert worden sein.

GUDFRID – DIE HÄNDLERIN? Die Inschrift auf diesem kleinen Beschlag einer Waagendose besagt: »Gotved gab dieses Waagschalenhaus Gudfrid«. Waagendosenbeschlag, Bronze, Vä, SE. Lunds Universitets Historiska Museum.

Ein Jahrhundertfund ergab sich nach dem Brand an der Deutschen Brücke in Bergen (Norwegen) im Jahre 1955, als bei den nachfolgenden Ausgrabungen Tausende von Objekten geborgen wurden, darunter auch über 600 Runeninschriften, die meist auf quadratisch zugerichteten Hölzchen eingeschnitten waren. Sie enthalten ein ungemein reichhaltiges Inschriftenmaterial vom Wirtshausscherz über erotische und obszöne Anspielungen, über Handelsnotizen, Warenetiketten, Zaubersprüche, Strophen aus den *Carmina Burana*, liturgische Formeln wie das *Ave Maria*, Schreibübungen bis zum königlichen Brief, kurz, alles vom Exkrement bis zum Sakrament. Dieser außergewöhnliche Schatz verdoppelte den bisherigen Bestand an jüngeren Inschriften auf einen Schlag auf insgesamt über 1270 Inschriften. Wenn auch die damit erfasste Zeitspanne vom 12. bis zum 15. Jahrhundert aus schriftlichen Quellen gut bekannt ist, so gilt hier wie generell bei epigrafischen Quellen: Es handelt sich um originale (nicht kopiale wie meist bei Handschriften) Überlieferung und dazu unmittelbare, das heißt (nicht durch literarische Interessen bestimmte oder aus einer Fremdperspektive geprägte), Zeugnisse von dokumentarischem Wert.

Auch in nachreformatorischer Zeit wird die Runenschrift in gelehrter Tradition fortgeführt und bleibt in abgelegenen Gebieten wie in Dalarna (Schweden) bis ins 19. Jahrhundert hinein in allgemeinerem Gebrauch. Doch beginnt im 16. Jahrhundert bereits die, zeitbedingt noch in den Anfängen stehende, wissenschaftliche Beschäftigung mit Runen, sodass eine eigentliche Entzifferung wie bei manchen alten Schriften nicht unternommen werden musste. Die weitere Erforschung der sich jährlich im Zuge archäologischer Grabungen vermehrenden Anzahl von Runeninschriften erfolgt in Europa, mit dem Schwerpunkt in Skandinavien, und in den USA durch Spezialisten, die neue Inschriften bekannt machen, an Gesamtausgaben für einzelne Regionen arbeiten bzw. die schon vorliegenden vervollständigen und ergänzen. Sie stellen darüber hinaus die Quellengattung »Runeninschriften« für andere Fachgebiete wie z. B. Sprach- und Kulturgeschichte bereit und versuchen schließlich, dem esoterischen Missbrauch von Runen zu wehren.

LITERATUR

S. B. F. Jansson, **RUNES IN SWEDEN** (Stockholm 1987).

K. Düwel, **RUNENKUNDE.** 4. Aufl. (Stuttgart/Weimar 2008)

W. Krause, **RUNEN.** Sammlung Göschen 1244/1244a (Berlin 1970 und Neudruck 1993).

E. Moltke, **RUNES AND THEIR ORIGIN, DENMARK AND ELSEWHERE** (Kopenhagen 1985).

T. Spurkland, **NORWEGIAN RUNES AND RUNIC INSCRIPTIONS** (Woodbridge 2005).

ARNULF KRAUSE

DICHTUNG

Die Wikinger hatten eine ausgesprochen poetische Ader, die sich in ihren Götter- und Heldenliedern sowie in Preisgedichten zeigte. Zur Wikingerzeit wurden diese Meisterwerke mündlich überliefert. Sie wären wohl für immer verloren gegangen, hätten sich die christianisierten und mittlerweile des lateinischen Alphabets mächtigen Isländer nicht der alten Traditionen besonnen: Was Generationen mündlich tradiert hatten, wurde seit dem 13. Jahrhundert schriftlich fixiert – mehr als 200 Jahre nach dem Ende der Wikingerzeit.

Allerdings blieb auf einigen Runensteinen authentische Wikingerpoesie erhalten. Darunter ist der Rök-Stein aus dem mittelschwedischen Östergötland das älteste und bedeutendste Denkmal. Kurz nach 800 ließ ein Mann namens Varin ca. 750 Runen in diesen großen Steinblock ritzen. Damit schuf er die längste erhaltene Runeninschrift, die zugleich eine der kompliziertesten ist; denn ihre Anordnung und die Verwendung von Geheimrunen erschweren die Lesung und Interpretation. Jedenfalls wollte Varin seines toten Sohnes Vamod gedenken, und um ihn zu ehren, griff er auf Heldensagen und Mythen zurück.

Dabei erwähnte er einen Fürsten Thjodrik, der mit seinen Kriegern kühn am Meeresstrand geritten sei. Das erinnert wohl an den Ostgotenherrscher Theoderich, der 526 in Ravenna starb und als Dietrich von Bern zu einer Hauptfigur der germanischen Heldensagen wurde. Die sogenannte Theoderich-Strophe des Runensteins von Rök bezeugt das Interesse an alten Sagenstoffen. Dafür spricht auch das Versmaß, das die später auf Island niedergeschriebenen Heldenlieder kennzeichnet und den typisch germanischen Stabreim anwendet.

RÄTSELHAFTE RUNEN Der Runenstein von Rök, Östergötland, Schweden, wurde Anfang des 9. Jahrhunderts errichtet. Der Stein trägt die längste erhaltene Runeninschrift der Wikingerzeit. Die Lesung der Runen ist teilweise bis heute unklar. Sie enthält aber jedenfalls gedichtete Strophen und erwähnt den Ostgotenherrscher Theoderich.

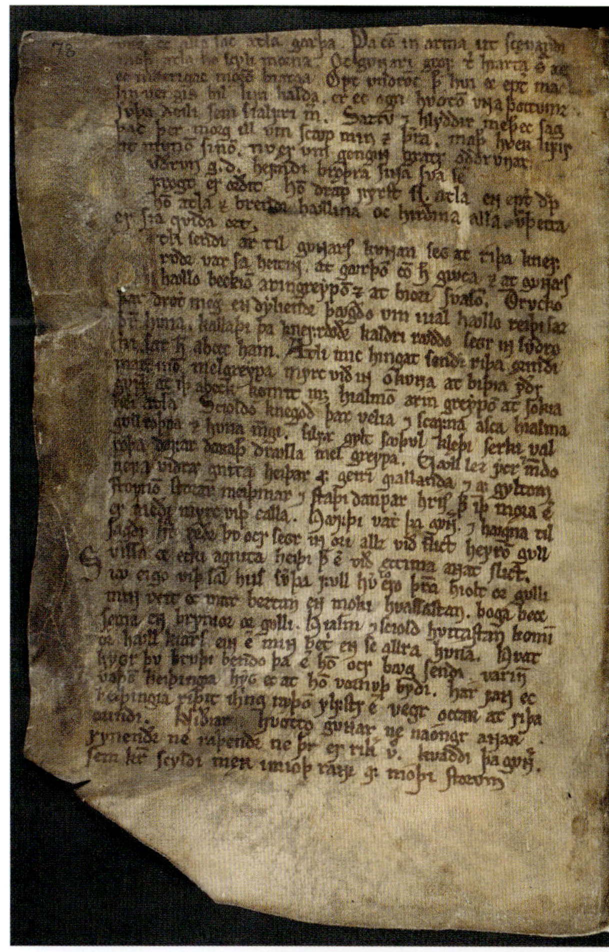

NIBELUNGEN-SAGE IM NORDEN Blatt der Lieder-Edda, Island, 13. Jahrhundert: eine Seite aus dem Codex Regius, einer Sammlung von Götter- und Heldenliedern, mit dem Beginn des »Alten Atlilieds«.

Die Wikinger kannten bereits die Sagen von den Nibelungen, aus denen um 1200 im Donauraum das mittelhochdeutsche Nibelungenlied entstand. Davon zeugt das »Alte Atlilied« (Atlakviða), das den Burgundenuntergang am Hofe des Hunnenkönigs Etzel in einer älteren Fassung erzählt. Hier rächt Gudrun (wie Kriemhild im Norden heißt) nicht den ermordeten Siegfried an ihren Brüdern, sondern diese an ihrem Gatten Atli. Siegfried kommt in diesem Gedicht überhaupt nicht vor. Atli erinnert wie der Etzel des Nibelungenliedes an den historischen Hunnenherrscher Attila. Im nordgermanischen Heldenlied lädt er aus Habgier seine Schwäger Gunnar (Gunther) und Högni (Hagen) ein, um sich deren Schatz anzueignen. Trotz der Warnung ihrer Schwester kommen sie an den Hunnenhof und erleiden dort den Heldentod, weil sie Atli ihr Gold verweigern. Besonderen Eindruck machte Gunnars Haltung, der noch im Angesicht des Todes ungerührt die Harfe spielt:

»Den lebenden Fürsten warf die Menge der Krieger in den Hof, der von Schlangen durchkrochen wurde; da spielte Gunnar allein, voll Grimm, mit der Hand die Harfe.«

Nicht minder beeindruckend vollzieht Gudrun ihre Rache: Sie tötet die eigenen Söhne, erschlägt den betrunkenen Atli im Ehebett und lässt den ganzen Hunnenhof in Flammen aufgehen. Dergleichen schätzten die Wikinger: Tapferkeit, Verrat und Rache, tragische Verstrickung und Annahme des unausweichlichen Geschicks. Diese Elemente weist auch das »Alte Hamdirlied« (Hamðismál) auf, in dem die nach Atlis Tod wiederverheiratete Gudrun ihre Söhne Hamdir und Sörli dazu bringt, die Schwester Swanhild zu rächen. Deren Mann Jörmunrek hatte diese unter dem Vorwurf des Ehebruchs töten lassen. Trotz Hamdirs Einwände gegen den Rachezug brechen sie auf. Bevor sie selbst den Tod finden, gelingt es ihnen, Jörmunrek zu verstümmeln. Ihr Ende ist aber insofern selbst verschuldet, weil sie unterwegs ihren Halbbruder erschlugen, der ihnen Hilfe hätte leisten können.

IN DER SCHLANGENGRUBE Auf dem Stabkirchenportal von Hylestad, Norwegen, ist Gunnar in der Schlangengrube zu sehen. Mit den Füßen spielt er noch die Leier, während ihm die Schlangen am Oberkörper bereits zusetzen.

Nicht wenige Heldensagen lassen sich auf ferne Ereignisse der Völkerwanderungszeit zurückführen. So verweist Jörmunrek auf den Ostgotenherrscher Ermanarich, der um 375 beim Angriff der Hunnen starb. Auf Geschehnisse zwischen Goten und Hunnen lässt sich auch das »Hunnenschlachtlied« zurückführen, das Geschichte zum tragischen Familienkonflikt umgestaltet: Der Gotenkönig Heidrek hinterlässt zwei erbberechtigte Söhne, nämlich Angantyr und den mit einer hunnischen Prinzessin gezeugten Hlöd. Diesem wird sein Erbteil verweigert, worauf es zu einer blutigen Schlacht zwischen Goten und Hunnen kommt. Angantyr muss seinen Halbbruder töten und kommt zu dem Schluss:

»

»Verflucht sind wir, Bruder, ich bin dein Totschläger geworden; daran erinnert man sich lang: Übel ist der Spruch der Nornen.«

«

Nicht jede Heldensage endet tragisch: Dem Schmied Völund (Wieland) gelingt es, sich trotz seiner Gefangennahme und Verstümmelung bitter an dem habgierigen König Nidud zu rächen und mithilfe künstlicher Flügel wegzufliegen. Und den jungen Helden Sigurd (Siegfried) schätzte man als Drachentöter, der den Riesenwurm Fafnir erstach und sich dessen Schatz aneignete.

DRACHENTÖTER Detail aus dem Portal der Stabkirche von Hylestad, Norwegen, 12. Jahrhundert: Sigurd tötet den Drachen Fafnir.

DIE SIGURDSAGE IM BILD Umzeichnung der Darstellungen auf dem Ramsundfelsen in Södermanland, Schweden, entstanden in der ersten Hälfte des 11. Jahrhunderts. Die Ritzungen zeigen Szenen aus der Sigurdsage: den toten Regin und seine Schmiedewerkzeuge; Sigurd, der das Herz des Drachen brät, und Sigurds Pferd Grani.

VON UNTEN DURCHSTOSSEN Die Sigurddarstellungen auf dem Ramsundfelsen werden eingefasst vom lang gestreckten Körper des Drachen Fafnir, den Sigurd von unten mit dem Schwert durchstößt. Im Drachenkörper steht eine Runeninschrift.

RAGNARÖK – DAS ENDE DER WELT Auf dem Steinkreuz von Kirk Andreas, Isle of Man, 10. Jahrhundert, ist zu sehen, wie Odin mit seinem Raben auf der Schulter vom Fenriswolf verschlungen wird. Dies ist ein zentrales Ereignis während der Ragnarök, dem Untergang der Welt und der Götter in der nordischen Mythologie.

THORS FISCHZUG Auf dem Runenstein von Altuna, Uppland, Schweden, aus dem 11. Jahrhundert ist Thors Kampf mit der Midgardschlange dargestellt.

Die heidnischen Skandinavier kannten zahlreiche Mythen von den populären Hauptgöttern Odin und Thor, von Entstehung und Ende der Welt sowie vom Kampf mit Riesen und weltbedrohenden Ungeheuern. Hierbei stieß insbesondere jener Mythos auf großes Interesse, in dem Thor mit der Midgardschlange kämpfte. Diesen monströsen schlangenartigen Drachen dachte man sich im Ozean, der die Welt umgab. Als Chaosungeheuer repräsentierte er die lebensfeindlichen Mächte, die die Gottheiten der Asen und Wanen wie auch die Menschen bedrohten. Einmal fuhr Thor aufs Meer hinaus, wo er versuchte, die Riesenschlange zu ködern. Ob er sie tatsächlich mit seinem Hammer Mjöllnir erschlug, ist ungewiss, denn die späteren Texte liefern dazu verschiedene Versionen. Jedenfalls findet sich die Darstellung von »Thors Fischzug« auf etlichen Bilddenkmälern der Wikingerzeit, von den Britischen Inseln bis nach Schweden.

Götterlieder über Mythen und Gottheiten sind unter allen Germanen nur aus dem Norden bekannt. Dabei stellt sich die Frage, ob die isländischen Handschriften des 13. Jahrhunderts authentische Lieder der vorchristlichen Wikingerzeit überliefern oder zeitgenössische Nachdichtungen altertumsinteressierter Gelehrter. So oder so bieten sie eine Fülle an Informationen der nordgermanischen Mythologie. Ein hohes Alter bescheinigt man unter anderem einigen Strophen aus den »Sprüchen des Hohen« (Hávamál), in denen der Krieger-, Toten-, Zauber- und Runengott Odin von seinem Selbstopfer erzählt, durch das er das Runenwissen erlangte.

Das berühmteste Götterlied, die Weissagung der Seherin (Völuspá), entstand wohl um 1000 n. Chr., also in der späten Wikingerzeit. Ein unbekannter Dichter entwarf damit ein grandioses Werk der vorchristlichen Mythenwelt, das bereits christliche Einflüsse aufweist. Weit spannt er den Bogen von den Schicksalen der Asen- und Wanengötter, vom Werden und Vergehen der alten Welt. An deren ferne Ursprünge erinnert sich die titelgebende Seherin:

»Urzeit war es, als Ymir lebte; es gab weder Sand noch Meer noch kühle Wogen, Erde existierte nicht noch Himmel darüber, den Schlund der Urleere gab es, aber nirgends Gras.«

An großen Dichtern war der Norden zur Zeit der Wikinger nicht arm. Überall genossen die aus Norwegen und Island stammenden Skalden Ruhm und Anerkennung. Darum blieben ihre Namen in aller Munde, während die Götter- und Heldenlieder als vermeintliche Kunde aus grauer Vorzeit anonym weitergegeben wurden. Allerdings wäre auch die Skaldendichtung ohne die hochmittelalterlichen Schriften Islands vergessen. Denn nur diese überliefern so poetische Dichternamen wie Thorbjörn Hornklaue, Gunnlaug Schlangenzunge oder Einar Schalenklang. Aber auf dem Stein von Karlevi auf der Insel Öland bezeugt eine Runeninschrift erheblich früher skaldische Dichtung: Eine Strophe preist um das Jahr 1000 einen dänischen Heerführer Sibbe, der dort in einem Hügelgrab bestattet wurde.

Die Skalden verkehrten an den Höfen skandinavischer Könige und Häuptlinge, die sie mit Preisliedern ehrten. Sie lobten, wie tapfer und großzügig die Herren waren, auf welch edle Abstammung sie zurückblickten und wie erbärmlich hingegen ihre Feinde wirkten. Vor der fürstlichen Gefolgschaft appellierten sie an die Freigebigkeit der Gepriesenen, von denen sie sich als Dank ein wertvolles Geschenk versprachen. Skalden erzählten demzufolge keine Geschichten von Göttern und Helden der Vorzeit. Sie knüpften unmittelbar an ihre Gegenwart an und wurden nicht selten politisch. Dichtung dieser Art gilt üblicherweise nicht viel, hofiert sie doch lediglich die Machthaber.

Die Skalden genießen hingegen bis heute hohes Ansehen, obwohl sie stereotype Gedichte verfassten. Das Besondere lag jedoch in der Art und Weise, denn skaldische Gedichte in ihrer vollendeten Form stellen die anspruchvollste Lyrik der Weltliteratur dar. Bei Strophen im »Herrenhofton« wurden die Silben genauestens gezählt, verband man anlautenden Stabreim mit Binnenreim und splitterte zudem die gewöhnliche Wortfolge auf. Außerdem war es üblich, anstelle vieler Begriffe Synonyme (Heiti) zu verwenden oder mehrgliedrige Umschreibungen (Kenninge). Und selbst deren einzelne Wörter wurden über die gesamte Strophe verteilt. Die Skalden bastelten ihre eleganten Strophenungetüme unter Verwendung zahlreicher Anspielungen auf Mythen und Heldensagen, auf politische Verhältnisse oder aus purem Wortwitz. Diese bis ins Detail zu verstehen, war deshalb eine intellektuelle Herausforderung - und das während eines mündlichen Vortrags! Da galt es, den »Möwenpfad« als Meermetapher, das »Pferd der Wogen« als Wikingerschiff und den »Schadensbieter des Kampf-Feuers« als Krieger zu entschlüsseln.

Ein Beispiel von Thorbjörn Hornklaue, der um 900 ein Gedicht auf den norwegischen König Harald Schönhaar dichtete: Aus dem Kampf des Fürsten gegen einen Feind, dem Pfeiltosen der Schlacht und dem rinnenden Blut wird in skaldischer Manier:

»Der Fürst hatte den Sturm der Speere (= Kampf) mit dem Mann, wo die Brünnengänschen (= Pfeile) tosten im Donner Sköguls (= Kampf), die roten Wunden spuckten Blut.«

Die hier normalisierte Wortfolge wurde allerdings im Original aufgehoben.

Die Skalden wussten um ihr Können. Ihr Selbstbewusstsein zeigte sich in einem Mythos, der ihre Dichtkunst auf Odin selbst zurückführte. Dieser raubte einem Riesen den die Gabe der Dichtkunst schenkenden Skaldenmet und wurde damit zum Gott der Dichter. Den mutmaßlich ersten Skalden Bragi Boddason aus dem 9. Jahrhundert erklärte man weniger als 100 Jahre nach seinem Tod zum Mitglied der göttlichen Asen. Auf Island pflegte man die Skaldendichtung besonders lang; Hier genoss mit Egill Skallagrimsson einer der größten Dichter des Nordens besondere Verehrung.

DICHTKUNST IN STEIN Der Runenstein von Karlevi, Öland, Schweden, ist um 1000 entstanden. Die Inschrift enthält eine skaldische Strophe über einen Heerführer Sibbe.

Auf der Insel im Nordatlantik nahm man sich wie nirgendwo sonst des dichterischen Erbes der Wikingerzeit an. Dieses Interesse fand seinen bedeutendsten Ausdruck in der Sammlung der Götter- und Heldenlieder der Älteren Edda, die um 1270 niedergeschrieben wurden. Die viel genannte Bezeichnung der Edda (Bedeutung vielleicht »Urgroßmutter« oder »Dichtung«) geht auf den Gelehrten Snorri Sturluson zurück, der damit um 1220 eine Dichtungslehre für Skalden bezeichnete. Darin zitierte er zahlreiche Edda-Lieder und Skaldenstrophen. Diesen Gattungen stellt sich die Sagaliteratur zur Seite, ohne dass man sie in die Wikingerzeit zurückführen könnte. Die mehr oder weniger langen Prosaerzählungen über isländische Bauern, norwegische Könige und anderes mehr wurden gleichsam als historische Romane im hohen Mittelalter verfasst. Sie lebten letztlich von ihrer schriftlichen Form, auch wenn sie auf mündlichen Familienerzählungen, Genealogien und allerlei Geschichten aus der Wikingerzeit basierten.

LITERATUR

K. Düwel, **RUNENKUNDE**. 4. Aufl. (Stuttgart 2008).

A. Krause (Hrsg. u. Übers.), **DIE EDDA DES SNORRI STURLUSON** (Stuttgart 1997).

Ders., **DIE GÖTTER UND MYTHEN DER GERMANEN** (Wiesbaden 2015).

Ders. (Hrsg. u. Übers.), **DIE GÖTTER- UND HELDENLIEDER DER ÄLTEREN EDDA** (Stuttgart 2004).

R. Simek, **LEXIKON DER GERMANISCHEN MYTHOLOGIE.** 3. Aufl. (Stuttgart 2006).

H. Uecker, **GESCHICHTE DER ALTNORDISCHEN LITERATUR** (Stuttgart 2004).

SUNHILD KLEINGÄRTNER

DAS KUNSTHANDWERK – MEISTERHAFTE VIELFALT

Das wikingerzeitliche Kunsthandwerk ist mannigfaltig, sowohl in der Wahl seiner Motive und Bildträger als auch in Bezug auf seine stilistische Ausgestaltung. Was auf den ersten Blick vielfach als rein ornamentales Schmuckwerk erscheint, entpuppt sich bei eingehender Betrachtung als Tierdarstellung, eingebunden in Flechtwerkornamentik oder floralen Dekor. Die vielgestaltigen Verzierungen sind nicht ausgesuchten Einzelobjekten vorbehalten oder ausschließlich an hochwertige Materialien gebunden. Sie finden sich auf Gebrauchsgegenständen aus Holz oder Leder ebenso wie auf silbertauschierten Waffen oder aus Buntmetall gefertigten Schmuckstücken, außerdem auf Runensteinen und an Kirchenportalen. Die Motive und Darstellungsweisen sind über ihren kunstgeschichtlichen und archäologischen Wert hinaus besonders auch in Hinblick auf die politischen und religiösen Entwicklungen innerhalb der frühen skandinavischen Königreiche von unschätzbarer Aussagekraft.

WEGWEISENDE FORSCHUNG

Den Grundstein für die wissenschaftliche Erforschung des wikingerzeitlichen Kunsthandwerks legte Sophus Müller. 1880 erschien sein in dänischer Sprache veröffentlichter Aufsatz über die sogenannte »Tierornamentik«. Der Wert der Tierornamentik als Hilfsmittel für die zeitliche Einordnung archäologischer Fundstücke wurde schnell erkannt. Davon ausgehend, dass stilistische Veränderungen nicht sprunghaft erfolgen, sondern einer langsamen Entwicklung unterliegen, wurden die unterschiedlichen Verzierungsarten in typologische Abfolgen gebracht. Bestimmte Ausprägungen wurden zu einzelnen Stilen zusammengefasst. Der von dem Norweger Haakon Shetelig 1948 geprägte Begriff »Tierstil« findet als Fachausdruck noch heute Verwendung.

Die Datierung der einzelnen Stile erfolgte für die frühe Wikingerzeit über Fundvergesellschaftungen von Gräbern und münzführende Depots, Siedlungsstratigrafien sowie Verknüpfungen mit historisch überlieferten Personen und Ereignissen, für die späte Wikingerzeit vor allem über Vergleiche mit Manuskriptdarstellungen. Neben der Münzdatierung galt die Stilistik lange Zeit als beste Datierungsmöglichkeit. Mittlerweile liegen durch die dendrochronologische Auswertung von Hölzern präzisere, zum Teil sogar jahrgenaue Datierungen vor. Beprobt wurden entweder die Fundstücke selber oder die Grabkammern, Schiffe, beziehungsweise Brunnenhölzer, innerhalb derer sie gefunden wurden. Mithilfe der Dendrochronologie konnte somit die Richtigkeit der stilistisch ermittelten Zeitstellung ausgewählter Fundkomplexe und folglich die Abfolge der Tierstile insgesamt bestätigt werden. Aussagen zu zeitlich exakten Anfangs- und Endpunkten der sich überlappenden Stile konnten indes nicht getroffen werden. Innerhalb der Forschung bestehende Widersprüche in Bezug auf Länge und Datierung der Laufzeiten einzelner Stile sind bislang ebenfalls ungelöst. Dies gilt auch für die zeitlich zu differenzierende regionale Entwicklung der einzelnen Stile.

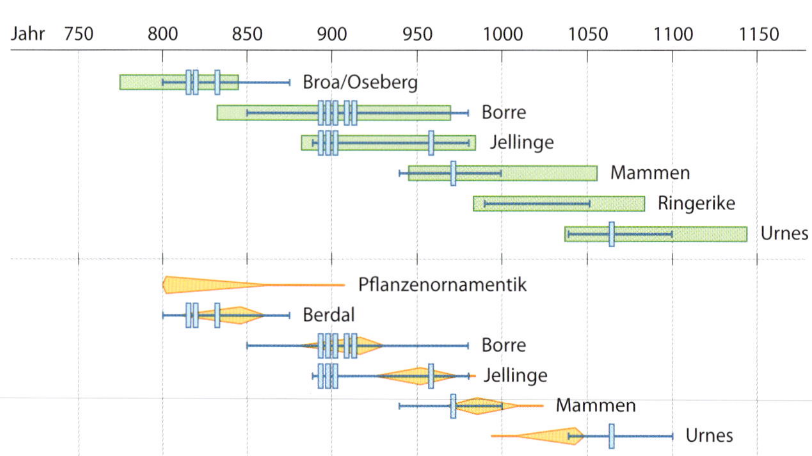

TIERSTIL-CHRONOLOGIE Gliederung der wikingerzeitlichen Tierstile nach verschiedenen Forschern (waagerechte grüne, gelbe und schmale dunkelblaue Balken) unter Angabe dendrochronologisch bestimmter Daten (hellblaue Senkrechtbalken).

VERSCHIEDENE STILPHASEN

Die Benennung der einzelnen Stile erfolgt nach südskandinavischen Fundorten der Gegenstände, welche die jeweils deutlichsten stilistischen Ausprägungen aufweisen. Eine Ausnahme bildet der nach einer norwegischen Region benannte Ringerikestil. Grundlage für die traditionelle Einteilung der wikingerzeitlichen Kunststile sind die Detailausführung der Motive und die stilistische Ausbildung der Tierdarstellungen. Iben Skibsted Klæsøe hat sich 1997 in Hinblick auf die älteren Tierstile gegen das Tiermotiv als alleiniges stildefinierendes Element und die Benennung der Stile nach Fundorten ausgesprochen. In ihren Benennungen geht sie von der Art der Anlage insgesamt, nicht von einzelnen Details der Motive aus. Ihre Datierung basiert vor allem auch auf der Grundlage von Pflanzenmotiven.

In der nachfolgenden Übersicht wird sowohl auf die Gesamtanlage des Motivs als auch auf Detailausprägungen verwiesen. Der Kürze des Artikels Rechnung tragend, bleiben Pflanzen- und Flechtbandornamentik nachfolgend unberücksichtigt.

NAMENSGEBENDE FUNDORTE Fundorte mit für bestimmte Stile charakteristischem Fundgut und/oder Dendrodaten der Fundzusammenhänge.

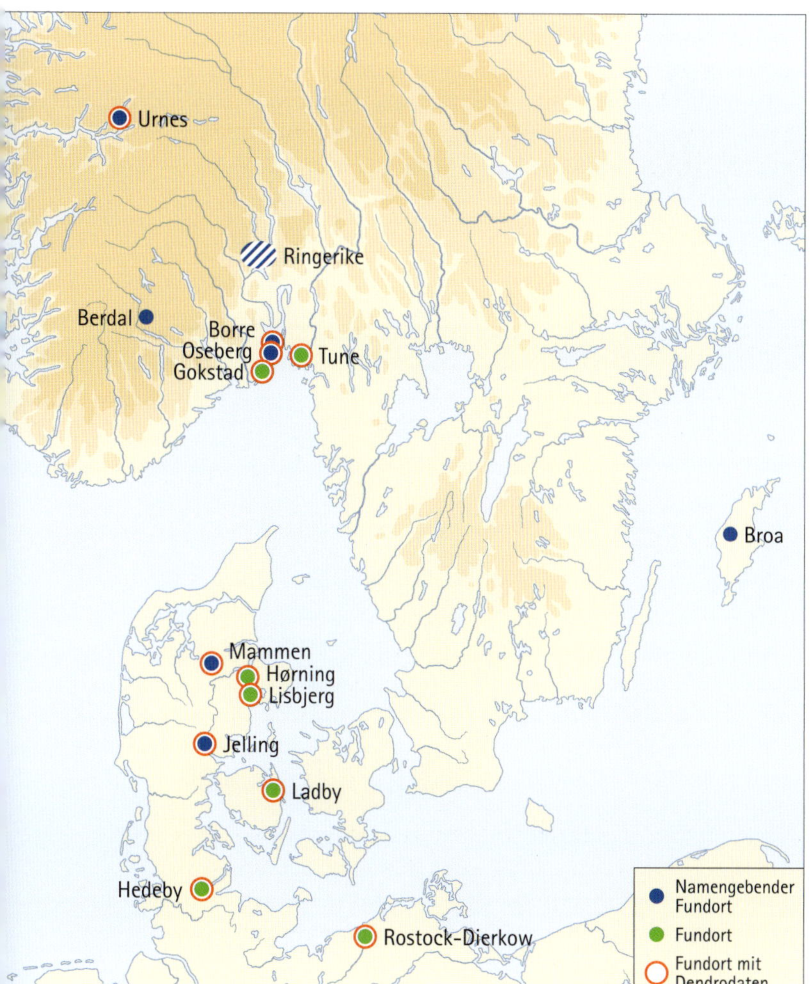

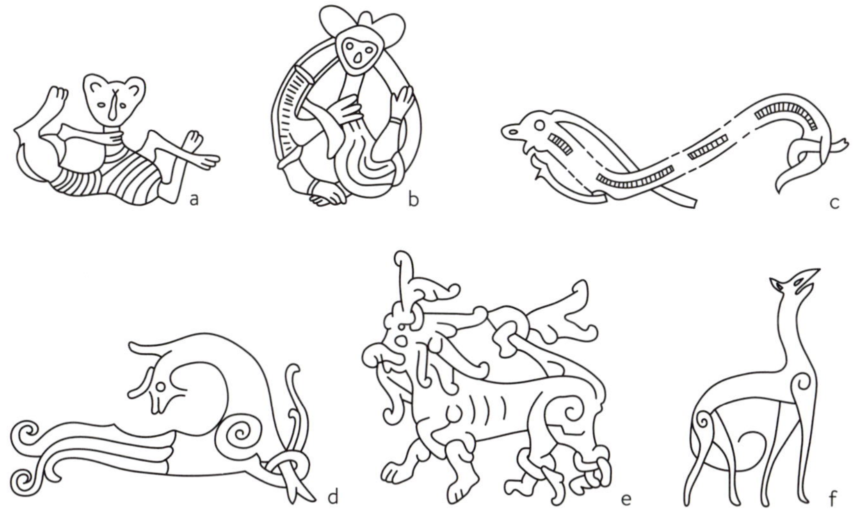

WANDELBARES TIER Darstellungen des Greiftieres im Broa/Berdalstil (a) und Borrestil (b), des bandförmigen Tieres im Jellingestil (c) und Mammenstil (d) sowie des vierfüßigen Tieres im Ringerikestil (e) und Urnesstil (f).

Für die frühen wikingerzeitlichen Kunststile der zweiten Hälfte des 8. bis in die zweite Hälfte des 10. Jahrhunderts ist das stildefinierende Motiv des sogenannten Greiftiers charakteristisch. Es besitzt einen dreieckig, enface gezeigten Kopf und nach den benachbarten Elementen oder dem eigenen Hals greifende Hände und Füße. Stilistisch können die Greiftiere einerseits in die vom letzten Viertel des 8. bis in das letzte Viertel des 9. Jahrhunderts charakteristischen Tiere des Berdal- und Broa-/Osebergstils mit körperlosem Rumpf und überproportional ausgebildeten Hüften unterteilt werden, deren Extremitäten in verschiedene Richtungen greifen. Sie gehören dem asymmetrischen Stil Skibsted Klæsøes an. Andererseits gibt es die Tierdarstellungen des Borrestils mit bandförmigen, medaillonartig gestalteten Körpern, die einen geschlossen wirkenden Aufbau besitzen und nach Skibsted Klæsøe dem symmetrischen Tierstil zuzuweisen sind. Sie treten kurz vor Mitte des 9. Jahrhunderts auf und werden bis in die zweite Hälfte des 10. Jahrhunderts fortgeführt. Im Jellingestil, der vom Ende des 9. Jahrhunderts bis in die zweite Hälfte des 10. Jahrhunderts parallel zum Borrestil existiert, dominiert weiterhin der bandförmige Körper. Das Tiermotiv ist inzwischen dahin gehend verändert, dass der Körper eine lange s-förmige Bewegung beschreibt. Der mit einem langen Nackenschopf ausgestattete Kopf ist im Profil dargestellt. Die Extremitäten haben untergeordneten Charakter ohne zugreifende Funktion. Eine konsequente Fortführung dieses Motiv, das heißt mit voluminöser ausgebildetem Körper, zeigt sich im kurz vor Mitte des 10. Jahrhunderts einsetzenden und bis nach 1050 präsenten Mammenstil. Jetzt ist der Kopf zurückgewandt, die Extremitäten enden in volutenartigem Dekor. In der Wahl der dargestellten Tiere zeigt sich bei den spätwikingerzeitlichen Tierstilen, zu denen auch der Mammenstil zählt, dahin gehend eine Neuerung, als die Tiere in ihrer Gattung nicht mehr ausschließlich unbestimmt sind, sondern als Löwe, Vogel oder vierfüßiges, sogenanntes »großes Tier« identifiziert werden können. Ursachen dafür sieht Signe Horn Fuglesang in dem zunehmenden Einfluss der christlichen Lehre. Die Tierdarstellungen sind nun nicht mehr zwingend ineinander verwoben, sondern stehen symbolartig für sich. Erstmals werden

MAMMENSTIL Nach der Tierdarstellung auf der Axt von Mammen ist der Mammenstil benannt. Axt, Eisen mit Metalleinlagen, Mammen, DK. Kopenhagen, Nationalmuseet.

auch menschliche Figuren, Vögel und Masken dargestellt, wie beispielsweise auf der Axt von Mammen. Die Ausschmückungen der Körper weisen eine asymmetrische, nicht-axiale Anlage auf. Für den vom letzten Viertel des 10. bis ins letzte Viertel des 11. Jahrhunderts charakteristischen Ringerikestil ist eine symmetrisch, axiale Komposition mit üppiger Verzierung durch florale Fortsätze charakteristisch. Das »Urnestier« mit seinen langen, schlanken Extremitäten, umgeben von filigranem Bandwerk, gehört dem letzten wikingerzeitlichen Tierstil an, bevor sich im 12. Jahrhundert die für das christliche Abendland charakteristische romanischen Kunst ankündigt.

UNTERSCHIEDLICHE BILDTRÄGER

Welche konkreten Impulse oder Ereignisse zur Ausbildung der jeweiligen Tierstile führten, bleibt unklar. Der Wandel in der Wahl der Bildträger, die zunächst mit dem weltlich-herrschaftlichen, später vor allem mit dem liturgisch-religiösen Bereich verbunden waren, verweist indirekt auf die Veränderungen der politischen und religiösen Rahmenbedingungen im Laufe der Wikingerzeit. Anfangs findet sich die stilbezeichnende Ornamentik auf statusanzeigenden Repräsentationsobjekten, wie dem um 815/20 erbauten und im Sommer 834 zur Bestattung niedergelegten Osebergschiff, der 1899 geborgenen hochwertigen Zaumzeuggarnitur aus dem gotländischen Broa und dem 1852 untersuchten Schiffsgrab aus Hügel 1 des Hügelgräberfeldes vom norwegischen Borre. Ab dem mittleren 10. Jahrhundert erscheinen die Tierstildarstellungen nicht mehr nur auf rangbetonenden Repräsentationsobjekten, wie beispielsweise der Axt aus dem 970/1 angelegten dänischen Grab von Mammen oder der Wetterfahne aus der Kirche im norwegischen Heggen, sondern auch auf dem als Abendmahlskelch interpretierten Becher aus dem 858/9 angelegten und 1820 wieder geöffneten Nordhügel im dänischen Jelling. Bildträger der späten Wikingerzeit sind vor allem Gedenksteine und Architektur, wie die

IDEALTYPISCH Der Stein aus Vang, Oppland, Norwegen, gilt als hervorragender Vertreter des Ringerikestils. Erste Hälfte des 11. Jahrhunderts.

DER BECHER AUS JELLING Nach dem kleinen Becher aus dem nördlichen Grabhügel von Jelling ist der Jellingstil benannt. Becher, Silber, Jelling, DK, 10. Jh. Kopenhagen, Nationalmuseet.

NAMENSGEBER Das Portal der Urneskirche aus dem 11. Jahrhundert. Nach dem Ort ist der Urnes-Stil benannt.

mit Kreuzen verzierten Runensteine und der Portaldekor der norwegischen Stabkirche von Urnes. Der Wandel in der Wahl der Bildträger ist darüber hinaus auch mit den Überlieferungsbedingungen der archäologischen Funde verbunden. Bis in die zweite Hälfte des 10. Jahrhunderts sind die Grabfunde, in denen aus Edel- und Buntmetall gefertigter Schmuck und Waffen ihren Niederschlag fanden, die ergiebigste Quelle für tierstilverziertes Fundmaterial. Für das 10. bis 11. Jahrhundert stellen die Depotfunde einen wichtigen Lieferanten, allerdings ausschließlich für Edelmetallobjekte, dar. Auch in Kirchenschätzen wurde das eine oder andere wikingerzeitliche Objekt bewahrt, beispielsweise die Schreine von Cammin und Bamberg. In Abhängigkeit vom Herstellungsmaterial, von den Überlieferungsbedingungen und häufig auch vom Zufall sind uns für verschiedene Abschnitte der Wikingerzeit unterschiedliche Objektgruppen erhalten. Wie groß die ehemalige Gesamtzahl an kunsthandwerklichen Erzeugnissen, einschließlich der bereits zur Wikingerzeit zur Weiterverarbeitung wieder eingeschmolzenen Metallarbeiten, gewesen ist, kann nicht erschlossen werden.

LEGENDENUMWOBENES KÄSTCHEN Wie das in Altdänemark hergestellte Kästchen nach Bayern gelangte, ist Gegenstand von Legenden. »Bamberger Schrein«, Holz, Mammut(?)-Elfenbein, Bronze, vergoldet. Um 1000. München, Bayerisches Nationalmuseum.

SILBERNE BILDER Auf einigen runden Fibeln sind kunstvoll flachere und dreidimensionale Darstellungen miteinander kombiniert. Fibel, Silber, Näsby, SE, 10. Jh. Stockholm, Historiska Museet.

Als Massenprodukt hergestellter tierstilverzierter Bronzeschmuck erfuhr aufgrund von Handelsfahrten sowie an unterschiedlichen Orten ausgeübte Kopiertätigkeit eine rasche und überregionale Verbreitung, wenn auch teilweise mit regionalen Modifikationen. Die Blütezeit der Wikingerfahrten im 10. Jahrhundert spiegelt sich indirekt in der weiten Verbreitung der im Borrestil verzierten Objekte von Irland, Schottland und Wales bis nach Russland und Byzanz wider. In der späten Wikingerzeit förderte die Missionierung die Ausbreitung der Tierstile.

URSPRÜNGLICHE BEDEUTUNG

Im wikingerzeitlichen Kunsthandwerk manifestiert sich das kulturelle Gedächtnis seiner Zeit. Alle Versuche, konkrete Aussagen über die inhaltliche Bedeutung der wikingerzeitlichen Tierstile zu treffen, bleiben zwangsläufig hypothetisch. In Hinblick auf ihre allgemeine Funktion können indes zwei unterschiedliche Betrachtungsebenen unterschieden werden. Eine davon betrifft den persönlichen Bezug des Einzelnen zum Dargestellten, beispielsweise könnten die Darstellungen auf Fibeln und Gürtelschnallen apotropäischen Charakter, das heißt Übel abwendende Funktionen innegehabt haben. Die andere Ebene betrifft die Kennzeichnung ausgewählter Personengruppen durch bestimmte Motive beziehungsweise Bildträger. Mit Glaubensäußerungen verbundene Schmuckformen, wie Kreuzanhänger und Thorshämmer, verweisen zum Beispiel auf die Zusammengehörigkeit von Glaubensgemeinschaften. Gleichartig gefertigte, in ihrer Auflage limitierte Schmuckstücke, wie beispielsweise Fibeln und Anhänger der sogenannten Hiddenseekunst, konnten gezielt von einer bestimmten Person an eine zu bindende Personengruppe verteilt worden sein.

AUSSERSKANDINAVISCHE KONTAKTE

Slawische und byzantinische Einflüsse wurden nicht rezipiert. Die vor allem aus der kontinentaleuropäischen und insularen Kunst übernommenen Anregungen wurden in das eigene Formen- und Motivrepertoire stets unter Abänderung und Neuinterpretation der Vorlage integriert. Bestes Beispiel dafür ist der um 965/70 in Jelling für seine Eltern Gorm und Thyra errichtete Gedenkstein Harald Blauzahns. In Form einer Christusdarstellung findet sich hier ein im Norden neues Motiv, eingebunden in die bereits im Borrestil beliebten Schlaufen.

LITERATUR

M. Helmbrecht, Der frühe nordische Greiftierstil. Studien zu einer stilistischen, räumlichen und chronologischen Gliederung. **OFFA** 61/62, 2004/05, 239–307.

S. Kleingärtner, **DER PRESSMODELFUND AUS DEM HAFEN VON HAITHABU.** Die Ausgrabungen in Haithabu 12 (Neumünster 2007).

S. Müller, Dyrornamentiken i Norden, dens Oprindelse, Udvikling og Forhold til samtidige stilarter. **AARBØGER FOR NORDISK OLDKYNDIGHED OCH HISTORIE** 1880, 185–405.

M. Müller-Wille/L. O. Larsson (Hrsg.), **TIERE – MENSCHEN – GÖTTER. WIKINGERZEITLICHE KUNSTSTILE UND IHRE NEUZEITLICHE REZEPTION** (Göttingen 2001).

H. Shetelig, The Norse Style of Ornamentation in the Viking Settlements. **ACTA ARCHAEOLOGICA** 19, 1948, 69–113.

I. Skibsted Klæsøe, Vikingetidens kronologi. En nybearbejdning af det arkæologiske materiale. **AARBØGER FOR NORDISK OLDKYNDIGHED OCH HISTORIE** 1997, 89–142.

E. Wamers, **...OK DANI GÆRÐI KRISTNA...** Der große Jellingstein im Spiegel ottonischer Kunst. **FRÜHMITTELALTERLICHE STUDIEN** 34, 2000, 132–158.

MITTEL ZUM ZWECK An den Orten der Macht stellten Feinschmiede erlesene Schmuckstücke für das Herrscherhaus und für den Handel her. Erhabene Stempel, sogenannte Patrizen, dienten als Unterlagen. Auf diesen wurden Motive aus dünnen Blechen von Gold, Silber oder Bronze herausgehämmert. Patrize mit Flechtbandornamentik zur Herstellung von Fibeln und Anhängern, Uppåkra, SE, Bronze, 10. Jh. Lunds Universitets Historiska Museum

SCHLANK UND FILIGRAN Fibel im spätwikingerzeitlichen Urnesstil, Kringelstad, SE, Bronze, 11. Jh. Lunds Universitets Historiska Museum.

GESCHMÜCKTE KIRCHEN Die ersten Holzkirchen waren teils reich mit geschnitzten oder gemalten Verzierungen versehen. Planke einer Stabkirche, Brågarp, SE, 11./12. Jh. Lunds Universitets Historiska Museum.

KÖNIGLICHER GOLDSCHMUCK
Der Schatz von Hiddensee wiegt insgesamt 600 Gramm. Nur ein Fürst – vielleicht der dänische König Harald Blauzahn? – konnte eine solche Menge Gold zur Verfügung stellen. Die handwerkliche Verarbeitung mit Perldrähten und Granulation ist von exzellenter Qualität. In der Ornamentik verschmelzen christliche Kreuzformen und traditionelle nordische Tierornamentik. Halsreif, Scheibenfibel, sechs große und vier kleinere kreuzförmige Hängestücke und vier Zwischenglieder, Hiddensee, DE, Gold, 10. Jh. Stralsund Museum.

MICHAELA HELMBRECHT

TRIUMPH UND RACHE

DER ZAUBERSCHMIED VÖLUND

Die Geschichte des Zauberschmieds Völund war im frühen Mittelalter in weiten Teilen Europas bekannt. Im deutschen Sprachraum ist die Figur als Wieland überliefert, im englischen als Wayland. Die Geschichte ist in unterschiedlichen Versionen aufgezeichnet worden; auch in der Lieder-Edda ist sie enthalten (*Völundarkviða*).

Völund war – so die schriftliche Überlieferung – ein Prinz oder Anführer der Alben und ein äußerst kunstfertiger Goldschmied, dem Zauberkräfte nachgesagt wurden. König Nidud in Schweden hatte von Völund und seinen außergewöhnlichen Fähigkeiten gehört. Er ließ Völund gefangen nehmen und seine Sehnen in den Kniekehlen durchtrennen. Völund wurde auf eine Insel gebracht, wo er Schmuck und andere Preziosen für den König und seine Familie herstellen musste.

BLUTIGE RACHE Die Szene auf dem gotländischen Bildstein von Ardre VIII (9.–10. Jh.) zeigt, wie Völund in Vogelgestalt (oder in einem Vogelgewand) aus der Schmiede, dem Ort seiner Gefangenschaft, flieht. Die beiden enthaupteten Königssöhne sind hinter der Schmiede zu sehen.

Doch Völund sann auf Rache. Er lockte die beiden Söhne des Königs zu sich, tötete sie und machte aus ihren Schädeln silberbeschlagene Trinkschalen, die er dem König sandte, der ahnungslos daraus trank. Aus den Augen machte Völund Edelsteine für die Königin, aus den Zähnen der Prinzen einen Brustschmuck für die Tochter des Königs, Bödvild. Schließlich lockte er Bödvild selbst zu sich, machte sie mit Met betrunken und schwängerte sie.

Als dies vollbracht war, »erhob sich Völund lachend in die Luft«, wie es in der *Völundarkviða* heißt, klärte den König aus der Luft über seine Rachetaten auf und entkam. Ob er sich dabei eines Vogelgewands bediente oder ob er sich in einen Vogel verwandelte, darüber lässt uns das Lied im unklaren.

Die Geschichte von Völund hat viele Elemente mit der Sage von Dädalus und Ikarus gemeinsam. Der kunstfertige Schmied, der fliegend aus der unrechtmäßigen Gefangenschaft flieht, war ein in Europa weithin beliebtes Erzählmotiv.

Dass die Geschichte schon in Skandinavien bekannt war, bevor sie im Mittelalter schriftlich gefasst wurde, zeigen einige Bildzeugnisse. Dabei hat gerade der Part, in dem Wieland Rache nimmt und triumphierend entkommt, die wikingerzeitlichen Skandinavier angesprochen. Die Szene ist auf einem gotländischen Bildstein des 9. bis 10. Jahrhunderts dargestellt. Hier sieht man die Schmiede mit Zangen, Hämmern und Grassodendach, dahinter die beiden enthaupteten Königssöhne; Wieland flieht nach links in Vogelgestalt. Nach links geht eine Frauenfigur, möglicherweise die Königstochter Bödvild.

Deutlich früher ist die Darstellung auf einer northumbrischen Arbeit des 8. Jahrhunderts, dem sog. »Franks casket«. Hier ist der lahme Wayland dargestellt, der einen menschlichen Kopf und eine Zange in einer Hand hält, während er einen anderen Schädel einer Frau überreicht. Ein enthaupteter Prinz liegt auf dem Boden.

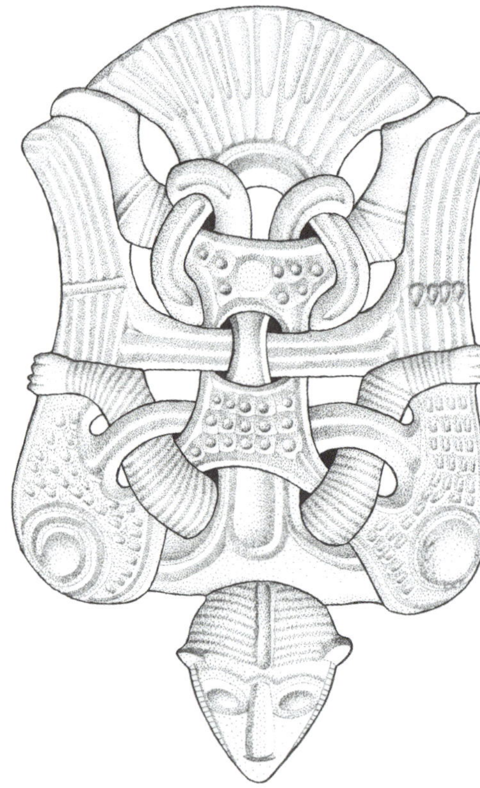

SOWOHL MANN ALS AUCH VOGEL Der Moment des Triumphs: Völund erhebt sich mit Flügeln in die Lüfte. Beschlag, vergoldete Bronze, Uppåkra, SE, 10. Jh. Lunds Universitets Historiska Museum.

Im September 2011 kam während der Ausgrabungen am eisenzeitlichen Zentralort in Uppåkra, Südschweden, ein weiterer Fund zutage, der auf die Geschichte von Völund verweist. Es handelt sich um einen außergewöhnlich großen Beschlag aus vergoldeter Kupferlegierung, in Form einer Figur, die ein Paar gefiederter Flügel mit beiden Händen umfasst. Die Beine sind unterhalb der Flügel gespreizt, darunter ist ein aufgefächerter Vogelschwanz zu sehen. Auf den ersten Blick scheint die Figur einen Flugapparat zu umklammern. Bei genauerem Hinsehen jedoch lässt sich die Darstellung auch anders lesen: Die Beine setzen sich nach oben in den gepunkteten Leib fort, der sich wiederum in die Flügel fortsetzt: Menschliche Körperteile und Flugapparat lassen sich nicht klar trennen, sondern gehen ineinander über. Die Figur hat also sowohl menschliche als auch tierische Züge – eine Art Mischwesen?

Wir erinnern uns: Die schriftliche Überlieferung legt sich nicht fest, ob Völund in einem Vogelgewand floh oder ob er sich in einen Vogel verwandelte. In einer spätmittelalterlichen Version der Überlieferung sagt Völund von sich, »er sei sowohl Mann als auch Vogel«. Diese Uneindeutigkeit ist auf dem Beschlag aus Uppåkra – der lang vor der schriftlichen Überlieferung entstand! – meisterhaft ins Bild umgesetzt. Über stilistische Parallelen lässt sich der Beschlag in die Mitte bis zweite Hälfte des 10. Jahrhunderts datieren.

VOGEL-MOTIV Ortband (Schwertscheidenbeschlag), Bronze, Peppinge, SE, 10. Jh. Lunds Universitets Historiska Museum.

Offensichtlich kannte man diese Version der Völund-Geschichte in Uppåkra, und ein Meisterschmied – vielleicht einer, der dem Zauberschmied Völund nacheifern wollte? – setzte sie kunstfertig in Geschmack und Stilisierung der Zeit um. Zu jener Zeit allerdings, also in der Mitte bis zweiten Hälfte des 10. Jahrhunderts, dürfte christliches Glaubensgut in Uppåkra schon Fuß gefasst haben. Erinnerte diese Geschichte von Demütigung und letzendlichem Triumph die Menschen an das Leiden und die Auferstehung Christi? Schließlich wurden im 10. Jahrhundert viele der alten Geschichten umgedeutet und auf christliche Inhalte angewandt, um den Menschen den Übergang zum neuen Glauben zu erleichtern.

AUFSCHLUSSREICHES DETAIL Unter der linken Hand des wegfliegenden Völund sind einige Blutstropfen zu sehen – ein deutlicher Hinweis darauf, dass hier tatsächlich Völund abgebildet ist.

Auf was für einem Gegenstand der Beschlag einst befestigt war, ist schwer zu sagen, da es keine genauen Parallelen gibt. Möglicherweise war es ein Beschlag einer Schwertscheidenspitze (Ortband). Einige Ortbänder ähnlicher Zeitstellung zeigen vergleichbare Vogelmotive, allerdings ohne eindeutigen Bezug zur Völund-Erzählung.

Der Beschlag von Uppåkra verweist noch mit einem weiteren Detail auf die Erzählung von Völund, nämlich mit einer Reihe von Tropfen, die auf dem linken Flügel unter dem Arm zu sehen sind. Dieses Bilddetail stimmt perfekt mit der Version der Erzählung überein, die in der *Þiðreks saga* überliefert wird, die in der Mitte des 13. Jahrhunderts aufgezeichnet wurde. Hier wird berichtet, dass König Nidud dem Meisterschützen Egil befiehlt, Völund vom Himmel zu schießen. Egil ist aber Völunds Bruder und will ihn nicht töten; er muss aber dem König gehorchen. Egils Pfeil trifft Völund daher unter oder an der linken Hand, und Blut tropfte zur Erde. Wieland konnte entkommen.

LITERATUR

L. Buisson, **DER BILDSTEIN ARDRE VIII AUF GOTLAND: GÖTTERMYTHEN, HELDENSAGEN UND JENSEITSGLAUBE DER GERMANEN IM 8. JAHRHUNDERT N. CHR.** (Göttingen 1976).

M. Helmbrecht, A Winged Figure from Uppåkra. **FORNVÄNNEN** 107/3, 2012, 171-178.

L. Larsson (Hrsg.), **CONTINUITY FOR CENTURIES: A CEREMONIAL BUILDING AND ITS CONTEXT AT UPPÅKRA, SOUTHERN SWEDEN.** Uppåkrastudier 10 (Stockholm 2004).

R. Nedoma, **DIE BILDLICHEN UND SCHRIFTLICHEN DENKMÄLER DER WIELANDSAGE** (Göppingen 1988).

FURCHTERREGENDE DRACHEN
Tierdarstellungen, die heute an Drachen erinnern, waren zur Wikingerzeit in Mode. Stilisierte Tierköpfe waren nahezu überall angebracht, von Schiffssteven bis zu Gebrauchsgegenständen. Gewandnadelkopf, Uppåkra, SE, Bronze, 10. Jh. Lunds Universitets Historiska Museum.

KÄSTCHENBESATZ?
Dieser Tierkopf gehörte ursprünglich vielleicht zu einem kostbar verzierten Kästchen. Leisten konnten sich solch kunstvolle Arbeiten nur Angehörige der Oberschicht. Tierkopf, Uppåkra, SE, vergoldete Bronze, 9./10. Jh. Lunds Universitets Historiska Museum.

VON DRACHEN UND MÄUSEN
Einige Tierköpfe erinnern heute eher an bekannte Comicfiguren. Tierkopf, Uppåkra, SE, Bronze, 9./10. Jh. Lunds Universitets Historiska Museum.

FREUNDLICH ODER ABWEISEND Egal, von welcher Seite man diese Anhänger betrachtet, es erscheint immer ein bärtiges Gesicht. Wen die maskenhaften Gesichter zeigen – ob Götter, andere jenseitige Wesen oder Menschen –, ist unklar. Sicher waber ist, dass man diese Amulette für wirkmächtig hielt. Zwei Maskenanhänger, Uppåkra bzw. Gårdstånga, SE, vergoldete Bronze, 10. Jh. Lunds Universitets Historiska Museum.

ANNE-SOFIE GRÄSLUND

DIE CHRISTIANISIERUNG SKANDINAVIENS

Eine bedeutende und wichtige Frage zur Wikingerzeit ist der Religionswechsel. Zum Ende der Wikingerzeit um das Jahr 1100 erscheinen die skandinavischen Länder auf die ein oder andere Weise christianisiert, aber wann und auf welche Art hat sich dies vollzogen? Entweder kann man die Christianisierung als ein außergewöhnliches Ereignis und einen scharfen Bruch verstehen, oder – so wie es heute die meisten Forscher tun – man sieht sie als einen langwierigen Prozess an. Die zuerst genannte Annahme ist darin begründet, dass man sehr genau feststellen kann, zu welchem Zeitpunkt ein bestimmtes Gebiet beispielsweise durch einen Thingbeschluss zum Christentum überging, so dass man von diesem Zeitpunkt an keine Eide mehr auf die alten Götter schwor, sondern den Schwur im Namen Gottes ablegte. Ein solches bemerkenswertes Ereignis wurde ohne Zweifel erst durch einen längeren Prozess herbeigeführt, der schlussendlich zu dieser Entscheidung führte. Allerdings darf man den Begriff des Christianisierungsprozesses nicht als Ausdruck einer vollständig linearen Entwicklung verstehen – denn das war sicher nicht der Fall. Stattdessen muss man für einen langen Zeitraum mit dem Nebeneinander von vorchristlicher und christlicher Religion rechnen, währenddessen das Christentum sich immer weiter auf dem Vormarsch befand, aber aus Sicht der Kirche auch immer wieder Rückschläge hinnehmen musste.

Die Formulierung »altnordische vorchristliche Religion« ist ein anderes Problem. Sowohl Religionswissenschaftler als auch Alt-Skandinavisten haben betont, dass ein großer Unterschied zwischen einer ethnischen Religion wie der altnordischen und einer universellen Religion wie dem Christentum besteht. Die Nordleute selber haben den Begriff »Religion« nicht gebraucht; sie sprachen stattdessen von »der alten Sitte«. Trotzdem spielte das, was wir als Religion bezeichnen, sicherlich eine wichtige Rolle im Alltagsleben der Menschen der Wikingerzeit.

Die Christianisierung des Nordens war auch bedeutsam, weil sie dazu führte, dass der Norden in eine von der Kirche geprägte und bestimmte, europäische Gemeinschaft integriert werden konnte. Natürlich hatten die Nordleute bereits viel früher Kontakt mit Mitteleuropa, aber erst mit der Christianisierung und der kirchlichen Organisation kann man von einer Teilhabe an einer gemeinsamen Kultur sprechen.

Der norwegische Kirchenhistoriker Fridtjov Birkeli sprach in den 1970er-Jahren von drei unterschiedlichen Phasen der Christianisierung: der Infiltrationsphase (1), der Missionsphase (2) und der Etablierungsphase (3). Mehrere Forscher kritisierten die strenge Phaseneinteilung mit festen Jahreszahlen und betonten, dass dies nicht auf Länder mit großen regionalen Unterschieden wie Norwegen oder Schweden übertragbar sei. Stattdessen hat man andere Kategorien gewählt, beispielsweise die individuelle, die kollektive und die kirchenrechtliche Phase der Christianisierung. Ist man sich allerdings bewusst, dass es große regionale Unterschiede gibt, nicht zuletzt im zeitlichen Verlauf, glaube ich trotzdem, dass Birkelis Phaseneinteilung eine große Hilfe für das Verständnis um den Verlauf der Christianisierung sein kann.

Die *Infiltrationsphase*, oder, besser gesagt, die Beeinflussungsphase oder Kontaktphase, kann sehr wohl bereits während der Römischen Kaiserzeit begonnen haben, denn wir wissen, dass die Nordleute an kriegerischen Aktivitäten im Römischen Reich beteiligt waren und dabei sicher auch mit Kirche und Christentum in Berührung kamen. Die Kontakte zum Kontinent wurden während der Völkerwanderungszeit und Vendelzeit bzw. der Merowingerzeit aufrechterhalten. Es erscheint naheliegend, dass die Nordleute christliches Gedankengut und Bräuche mit in den Norden nahmen, ohne dass sie dabei bereits selber Christen sein mussten. Während der *Missionsphase* gab es eine erste Etappe mit Missionierungsversuchen ohne bleibende Erfolge (Willibrord, Ansgar, Håkon der Gute), gefolgt von der eigentlichen Missionierung, die dazu führte, dass sich das Christentum festsetzen konnte: in Dänemark von ca. 960 bis 1100, in Schweden ab dem Ende des 10. Jahrhunderts bis ca. 1150 und in Norwegen von ca. 1000 bis 1130. Auch die frühesten Kirchen lassen sich dieser Phase zuschreiben. Die *Etablierungsphase* mit einer kirchlichen Organisation begann in Dänemark ca. 1100, in Norwegen eine Generation später (ca. 1130) und in Schweden noch etwas später um 1150. Diese Jahreszahlen bilden nur grobe Richtwerte, die regional überprüft und angepasst werden müssen. Es ist außerdem wichtig zu betonen, dass die Phasen einander überlagern.

Ein Phänomen, das auch im Kontext der Begegnung unterschiedlicher Religionen genannt werden muss, ist der Synkretismus: eine Vermischung von zwei Religionen, die einander gegenseitig

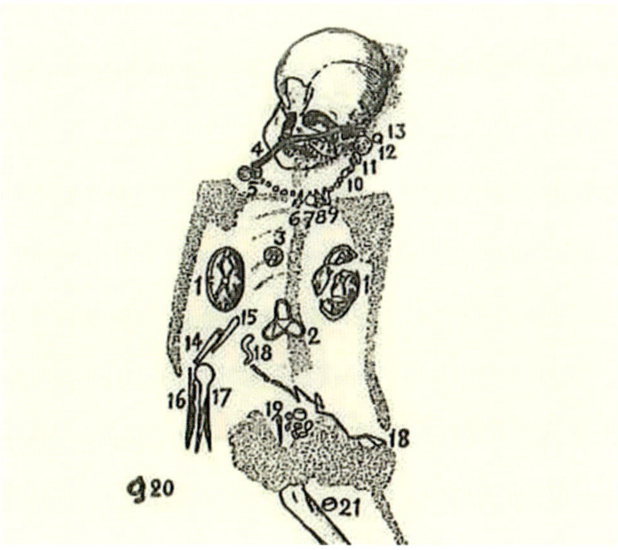

CHRISTUS UND ANDERE GÖTTER Die Frau in Kammergrab 968 von Birka (10. Jh.) trug um den Hals eine Perlenkette mit verschiedenen Amulettanhängern: ein Schild, ein Klotzstuhl, eine Frauenfigur und ein christliches Kreuz.

beeinflussen. Religionswissenschaftler haben darauf hingewiesen, dass eine Voraussetzung zur Entstehung von Synkretismus ist, dass beide Religionen gewisse Gemeinsamkeiten aufweisen. Fehlen diese, kann kein Synkretismus entstehen, und beide Religionen leben entweder Seite, an Seite oder sie treten in einen Konkurrenzkampf zueinander. In vielen Gebieten gehe ich davon aus, dass Synkretismus in Skandinavien gerade zur Übergangszeit praktiziert wurde. Sicherlich haben die Nordleute das Christentum, welches die Missionare predigten, mit einem altnordischen Vorverständnis wahrgenommen. Dies ist der Schlüssel zu dem, was auch als *Interpretatio Scandinavica* bezeichnet wird. Anfänglich wurden Teile der christlichen Botschaft dabei in eine nordische Variante des Christentums verwandelt, die eine Mischung von heidnischen und christlichen Glaubensvorstellungen und Riten darstellte. In gewissem Ausmaß blieb dies noch lange darüber hinaus im skandinavischen Volksglauben erhalten.

Die Wikingerzeit ist durch grundlegende gesellschaftliche Veränderungen geprägt. In den nordischen Ländern zentralisierte sich die Macht, was schlussendlich in Reichseinigung und Staatenbildung mündete. In vielerlei Hinsicht erscheint das Christentum im Norden zu jener Zeit als die Religion der Obrigkeit. Könige und andere einflussreiche Persönlichkeiten spielten für die Christianisierung eine wichtige Rolle, vermutlich, weil der Einsatz für das Christentum die skandinavischen Könige als ebenbürtig mit den Herrschern Westeuropas erscheinen ließ. Außerdem eröffnete das Christentum den nordischen Königen die Möglichkeit, die Macht der lokalen Anführer zu verringern, die wiederum häufig Anführer und Praktizierende der vorchristlichen Religion im Norden waren. Zusammen mit den Priestern erhielt der König durch die Christianisierung die führende Position im Kult.

DIE MISSION ANHAND DER SCHRIFTQUELLEN

Zwei Schriftquellen haben das Bild von Mission und Religionswechsel in Skandinavien nachhaltig geprägt: Die Biografie Ansgars von Rimbert aus den 870er-Jahren und Adam von Bremens Hamburgische Kirchengeschichte, die in den 1070er-Jahren geschrieben wurde. Da beide zur deutschen Kirche gehören, dominiert der deutsche Einfluss, während archäologisches Material auch eine bedeutende Beeinflussung durch die englische Kirche belegt. Dagegen war die Rolle der byzantinischen Kirche für den Religionswechsel im Norden nur marginal.

Der Religionswechsel an sich brachte wohl keine grundlegenden Veränderungen für den Alltag der Menschen zur Wikingerzeit. Im Mittelalter indes, als die Kirche bereits etabliert und gut organisiert war, wurden die Veränderungen größer, denn die gesamte vorchristliche Weltanschauung wurde durch eine christliche ersetzt. Dies beinhaltete viele tief greifende Veränderungen, beispielsweise in Bezug auf das Essen mit regelmäßigen Fastenzeiten oder das Verbot, an Sonn- und Feiertagen zu arbeiten. Sakramente wie Eheschließung und Taufe wurde umfassend in den frühesten Gesetzen geregelt, beispielsweise wurde genau festgeschrieben, was bei einer Ehe zwischen Verwandten erlaubt war und was nicht.

Die Missionsgeschichte der skandinavischen Länder ist sehr unterschiedlich; Dänemark und Schweden wurden, soweit es sich erkennen lässt, verhältnismäßig friedlich mit nur wenigen Hinweisen auf Konflikte christianisiert, während die Christianisierung Norwegens mit deutlich mehr Widerstand und Gewalt verlief. Wenn die Etablierungsphase den Zeitpunkt der vollständigen Christianisierung markiert, geschah dies in Dänemark zuerst, dann in Norwegen und schließlich zuletzt in Schweden.

Dänemark betreffend, erwähnt Widukind von Corvey, dass es bereits sehr früh Christen im Land gegeben habe, die jedoch auf synkretistische Weise gleichzeitig auch den alten Göttern huldigten. Die älteste schriftlich beschriebene Mission wurde von dem northumbrischen Missionar Willibrord ausgeführt, der 690 nach Friesland kam. Erfolglos versuchte er im 8. Jahrhundert in Dänemark zu missionieren. Dabei schickte er auch 30 dänische Jungen in ein friesisches Kloster, um die christliche Lehre anzunehmen.

Keine Quelle berichtet davon, ob und wie sie nach Dänemark zurückkehrten. Den nächsten Missionsversuch unternahm Bischof Ebo von Reims im Jahr 823. Es wird gesagt, dass er viele Dänen bekehren und taufen konnte; er vermochte sogar, den dänischen König Harald Klak dazu zu bringen, sich in Mainz taufen zu lassen. Im Gefolge von Harald Klak reiste der französisch-deutsche Benediktinermönch Ansgar aus dem Kloster Corbie in Frankreich und dessen Ableger Corvey in Westfalen mit zurück nach Dänemark, wo Harald jedoch kurz darauf vertrieben wurde. Um 850 kehrt Ansgar nach Dänemark zurück und ließ in Hedeby und Ribe Kirchen erbauen. Erst mit der Taufe Harald Blauzahns durch den Priester Poppo (ca. 963) vollzieht sich die Christianisierung Dänemarks, und man kann kurz darauf von einem Übergang von der Missionsphase zur Etablierungsphase sprechen. Auf dem berühmten Runenstein von Jelling (ca. 970) proklamiert Harald Blauzahn, dass er die Dänen zu Christen machte.

Für Schweden wird berichtet, dass eine Gesandtschaft der Svear zu Kaiser Ludwig dem Frommen nach Deutschland mit der Bitte kam, er möge eine geeignete Person in die Handelsstadt Birka auf der Insel Björkö im Mälarsee entsenden, um dort das Christentum zu predigen. In der Folge besuchte der Missionar Ansgar Birka zweimal, zuerst 829/830 und später, als Erzbischof von Hamburg-Bremen, irgendwann zwischen 849 und 854. In Rimberts Ansgar-Biografie wird gesagt, dass Ansgar von dem König in Birka freundlich empfangen wurde und viele Svear getauft wurden. Rimbert gibt interessanterweise an, dass es bereits viele christliche Gefangene in der Stadt gab. Die erste Kirche wurde auf dem Gelände von Präfekt Hergeir errichtet. Im 9. Jahrhundert war die Kirche in Birka bereits gut organisiert, und wir kennen die Namen von mehreren Priestern. Da die Handelsstadt Birka ein Innovationszentrum war, erscheint es naheliegend, dass sich christliche Vorstellungen und Sitten von hier in das Umland verbreiteten. Erste Informationen dazu finden sich in den Quellen jedoch nicht vor der Mitte des 10. Jahrhunderts. Im Jahr 936 besuchte der Bischof von Hamburg-Bremen, Unni, Birka und fand dort keine christliche Gemeinde vor; er konnte nach Adam eine solche jedoch wiederaufbauen. Dann berichtet Adam von König Erik (mit dem Beinamen Segersäll, gestorben ca. 995), den er in Dänemark getauft hatte und der etwas später jedoch wieder in den vorchristlichen Glauben zurückfiel. Eriks Sohn Olof Skötkonung wird als hingebungsvoller Christ beschrieben, während der zweite Sohn Emund kritisiert wird, er habe einen Bischof namens Osmund, der in Polen geweiht worden war. Es muss allerdings daran erinnert werden, dass das Ziel von Adams Kirchengeschichte die Verherrlichung der Hamburg-Bremer Kirche war. Sicher waren auch englische Missionare in Schweden tätig, denn viele der frühesten Missionsbischöfe, Sankt Sigfrid, Sankt Eskil und Sankt David, waren den Heiligenviten zufolge englischen Ursprungs.

LITURGISCHE GERÄTSCHAFT? Die Kanne, die im Frauengrab 854 von Birka gefunden wurde, wurde im 9. Jahrhundert in Westfalen hergestellt. Solche sog. Tatinger Kannen, die mit Zinnfolienmustern u. a. in Form von Kreuzen verziert waren, dienten in Schweden vermutlich als liturgische Geräte. Stockholm, Historiska Museet.

In Norwegen sieht die Missionsgeschichte anders aus. Wenn man der altnordischen Literatur, insbesondere Heimskringla, der Geschichte der nordischen Könige von Snorri Sturluson aus dem 13. Jahrhundert Glauben schenken darf, hing die Christianisierung in Norwegen viel stärker mit den Königen zusammen. Der erste dort genannte christliche König war Håkon Aðalsteinsfóstri (König ca. 931–961, in der norwegischen Geschichte bekannt als Håkon der Gute), der am Hof König Æthelstans in England erzogen und getauft worden war. Nachdem er nach Norwegen zurückgekehrt war und sich dort etabliert hatte, lud er einige englische Missionare dazu ein, im Vestlandet zu missionieren. Der Widerstand der Aristokratie war indes groß. Eine bekannte Geschichte erzählt von einem Opferfest in Lade in Trøndelag, an dem der König nicht teilnehmen wollte, es schlussendlich aber, überredet durch seinen Freund Sigurd Jarl, doch tat. Als der König einen Trinkspruch ausbringen sollte, machte er das Kreuzeszeichen über dem Becher. Die Bauern waren deshalb irritiert, aber Sigurd Jarl beruhigte sie mit der Erklärung, dass der König das Zeichen des Thorshammers gemacht hatte. Die Christianisierung wurde durch König Olav Tryggvason fortgesetzt, der nach einem Besuch in Russland entlang der südlichen Ostseeküste und Englands Nordseeküsten heerte. Er schloss Frieden mit König Æthelred, der dafür 994 eine große Summe bezahlte. Im Zusammenhang damit wurde Olav getauft. Olav kehrte nach Norwegen zurück und setzte die Christianisierung mehr oder weniger gewaltsam durch, indem die Bevölkerung auf dem Thing mit Drohungen dazu gezwungen wurde, das Christentum anzunehmen. Olav Tryggvason fiel in der Schlacht von Svolder in der südlichen Ostsee im Jahr 1000, wo er von

Olof Skötkonung aus Schweden und Sven Gabelbart aus Dänemark gleichzeitig angegriffen wurde. Schließlich vollendete König Olav Haraldsson (der Heilige) die Christianisierung Norwegens. In seiner Jugend plünderte er entlang der Ostseeküsten, in Dänemark und England. 1013-1014 wurde er in der Normandie getauft. 1015 kehrte er nach Norwegen zurück und etablierte sich als König. Auf eine ähnlich brutale und gewaltsame Art und Weise wie Olav Tryggvason zwang er die Bevölkerung dazu, das Christentum anzunehmen.

Es wurde in der Forschung allerdings darauf hingewiesen, dass dieses einseitige Bild der Sagas von einer gewaltsamen Christianisierung mit weiteren Quellen ausgeglichen werden sollte. Olavs englischer Bischof Grimkell proklamierte die Annahme des Christentums auf einem Thing auf der Insel Moster bei Stavanger zu Beginn der 1020er-Jahre. Dort wurden auch mehrere christliche Vorschriften angenommen. Olav fiel in der Schlacht von Stiklestad in Trøndelag im Jahr 1030 und wurde später dank mehrerer Wunder an seinem Totenbett als Heiliger verehrt.

DAS ARCHÄOLOGISCHE MATERIAL

Der deutlichste Ausdruck eines christlichen Einflusses auf die Gesellschaft, der archäologisch fassbar ist, sind wohl die Veränderungen in der Grabsitte. Weil die Nordleute ihre Toten während der gesamten Eisenzeit in der Regel verbrannten, war die christliche Körperbestattung eine tief greifende Veränderung (auch wenn Körpergräber während der gesamten Eisenzeit sporadisch vorkamen). Eine weitere Veränderung markiert der christliche Brauch, die Gräber in ost-westlicher Richtung anzulegen, sodass der Tote nach Osten »blickt«, von wo aus Christus am Tag der Auferstehung im Morgengrauen kommen soll. Ein weiteres Kriterium für christlichen Einfluss ist, dass keine Beigaben mehr in die Gräber gelegt wurden. Mit Beigaben sind dabei allerdings nicht die Dinge gemeint, die an der Kleidung befestigt waren, denn zur Übergangszeit war es üblich, dass die Toten in ihren Kleidern bestattet wurden. In der zweiten Hälfte des ersten Jahrtausends ist die obertägige Grabanlage in der Regel eine runde Steinsetzung oder ein Hügel. Im Zuge der Zunahme christlichen Einflusses findet man häufig rechteckige Steinrahmen. Keines dieser genannten Kriterien allein deutet auf einen christlichen Einfluss, aber zusammengenommen weisen sie in eine solche Richtung, insbesondere, wenn dies auf dem gesamten Begräbnisplatz zu beobachten ist. Zur vorchristlichen Zeit war es üblich, dass Tiere, insbesondere Hunde, den Toten mit in das Grab folgten. Der Hund wird als Seelenführer in eine andere Welt bzw. das Jenseits gedeutet. Mit der Christianisierung verschwand auch diese Sitte. In Bezug auf Beigaben können diese auch nach der Christianisierung vereinzelt vorkommen, es handelt sich dabei offenbar um Statusgüter. So gibt es Beispiele dafür, dass frühe Bischöfe häufig mit ihren Bischofsstäben und Ringen bestattet wurden. Offensichtlich gibt es einen Unterschied zwischen Stadt und stadtnahen Gebieten sowie eher ländlichen isolierten Regionen. In Letztgenannten wurde die Leichenverbrennung bedeutend länger durchgeführt; in Mittelschweden gibt es mehrere Beispiele für Brandgräber des 12. und sogar 13. Jahrhunderts, obwohl die christlich beeinflusste Grabsitte mit ost-west orientierten Gräbern auch dort zur Jahrtausendwende zur Regel wurde.

In Dänemark war die Körperbestattung die häufigste Begräbnisart zur Wikingerzeit, wenn auch einzelne Brandgräber vorkommen konnten. Im Anschluss an einen merowingerzeitlichen-wikingerzeitlichen Handelsplatz in Sebbersund am Limfjord wurden Teile eines christlichen Begräbnisplatzes mit Körpergräbern in ost-westlicher Orientierung und den Pfostenlöchern einer Art Kirche entdeckt. Vermutlich wurde der Friedhof zwischen etwa 1000 und dem Beginn des 12. Jahrhunderts genutzt.

Auch in Norwegen stimmt das Bild der altnordischen Literatur mit einem plötzlichen und sehr gewaltsamen Religionswechsel nicht mit den archäologischen Quellen überein. Die heidnische Grabsitte konnte man in Trøndelag und den inneren Teilen im südöstlichen Norwegen während des 10. und in einigen Teilen noch bis in das 11. Jahrhundert nachweisen, während in den Küstenregionen im Süden und Westen bereits eine deutliche Reduzierung der heidnischen Gräber ab der Mitte des 10. Jahrhunderts zu beobachten ist. St Clemens, der älteste Friedhof in Oslo, stammt aus dem Ende des 10. Jahrhunderts. In Norwegen gibt es außerdem eine große Anzahl Steinkreuze des 10. Jahrhunderts, die auf einen allmählichen Erfolg des Christentums schließen lassen.

Schwieriger ist es, einzelne Gegenstände dem Christianisierungsprozess direkt zuzuschreiben, denn es ist nicht sicher, wie ein christlich aufgeladener Gegenstand zu seinem schlussendlichen Platz gekommen ist. Es kann sich um Raubgut handeln, dessen Sinn für den letzten Besitzer keinerlei Bedeutung hatte. Gegenstände mit offensichtlich christlichem Inhalt sind beispielsweise importierte liturgische Gefäße mit Kreuzdekor sowie einheimische Kreuzanhänger. Ein Beispiel für Letzteres ist ein Silberkruzifix, das in einem Kammergrab in Birka aus dem 10. Jahrhundert gefunden wurde. Es handelte sich um ein Frauengrab; die Frau hatte eine große Anzahl an Anhängern oder Amuletten auf der Brust, sodass viele dieses Grab in einen Zusammenhang mit der vorchristlichen Religion stellen. Dass dies indes nichts Ungewöhnliches ist, zeigen mehrere Kammergräber, in denen die bestatteten Frauen einen Kreuzanhänger zusammen mit mehreren vorchristlichen Amuletten trugen, vermutlich ein Ausdruck für Synkretismus.

DAS ÄLTESTE IM NORDEN HERGESTELLTE KRUZIFIX stammt aus Birka Grab 660, einem Frauengrab des 10. Jahrhunderts. In Silberfiligran gearbeitet, hing es an einer Halskette aus Perlen und weiteren Anhängern, ähnlich wie in Birka Grab 968. Stockholm, Historiska Museet.

RUNENSTEINE ALS SPIEGEL DER CHRISTIANISIERUNG

Die spätwikingerzeitlichen Runensteine sind ein fantastisches einheimisches Quellenmaterial, das als Primärquelle direkt aus der Zeit der Christianisierung stammt. Es gibt in Schweden ca. 2.800 Runensteine, die meisten davon in den Regionen um den Mälarsee. Die Region mit den meisten Runensteinen ist Uppland mit mehr als 1.300 Steinen. In Dänemark gibt es ungefähr 400 Steine dieser Periode und in Norwegen ca. 140.

STEIN VON KULI in Møre og Romsdal (N 449). Nach der üblichen Erinnerungsformel heißt es in der Inschrift, dass »das Christentum seit zwölf Wintern in Norwegen war«.

Nur drei Runensteine sprechen die Christianisierung explizit an, je einer in jedem der drei skandinavischen Länder. Der bereits genannte Runenstein von Jelling in Jütland, der von Harald Blauzahn, *dem Harald, der ganz Dänemark und Norwegen gewann und die Dänen zu Christen machte,* in Gedenken an seine Eltern Gorm und Thyra errichtet wurde, wird auch als Taufzeugnis Dänemarks verstanden und wird außerdem als ein Startschuss für die spätwikingerzeitliche Runensteinsitte in Skandinavien angesehen. Darüber hinaus weist er eine besonders außergewöhnliche Ornamentik auf, denn er zeigt auf einer der insgesamt drei Steinseiten den gekreuzigten und mit Glorie versehenen Christus. In Norwegen wird das Christentum auf dem Runenstein von Kuli erwähnt, einer Insel außerhalb des Trondheimfjords. Nach der üblichen Erinnerungsformel heißt es in der Inschrift weiter, dass das Christentum seit zwölf Wintern in Norwegen war. Eine archäologische Untersuchung des Fundplatzes konnte zeigen, dass der Runenstein an einer Brücke errichtet wurde. Das Holz dieser Brücke wurde dendrochronologisch (also mithilfe von erhalten Jahresringen des Holzes) in das Jahr 1034 datiert, was gut zu den bereits genannten historischen Angaben passt, dass das Christentum auf einem Ting in Moster zu Beginn der 1020er-Jahre angenommen wurde.

Der einzige schwedische Runenstein, der die Christianisierung benennt, ist gleichzeitig auch der nördlichste Runenstein des Landes: der Frösöstein von der Insel Frösö im Storsjön in Jämtland. Er trägt die Inschrift:

» *Östman, Gudfasts Sohn, ließ diesen Stein errichten und machte diese Brücke und er ließ Jämtland christianisieren. Åsbjörn machte die Brücke. Tryn und Sten ritzten diese Runen.* «

Die Ornamentik des Steins lässt eine Datierung in die Mitte des 11. Jahrhunderts zu. Dies bedeutet, dass der Stein ca. 75 Jahre jünger als der Jellingstein ist, an den er inhaltlich mit der stolzen Proklamation, dass Östman Jämtland christianisieren ließ, erinnert. Wer war dieser Östman? Möglicherweise war er Gesetzessprecher und besaß damit die Macht, auf dem Thing einen solchen Beschluss durchzusetzen.

DIE CHRISTIANISIERUNG JÄMTLANDS
Der Stein von Frösö (Jä 1) wurde von einem gewissen Östman errichtet, der laut der Runeninschrift Jämtland christianisieren ließ. Mitte des 11. Jahrhunderts.

BETHLEHEM IN NORWEGEN
Der Dynnastein (N 68) zeigt die Heiligen Drei Könige, den Stern von Bethlehem, das Jesuskind und im unteren Bildfeld den Stall (der an ein skandinavisches Langhaus erinnert) mit Maria und dem Jesuskind. Vor 1050.

Außer den drei oben genannten Steinen, die direkt von der Christianisierung sprechen, gibt es noch viele weitere, die Informationen zur Christianisierung liefern, beispielsweise Inschriften mit Gebetsformeln oder der Erwähnung des Brückenbaus. In den Augen der Kirche galt der Brückenbau für das Seelenheil als lobenswerte Tat. Eine große Anzahl an Runensteinen erwähnt den Brückenbau; anhand der Ornamentik sind diese Steine in die Zeit zwischen dem Ende des 10. bis zum Beginn des 12. Jahrhunderts zu datieren. Ein Beispiel ist der norwegische Dynnastein, der von einer Mutter in Erinnerung an ihre Tochter errichtet wurde. Der Stein, der stilistisch vor 1050 datiert wird, zeigt eine Darstellung der Weihnachtsgeschichte mit dem Jesuskind, dem Stern, den drei Weisen aus dem Morgenland und dem Stall. Es gibt auch Inschriften, die Kirchen und Kirchfriedhöfe erwähnen. Dazu kommen die vielen Steine mit Kreuzdarstellung sowie narrativen Bildern mit christlichem Inhalt, darunter ein Glockenturm. Einige Inschriften erwähnen Pilgerfahrten, andere wurden für Personen errichtet, die in weißen Kleidern – Taufkleidern – starben.

IM GEDENKEN AN DIE TOCHTER Die Inschrift des Runensteins aus Morby (U489) lautet: »Gullög ließ die Brücke zur Erinnerung an die Seele ihrer Tochter Gillög, Frau von Ulf, machen. Öpir ritzte.« 11. Jahrhundert.

Das auf Runensteinen am gewöhnlichsten vorkommende Gebet ist »Gott helfe seiner/ihrer Seele«, manchmal auch »Gott und Gottes Mutter (Maria) mögen der Seele helfen«. Einige Male, nämlich zweimal in Schweden und fünfmal in Dänemark, wird auch der Heilige Michael um Hilfe gebeten. Insbesondere bei den früheren Steinen, die um das Jahr 1000 oder zu Beginn des 11. Jahrhunderts errichtet wurden, kommen auch längere Gebete vor und man hat vorgeschlagen, dass diese Gebete auf die Liturgie der Begräbnismesse zurückgehen:

» *Segne uns Gott, Herrscher über die Menschen, heiliger Fürst oder Christus, lass Tummes Seele in Licht und Paradies kommen, in die beste Welt für alle Christen.* «

Eine interessante Folgerung aus dieser Annahme wäre, dass die Gottesdienste dann zumindest teilweise volkssprachlich abgehalten wurden.

Es besteht kein Zweifel darüber, dass die spätwikingerzeitlichen Runensteine in Zusammenhang mit der Christianisierung stehen. Runensteine zu errichten war ein alter, wohlbekannter einheimischer Brauch und schuf Kontinuität. Durch eine Kombination aus traditionellen, heimischen Elementen und Motiven mit fremden Einflüssen machte man das Christentum skandinavischer und damit gleichzeitig auch einfacher annehmbar. Es dauerte lange, bis die christliche Kultur ganz mit der skandinavischen Gesellschaft verschmolzen war und die reine christliche Lehre praktiziert werden konnte. Damit endete die Produktion von Runensteinen, während die Runen als Schriftzeichen auch im kirchlichen Zusammenhang weiter verwendet wurden. Dies lässt sich auf einigen skandinavischen Taufbecken des 12. Jahrhunderts beobachten.

LITERATUR

Adam von Bremen, Gesta Hammaburgensis ecclesiae pontificum. In: W. Trillmich/R. Buchner (Hrsg.), **QUELLEN DES 9. UND 11. JAHRHUNDERTS ZUR GESCHICHTE DER HAMBURGISCHEN KIRCHE UND DES REICHES.** FSGA 11 (Darmstadt 2000).

Rimbert, Vita Anskarii. In: W. Trillmich/R. Buchner (Hrsg.), **QUELLEN DES 9. UND 11. JAHRHUNDERTS ZUR GESCHICHTE DER HAMBURGISCHEN KIRCHE UND DES REICHES.** FSGA 11 (Darmstadt 2000).

M. Müller-Wille (Hrsg.), **ROM UND BYZANZ IM NORDEN. MISSION UND GLAUBENSWECHSEL IM OSTSEERAUM WÄHREND DES 8.–14. JAHRHUNDERTS** (Mainz 1999).

A.-S. Gräslund, The Conversion of Scandinavia: A Sudden Event or a Gradual Process? **ARCHAEOLOGICAL REVIEW FROM CAMBRIDGE** 17:2, 2000, 83–98.

A.-S. Gräslund, Runic Monuments as Reflections of the Conversion of Scandinavia. In: C. Ruhmann/V. Brieske (Hrsg.), **DYING GODS: RELIGIOUS BELIEFS IN NORTHERN AND EASTERN EUROPE IN THE TIME OF CHRISTIANISATION.** Neue Studien zur Sachsenforschung 5 (Hannover 2015) 233–239.

L. Klos, **RUNENSTEINE IN SCHWEDEN: STUDIEN ZU AUFSTELLUNGSORT UND FUNKTION.** Ergänzungsband zum Reallexikon der Germanischen Altertumskunde 64 (Berlin 2009).

N. Lund, Mission i Danmark før Harald Blåtands dåb. In: N. Lund (Hrsg.), **KRISTENDOMMEN I DANMARK FØR 1050. ET SYMPOSIUM I ROSKILDE DEN 5.–7. FEBRUAR 2003** (Roskilde 2004) 20–27.

D. Skre, Kristning, misjon og konversjon i Norges vikingtid. In: N. Lund (Hrsg.), **KRISTENDOMMEN I DANMARK FØR 1050. ET SYMPOSIUM I ROSKILDE DEN 5.–7. FEBRUAR 2003** (Roskilde 2004) 235–252.

A. Winroth, **THE CONVERSION OF SCANDINAVIA: VIKINGS, MERCHANTS AND MISSIONARIES IN THE REMAKING OF NORTHERN EUROPE** (New Haven/London 2012).

CHRISTUS ALS SIEGER Der Reliquienbehälter mit Scharnierverschluss stammt aus dem Frankenreich und gehörte wahrscheinlich einem Kleriker aus königlichem Umfeld. Enkolpion, Uppåkra, SE, vergoldete Bronze, 11. Jh. Lunds Universitets Historiska Museum.

DER KLANG DER NEUEN RELIGION In den 820er-Jahren war der Missionar Ansgar in Haithabu und Birka tätig, wo er Christengemeinden hinterließ. Die im Hafen gefundene Glocke des 10. Jahrhunderts ist bislang der einzige archäologische Hinweis auf einen Kirchenbau. Glocke (Replik), Haithabu, DE, Glockenbronze, Stiftung Schleswig-Holsteinische Landesmuseen, Archäologisches Landesmuseum, Schloss Gottorf, Schleswig.

GLAUBE AN UNSTERBLICHKEIT Die Auferstehung Jesu Christi und der Menschen ist für Christen zentraler Glaubensinhalt. Der Pfau ist Symbol der Unsterblichkeit. Man glaubte, sein Fleisch sei unverweslich. Runder Anhänger, Uppåkra, SE, vergoldete Bronze, 11.–12. Jh. Lunds Universitets Historiska Museum.

GOTTESHÄUSER AUS HOLZ Ab dem 10. Jahrhundert wurden Holzkirchen errichtet. Ab dem 11. Jahrhundert entstanden prachtvolle Stabkirchen, die zum Teil heute noch in Norwegen erhalten sind. Im Bild die Stabkirche von Heddal, NO, 13. Jh.

WIKINGER GESTERN UND HEUTE

UTE DREWS

WIKINGER IN KUNST, DESIGN, WERBUNG UND SELBSTDARSTELLUNG

Wer sich heute für die Wikinger interessiert, sollte eine Reise in den Norden unternehmen. Dort kann man in zahlreichen Museen die Lebenswelt dieser frühmittelalterlichen Siedler Skandinaviens, am Rande des christlichen Abendlandes, kennenlernen. Dem Betrachter wird sogleich deutlich, dass in dieser Welt dem Schiff eine herausragende Rolle zufällt; den hochseetüchtigen Seefahrzeugen verdanken die Skandinavier ihre Mobilität. Vordergründig betrachtet, treten diese Menschen für uns daher vor allem durch abenteuerliche Seefahrten in ferne Länder in Erscheinung. Damit sind gleichzeitig viele kriegerische Überfälle an den Küsten und Flussläufen West- und Südeuropas verbunden. Diese Seekrieger werden heute als Wikinger bezeichnet und die etwa 300-jährige Geschichte ihrer Wirksamkeit als Wikingerzeit.

Im Wikinger Museum Haithabu nahe der deutsch-dänischen Grenze und in den entsprechenden skandinavischen Einrichtungen bemühen sich Fachleute, die Ergebnisse archäologisch-historischer Forschung zu präsentieren und auf diese Weise dem Besucher ein wissenschaftlich abgesichertes Bild dieser Zeit zu vermitteln. Dabei bleiben allerdings manche Fragen offen, so dass zukünftige Forschung weiterhin große Aufgaben zu lösen hat.

Parallel dazu wird in Kunst, Design und Werbung ein Wikinger-Bild präsentiert, das den historischen Hintergrund zumeist völlig ignoriert. Gesteigert wird diese Geschichtsklitterung inzwischen von einer großen Zahl sich selbst darstellender »Neuwikinger« und theatralisch agierender Reenactment-Gruppen. Dieses Phänomen hat sich mittlerweile »globalisiert.«

Wie aber kam es zu der Herausbildung des Mythos Wikinger, und welche Stereotype werden in seinen Motiven im Wandel der Zeitläufe in den Vordergrund gerückt?

Die Wurzeln des heutigen historischen Bildes von den Wikingern liegen in frühmittelalterlichen Quellen. Als Beispiel mögen die Fränkischen Reichsannalen dienen, in denen zum Jahr 810 der Überfall einer Flotte von 200 Schiffen in Friesland, verbunden mit großen Verwüstungen, vermeldet wird. Viele ähnliche Nachrichten verzeichnen die schriftlichen Quellen, in denen die skandinavischen Seekrieger als »Normannen«, »Seeräuber« und »Heiden« bezeichnet werden.

Eine andere Quellengruppe sind die Berichterstattungen der Wikinger selbst, die ihre Taten in fernen Ländern verständlicherweise sehr positiv beschrieben.

Den größten Einfluß auf das Bild der Wikinger hat die altnordische Literatur insbesondere durch ihre Aufzeichnungen von Sagas und Mythen genommen. Dieser Erzählstoff kann nicht ohne Weiteres als historische Quelle Verwendung finden, weil die geschilderten Lebensverhältnisse oft Hunderte von Jahren zurücklagen, bevor sie von bedeutenden Dichtern wie Snorri Sturluson (1178/79-1241) aufgezeichnet wurden.

DIE ENTSTEHUNG DES MYTHOS VOM WIKINGER

Die archäologisch-historische Forschung reicht in Schweden in ihren Anfängen bis ins 17. Jahrhundert zurück. Dabei war das Interesse an der Vorzeit in starkem Maße politisch motiviert, weil man Schwedens Bestrebungen, Einfluss in Kontinentaleuropa zu gewinnen, auf diese Weise untermauern wollte. Einzelne Gelehrte gingen dabei so weit, den Ursprung aller abendländischen Kultur in Schweden zu suchen. Im Jahre 1811 wurde hier ein Männerbund ins Leben gerufen, der den vermeintlichen Geist der Goten beschwor. Ihm gehörten vorwiegend Vertreter akademischer Kreise an, die Themen aus den altnordischen Sagas den Künsten vermittelten. Ein gutes Beispiel aus der Literatur ist der schwedische Lyriker Esaias Tegnér (1772-1846), dessen »Frithiofs saga« zu den bedeutendsten Leistungen der schwedischen Nationalromantik zählt.

Starkes Interesse an nordischer Geschichte und Mythologie hält auch im Deutschland des 19. Jahrhunderts in allen Bereichen der Kunst und des Kunstgewerbes Einzug. Hier ist im Bereich der Musik als herausragende Persönlichkeit Richard Wagner (1813-1883) zu nennen, der sich in seinem Schaffen - insbesondere in seinem Nibelungenzyklus - der nordischen Geschichte zuwandte und sie auf der Opernbühne inszenierte. In Bühnenbild und Kostüm wurden dabei Elemente unterschiedlicher Epochen nordischer Geschichte vermischt. Dieser freizügige Umgang mit der Vergangenheit hat in starkem Maße völlig falsche Vorstellungen von der Wikingerzeit als historischer Epoche transportiert. Der enorme Erfolg von Wagners

Werk trug zur weiten Verbreitung dieser Klischees bei. Der Wikinger-Hörnerhelm ist ohne die Arbeit der Kostümbildner kaum vorstellbar.

Die Verwendung von Motiven aus der Welt der Wikinger in der Malerei soll hier exemplarisch an drei Gemälden belegt werden. Eine der bekanntesten Darstellungen ist sicherlich diejenige von Christian Krohg (1852–1925) »Leif Erikson entdeckt Amerika«, (1893, Nationalgalerie in Oslo). Es zeigt Wikinger an Bord eines Schiffes in rauer See. Das Bild wurde ein Jahr nach der 400-Jahr-Feier der Entdeckung Amerikas durch Kolumbus gemalt – es

STOLZ AUF DIE VORFAHREN Christian Krohgs Gemälde »Leif Erikson entdeckt Amerika« von 1893 drückt den Stolz der Norweger aus, in den Wikingern Vorfahren zu haben, die lange Zeit vor Kolumbus den amerikanischen Kontinent betreten haben.

SELTSAM VERTRAUT Christian Hadenfeldts Gemälde »Wikinger im Angriff« entstand 1905 unter dem Eindruck der Entdeckung des Oseberg-Schiffes. Wikinger Museum Haithabu.

REVIVAL Nordische Ornamentik war um 1900 sehr beliebt. Schreibtischset, Bronze, Dänemark, um 1900. Wikinger Museum Haithabu.

steht im Zusammenhang mit der Entdeckung des Gokstad-Schiffes (1880) und drückt den Stolz der Norweger aus, in dem Wikinger Leif Eriksson einen Vorfahren zu haben, der lange Zeit vor Kolumbus den amerikanischen Kontinent betreten hat. Die detailgenaue Darstellung des Schiffsfundes von Gokstad, die uns hier begegnet, entstand fast zur gleichen Zeit wie eine Kopie des Schiffes, das 1882 zur Weltausstellung nach Chicago segelte.

Die Entdeckung der beiden spektakulären Schiffsfunde am Oslofjord - Gokstad (1880) und Oseberg (1904) - spielt für die Archäologie insofern eine herausragende Rolle, als in diesen Schiffsfunden Details ans Licht gelangten, die man zuvor allein vom Teppich von Bayeux, skandinavischen Bildsteinen und wenigen Münzfunden andeutungsweise kannte. Wie schnell diese Detailkenntnis über die Konstruktion von Wikingerschiffen sich verbreitete, dafür bietet der Marinemaler Christian Hadenfeldt aus Hamburg (1883-1971) ein gutes Beispiel. Er verwendete die entsprechenden Informationen bereits ein Jahr nach ihrer Entdeckung. Sein Gemälde »Wikinger im Angriff« (1905) zeigt eine Flotte von Wikingerschiffen in stürmischer See. Deutlich ist die Schnecke des Oseberg-Stevens zu erkennen. Farbig gestreifte, vom Wind geblähte Segel und an der Bordwand aufgereihte Schilde formen ein Klischee aus, das in späteren Darstellungen gängig wird. Als eines der »stärksten« Bilder diese Genres wird »Pirates Normands au 9e siècle« (1894) von Évariste-Vital Luminais (1821-1896) bezeichnet. Sein Bild wird dominiert von zwei starken Kerlen, die eine halb nackte Frau an Bord ihres Schiffes schleppen. Er bedient damit das Klischee des brutalen, plündernden und Frauen raubenden Wikingers.

Themen und Motive, in denen die wikingische Welt sich spiegelt, wurden in vielfältiger Weise vom Kunsthandwerk aufgegriffen. In Serie gefertigte Schreibtischsets, oftmals flankiert durch entsprechende Kerzenhalter, zierten schwere Schreibtische der Jahrhundertwende. Bei einem besonders aufwendigen Exemplar ist der Ständer mit den beiden Tintenfässern aus verschlungenen Greiftieren gestaltet. Der vordere Teil dient als Federablage. Die Runeninschrift auf der Vorderseite des Rahmengestells nennt den Hersteller, die Firma Ernst Voss in Fredericia, Dänemark. Unter Rückgriff auf wikingerzeitliche Kunststile des 9. bis 11. Jahrhunderts entstanden zuerst in Norwegen Möbel, Heimtextilien, Trinkhörner, Tafelgeschirr und vieles mehr. Der »Drachenstil« galt in norwegischen Silberschmieden des 19. und 20. Jahrhunderts als »nationale Formgebung«. Kaiser Wilhelm II. war ein großer Bewunderer dieses Stils und trug in Deutschland stark zu seiner Verbreitung bei. Noch viele Jahre nach der Abdankung des Kaisers wurde er von seinen Anhängern 1929 mit einem kostbaren Tafelaufsatz aus vergoldetem Silber mit Edelsteinbesatz in Form eines imposanten Schiffes beschenkt, das heute im Huis Doorn in den Niederlanden zu bewundern ist. Tafelaufsätze wurden aber auch schlichte und in preiswerterer Ausführung für den kleineren Geldbeutel gefertigt. Das Beispiel zeigt einen bauchig zur Schale ausgeformten Schiffskörper. Schilde zieren die Bordwände und Drachenköpfe die Steven, womit eindeutig auf das Wikingerschiff verwiesen wird. In Kombination mit vier antikisierenden Säulen auf kräftigen Basen entsteht so ein »historisierendes Kunstprodukt«.

Die Form der Verehrung nordisch-germanischer Vergangenheit durch das Bürgertum des ausgehenden 19. Jahrhunderts ist auch Nährboden für im Nationalsozialismus ideologisch überhöhtes Gedankengut. Ein trauriges Kapitel der Rezeptionsgeschichte! Das Schiff der Wikinger und der heute verniedlicht verwendete Hörnerhelm wurden Symbole eines selbst ernannten Herrenvolkes. Exemplarisch mag hier die Türplakette des Winterhilfswerkes stehen, die das Wikingerschiff mit dem heroisch am Steven stehenden Wikinger als Propagandabotschaft auf die Türen der Spender klebte. Als aufwendig gestaltetes Modell wurde das Wikingerschiff in Dänemark seriell aus Bronze gefertigt und gelangte so auf unzählige Partei-Stammtische.

Das Bild vom Wikinger nach dem 2. Weltkrieg nimmt weitgehend unreflektiert die Stereotypen der Vergangenheit auf. Dazu zählen die kräftige Statur dieser »Recken«, ihre roten oder blonden Haare, der ausgeprägte Bart, dann Schwert, Axt und Schild als Waffe in der Hand und auf dem Kopf den unverzichtbaren Hörnerhelm. Daneben kommt dem Schiff als wichtigstem Attribut dieser rauen Kerle und ihrer Zeit weiterhin große Aufmerksamkeit zu. In der Tat war der hohe Stand der schiffbautechnischen Entwicklung im Norden die Grundvoraussetzung für

DRACHENSTIL AUF DER TAFEL Tischaufsatz, Zinn, Porzellan, Glas, 1920er- bis 1930er-Jahre. Wikinger Museum Haithabu.

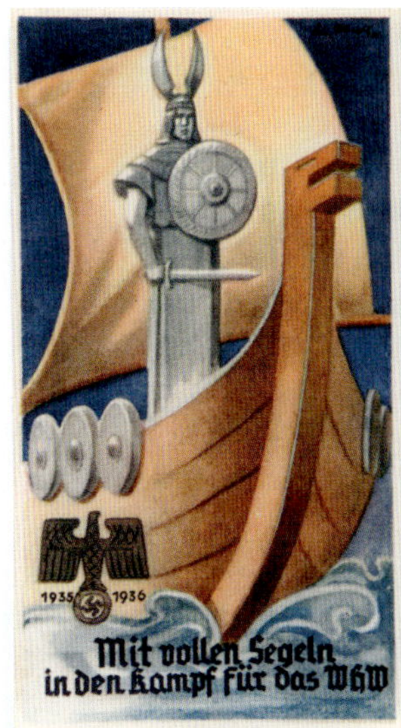

WIKINGER IM DIENSTE DER NATIONALSOZIALISTEN
Türplakette des Winterhilfswerks, Wikinger Museum Haithabu.

NAZI-SCHIFF
Partei-Stammtischmodell aus Bronze, Dänemark, 1940er-Jahre, Wikinger Museum Haithabu.

die Seefahrt. So muss es nicht verwundern, dass das Schiff zur Chiffre für den Wikinger wurde. Generationen von Menschen haben die norwegischen Schiffsfunde fasziniert und zu den unterschiedlichsten - vom jeweiligen Zeitgeist geprägten - Rezeptionen geführt. Sehnsucht und Fernweh, Abenteuerlust, Entdeckergeist, Erfolg, Mobilität, Stärke: Die Assoziationen, die dem Wikingerschiff anhaften, ließen es als Motiv in Kunst, Design und Werbung Einzug nehmen.

In der zweiten Hälfte des 20. Jahrhunderts erfuhr der Wikinger-Mythos eine enorme Popularisierung. Daran haben sicherlich in starkem Maße die modernen Medien Anteil. Der Film »Die Wikinger« mit Kirk Douglas und Tony Curtis in den Hauptrollen erreichte von 1958 an ein Millionenpublikum. Ebenso der Hollywood-Film »Raubzug der Wikinger« (1963) mit Richard Widmark und Sidney Poitier, für den mit dem Slogan »Plünderung und Feuer zeichnen ihren Weg« geworben wurde. Das Gleiche gilt für den Zeichentrickfilm »Wickie und die starken Männer«, der in den Köpfen von Generationen ein festes Bild dieser Welt verankert hat. Historische Romane, Comics und Cartoons - allen voran »Hägar der Schreckliche« seit 1973 in mehr als 1900 Zeitungen in 58 Ländern in 13 Sprachen! - lieferten ein fiktives Bild vom Leben der Wikinger, das in seinen Facetten der Fantasie der Gestalter entsprang und historische Fakten nur noch gelegentlich aufblitzen ließ.

UNGEBROCHEN POPULÄR Plakatankündigung des Filmes »Die Wikinger« mit Kirk Douglas und Tony Curtis; USA 1958, Regie Richard Fleischer. Wikinger Museum Haithabu.

EIN WIKINGER FÜR JEDEN ZWECK Wikinger-Eieruhr. Wikinger Museum Haithabu.

ZIGARETTEN-KÄSTCHEN aus Silberisolit, Schweden 1957, Wikinger Museum Haithabu.

Die Andenkenindustrie Skandinaviens - allerdings auch deren fernöstliche Zulieferer - bedienen die ganze Palette der Klischees mittlerweile in einer unübersehbaren Fülle von Objekten. Als Mobile, Teekanne, Kurzzeitwecker, Wandteller, Topflappen, Aschenbecher, Korkenzieher oder Seife, ja sogar als Toilettenbürste werden die Wikinger in die Ladenregale für Touristen gestellt. Ein Zigaretten-Kästchen aus Silberisolit mit den Intarsien des Eigentümers im Deckel zählt zu den anspruchsvolleren Gegenständen. Es stammt aus der schwedischen Silberschmiede P.R. Perstorp in Hässleholm und wurde dort 1957 gefertigt. Das gleichzeitig geruderte und gesegelte Wikingerschiff ist das Standardmotiv Nr. 48 dieser Silberschmiede, das noch heute verarbeitet wird. Im Repertoire festgelegter Motive scheint die Realität also keinen Einlass zu finden. Als Spielzeug hat das Wikinger-Motiv ebenfalls Einzug in Kinderzimmer genommen. Neben anspruchsvollen Bausatz-Puzzles zur spielerischen Gestaltung von Wikingerschiffen steht Plastikspielzeug in unterschiedlichen Qualitäten.

VOM SCHIFF ZUM AUTO
Firmenlogo des Autoherstellers Rover, Wikinger Museum Haithabu.

WERBEWIRKSAME WIKINGER

In Firmen- und Produktwerbung wurde das Motiv seit dem Ende des 19. Jahrhunderts bevorzugt genutzt. Unzählbar sind die Verwendungen in diesem Bereich. Schon 1904 bediente sich die britische Firma Rover = »Vagabund« des Motivs. Die Firmengründer wählten als Symbol für ihr erstes Fahrzeug ein Wikingerschiff, das den Kopf eines wilden Kriegers mit Hörnerhelm als Stevenzier zeigt. Firmenname und -zeichen sollten für den Abenteuergeist stehen, den die Autofahrer der ersten Stunde für die neue Art der Fortbewegung empfanden. Seither prangt das Logo an allen Fahrzeugen der Firma und ziert im Sinne von »Corporate Design« Briefköpfe, Prospekte und Werbegeschenke.

Schon um die Wende zum 20. Jahrhundert bemächtigte sich allgemein die Werbung des Wikinger-Motivs. Wirtschaftsfachleute propagierten leicht einprägsame Warenzeichen für Markenartikel. Neben naive, romantisch verklärte Illustrationen gesellten sich in diesem Sinne stark abstrahierte Formen des Schiffes oder eines Teiles als »pars pro toto«. Das Signet der Zigarettenfabrik »Reemtsma« gehört wohl zu den bekanntesten Firmenzeichen dieser Art: Das Schiff ist auf den Steven reduziert. In dieser Form ziert das Signet die Produkte der Firma nahezu unverändert bis heute.

WIKINGERSCHIFF FÜR TABAK Firmenlogo des Tabakwarenherstellers Reemtsma, Wikinger Museum Haithabu.

Bevorzugt wird das Wikingermotiv in der Getränkewerbung eingesetzt. Dabei geht es überwiegend um alkoholische Getränke, vor allem um Bier. Verschiedene Hersteller haben sich das Klischee vom Wikinger als unbezwingbarem Trinker für ihre Produktwerbung zunutze gemacht. Dagegen spricht die Erkenntnis experimenteller Archäologie, dass es kaum möglich gewesen ist, alkoholische Getränke ständig in großen Mengen herzustellen oder gar zu bevorraten. Eines der edelsten Getränke im »Wikinger-Design« ist ein französischer Cognac, der in schiffsförmige Flaschen aus Limoges-Porzellan mit handgefertigtem Dekor aus 24-karätigem Gold gefüllt wird.

Brötchen und Gurken, Fischkonserven und Leberpastete, Milch und Käse, Würstchen und Senf - Lebensmittel in breiter Palette -, schließlich Würfelzucker und Lakritzen, Schokolade, Trüffel und Marzipan zum Verwöhnen, alles segelt unter dem Zeichen des Wikingerschiffes. Müßig, von den Produkten eine spezifische Beziehung herleiten zu wollen, es sei denn, man reduziert die Botschaft auf die Aussage, diese Lebens- und Genussmittel kommen »aus dem Norden«.

WIKINGER-BIER Faxe-Bier-Reklame, Wikinger Museum Haithabu.

WIKINGER-COGNAC Französischer Cognac in schiffsförmiger Flasche, Wikinger Museum Haithabu.

WIKINGERGRUPPEN – WIKINGERFESTE – WIKINGERMÄRKTE

Manch einem interessierten »Wikinger-Fan« genügt es nicht, sich in Museen oder durch die Lektüre von Fachliteratur und fiktiven Romanen mit der Welt der Wikinger auseinanderzusetzen. Oft entsteht der Wunsch, durch eigenes Tun und spielerisches Erleben der längst vergangenen Welt näherzukommen. Heutzutage trifft man auf eine große Schar derartiger Selbstdarsteller, die sich häufig in vereinsmäßig organisierten Gruppen zusammenfinden. Die Motive des Engagements sind individuell bestimmt. Das geschichtliche Interesse kann im Wunsch nach der Entdeckung eigener Wurzeln liegen oder handwerkliche Geschicklichkeit in der Nachahmung dinglicher Welt herausfordern. In vielen Fällen genügt es allerdings allein, sich eitel in Szene setzen zu wollen und Aufmerksamkeit und Bewunderung durch Öffentlichkeit zu erfahren.

Neben Gruppen, die in der Öffentlichkeit einen angestrengten Purismus praktizieren, können andere beobachtet werden, deren »Kultur« aus unterschiedlichsten Epochen zusammengerührt ist. Hier sind fließende Übergänge zur akademisch fundierten »experimentellen Archäologie« zu beobachten. Auffällig ist bei aller Präsentation insbesondere bei den Männern, dass sie mit pompösen Waffengarnituren auftreten, während die Frauen – mit prachtvollen Gewändern und aufwendigem Schmuck ausstaffiert – daherkommen, als hätten sie sich für ihre eigene Beerdigung hergerichtet. Der Tenor kann auf den einfachen Nenner gebracht werden: Alle wollen Häuptlinge sein, keiner Sklave!

Zum Schluss: Betrachten wir diesen orientierenden Überblick, der an ausgewählten Beispielen die unterschiedlichen Formen einer Rezeption der Wikinger präsentiert, dann lautet das Fazit, dass die Auseinandersetzung mit diesem Phänomen unendlich viele Facetten aufweist und offensichtlich keine Grenzen kennt. In vielen Fällen wird der historische Hintergrund jedoch »gefühlt« verwendet und zu neuen Schöpfungen »verformt«. Gewiss tritt in vielen Szenen die Triebkraft des homo ludens in eine Welt, in der reales Abenteuer immer seltener wird und der Mensch aus der Einförmigkeit des Daseins in geträumte Vergangenheit flieht. Dabei wird der Bogen von freier, fantasievoller Gestaltung bis hin zum wissenschaftlichen Experiment gespannt. Formale Qualität ist neben banaler Gestaltung zu beobachten, hoher Anspruch auf Authentizität neben sinnentleerter Hülle. Alle hier präsentierten Beispiele werden dem aufmerksamen Betrachter verdeutlichen: Entwürfe, die auf Fehleinschätzungen und Klischees beruhen, stehen solchen mit ausgefeiltem Design gegenüber, das sich an originalen Vorbildern orientiert. Die dabei vermittelten Botschaften sind jedoch nicht von der Nähe zum Vorbild abhängig, sondern haben längst in den Köpfen der Rezipienten durch eigene Wünsche und Sehnsüchte Gestalt angenommen. Rezeption, in diesem Sinne verstanden, verrät daher viel über uns als Betrachter.

LITERATUR

B. Allzén, **TID FÖR VIKINGAR. VIKINGATID LANSERAS I NORDISK KONST** (Malmö 1990).

U. Drews, **UNSINKBAR! DAS WIKINGERSCHIFF IN WERBUNG, KUNST UND ALLTAG** (Schleswig 2007).

W. Halén, **DRACHEN AUS DEM NORDEN. NORWEGISCHE GOLDSCHMIEDEKUNST UM DIE JAHRHUNDERTWENDE UND IHR EINFLUSS AUF DEUTSCHLAND** (Oslo, Berlin 1993).

B. Schmutzler, Aspekte der Rezeptionsgeschichte. In: U. Löber (Hrsg.), **DIE WIKINGER** (Koblenz 1998).

B. Henningsen u. a. (Hrsg.), **WAHLVERWANDTSCHAFT. SKANDINAVIEN UND DEUTSCHLAND 1800 BIS 1914** (Berlin 1997).

A. Willemsen (Hrsg.), **WIKINGER AM RHEIN** (Utrecht 2004).

MICHAELA HELMBRECHT

DIE WIKINGER UND DIE POLITISCHE RECHTE

Die Wikinger sind populäre Identifikationsfiguren. Als vermeintlich reinrassige, blonde, heldenhafte Krieger, die für Ehre und Lebensraum kämpften, waren und sind sie bis heute in rechtsextremen Kreisen ein Idealbild des »echten« Deutschen. Dabei erscheint es paradox, dass ausgerechnet in Deutschland die ehemaligen Aggressoren zu Identifikationsfiguren wurden. Im 9. und 10. Jahrhundert wurden die küstennahen Gebiete und das Rheinland zum Ziel immer neuer brutaler Überfälle, die Nordleute brandschatzten Städte und Klöster und metzelten die Bevölkerung dahin. Diese blutigen Taten scheinen im allgemeinen Gedächtnis der Deutschen weitgehend vergessen; die Sympathie vieler Deutscher liegt heute weniger bei den Opfern, sondern bei den Tätern.

Um der Frage nachzugehen, wie es dazu kam, ist es nötig, bis ins 19. Jahrhundert zurückzugehen, denn die Wikinger- bzw. Germanenideologie der Nationalsozialisten war die Weiterentwicklung eines Geschichtsbilds, das in bürgerlichen Kreisen zu jener Zeit bereits fest etabliert war.

WIE ALLES ANFING: RICHARD WAGNERS »RING DES NIBELUNGEN«

Zur Mitte des 19. Jahrhunderts war das Interesse an den Überlieferungen aus dem Norden groß. Von nicht zu überschätzender Bedeutung für die Verbreitung des populären Wikingerbildes in Deutschland ist Richard Wagners Opernzyklus »Der Ring des Nibelungen«. Die Inszenierungen prägten das allgemeine Bild der Wikinger mehr als alle wissenschaftlichen Publikationen jener Zeit. Wagner hatte vor allem im Nibelungenlied sowie in nordischen Götter- und Heldengeschichten der Edda Anregungen für seine Opern gefunden. Figuren der nordischen Mythenwelt wie Odin, Freya und die Walküren kommen in der Oper vor, und indem wichtige Handlungsstränge am Rhein spielen, wird eine Verbindung zu Deutschland hergestellt. Sogar das zählebigste Stereotyp überhaupt, den Hörnerhelm, verdanken wir hauptsächlich dem »Ring des Nibelungen«.

Als Wagner 1864 dem 18-jährigen König von Bayern, Ludwig II., begegnete, waren die Opern zwar seit Langem fertiggestellt, es war aber noch keine uraufgeführt worden. Ludwig II. begeisterte sich sofort für das Projekt und förderte Richard Wagner nach Kräften. Noch im selben Jahr beauftragte Ludwig II. den Historienmaler Michael Echter mit 30 Wandgemälden für seine Münchner Residenz. Die im Jahr darauf ausgeführten Fresken zeigten Szenen aus Wagners Opernzyklus. Eines der letzten Gemälde des Zyklus zeigte eine Szene aus der »Götterdämmerung« – und einen Krieger mit Hörnerhelm. Dies war eines der ersten Werke, das einen Hörnerhelm bildlich mit der nordischen Mythologie in Verbindung brachte. Allerdings hat Echter den Hörnerhelm nicht selbst erfunden; Hörner- und Flügelhelme waren zu jener Zeit in Opern mit historischen Stoffen beliebte Requisiten.

EINER DER ERSTEN HÖRNERHELME Wiedergabe von Michael Echters Fresko der »Götterdämmerung«: Der erdolchte Held Siegfried liegt vor Gunther und dessen Männern. Dies war eines der ersten Werke, das einen Hörnerhelm bildlich mit der nordischen Mythologie in Verbindung brachte.

Für die Uraufführungen in Bayreuth 1876 beauftragte Wagner den Berliner Carl Emil Doepler mit den Kostümen. Dieser bereitete sich gewissenhaft vor, besuchte Museen und fertigte Zeichnungen von originalen Waffen, Schmuckstücken und Rüstzeug an. Obwohl er in den Museen keine geflügelten oder gehörnten Wikingerhelme vorgefunden haben kann, stattete Doepler die Walküren mit Flügelhelmen und manche der Bösewichte mit Hörnerhelmen aus.

Weil Wagners »Ring« als heroische Leistung gefeiert wurde und Gegenstand lebhafter Diskussionen in den kulturellen Kreisen Europas war, fanden Doeplers Arbeiten durch Zeitungsillustrationen und Lithografien des Bühnen- und Kostümbildes bald weite Verbreitung. So ist es nicht zuletzt Doeplers Kostümen zu verdanken, dass Hörnerhelme heute mit dem hohen Norden assoziiert werden und dass die Begeisterung für die nordische Mythologie in Deutschland weiter Fahrt aufnahm.

PROTOTYPISCHER WIKINGER Der Sänger Joseph Niering als Hunding, Bayreuth 1876.

NORDLANDSCHWÄRMEREI UND PATRIOTISMUS: KAISER WILHELM II.

Um 1900 waren nordische Mythen groß in Mode. In Literatur, Musik, Dichtung, ja sogar in der Werbung waren die Figuren der nordischen Mythologie allgegenwärtig. Einer der größten »Fans« der nordischen Mythologie war Kaiser Wilhelm II. Von 1889 an brach der Monarch alljährlich mit seiner Yacht »Hohenzollern«

KAISERLICHE KOMPOSITION Titelblatt »Sang an Aegir«, eine Ballade an den nordischen Meeresgott, 1894.

zu ausgedehnten Fahrten nach Skandinavien auf. Erst der Ausbruch des Ersten Weltkrieges beendete 1914 Wilhelms 26. – und letzte – »Nordlandfahrt«. Die Schwärmerei des Kaisers für den Norden und die nordische Mythologie kommt in der Ballade »Sang an Aegir« zum Ausdruck, die der Kaiser selbst im Jahre 1894 gedichtet und komponiert haben soll:

»O Aegir, Herr der Fluthen dem Nix und Neck sich beugt, im Morgensonnengluthen die Heldenschaar sich neigt.
In grimmer Fehd' wir fahren hin an den fernen Strand, durch Sturm, durch Fels und Klippe führ' uns in Feindesland! …
Wenn in dem wilden Horste sich Brünn auf Brünne drängt, den Feind, vom Stahl getroffen, die Schildesmaid umfängt, dann töne hin zum Meere mit Schwert und Schildesklang Dir, hoher Gott zu Ehre, wie Sturmwind unser Sang.«

Obwohl künstlerisch nicht von bleibendem Wert, sprach die Ballade viele patriotisch gesinnte Zeitgenossen an, weil sie eine schwärmerische, verklärte Sichtweise auf das Kriegertum einer unbestimmten Vergangenheit mit der aktuellen Begeisterung für Seefahrt und Marine verband – Themen, die in der wilhelminischen Zeit virulent waren. Auf den Kaiser selbst geht auch die Initiative zurück, zur »Pflege des nationalen Geistes« die nordischen Mythen im Schulunterricht einzuführen. Diese Nordlandschwärmerei war nicht auf den Kaiser beschränkt, sondern hatte zur Jahrhundertwende weite Kreise der Bevölkerung erfasst.

Das Funktionieren der nordischen Mythen in der politischen Propaganda in den ersten Jahrzehnten des 20. Jahrhunderts erklärt sich folgendermaßen. Man fasste die altnordische Überlieferung häufig als authentische Überreste einer einst heilen gesamtgermanischen Welt auf. Diese untergegangene germanische Welt war noch unbefleckt von Einflüssen aus dem Süden und Osten (soll heißen, von »Welschen« und Juden); andererseits eroberten die Wikinger Lebensraum in fernen Gegenden für sich. (Daraus musste sich zwangsläufig ein chauvinistisches Weltbild ergeben: Wenn die Wikinger trotz ihrer Eroberungen unberührt von fremden Einflüssen blieben, musste nicht nur ihre Kampfkraft, sondern auch ihre Kultur den Kulturen der eroberten Gebiete überlegen gewesen sein). Während die glorreichen Wikingerkrieger auszogen, um für neuen Lebensraum und um Ruhm und Ehre zu kämpfen, blieben die Frauen zu Hause und kümmerten sich um Haus und Hof – ein Idealbild konservativer Kreise, die sich vehement gegen die Emanzipation der Frauen stemmten. Die Sehnsucht nach einer solchen ursprünglichen germanischen Welt und der Wille, eine solche wieder zu erschaffen, prägte das Handeln vieler national gesinnter Menschen der Jahrhundertwende und der ersten Hälfte des 20. Jahrhunderts.

Dabei wurde jedoch übersehen, dass die nordischen Mythen erstens selbst bereits in einer christlichen Umgebung mit zahlreichen Einflüssen von außen niedergeschrieben worden waren, dass es zweitens eine solche germanische Idealwelt ohne Einflüsse von außen nie gegeben hat und dass die niedergeschriebenen Mythen drittens eine (selektive) nordgermanische Überlieferung darstellen und so sicher nicht im gesamten germanischen Sprachraum verbreitet waren.

DRITTES REICH

Die völkische Bewegung hielt die Bewohner Skandinaviens für die direkten Nachfahren der Wikinger. Als arische Nordgermanen galten diese wiederum als enge Verwandte, mit denen die Deutschen Blut und kulturelle Wurzeln teilten. Unterfüttert durch die pseudowissenschaftlichen Ergebnisse der Rassenforschung, wurden die Skandinavier, und damit die Wikinger, zu den Besten unter den Germanen überhöht. Die Archäologie war angehalten, Forschungsergebnisse zu liefern, die diese Sichtweise unterstützen sollten; viele Wissenschaftler kamen dem nach, insbesondere die propagandistische und ideologische Bedeutung der Ausgrabungen von Haithabu – im Dritten Reich auf deutschem Boden, zur Wikingerzeit zu Altdänemark gehörig – kann kaum überschätzt werden.

Das SS-Ahnenerbe förderte die Ausgrabungen finanziell, die Schirmherrschaft übernahm der Reichsführer SS Heinrich Himmler persönlich. Die Leitung der Ausgrabungen oblag Herbert Jankuhn, der im Dritten Reich rasch zu einem der der einflussreichsten Prähistoriker des 20. Jahrhunderts aufstieg.

Es verwundert nicht, dass die Wikinger auch für militärische Unternehmungen Pate stehen mussten. In der SS-Division »Wiking« (später SS-Panzergrenadier-Division »Wiking« und 5. SS-Panzer-Division »Wiking«) kämpften neben Deutschen auch ausländische Freiwillige aus – wie es im NS-Sprachgebrauch hieß – »germanischen bzw. artverwandten Völkern«, etwa aus den Niederlanden und Skandinavien.

PRESTIGEPROJEKT »Haithabu« Titelbild der Buchpublikation von H. Jankuhn, Ausgabe 1938.

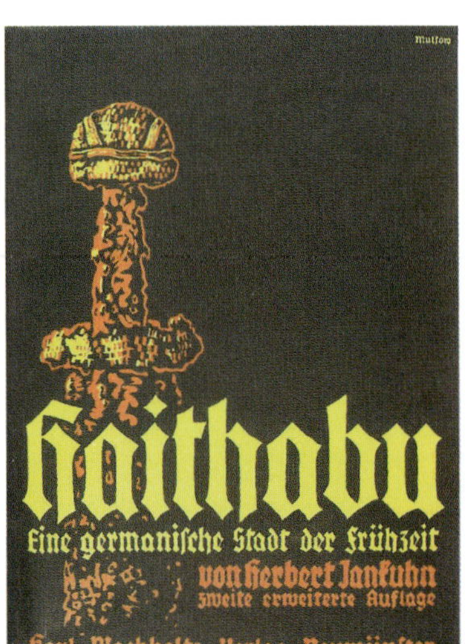

WIKINGER HEUTE: POPULARITÄT ZWISCHEN RECHTSEXTREMISMUS UND KINDERSPIELZEUG

Auch heute noch identifizieren sich sich Rechtsextreme gerne mit den Wikingern. Zu den Erkennungszeichen von Neonazis gehören häufig Runen, Thorshämmer und Tattoos mit einschlägigen Motiven (»Berserker-Tattoos«). Ein wichtiger Aspekt ist die Vorstellung einer Blutslinie von den Germanen bzw. Wikingern bis zu den heutigen Deutschen. Als »Über-Germanen« waren die Wikinger reinen Bluts, blond, blauäugig, kampfbereit und ehrbewusst. Über die gemeinsamen Vorfahren und die Idee der Blutsgemeinschaft entsteht die Identität in einer abgegrenzten, »reinrassigen« Gruppe, die die Grundlage

WIKINGER IM DIENSTE DER SS »Norweger – kämpft für Norwegen«. SS-Mann und Wikingerkrieger in einer Linie: So wurden Freiwillige für die SS angeworben.

DAMALS UND HEUTE Ein Wikingerkrieger, umgeben von prähistorischen Elementen und runenartigen Zeichen auf dem Cover der CD »Odins Helden«« der Rechtsrockband »Freikorps«.

KONSTRUIERTE BLUTSLINIE vom germanischen Krieger über SS-Mann zum heutigen Aktivisten auf dem Cover der LP »This Time The World« der Skinheadband »No Remorse«.

für den artikulierten Herrschaftsanspruch bildet. Die emotionale Bindung an die Gemeinschaft geschieht unter anderem über Musik, die die Gefühle steuert und verstärkt. So haben sich verschiedene Richtungen rechtsextremer Musik etabliert, die in Auftreten und Texten die alten Ideale verherrlichen und oft direkten Bezug auf das Dritte Reich nehmen.

Dass Wikinger-Symbole wie Runen und Thorshämmer in der rechtsextremen Szene beliebt sind, hat dazu geführt, dass Menschen, die sich - etwa als Neuheiden - anderweitig mit den Wikingern identifizieren, als Neonazis stigmatisiert werden. Aber natürlich sind längst nicht alle, die sich für die Wikinger begeistern, rechter Gesinnung: Wikinger sind zu populären Identifikationsfiguren für Kinder und Heranwachsende geworden, was die Flut von Büchern, Spielzeug und Filmen zum Thema beweist. Dabei folgt das Bild vom Wikinger nach dem Zweiten Weltkrieg allerdings weitgehend unreflektiert den Stereotypen der Vergangenheit: Mit kräftiger Statur, roten oder blonden Haaren und ausgeprägtem Bart sind die Krieger mit Schwert, Axt und Schild bewaffnet - und auf dem Kopf der unverzichtbare Hörnerhelm. Anscheinend greifen heute noch die gleichen Klischees, die seit Jahrzehnten den Wikinger so attraktiv machen. Dabei wäre die Zeit längst reif, sich von überholten Stereotypen zu verabschieden.

LITERATUR

Focke-Museum (Hrsg.), **GRABEN FÜR GERMANIEN. ARCHÄOLOGIE UNTERM HAKENKREUZ** (Bremen 2013).

Michael H. Kater, 2006: **DAS »AHNENERBE« DER SS 1935–1945: EIN BEITRAG ZUR KULTURPOLITIK DES DRITTEN REICHES. BAND 6 VON STUDIEN ZUR ZEITGESCHICHTE.** Oldenbourg Verlag.

D. & M. Petzet, **DIE RICHARD WAGNER-BÜHNE KÖNIG LUDWIGS II.: MÜNCHEN, BAYREUTH** (München 1970).

M. Brandt Djupdræt, Wie der Wikinger zu seinem Helm kam. In: G. Andersson (Hrsg.), **WIKINGER!** Katalog zur Ausstellung auf der Schallaburg (Schallaburg 2015) 191–197.

K. Schulz/F. Heesch (Hrsg.), **»SANG AN AEGIR«. NORDISCHE MYTHEN UM 1900** (Heidelberg 2009).

H. Steuer (Hrsg.), **EINE HERVORRAGEND NATIONALE WISSENSCHAFT: DEUTSCHE PRÄHISTORIKER ZWISCHEN 1900 UND 1995.** Ergänzungsbände zum Reallexikon der germanischen Altertumskunde 29 (Berlin, New York 2001).

ABBILDUNGSNACHWEIS

10: Tierkopfpfosten aus dem Oseberg-Grab in Norwegen, 1. Hälfte 9. Jahrhundert. © Museum of Cultural History, University of Oslo, Norwegen. Foto: O. Holst.
12: © English Heritage Photo Library.
13: © Lindisfarne Priory Museum.
14: © Bibliothèque nationale de France.
15: © Museum of Cultural History, University of Oslo, Norwegen. Foto: O. Holst.
16: © Vikingeskibsmuseet i Roskilde, Dänemark. Foto: Werner Karrasch.
17: © Museum of Cultural History, University of Oslo, Norwegen. Foto: T. Tveit/Å. Pedersen.
18: © VKR. Grundkarte: H. Hoffert-Hösl, modifiziert nach: Die Wikinger (Speyer 2008), S. 20.
19: © VKR. Grundkarte: H. Hoffert-Hösl, modifiziert nach: Die Wikinger (Speyer 2008), S. 21.
20: © VKR. Grundkarte: H. Hoffert-Hösl, modifiziert nach: Die Wikinger (Speyer 2008), S. 22.
21: © VKR. Grundkarte: H. Hoffert-Hösl, modifiziert nach: Die Wikinger (Speyer 2008), S. 23.
26: © Andreas Jacob.
27: © VKR. Grundkarte: H. Hoffert-Hösl.
28: © Bayerisches Landesamt für Denkmalpflege. Fotos: J. Rauch. Zeichnungen: H. Stölzl.
29: © The Pierpont Morgan Library, New York. MS M.1. Purchased by J. Pierpont Morgan (1837–1913) in 1901.
30: Rekonstruierte Häuser in Haithabu. © g-konzept.
32: © The National Museum of Denmark.
33: © Flemming Bau.
34 links: © akg-images.
34 rechts: © Museumsorganization ROMU, Roskilde, Dänemark.
35 oben: © The National Museum of Denmark.
35 unten: © The National Museum of Denmark.
36 oben: © Sven Rosborn.
36 unten: © The National Museum of Denmark.
37: © Archäologisches Landesamt Schleswig-Holstein.
38: © Leif Hammelev.
39: © The National Museum of Denmark.
40: © KHM-Museumsverband.
41 rechts: © Andreas Jacob.
41: Pfeilspitzen © Stiftung Schleswig-Holsteinische Landesmuseen, Archäologisches Landesmuseum Schloss Gottorf, Schleswig.
42: © Andreas Jacob.
43: © World Heritage Site Kongernes Jelling.
44 beide: © World Heritage Site Kongernes Jelling.
46–49: © Mike Meyer Photography.
51: © Museum of Cultural History, University of Oslo, Norwegen. Foto: E. I. Johnsen.
52 oben: © Liv Helga Dommasnes.
52 unten: © University Museum of Bergen, Department of Cultural History, Norwegen.
53: © Museum of Cultural History, University of Oslo, Norwegen.
54: © Archaeological Museum, University of Stavanger, Norwegen. Foto: T. Tveit.
55: © Museum of Cultural History, University of Oslo, Norwegen. Foto: E. I. Johnsen.
56: © Lofotr Vikingmuseum.
57: © Museum of Cultural History, University of Oslo, Norwegen.
58: © The Kaupang Excavation Project, Museum of Cultural History, University of Oslo, Norwegen.
59: © Flemming Bau.
61: © VKR. Grundkarte: H. Hoffert-Hösl, modifiziert nach: Die Wikinger (Speyer 2008), S. 66.
62–63: © Stockholm, Historiska Museet.
65 oben: © Stockholm, Historiska Museet.
65 unten: © Wikimedia Commons.
66 oben: © Jamtli.
66 unten: © Stockholm, Historiska Museet. Foto: G. Hildebrand.
67: © The Swedish National Heritage Board. Foto: B. A. Lundberg.
68–71: © Charlotte Hedenstierna-Jonson.
72: © Andreas Jacob.
73–75: © Stockholm, Historiska Museet.
76: Blick in das Innere eines rekonstruierten Hauses der Wikingerzeit in Ribe. © LOOK-foto. Foto: H. Leue.
78: © Museum of Cultural History, University of Oslo, Norwegen. Foto: E. I. Johnsen.
79: © The Swedish National Heritage Board. Foto: B. A. Lundberg.
80: © Andreas Jacob.
81: © The National Museum of Denmark.
83: © Santi Rodríguez.
85: © akg-images/Bildarchiv Steffens.
86 oben: © Wikimedia Commons. Foto: S. Rosborn.
86 unten: beide © Andreas Jacob.
87: © Andreas Jacob.
88 oben: © Andreas Jacob.
88 unten: © The National Museum of Denmark. Foto: J. Lee.
89: © Andreas Jacob.
91: © Lofotr Vikingmuseum, Borg/Lofoten, Norwegen. Foto: K. O. Storvik.
92 oben und links unten: Zeichnung: S. Hvass. Digitalisierung: Sonja Schmutzler-Weber.
92 rechts unten: © Lofotr Vikingmuseum, Borg/Lofoten, Norwegen. Foto: K. O. Storvik.
93–94: Zeichnung: S. Hvass. Digitalisierung: Sonja Schmutzler-Weber.
95: © Ribe VikingeCenter. Foto: S. Kaufmann.
96–119: © subbird illustration.
120–125 oben: Vorlage: M. Müller-Wille. Grafik: H. Dieterich.
125 unten: © Flemming Bau.
126: Vorlage: M. Müller-Wille. Grafik: H. Dieterich.

128: Steven des Oseberg-Schiffes, um 820. © Museum of Cultural History, University of Oslo, Norwegen. Foto: E. I. Johnsen.
130: © Sune Villum-Nielsen.
131–134: © Vikingeskibsmuseet i Roskilde, Dänemark. Fotos: Werner Karrasch.
135: Vikingeskibsmuseet i Roskilde, Dänemark, nach: Andersen u. a. 1997, S. 262.
136: Vikingeskibsmuseet i Roskilde, Dänemark, nach: Crumlin-Pedersen/Olsen 2010, S. 39 Abb. 1.52.
138: © University Museum of Bergen, Department of Cultural History, Norwegen.
139 oben: © Vikingeskibsmuseet i Roskilde, Dänemark. Foto: Werner Karrasch.
139 unten: © VKR/p.medien, München/Studio Kudlich, Wien. Grundkarte: H. Hoffert-Hösl. Vorlage: Rudolf Simek.
140: © Andreas Jacob.
141: © Vikingeskibsmuseet i Roskilde, Dänemark. Foto: Werner Karrasch.
142: © Wikimedia Commons. Foto: W. Carter.
144 links: Vorlage H. Jöns. Grafik: Holger Dieterich.
144 rechts: © Vikingeskibsmuseet i Roskilde, Dänemark. Foto: Werner Karrasch.
145: © Rijksmuseum van Oudheden, Leiden.
146 links: © Hauke Jöns.
146 rechts oben: © Ribes Vikinger Sydvestjyske Museer.
146 Mitte rechts: © Ribes Vikinger Sydvestjyske Museer.
147 oben: © Landesamt für Kultur und Denkmalpflege Mecklenburg-Vorpommern, Landesarchäologie. Foto: S. Suhr.
147 unten: © Museum of Cultural History, University of Oslo, Norwegen.
148 links: Vorlage: H. Jöns. Grafik: H. Dieterich.
148 rechts: © Landesamt für Kultur und Denkmalpflege Mecklenburg-Vorpommern, Landesarchäologie. Foto: S. Suhr.
149 links oben: © Landesamt für Kultur und Denkmalpflege Mecklenburg-Vorpommern, Landesarchäologie. Foto: S. Suhr.
149 links Mitte: © Landesamt für Kultur und Denkmalpflege Mecklenburg-Vorpommern, Landesarchäologie.
149 links unten: © Landesamt für Kultur und Denkmalpflege Mecklenburg-Vorpommern, Landesarchäologie. Foto: S. Suhr.
149 rechts: © Landesamt für Kultur und Denkmalpflege Mecklenburg-Vorpommern, Landesarchäologie. Foto: S. Suhr.
150 links: © The National Museum of Denmark, The Royal Collection of Coins and Medals.
150 rechts: © Hamburg Museum.
151 links: © Hamburg Museum.
151 rechts: © Bibliothèque nationale de France.
152: © Stiftung Schleswig-Holsteinische Landesmuseen, Archäologisches Landesmuseum Schloss Gottorf, Schleswig.
153: © Ralf Wiechmann, nach Steuer (1987).
154: © University Museum of Bergen, Department of Cultural History, Norwegen. Foto: S. Skare.
155 oben: © Wikimedia Commons. Foto: W. Carter.
155 rechts: © Hamburg Museum.
156: © Ralf Wiechmann.
157 links oben: © Stiftung Schleswig-Holsteinische Landesmuseen, Archäologisches Landesmuseum Schloss Gottorf, Schleswig.
157 rechts oben: © Andreas Jacob.
157 unten: © VKR. Grundkarte: Tobias Brendle.
158: © Stiftung Schleswig-Holsteinische Landesmuseen, Archäologisches Landesmuseum Schloss Gottorf, Schleswig. Karte: V. Hilberg.
159 links oben: © Dokumentationsarchiv des Archäologischen Landesmuseums, Bestand Ausgrabung Haithabu, Aufnahme 129/36, Stiftung Schleswig-Holsteinische Landesmuseen Schloss Gottorf, Schleswig.
159 rechts oben und unten: © Stiftung Schleswig-Holsteinische Landesmuseen, Archäologisches Landesmuseum Schloss Gottorf, Schleswig.
161: © Stiftung Schleswig-Holsteinische Landesmuseen, Archäologisches Landesmuseum Schloss Gottorf, Schleswig.
162: © Fedir Androshchuk.
163: © Museum of Cultural History, University of Oslo, Norwegen. Foto: O. Holst.
166 oben: © 2016 Google.
166 unten: © Fedir Androshchuk.
167: © Fedir Androshchuk/M. Levada.
168 oben: © The State Hermitage Museum. Foto: V. Terebenin.
168 unten: © Andreas Jacob.
169: © akg-images. Foto: E. Lessing.
170: © akg-images. Foto: W. Forman.
171 beide: © The Swedish National Heritage Board. Foto: B. A. Lundberg.
172: © Andreas Jacob.
174: © Andreas Jacob.
175 oben: © VKR. Grundkarte: H. Hoffert-Hösl, modifiziert nach: Die Wikinger (Speyer 2008), S. 212.
175 unten: © The National Museum of Denmark.
176: © Derby Museums.
177: © VKR. Grundkarte: H. Hoffert-Hösl, modifiziert nach: Die Wikinger (Speyer 2008), S. 214.
178: © Studio Kudlich, Wien. Grundkarte: H. Hoffert-Hösl. Vorlage: M. Helmbrecht.
180 links: © stocksolutions.
180 rechts: © Howard Williams.
181: © The Swedish National Heritage Board. Foto: B. A. Lundberg.
182: © Museum of Cultural History, University of Oslo, Norwegen. Foto: T. Tveit/Å. Pedersen.
183: © akg-images.
184: © VKR. Grundkarte: H. Hoffert-Hösl, modifiziert nach: Wikinger am Rhein 800–1000 (2004), S. 10.
185: © Municipal Archaeological Service of Zutphen.
186 oben: © Rijksmuseum van Oudheden, Leiden.
186–187 unten: © Museum für Vor- und Frühgeschichte, Staatliche Museen zu Berlin – Preußischer Kulturbesitz. Foto: O. Thiel.
187 oben: © Stiftung Schleswig-Holsteinische Landesmuseen, Archäologisches Landesmuseum Schloss Gottorf, Schleswig.
188: © Andreas Jacob.
190 links: © Document Musée de Normandie, Caen.
190 rechts, oben und unten: © Musée des Antiquités de Rouen. Foto: Y. Deslandes.

191: © Musée des Antiquités de Rouen. Foto: Y. Deslandes.
193 oben: © Archives nationales de France.
Document photographique Musée de Normandie, Ville de Caen.
193 links unten: Document photographique Musée de Normandie, Ville de Caen.
193 rechts unten: © Document Musée de Normandie, Ville de Caen.
194 beide: © Musée de Normandie, Ville de Caen.
196: © Document Musée de Normandie, Caen.
197: © Musée de Normandie, Ville de Caen. Foto: P. David.
198: © Mike Meyer Photography.
199–200: © Dirk Meier.
201 links: © Dirk Meier.
201 rechts: © Wikimedia Commons. Foto: E. Pokeri.
202: © Dirk Meier.
203 oben: © Wikimedia Commons. Foto: G. Keller.
203 unten: © Santi Rodríguez.
204: © Dirk Meier.
205–206: © The National Museum of Denmark.
Foto: Jette Arneborg.
208: © Det Kongelige Bibliotek, Kopenhagen, Dänemark.
209–211: © Patricia Sutherland.
213: © Studio Kudlich, Wien. Grundkarte: H. Hoffert-Hösl.
Nach: Viking DNA: The Wirral and West Lancashire Project (Nottingham 2010), S. 91.
214: Der Bildstein von Ardre, Gotland. © Stockholm, Historiska Museet.
216 links: © Stockholm, Historiska Museet.
216 rechts: © The National Museum of Denmark.
217: © akg-images.
218: © akg-images/De Agostini Picture Library. Foto: A. Dagli Orti.
219 links oben: © akg-images/De Agostini Picture Library.
Foto: A. Dagli Orti.
219 rechts oben: © The Swedish National Heritage Board.
Foto: B. A. Lundberg.
219 unten: © akg-images.
220: © Andreas Jacob.
223 links: © akg-images. Foto: E. Lessing.
223 rechts: © Stiftung Schleswig-Holsteinische Landesmuseen, Archäologisches Landesmuseum Schloss Gottorf, Schleswig.
224 links: © The Swedish National Heritage Board.
Foto: B. A. Lundberg.
224 rechts: © Image2use. Foto: M. Skou.
225 links: © The Swedish National Heritage Board.
Foto: B. A. Lundberg.
225 rechts: © Tobias Brendle.
226 beide: © The Swedish National Heritage Board.
Foto: B. A. Lundberg.
227 oben: © Andreas Jacob.
227 Mitte: © Roberto Fortuna.
227 unten: © Andreas Jacob.
228: © akg-images. Foto: E. Lessing.
229 oben: © The Árni Magnússon Institute for Icelandic Studies.
229 unten und 230: © Museum of Cultural History, University of Oslo, Norwegen. Foto: O. Holst.
231 oben: © Wikimedia Commons.
231 unten: © The Swedish National Heritage Board.
Foto: B. A. Lundberg.
232 oben: © akg-images.
232 unten: © The Swedish National Heritage Board.
Foto: B. A. Lundberg.
233: © akg-images. Foto: Schütze/Rodemann.
234: Nach M. Müller-Wille 2001, S. 245 Abb. 23.
Grafik: Holger Dieterich.
235 unten: Nach M. Müller-Wille 2001, S. 215 Abb. 1.
Grafik: Holger Dieterich.
235 oben: Nach I. Skibsted Klæsøe 1997, S. 93 Abb. 2.
Grafik: Holger Dieterich.
236 oben: © akg-images.
236 unten links: © Museum of Cultural History, University of Oslo, Norwegen.
236 unten rechts: © The National Museum of Denmark.
237 oben: © Museum of Cultural History, University of Oslo, Norwegen. Foto: A. Liestøl.
237 unten: © Bayerisches Nationalmuseum München.
238: © Stockholm, Historiska Museet. Foto: C. Åhlin.
239: alle © Andreas Jacob.
240: © Römisch-Germanisches Zentralmuseum. Foto: V. Isenhardt.
241: © Stockholm, Historiska Museet.
242 links: © Andreas Jacob.
242 rechts: © Tobias Brendle.
243–245 alle: © Andreas Jacob.
247–249 alle: © Stockholm, Historiska Museet.
250 links: © Museum of Cultural History, University of Oslo, Norwegen. Foto: P. E. Fredriksen.
250 rechts: © The Swedish National Heritage Board.
Foto: B. A. Lundberg.
251: © Museum of Cultural History, University of Oslo, Norwegen.
Foto: A. C. Eek.
252: © The Swedish National Heritage Board.
Foto: B. A. Lundberg.
253: © Andreas Jacob.
254 oben: © Stiftung Schleswig-Holsteinische Landesmuseen, Archäologisches Landesmuseum Schloss Gottorf, Schleswig.
254 unten: © Andreas Jacob.
255: © Increa.
256: Mitglieder der schwedischen High Society, verkleidet als Wikinger bei einem Kostümball in Stockholm, 1869. © The City Museum of Stockholm.
259 oben: © Nasjonalgalleriet Oslo. Foto: A. Harvik.
259 unten bis 263: © Wikinger Museum Haithabu.
264: © Wittelsbacher Ausgleichsfonds, München.
Foto: R. Herrmann.
265 links: © Deutsches Theatermuseum München.
265 rechts: © Bayerische Staatsbibliothek München, Musikabteilung, Signatur: 2 Mus.pr. 4284.
266 links: © Karl Wachholtz Verlag Neumünster.
266 rechts: © Museum of Cultural History, University of Oslo, Norwegen. Foto: L.-A. Chepstow-Lusty.
267: beide © Argumente und Kultur gegen Rechts e.V., Bielefeld.

ÜBER DIE AUTOREN

Fedir Androshchuk war nach seiner Promotion Dozent an der Universität von Kiew am Department für Archäologie. Zurzeit ist er *Associate Researcher* im Projekt *Images of Power: Byzantium and Nordic Coinage c. 995–1035* am *Historiska Museet* in Stockholm. Seine Forschungsschwerpunkte liegen auf den Kontakten zwischen Byzanz, Rus' und Skandinavien in der Wikingerzeit.

Vibeke Bischoff arbeitete von 1982 bis 2003 als Bootsbauerin und Schiffsrekonstrukteurin am Wikingerschiffsmuseum in Roskilde, am *Middelaldercentret* Dänemark und am *Centre for Maritime Archaeological Research* in Roskilde. Seit 2003 ist sie angestellte Schiffsrekonstrukteurin am Wikingerschiffsmuseum in Roskilde. Vibeke Bischoff ist eine erfahrene Seglerin.

Andrea Blendl hat Viking Studies am *Centre for the Study of the Viking Age* in Nottingham und am *Centre for Nordic Studies* in Kirkwall studiert. Neben ihren weiterführenden Studien, insbesondere zur skandinavischen Diaspora im Nordatlantik, arbeitet sie als freie Autorin.

Tinna Damgård-Sørensen hat in ihrer Masterarbeit in Geschichte an der Universität Kopenhagen slawische Siedlungen in Südostdänemark in der späten Wikingerzeit und im Mittelalter untersucht. Ab 1987 war sie Kuratorin am Wikingerschiffsmuseum in Roskilde, seit 1996 ist sie dessen Direktorin.

Liv Helga Dommasnes ist Professorin der Archäologie am *Department of Cultural History* der Universität Bergen, zuvor tätig an den archäologischen Museen in Tromsø, Trondheim und Bergen. Seit vielen Jahren leitet sie Surveys und Ausgrabungen, verwaltet die Sammlungen, gibt archäologische Bücher und Zeitschriften heraus und betreut Doktoranden. Ihre Publikationen umfassen ein weites Spektrum an Themen; ihr besonderes Interesse gilt Fragen zu Gender, Religion und Begräbnisriten.

Clare Downham ist *Senior Lecturer an der University of Liverpool.* Unter ihren Publikationen sind *Viking Kings of Britain and Ireland: The Dynasty of Ivarr to A.D. 1014* (2007) und die Aufsatzsammlung *No Horns on their Helmet? Essays on the Insular Viking Age* (2013) sowie die Herausgeberschaft von *Jocelin of Furness: Essays from the 2011 Conference* (2013). Zurzeit schreibt sie an *Medieval Ireland A.D. 400–1500* für Cambridge University Press.

Ute Drews hat Kunstgeschichte, Volkskunde, Klassische Archäologie, Kunst, Deutsch und Pädagogik studiert. Seit 1992 ist sie Leiterin des Wikinger Museum Haithabu in der Stiftung Schleswig-Holsteinische Landesmuseen Schloss Gottorf.

Anne-Sofie Gräslund ist Professor em. der Archäologie an der Universität von Uppsala und spezialisiert auf die Archäologie der Wikingerzeit, insbesondere Gräber und Grabsitten, Kunst und Ornamentik, Religion und Glaubenswechsel, und Runensteine. Unter ihren zahlreichen Publikationen sind *Birka IV, The Burial Customs: A study of the Graves on Björkö* (1980) und *Ideologi och Mentalitet: Om religionsskiftet i Skandinavien från en arkeologisk horisont* (2001).

Michaela Helmbrecht hat Vor- und Frühgeschichtliche Archäologie, Nordische Philologie und Germanische Altertumskunde und Anthropologie studiert und ist freie Ausstellungskuratorin in München. Ihre Dissertation *Wirkmächtige Kommunikationsmedien – Menschenbilder der Vendel- und Wikingerzeit und ihre Kontexte* erschien 2011. Ihre wissenschaftlichen Schwerpunkte sind die Vendel- und Wikingerzeit in Skandinavien.

Volker Hilberg Nach dem Studium der Vor- und Frühgeschichte, Mittelalterlichen Geschichte und Historischen Hilfswissenschaften erfolgte im Jahr 2001 die Promotion an der Philipps-Universität Marburg. Seit 2002 am Archäologischen Landesmuseum Schloss Gottorf in Schleswig, zuständig für die Haithabu-Forschung, die mittelalterliche Sammlung und das Dokumentationsarchiv. Lehrtätigkeit an den Universitäten von Kiel und Aarhus.

Steen Hvass hat Vor- und Frühgeschichtliche Archäologie an der Universität Kopenhagen studiert. Er blickt auf zahlreiche Arbeiten zu den Siedlungen der Eisen- bis Wikingerzeit in Dänemark zurück. Von 1996 bis 2002 war er Generaldirektor des Dänischen Nationalmuseums in Kopenhagen und zwischen 2002 und 2011 Direktor der Kulturerbe-Verwaltung (*kulturarvsstyrelsen*).

Hauke Jöns hat Ur- und Frühgeschichte, Geologie und Anthropologie studiert. Er ist leitender wissenschaftlicher Direktor am Niedersächsischen Institut für historische Küstenforschung in Wilhelmshaven und zugleich Außerplanmäßiger Professor für Archäologie an der Universität Rostock.

Christoph Kilger ist Lektor an der Universität Uppsala und unterichtet Archäologie am Campus Gotland. Er promovierte 2000 zum Thema ‚Monetarisierung des elbslawischen Raumes im Mittelalter'. Von 2003 bis 2007 studierte er in Oslo die Wirtschaftsgeschichte Kaupangs und der frühen Wikingerzeit. Derzeit forscht er zu Glaube und Geldanwendung im Mittelalter anhand der Kirchenfunde Gotlands.

Sunhild Kleingärtner ist Professorin für Schifffahrtsgeschichte und Maritime Archäologie an der Universität Bremen und Geschäftsführende Direktorin im Deutschen Schiffahrtsmuseum in Bremerhaven. Auf wikingerzeitliche Schmuck- und Siedlungsformen spezialisiert, hat sie zuletzt bei der 2013/14 in Kopenhagen, London und Berlin gezeigten Ausstellung »Die Wikinger« mitgewirkt.

Jean-Marie Levesque ist seit 2009 Chefkonservator der Denkmalpflege, Direktor des Schlosses von Caen und des Museums der Normandie in Caen 2009. Er hat an zahlreichen Ausstellungen zur Archäologie, Ethnografie und zur Geschichte der Normandie und der normannischen Reiche mitgearbeitet. Sein besonderes Interesse gilt der Entstehung von Identität aus der normannischen Geschichte heraus.

Jean-Yves Marin Als Spezialist für die mittelalterliche Archäologie und Geschichte Nordwesteuropas war er Konservator, später Direktor des Museums der Normandie in Caen, Präsident der französischen Sektion des *International Council of Museums* (ICOM) und schließlich Präsident des *International Committee for Museums and Collections of Archaeology and History* (ICMAH). Heute ist er Direktor der *Musées d'art et d'histoire* in Genf und assoziierter Professor an der *Université Senghor* in Alexandria.

Dirk Meier Studium der Ur- und Frühgeschichte, Geologie, Ethnologie und Volkskunde an den Universitäten Köln und Kiel, Promotion 1988, Habilitation 1998. Seit 1988 Leitung geoarchäologischer Untersuchungen im Nordseeraum. Lehrstuhlvertretung für Vor- und Frühgeschichte und Mittelalterarchäologie (2003-2009) an der Universität Gießen; Dozent an der Universität Kiel.

Michael Müller-Wille Studium der Vor- und Frühgeschichte, Klassischen Archäologie, Geografie und Quartärgeologie in Münster, Uppsala und Montpellier. Nach Habilitation in Kiel (1972) Lehrstuhlinhaber in Mainz (1976-1981) und Kiel (1981-2003). Wissenschaftliche Schwerpunkte: Frühmittelalterliche Archäologie des nördlichen und östlichen Europa.

Søren Nielsen arbeitete seit Abschluss seiner Ausbildung zum Holzbootbauer in der Werft des Wikingerschiffsmuseums Roskilde. Seit 2000 ist er *Head of Maritime Crafts, Reconstruction and Public Activities* am Wikingerschiffsmuseum. Er arbeitet mit der Rekonstruktion von Schiffsfunden, hauptsächlich der Wikingerzeit, und der Konstruktion von rezenten traditionellen skandinavischen Holzbooten.

Peter Pentz Dr. der Archäologie (Univ. Göteborg), seit 1983 Kurator am Dänischen Nationalmuseum in Kopenhagen. Er war *Museum Consultant (National Council of Museums)* und Direktor der Internationalen Sammlungen bis 2001. Derzeit Kurator am Dänischen Nationalmuseum, *Research and Communication Department, Ancient Cultures of Denmark and the Mediterranean*. Zahlreiche Publikationen zu vorgeschichtlicher und mittelalterlicher Archäologie, Römischer Archäologie, Museologie und Museumsgeschichte.

Morten Ravn schloss 2014 seine Ausbildung an der Universität von Kopenhagen mit dem Doktor in Prähistorischer Archäologie ab. In seiner Dissertation untersuchte er den Bau und den Gebrauch von Schiffen für Kriegszwecke im Dänemark des 11. Jahrhunderts. Er ist Kurator und Forschungskoordinator am Wikingerschiffsmuseum in Roskilde.

Rudolf Simek Studium der Germanistik, katholischen Theologie und Philosophie in Wien. Promotion 1980 in Skandinavistik über Wikingerschiffe, seit 1995 Professor für Ältere deutsche und skandinavische Literatur an der Universität Bonn. Autor von etwa 40 Büchern zur germanischen Religionsgeschichte, Kulturgeschichte der Wikingerzeit und der altisländischen Sagaliteratur.

Anne C. Sørensen hat sich nach ihrem MA in Europäischer Prähistorischer Archäologie in ihrer Dissertation am *Centre for Maritime Archaeological Research* am dänischen Nationalmuseum mit dem wikingerzeitlichen Schiffsgrab von Ladby, Fünen beschäftigt (1999). Sie ist Kuratorin und Teamleiterin des *Exhibition Departments* am Wikingerschiffsmuseum in Roskilde.

Jörn Staecker Promotion in Kiel 1995 zu den *wikingerzeitlichen Kreuz- und Kruzifixanhänger als Ausdruck der Mission in Altdänemark und Schweden*. Habilitation 2001 zum Thema *Die hoch- und spätmittelalterliche Bestattungssitte und Grablege Südskandinaviens.* Nach Stationen in Visby, Lund und Stockholm ist er seit 2008 Professor für Mittelalterarchäologie in Tübingen.

Patricia Sutherland *Adjunct Research Professor am Department of Geography and Environmental Studies der Carleton University* und am *Department of Archaeology der Memorial University of Newfoundland and Labrador*, derzeit *Honorary Research Fellow at the School of Geosciences* der Universität Aberdeen. Als Kuratorin am *Canadian Museum of History* hat sie zahlreiche Ausgrabungen im arktischen Kanada durchgeführt.

Ralf Wiechmann ist stellvertretender Direktor und wissenschaftlicher Abteilungsleiter für die Bereiche Mittelalter/Frühe Neuzeit und Numismatik am Hamburg Museum. Er studierte Ur- und Frühgeschichte, Kunstgeschichte und Volkskunde in Kiel und München. Veröffentlichungen zur mittelalterlichen Geschichte und Numismatik Norddeutschlands und Skandinaviens. Sein Spezialgebiet ist die Münz- und Geldgeschichte der Wikingerzeit.